普通高等教育"十五"国家级规划教材
21世纪公共管理系列教材

公共政策学

——政策分析的理论、方法和技术

陈振明　编著

中国人民大学出版社

21世纪公共管理系列教材专家指导小组成员

（以姓氏笔画为序）

出版说明

现代意义上的公共行政与公共管理的研究和教育开始于20世纪初的西方。时至今日，随着公共管理职业化的发展，公共行政和公共管理的研究和教育事业在西方发达国家方兴未艾。从20世纪80年代开始，适应公共管理改革与发展和培养公共管理人才的需要，我国的公共行政与公共管理研究和教育，在经历了发展的挫折之后，开始了恢复和重建的工作。经过20多年的发展，特别是公共管理一级学科的设置和我国公共管理硕士（MPA）专业学位研究生教育的启动，以及高校公共管理本科专业的大量开设，公共管理已成为当代中国社会科学和管理科学领域教学与研究的一个充满生机活力和具有远大发展前景的学科。

为了适应新形势发展的需要，更好地研究、指导、管理高等学校公共管理的教学科研工作，2001年4月，教育部公共管理类学科教学指导委员会成立，并于2001年12月在广州召开了第一届全委会。参会委员就学科发展方向、课程设置问题进行了充分的讨论，很多委员认为应根据新形势下学科发展的需要，对目前公共管理类的课程设置进行调整，按计划年内拿出调整方案。目前，公共管理本科教育发展很快，编写反映本学科最新研究成果、与时俱进的、具有创新性的、高质量的本科教材迫在眉睫。

在教育部公共管理类学科教学指导委员会的指导、支持下，在对很多院校的公共管理类本科专业课程设置进行调研和对一些院校的课程设置情况、设置方向进行座谈的基础上，结合现有的教育部关于公共管理类本科四个方向（行政管理、公共事业管理、劳动与社会保障、土地资源管理）的课程设置情况，中国人民大学出版社组织全国著名专家，计划从2003年上半年开始，在2年内，陆续出版21世纪公共管理系列本科教材和教育部“十五”规划教材。

本套教材涉及公共基础课、专业基础课和选修课三部分的20多门课程。本套教材立足本科教学的需要，从本科教育的特点出发，从公共管理和公共行政教育的特点出发，在教材编写和内容安排上，强调基础知识、基本理论、基本技能；同时，也尽可能地体现创新性、前沿性的特点。

参加本套教材编写的有中国人民大学、北京大学、清华大学、复旦大学、中山大学、厦门大学、武汉大学、吉林大学、东北大学、西北大学等国内十几所著名大学的具有丰富教学和科研经验的教授专家，我们期望通过这种强强联合、优势互补、资源共享的方式，出版高质量的、权威性的精品教材。此外，为了保证教材的质量，更好地反映公共管理本科教学的特点，中国人民大学出版社邀请有关专家成立了21世纪公共管理系列教材专家指导小组。

公共管理的实践是不断变化和发展的，变革与发展是当代世界范围内公共管理的主题。随着公共管理实践的不断发展，公共管理学科研究的范围、主题和内容也在不断地发展和变化。这就要求公共管理教育以及相关的教材在方方面面都应该不断地更新。我们还会根据变化了的环境和要求，对教材的编写工作以及教材本身作适当调整。望广大读者不断反馈信息，对这套教材提出批评、建议，以便于我们不断修订、完善。

中国人民大学出版社

2003年5月

代 序

中国公共政策学研究的现状与未来*

陈振明

公共政策学（政策科学或政策分析）是第二次世界大战后首先在西方兴起的一个全新的跨学科、应用性研究领域，它的出现甚至被说成是当代西方政治学和行政学乃至整个西方社会科学的一次“革命”。政策科学以其一系列独特、新颖的范式以及它对决策科学化、民主化和社会经济发展的促进作用，而备受各国学界和政界的共同关注，成为当代国外社会科学及管理科学的一个重要而又充满活力的新的跨学科领域。

20世纪70年代末80年代初，随着我国改革开放的伟大历史脚步，西方政策科学传入我国。起初，一些高校学者和实际部门的政策研究者注意到了国外社会科学中的这个新领域，着手进行介绍、引进和初步的研究工作。80年代中期，特别是1986年，万里同志在全国软科学工作座谈会上作了《决策民主化科学化是政治体制改革的一个重要课题》的报告，明确提出要做“政策研究”这一重大课题，这成为我国公共政策学研究走上正轨的一个契机。进入90年代，我国公共政策学发展的重要性和迫切性被越来越多的人所认识，公共政策学的研究与教学逐步体制化，它作为我国社会科学和管理科学研究的新兴领域的地位开始受到

* 本文系作者在已发表的《21世纪中国政策科学的研究方向》（载《北京行政学院学报》，2001（1））等文章的基础上整理、修改而成。

重视。

经过学界与政界20年的共同努力，我国的公共政策学从无到有，迅速发展，无论是在学术研究及学科建设方面，还是在人才培养和知识应用方面，都取得了显著的成就。这主要表现在如下几个方面：

首先，学术研究取得了积极成果，初步建立起中国公共政策学的理论框架。20年来特别是近10年来，一批公共政策学的国家和省部级课题得以完成，在国外公共政策学理论和方法成果的评介、引进和消化，马克思主义经典作家以及毛泽东、邓小平的政策和策略理论的研究，中国政策系统及其运行，中国政策实践经验的总结以及中国优秀的政策遗产的继承，当代中国及世界现实政策问题的研究等方面，都取得明显的进展。公共政策学的基本概念、理论和方法的探索已见成效，初步确立了中国公共政策学的基本理论框架。这一理论框架有两种主要表现形式：一是围绕政策系统及其运行这一核心，既研究公共政策的实质、原因和结果，又研究政策过程，尤其是通过政策过程的各个基本环节或功能活动（制定、执行、评估、监控和终结等）的研究，建构公共政策学的知识体系；二是采取板块式的体系，将公共政策学的知识分为基本理论、现实政策和分析方法三大块。

20年来，我国公共政策学的研究取得显著成果，出版或发表了一批论著和译著。20世纪90年代，国外公共政策学的一些代表性论著包括林德布洛姆的《政策制定过程》、安德森的《公共决策》、那格尔主编的《政策研究百科全书》、德洛尔的《逆境中的政策制定》等有了中译本；这几年，国外公共政策学论著的翻译引进速度大大加快，一大批译著已出版或即将出版，如韦默和维宁的《政策分析——理论与实践》、帕顿和沙维奇的《政策分析和规划的初步方法》、邓恩的《公共政策分析导论》、萨巴蒂尔主编的《政策过程理论》、米切尔·黑尧的《现代国家的政策过程》等；由中国人民大学出版社推出的“公共政策经典译丛”也已经陆续出版。国内学者也出版了数十部公共政策学的专著或教材，较早的代表性著作有张金马主编的《公共政策学导论》、陈庆云编著的《公共政策分析》，陈振明主编的《政策科学》等。学者们还在国内外各种刊物包括《中国社会科学》、《政治学研究》、《中国行政管理》和《管理世界》等权威刊物发表了大量的学术论文。近10年来，我国公共政策学领域的文献不断增加，这从一个方面说明它是一个迅速发展、充满活力的新学科领域。

其次，学术交流日趋活跃，学科制度化建设初具规模。从20世纪80年代末开始，中国公共政策学的学术交流逐渐活跃起来，一大批国外著名的公共政策学家来华讲学，例如那格尔、德洛尔、弗莱什曼等人曾到中国人民大学、中国社会科学院、国务院发展研究中心作公共政策学或政策分析的学术讲座或主持研讨班；一批在国外学习公共政策学的学生和访问学者相继回国服务（其中不乏取得英美等国的公共政策博士或硕士学位者），他们带回了国外公共政策学发展的大量新信息；一些高校、科研机构、行政学院以及政策研究部门与国外大学的公共政策学院或思想库建立了正式或非正式的学术交流关系，使中国的公共政策学发展日益与国外接轨，有力地推动了中国公共政策学的国际化与规范化。国内公共政策学界的学术交流也相当活跃，举办了大量的国际性和全国性的公共政策学方面的学术研讨会。

与此同时，公共政策学的学科制度化建设也初具规模（学科的制度化建设是指学术团体、基金来源、出版发行渠道、教育培训、职业化、图书馆收藏目录的确立等方面的建设）。例如，在学术团体方面，已成立了两个全国性的研究组织：一个是 1992 年成立的全国公共政策学研究会（挂靠中国行政管理学会）；另一个是 1994 年成立的中国公共政策学学会（挂靠国务院发展研究中心）。有些省市也相应成立了公共政策学的研究会或学会。在基金来源方面、从“七五”开始，国家、各省市和大学、科研机构的科研基金就将公共政策学或政策分析的课题列入资助范围。目前，国家自然科学基金、国家社科基金、教育部的社科规划都加大了对公共政策学科的资助力度（尤其是近年来国家自然科学基金已资助了公共政策学科方面的多个杰出青年基金项目）；各级政府部门则更多地资助实际政策问题的研究。在出版渠道方面，尽管目前全国没有公共政策学或政策分析的正式专门杂志，但各种综合性社会科学期刊都乐意接受这方面的稿件；各家出版社也愿意接受这个领域的书稿，近期公共政策与公共管理成为了一个出版热点，多家出版社已推出公共政策及公共管理的丛书、系列教材或译丛。

再次，公共政策学逐步在高校扎根，人才培养的形势喜人。近 10 年来，公共政策学的教育培训迅速发展，它在大学、党校和行政学院的教学与研究中逐步扎根，成为本科生、研究生以及干部培训的一个重要的学科领域。目前，在我国高校的公共管理、政治学等学科各专业的本科生教育中，公共政策学（政策科学或政策分析）已经成为最重要的基础课（主干课）或专业课，不少高校还开出系列课程；近年来，一些高校（如中山大学、西北大学和北京大学）陆续开设了公共政策本科专业，另一些高校（如厦门大学）则在政治学或行政管理本科专业中设立公共政策专业方向。党校和行政学院也相继开设公共政策学方面的单科或系列课程。20 世纪末，有的学校，如厦门大学和北京大学在政治学和行政学学科中成立公共政策教研室或研究所；近期，许多大学纷纷成立公共政策研究所或公共政策系。

研究生教育方面的情况更是令人乐观。20 世纪 90 年代初、中期，我国的名牌大学开始了政策分析的硕士生教育，厦门大学和北京大学分别在 1993、1994 年在行政学硕士点中设立政策分析方向，培养中国的 MPP（Master of Public Policy，公共政策硕士）；此后不少综合性大学也在政治学、行政学、经济学和社会学等学科的硕士点中设立政策分析或公共政策方向。政策分析的博士生教育也开始起步，在国家已设立的第一、二、三批行政管理的博士点中大多设有公共政策分析方向（如北京大学、清华大学和厦门大学等），有的大学（例如南京大学和中山大学）则在政治学等学科专业的博士点中设立公共政策分析方向。特别值得一提的是 2001 年国务院学位委员会批准设立公共管理硕士（MPA）专业学位，在该专业学位中，公共政策及行政管理是其最基本的学科基础；而且大部分 MPA 试点院校都设立公共政策分析研究方向。MPA 专业学位的开办，有力地推动了公共政策学的教学与研究的发展。近期，学界要求设置独立的公共政策硕士学位（MPP）的呼声甚高。

最后，公共政策学知识的应用已经起步，公共政策学的产业化的广阔前景开始展现。在知识应用以及产业化方面，公共政策学以及政策分析的成果开始被应用到改革开放和经济建设的政策决策以及重大工程项目的研究与论证之中，在推进公共决策的科学化民主化方面起着越来越重要的作用；作为公共政策学最纯粹的组织体现的思想库或智囊团在我国开始发育并发挥作用。一些官方的或民间的政策研究机构相继建立，特别是不少综合性大学以及社科院，纷纷成立公共政策研究中心（研究所）或发展研究院一类的政策参谋咨询机构；公共政策学或政策分析作为咨询业的学科基础和人才培训基础的作用开始为人们所认识（这既是社会经济发展需要的推动，也是国外著名思想库或大型咨询公司成功的示范性影响所致）。简言之，公共政策学的产业化前景看好。

但是，我国公共政策学的研究与教学仍处于起步阶段，教学与研究的水平不高，仍有不少问题需要解决，有不少薄弱环节亟待加强。这主要表现在：

一是公共政策学的宣传普及工作做得不够，公共政策学的学术价值和实践价值特别是它可以作为决策科学化民主化的主要支撑学科，它对社会经济的巨大促进作用并未被人们所充分认识。与传统的人文社会科学不同，公共政策学不是一门纯基础研究，而是一门实践性应用性很强的学科，对公共政策学的形成和发展以及应用做出最大贡献的并不是大学的学者，而是思想库的专家。它的发展依靠学者、专家和官员的共同努力。政府官员对这个学科重要性的认识，政府部门积极主动应用公共政策学知识，是公共政策学发展的一个基本条件。而由于公共政策学的宣传普及工作的薄弱，至今还有不少官员和学者不知公共政策学为何物

（在从事实际政策研究者中对公共政策学的无知也并不是个别情况），更谈不上对它的重视和应用了。因此，如果没有政府的高度重视，如果没有官员与实际的政策分析专家的参与，单靠大学学者的力量，要搞好公共政策学的研究，推动公共政策学的突破是不可思议的。

二是公共政策学的学术研究水平不高，学科的基础不牢，研究人员的整体素质不容乐观。学术界对于西方公共政策学的引进、消化和吸收的工作做得不够，缺乏对西方公共政策学理论和方法的系统了解以及对它的最新趋势的跟踪研究，深入的批判消化和吸收工作也刚刚开始；许多公共政策学的基本理论问题并未得到深入系统的探讨，在公共政策学的研究对象、性质、范围和方法，公共政策学的学科体系及其构成，政策内容的分析和政策过程的研究，马克思主义经典作家以及毛泽东、邓小平政策策略理论的研究，中国政策系统及其运行，古今中外的政策研究经验以及具有中国特色的政策实践经验的总结与提炼等方面都需进一步加强，特别是在形成有自己特色的公共政策学概念、理论和方法上仍需下大功夫。同时，中国公共政策学的学科分化程度较低，公共政策学的分支学科尚未建立起来，政策分析方法与技术的探索、开发和引进做得不够（分析方法、技术尤其是定量分析手段缺乏，是目前公共政策学发展中存在的一个突出问题）；与公共政策学相关的学科尤其是经济学、政治学、社会学的理论基础的探索未深入展开。所有这些问题使得中国公共政策学的学术研究水平不高，学科的基础不牢。因此，尽管国内已有几十本公共政策学的论著问世，但能真正融贯中西、特色鲜明、学术水准上档次的成果并不多见。此外，公共政策学的研究者的整体素质欠佳。尽管目前队伍扩大，但缺乏公共政策学研究所需要的综合知识结构以及政策分析所需要的方法论素养者为数不少，这将严重地制约中国公共政策学的进一步突破与发展。

三是公共政策学的制度化或学科的组织化建设存在诸多困难和问题。迄今为止，国内的大学或社科院系统中，独立的、成规模的公共政策学院或公共政策学研究所很少，许多建立起来的政策研究中心是虚的，而不是实的；设立本科生专业的学校的数量不多，也没有独立的研究生学位点专业（研究生专业目录名称上迄今为止仍没有“政策分析”）；公共政策学的基金来源不仅渠道有限，而且资助的课题数量及资助的力度还很不够；学术著作的出版遇到了出版资金和发行量不足的问题；目前仍没有全国性的公共政策学或政策分析的专门学术杂志，缺乏学术交流的专门园地（与国外相比，这方面的差距很大）。

四是对现实政策问题的研究不深，公共政策学的应用性、现实性未能充分体现。公共政策学的强大生命力在于它紧密地面向实践，它来源于实践，又为实践服务。为实际政策问题的解决提供政策相关知识，为这些问题的解决提供理论指导，是公共政策学的基本功能和目的，而目前中国公共政策学的研究与政策实践有些脱节：搞公共政策学研究的人员注重学术，轻视应用；而从事实际政策制定和执行的官员只重视经验实践，忽视理论。因而，现阶段中国政策科学的应用性不够高、现实性不够强。

目前，中国的公共政策学正处于起飞阶段。我国改革开放和现代化建设事业尤其是市场经济的发展和政治—行政体制改革的深化以及决策的科学化民主化的推进，对政策科学或公共政策学的研究提出了更高的要求。我国公共决策的科学化民主化以及依法行政、依法治国、建立社会主义法治国家更需要政策—法律的相关知识，这也为公共政策学的发展提供了极好的发展机遇。新形势要求我们迅速改变公共政策学的研究与教学比较落后、水平不高的局面，克服目前公共政策学发展中存在的问题与困难，迅速提高我国公共政策学的研究及教学水平，以适应迅速变化着的公共管理实践的需要，迎接新世纪的挑战。为此，必须重视下列几个研究取向：

第一，深入研究马克思主义的政策和策略理论。马列主义毛泽东思想和邓小平理论及“三个代表”重要思想是我国的根本指导思想，中国政策科学的研究首先必须以其为指导。这不仅因为它为我们的政策科学研究提供了一般的理论原则和方法论指导，而且政策和策略问题是科学社会主义理论的一个重要组成部分。因此，更加深入地研究马克思主义的政策和策略理论就成为发展中国政策科学的一项首要任务。

马克思主义经典作家高度重视政策和策略在无产阶级革命事业中的重大作用，马克思、恩格斯和列宁在许多著作（如《哥达纲领批判》、《共产党宣言》、《共产主义原理》、《怎么办?》、《社会民主党在民主革命中的两种策略》、《国家与革命》、《帝国主义是资本主义的最高阶段》）中，明确地阐述了政策和策略的含义，提出了无产阶级的政策和策略的基本思想，将政策和策略视为无产阶级政党行动的准则；他们论述了无产阶级制定政策和策略的依据，并阐明了无产阶级的政策和策略原则。

毛泽东同志根据中国革命的具体实践，进一步发展了马克思主义的政策和策略思想。他在许多著作（如《目前抗日统一战线中的策略问题》、《论政策》、《关于目前党的政策中的几个问题》、《论十大关系》、《关于正确处理人民内部矛盾的问题》）中，专门讨论了政策和策略问题。毛泽东同志的政策和策略理论包含了丰富的内容，其中涉及党和国家政策研究的原则和依据，总路线、总政策与具体政策的关系，政策的原则性和灵活性的关系等等。有的学者认为毛泽东同志的政策决策理论有三个基本立足点，即立足于实际，立足于群众和立足于调查研究。

邓小平同志在改革开放的新形势下，提出了有中国特色的社会主义理论，丰富和发展了马列主义毛泽东思想的政策与策略理论。他的主要贡献是，高度重视实事求是思想原则在政策制定和执行中的作用，强调政策的连续性、稳定性，强调政策的成龙配套，形成有机体系，突出政策检验的实践标准及生产力标准等。在新的历史时期，党的第三代领导集体又提出了“三个代表”重要思想；最近，新一届中央领导班子又提出了“科学发展观”。这些都推进了中国特色社会主义理论的发展，丰富了马克思主义的政策与策略理论。

第二，大胆借鉴古今中外的政策理论和政策经验。“古为今用，洋为中用”应该是我们研究中国政策科学的一个基本原则。因此，要建立具有中国特色的政策科学理论体系，就必须认真研究、大胆借鉴迄今为止全人类所创造的政策理论和经验。

——借鉴西方政策科学的理论和方法成果。西方政策研究的历史悠久，积累了丰富的政策经验和政策研究思想，这些经验思想是我们发展政策科学所应研究和利用的对象。更重要的是，现代政策科学是西方的产物，西方政策科学的许多理论、范畴和方法反映了人类政策过程的本质或规律性，属于全人类的共同文化成果。西方政策科学理论体系为我们建立中国政策科学理论体系提供了参照，其合理的理论、方法及技术等可以为我所用。当前要注意跟踪国外公共政策学发展的最新趋势。最近二三十年，西方的政策科学研究出现了一系列的新变化及新趋势：政策科学作为一门统一的社会科学的范式受到作为一门应用性社会科学的政策科学范式的挑战，政策科学与公共行政学及管理学的合流导致公共管理学的兴起，公共政策研究的经济学途径的地位越来越突出，公共政策学科不断分化，尤其是出现了比较公共政策、政策伦理学、政策工具研究等分支学科，公共政策学科在许多主题领域尤其是政策过程的研究领域取得新的进展，形成了新的理论。

——必须继承和发扬我国古代政策研究的优秀传统。中国古代政策研究的成就辉煌，中华民族为全人类留下大量的优秀政策研究遗产，研究和整理祖先遗留下来的这些政策文化遗产，是我们建立和发展政策科学的一个重要途径。中国古代典籍不仅记载了历代统治者的治国方略或政策，记载了各种实际运用的谋略和谋术，而且也记载了政治家、圣哲、贤人、谋士、军师们对政策经验的总结及关于政策研究的思想和方法。发掘、整理古代的政策经验及思想，可以提炼出某些带有中国政治和文化传统的政策理论及政策方法。

——必须下大力气认真研究和总结中国共产党人 80 多年来尤其是改革开放以来的政策经验和政策理论。中国共产党人一向高度重视政策和策略在革命和建设中的作用。在长期革命斗争中，中国共产党人积累了丰富的政策经验，也留下了一些深刻的教训；同时，形成了许多政策研究的原则、理论和方法，如政策制定必须从客观实际出发；注意借鉴总结历史经验；坚持从群众中来到群众中去的群众路线；必须把党的政策变为千百万群众的自觉行动；必须在实践中检验、修正和发展政策等等。可以说，毛泽东和邓小平的政策思想是中国共产党人的政策经验的最高总结，具有中国特色的政策科学理论必须充分体现中国共产党人所创造的政策经验和政策理论及方法。

第三，大力加强公共政策学的基本理论和方法论研究，迅速提高该学科的学术水平。与传统的社会科学的各学科（如政治学、经济学、社会学等）相比，公共政策学具有更广泛的学术框架，它提倡以问题为中心而不是以学科为中心的知识产生方式，围绕政策问题的解决而整合来自于各种学科的知识和方法（特别是政治学、经济学、社会学、管理学、心理学、哲学、数学、统计学、运筹学、未来学等学科的知识和方法）。因此，当前中国公共政策学必须下大力气加强对基本理论和方法的探索，进行知识创新，提高自身的学术水平。当务之急是要特别重视作为当代公共政策学的主要理论基础的经济学的研究，并加强政策研究或政策分析方法尤其是定量方法及技术的开发。如果说20世纪70年代以前公共政策学更多的是依靠政治学途径的话，那么70年代以后，它更多地依赖于经济学途径。任何公共政策都有经济的方面，而经济政策又是公共政策的一个主要部分，因而运用经济学的假定、理论和方法来研究公共政策问题的重要性和适用性是不言而喻的（公共选择理论的兴起及成功充分说明了这一点）；而经济学在公共政策研究中的地位和作用这一点是目前我国公共政策学界所重视不够的一个问题。因此，必须加以重视并深入研究。同时，目前我国公共政策学研究中明显地存在着一种定性多、定量少的倾向，定量分析方法及技术严重缺乏。须知，没有定量分析手段，就没有公共政策学以及政策分析；该学科在很大程度上是建立在运筹学、统计学等学科和线性规划、损益分析和系统分析等方法成熟的基础之上的。新时期的中国公共政策学必须在研究方法尤其是定量分析技术的开发上下苦功，否则要取得突破是不可设想的。

第四，全面展开对公共政策学分支领域的探索，建立健全公共政策学的学科体系。国外公共政策学在其形成与发展的半个世纪的历程中，形成了众多的主题领域或分支。“政策科学”作为学科领域的总名称，包含着政策科学总论、政策分析方法、公共政策（本国公共政策研究）、比较公共政策、政策伦理学（政策价值观或公共政策与伦理关系研究）、战略研究、未来研究以及公共选择、经济政策学、社会政策学等分支，甚至对公共决策过程（政策过程）的基本环节或功能活动的分别研究也形成专门的分支，如政策战略（元政策）研究、政策规划研究、政策执行研究、政策评估（或项目评估）研究等。而在我国，政策科学的学科分化程度相当低，基本上停留在政策科学的一般理论和方法（总论）的研究上，大部分分支学科并未分化、成型。大部分高校、党校和行政学院为学生开出的政策科学课程也只有“公共政策学原理（或导论）”一门。因此，针对这一缺陷，新世纪的中国公共政策学必须全面展开对该学科的各分支领域，特别是政策分析方法、经济社会政策、比较公共政策、政策伦理学、政策过程、政策评估（项目评估）等分支的研究，加强学科分化步伐，建立健全中国公共政策学的学科体系。

第五，立足于对现实政策问题的调查研究，增强公共政策学的应用性、现实性和本土化。公共政策学的研究对象是政策实践、政策系统及其运行；它以行动取向，体现理论与实践的有机统一；它的目的和功能是提供政策相关知识，为现实政策实践服务。一方面，公共政策学反映了人类公共决策过程的本质或规律性，因而它的许多理论和方法带有客观真理性和普遍适应性，即公共政策学具有一般的国际规范；另一方面，公共政策学以各国具体的政策实践为基础，它要反映各国具体的政策系统、过程与经验，因而各国的公共政策学具有自己的特色，即公共政策学必须本土化。因此，新世纪的中国公共政策学必须处理好规范化（国际化）与本土化（特色）、主观性与客观性、价值与真理之间的关系，在充分注意国际规范，吸收国外公共政策学研究的积极成果的基础上，立足于对中国政策实践及现实政策问题（尤其是改革开放和市场经济发展中的重大政策问题）的研究，加强政策相关知识在政府决策过程中的应用，发挥公共政策学理论在政策实践中的指导作用，突显中国公共政策学的应用性、现实性和本土化。

目　录

第1章

绪　论

重点问题

- 公共政策、政策系统和政策过程
- 公共政策学的兴起
- 公共政策学的学科范围
- 公共政策学的范式特征
- 公共政策学的研究途径
- 政策分析的职业化发展
- 研究公共政策学的理由
- 公共政策学的现实意义

“公共政策（学）”（public policy）、“政策科学”（policy sciences）、“政策分析”（policy analysis）和“政策研究”（policy sdudies）是几个经常用来表示公共政策研究领域的术语。这是一个第二次世界大战后首先在西方（主要是美国）兴起的跨学科、综合性和应用性的新研究领域。从20世纪40年代末、50年代初开始，一些美国大学的学者及思想库的专家致力于一个以人类社会的基本问题尤其是公共政策问题为对象的新学科研究，开创了社会科学中的公共政策研究方向。到了60年代末、70年代初，这种新的研究方向或研究途径迅速发展并体制化，最终导致了一个相对独立的公共政策学领域的出现。70年代以后该学科的进展以及它对现实政策实践和社会发展所产生的积极影响，使得它成为各国学界和政界共同关注的学科，成为当代社会科学及管理科学中一个重要的分支领域。

1.1　公共政策、政策系统和政策过程

根据唯物辩证法和科学哲学的观点，任何一门学科都以客观世界的某一类事物、现象及其过程作为自己的研究对象，它要揭示这一类事物或现象及其过程的本质联系和规律性，并通过概念、命题、原理和方法在思维中加以再现，形成学科的理论体系。公共政策学（或公共政策分析）以社会政治生活中的政策领域，即现实的政策实践、政策系统及政策过程作为研究对象，它的基本目标是端正人类社会的发展方向，改善公共决策系统，提高公共政策制定质量。因此，公共政策学有自己相对独立的研究领域——以公共政策、政策系统及政策过程作为研究对象，这正是公共政策学成为一个相对独立学科的基本前提。因此，在具体界定什么是公共政策学之前，有必要先了解"公共政策"、"政策系统"和"政策过程"这几个基本概念。

1.1.1　公共政策

公共政策（政策）是现代社会政治生活中使用得非常广泛的概念之一。但无论是在日常生活，还是在学术领域，人们对它的含义并没有一致的看法，"迄今为止对公共政策也确无一个标准的定义"（弗兰克·费希尔语），"政策如同大象——你能够认出它来，却很难界定它"［柯宁汉姆（C. Cunningham）语］。下面是西方学界的几个有代表性的定义：

公共行政学的首创者之一，美国学者伍德罗·威尔逊（Woodrow Wilson）：政策是由政治家即具有立法权者制定的而由行政人员执行的法律和法规。①

美籍加拿大学者戴维·伊斯顿（David Easton）："公共政策是对全社会的价值做权威性的分配"②。

① 转引自伍启元：《公共政策》，4页，香港，商务印书馆，1989。

② D. Easton, *The Political System*. New York: Kropf, 1953, p. 129.

政策科学主要的倡导者和创立者哈罗德·拉斯韦尔和亚伯拉罕·卡普兰(Harald D. Lasswell and A. Kplan)：政策是“一种含有目标、价值与策略的大型计划”①。

罗伯特·艾斯顿（Robert Eyestone)：公共政策就是“政府机构和它周围环境之间的关系”②。

托马斯·戴伊（Thomas R. Dye)：“凡是政府决定做的或不做的事情就是公共政策”③。

詹姆斯·安德森（James E. Anderson)：“政策是一个有目的的活动过程，而这些活动是由一个或一批行为者，为处理某一问题或有关事务而采取的”；“公共政策是由政府机关或政府官员制定的政策”。④

卡尔·弗里德里奇（Carl J. Friedrich)：政策是“在某一特定的环境下，个人、团体或政府有计划的活动过程，提出政策的用意就是利用时机、克服障碍，以实现某个既定的目标，或达到某一既定的目的”⑤。

弗兰克·费希尔（Frank Fischer)：“我们将公共政策界定为对一项行动的政治上的决议，目的在于解决或缓和那些政治日程上的问题如经济、社会、环境等问题。不论公共政策是通过政治辩论还是正式投票来形成，都牵涉到对要实现的目标以及实现这些目标的手段两个方面的问题。”⑥

姑且抛开上述定义的差异及优劣不论，其中所包含的公共政策的基本含义是：(1) 公共政策是由政府或其他权威人士所制定的计划、规划或所采取的行动；(2) 公共政策不只是一种孤立的决定，而且是由一系列的活动所构成的过程；(3) 公共政策具有明确的目的、目标或方向，并以一定的价值观作为基础；(4) 公共政策是对全社会的有价值之物所作的权威性分配，即涉及人们的利益关系。

根据青年学者孔繁斌的综述，国内多数研究者赞同以行为准则为中心内容的界定，认为政策是指某一（或一组）行动者（主要是政府的官员、机构和团体）

---

① H. D. Lasswell and A. Kaplan, *Power and Society*. New Haven, Yale University Press, 1970. p. 71.

② R. Eyestone, *The Threads of Public Policy: A Study in Policy Leadership*. Indianapolis: Bobbs-Merril, 1971. p. 18.

③ Thomas R. Dye, *Understanding Public Policy* (6th., ed.), Englewood Cliffs, N. J.: Prentice-Hall Inc., 1987. p. 2.

④ [美] 詹姆斯·E·安德森：《公共决策》，4页，北京，华夏出版社，1990。

⑤ Carl J. Friedrich, *Man and His Government*. New York: McGraw-Hill, 1963, p. 79.

⑥ [美] 弗兰克·费希尔：《公共政策评估》，3页，北京，中国人民大学出版社，2003。

在既定的活动领域中的行为。从更广义的角度来理解，政策是政策机构和它周围环境之间的关系，政策体现了这种关系，又为处理这些关系提供了手段。一般来说，公共政策是由政府机构和政府官员制定的，公共政策体现了他们在政治系统和特定环境下的活动方式和活动过程，表达了他们的行为和目的，反映了他们实际所做的事情和效果。①

在此基础上，一些研究者依据不同的理念，从不同视角分析了公共政策的概念：一是基于现代政治学的理念，认为公共政策是政府对社会公共利益分配的动态过程②；二是基于制度经济学理念，以现代市场经济制度为背景，把公共政策理解为政府运用自己的职能来规范、引导经济法人实体、市场主体和个人行为，以及有效调动和利用社会经济资源，有利于实现公平与效率目标的一种制度安排③；三是基于公共管理的理念，认为公共政策是以政府为主的公共机构，为确保社会朝着政治系统所确定、承诺的正确方向发展，通过广泛参与的和连续的抉择以及具体实施产生效果的途径，利用公共资源，达到解决社会公共问题，平衡、协调社会公众利益目的的公共管理活动过程。④

参考国内外学者的看法，我们可以将公共政策界定为：国家（政府）、执政党及其他政治团体在特定时期为实现一定的社会政治、经济和文化目标所采取的政治行动或所规定的行为准则，它是一系列谋略、法令、措施、办法、方法、条例等的总称。

我们可以从如下的几方面来把握“政策”的内涵：

第一，公共政策由特定的主体，即由国家或政府、执政党及其他政治团体所制定及执行，政策体现了主体的意志，它与个人、企业等所做出的决定不同，具有法定的权威性。

第二，公共政策具有特定的价值取向，要实现特定目标或目的。政策不是无意识或偶然性的行为，总是要实现特定的目标，具有明确的方向性。同时，政策又在特定的历史时期内起作用，具有时效性。

第三，公共政策表现为由一系列行为所构成的行动过程，是政府为解决特定社会问题以及调整相关利益关系而采取的政治行动过程。毛泽东同志指出：“政

---

① 参见朱崇实、陈振明主编：《公共政策》，北京，中国人民大学出版社，1999；张金马：《公共政策：学科定位和概念分析》，载《北京行政学院学报》，2000（1）。

② 参见陈庆云：《公共政策分析》，北京，中国经济出版社，2000。

③ 参见刘溶沧：《中国经济体制转型与公共政策的重新定位》，见《中国：走向21世纪的公共政策选择（上）》，北京，社会科学文献出版社，1999。

④ 参见胡宁生：《现代公共政策研究》，北京，中国社会科学出版社，2000。

策是革命政党一切实际行动的出发点，并且表现于行动的过程和归宿。一个革命政党的任何行动都是实行政策。不是实行正确的政策，就是实行错误的政策；不是自觉地，就是盲目地实行某种政策。”①

第四，公共政策是一种行为准则或行为规范。政策总有具体的作用对象或客体，它规定对象应做什么和不应做什么；规定哪些行为受鼓励，哪些行为被禁止。政策规定常带有强制性，它必须为政策对象所遵守。

政策的本质及功能集中表现在以下三个方面：(1) 作为政治控制或阶级统治的工具。政策集中反映或体现统治阶级的意志和愿望，是执政党、国家或政府进行政治控制或阶级统治的工具或手段。(2) 作为公共管理的手段。政策作为执政党、国家或政府的公共管理的工具或手段，服务于社会经济的发展和文化的进步。(3) 作为利益关系的调节器。政策作为分配或调整各种利益关系的工具或手段，是各种利益关系的调节器（所有政策最终都表现为对利益关系的处理）。

1.1.2 政策系统

政策系统是公共政策运行的载体，是政策过程展开的基础。政策系统内部各因素的联系是否得当，直接影响到政策的运行是否顺畅，并决定政策效果的好坏。按照 E. R. 克鲁斯克等人主编的《公共政策辞典》的界定，政策系统是“政策制定过程所包含的一整套相互联系的因素，包括公共机构、政策制度、政府官僚机构以及社会总体的法律和价值观”。我们对政策系统作了颇为不同的理解，将它界定为由政策主体、政策客体及其与政策环境相互作用而构成的社会政治系统。

1. 政策主体

政策主体（政策活动者）可以一般地界定为直接或间接地参与政策制定、执行、评估和监控的个人、团体或组织。政策主体的构成因素一般都包括立法机关、行政机关、司法机关、政党、利益团体、思想库、大众传媒和公民（选民）等。但是，由于各国的社会政治制度、经济发展状况、文化传统等方面的不同，各国的政策过程存在着差别。因此，政策主体的构成因素及其作用方式也有所不同。

西方政策科学的论著或教科书往往将政策主体或政策活动者划分为官方的和非官方的两类。官方的政策活动者是指政治体制内的、行使公共权力的政策过程

① 《毛泽东选集》，2版，第4卷，1286页，北京，人民出版社，1991。

的参与者，一般包括国家机构、执政党、政治家和官员；非官方的政策活动者是指政治体制外的、不直接行使公共权力的政策过程的参与者，主要包括利益团体、公民（选民）、大众传媒以及民间思想库等。

安德森在《公共决策》一书中将政策制定者分为官方的和非官方的两大类。在他看来，官方的政策制定者是指那些具有合法权威去制定公共政策的人们，包括立法者、行政官员、行政管理人员和司法人员；非官方的政策制定者或组织，包括利益团体、政党和行为个人的公民等。① 琼斯和马瑟斯（Charles O. Jones and Dieter Metthes）在《政策形成》一文中分析了政策提案的来源，将政策提案者（即政策制定者）分为政府内部和政府外部两大类。政府内部的提案者包括：行政长官（总统、州长、市长等）、官僚、咨询者、研究机构、议员及其助手；政府外部的提案者包括：利益团体和协会、委托人团体、公民团体、政治党派和传播媒介等。②

2. 政策客体

政策客体指的是政策所发生作用的对象，包括政策所要处理的社会问题（事）和所要发生作用的社会成员（人）两个方面。政策最基本的特征就是充当人们处理社会问题，进行社会控制以及调整人们之间关系特别是利益关系的工具或手段。

从事的角度看，公共政策所要处理的是社会问题、公共问题或政策问题。社会问题以及政策问题不仅是一种客观的存在状况，而且也是人们主观构造的产物。它是被人们感知、觉察到的状况，是由于价值、规范和利益冲突引起的，需要加以解决的状况。因此，一种社会状况构成社会问题或政策问题与否，问题的严重性程度如何是与人的主观判断密切相关的。

从人的角度看，政策所发生作用的对象是社会成员，这些受规范、制约的社会成员称为目标团体。政策有大有小，它们发生作用的范围不同，因而所要影响或调节、控制的社会成员及其行为的范围也就不同。

政策所要调整或规范的是人的行为以及人与人之间的关系尤其是利益关系。它们鼓励人们去从事某些活动，而禁止人们去从事另一些活动，引导人们朝着政府所期望的目标前进。人们在社会生产和生活中存在着各式各样的、错综复杂的关系，而其中最基本的是利益关系。党和国家的政策要指导人们处理好全体社会

---

① 参见［美］詹姆斯·E·安德森：《公共决策》，44～58页。

② 参见［美］斯图亚特·S·那格尔主编：《政策研究百科全书》（“政策形成”一章），北京，科学技术文献出版社，1990。

成员的利益与各种利益团体利益之间的关系。

3. 政策环境

所谓政策环境，是指影响政策产生、存在和发展的一切因素的总和。从系统论的角度看，凡是影响政策的存在、发展及其变化的因素皆构成政策环境，包括自然环境和社会环境两大部分。自然环境主要是指一个国家或地区的地理位置、面积大小、气候条件、山川河流、矿藏资源等，它对一个国家或地区的内外政策具有影响和制约作用。社会环境主要包括：政治、经济、社会和文化状况以及体制或制度等方面，它对公共政策起着更直接更重要的影响、制约甚至决定的作用。

（1）社会经济状况。社会经济状况或发展水平是一国或地区的公共决策的最重要的依据。政府要想制定出合理的政策方案，并使它取得预期效果，首要的和根本的一条是从本国或本地的实际情况尤其是社会经济发展的现实出发，任何超越或落后于社会经济发展水平的政策最终注定是要失败的。

（2）体制或制度条件。政策总是在一定经济和文化体制或制度下制定和实施的。体制或制度为公共政策提供外部的组织环境，其中尤以政治体制和经济体制最为重要。政策过程的状况如何，在很大程度上受制于现实体制。所谓体制，是指国家机关、企业事业单位的机构设置、隶属关系和权责划分等方面的体系和制度的总称。

（3）政治文化。政治文化是人类政治生活中的主观意识范畴，是人们对有关政治方面的信仰、理论、感情、情绪、评价和态度等历史和现实的总和。作为政策环境的重要组成部分，政治文化对政策过程产生深刻的影响。可以把渗透、影响政策过程的政治文化称为政策文化。政治文化的各个层次——政治意识、政治价值观和政治理想等——影响或制约公共政策过程。

（4）国际环境。一国或地区的公共政策不但受制于国内环境，而且同样受制于国际环境。国际的政治、经济、军事、外交和科技文化方面的条件，是一国或地区的公共政策制定与执行必须认真考虑的因素。特别是当代全球化、市场化和信息化的浪潮的出现，使得国际环境因素在一国或地区的政策制定与执行中的地位和作用日益加强。

4. 政策系统的划分

现代化、科学化的公共决策系统（政策系统）是由信息、咨询（参谋）、决断、执行和监控等子系统所构成的大系统。政策过程及其各项功能活动是由这些子系统共同完成的，这些子系统各有分工、相互独立，又密切配合、协同一致，促使政策大系统的运行得以顺利地展开。

（1）信息子系统。信息子系统由掌握信息技术的专门人才所组成，从事信息的收集、整理、储存和传递等活动，为公共决策提供信息资料。从某种意义上说，公共决策过程也就是信息的流动与转换的过程，而信息充分原则是公共决策的基本原则，信息是政策制定、执行、评估和监控的依据；没有信息，这些活动就无法展开。

（2）咨询子系统。咨询子系统又称参谋子系统或智囊子系统，它是由思想库（现代政策研究组织）以及各种专家、学者所组成的子系统。它集中专家们的集体智慧，运用科学的方法和技术，为公共决策提供方案和其他方面的咨询服务。

（3）决断子系统。决断子系统也称中枢子系统，它由拥有决策权力的高层领导者所组成。决断子系统在整个公共决策系统中居于核心地位，是公共决策活动的组织者，又是政策的最终决定者，领导公共决策活动的全过程。

（4）执行子系统。执行子系统是由政策执行组织及其人员特别是政府行政机关和行政人员所构成的。它是政策系统的有机组成部分，其主要职责是将政策方案（理想）转变为政策效果（现实）。

（5）监控子系统。监控子系统是整个政策系统的一个有机组成部分，它是体制内和体制外的有关部门、单位和个人所组成的一个子系统，相对独立于信息、咨询、决断、执行等子系统，其地位较为特殊。它的作用贯穿于整个公共决策过程尤其是政策执行的过程之中，目的是使政策目标得以顺利实施，避免政策的变形走样，保持政策的权威性和严肃性。

1.1.3 政策过程

政策主体、政策客体及其与政策环境的相互联系和相互作用，使得政策系统呈现一个动态的运行过程。按照伊斯顿的政治系统论观点，政策系统的运行表现为一个系统的不断输入、转换、输出的过程。政策环境首先把种种要求和支持传导给政策主体，从而输入政治体系。在这里，所谓要求是指个人和团体为了满足自己的利益而向政府提出采取行动的主张；所谓支持，是指团体和个人遵守选举结果、缴纳税收、服从法律以及接受权威性的政府为满足要求而做出的决定或所采取的行动。这些要求和支持通过政治体系内部转换，变成政策方案输出，作用于环境，引起环境变化，产生新的要求。而这种新的要求反馈到政治体系，进一步导致政策输出。在这种循环往复中，政策源源不断地产生。政策系统的运行得以持续进行。

1. 政策过程本质上是一种政治过程

政策系统的运行即是公共决策的过程或政策过程，就其本质来说是一种政治过程。公共决策（非市场决策）可以一般地定义为国家、政府及执政党为公共物品（public goods）的生产及供应，为宏观调控经济及社会的运行而作出决策；它不同于市场决策（个人决策和企业决策）。后者是市场主体（个人和企业）根据市场供求关系来决定私人物品（private goods）的生产和供应，即企业决定生产什么、如何生产和为谁生产；作为消费者的个人和企业决定购买什么和消费什么产品、服务等。公共决策的主体是国家、政府及执政党，它通过政治过程决定资源在不同公共物品之间的配置或决定全社会价值、利益在不同阶层、团体或个人中的分配。公共决策作为集体行动，表现为政治权力的运行过程，它按照政治的程序和规则而运转。

那么，公共决策所遵循的政治程序、规则及方式是什么呢？公共决策程序或规则是公共决策体制的一个基本组成部分。在现代社会中，有两种基本的公共决策体制，即民主的决策体制和非民主的决策体制。非民主决策体制的典型是独裁决策体制。在这种体制下，公共决策或公共物品的供给取决于独裁者本人的偏好，由他（们）说了算，且他（们）宣称自己是为社会或公众作决策，标榜其偏好与公众的偏好相一致，做出的决策符合公共利益，但实际上并非如此。独裁决策制往往难以反映多数人的偏好，违背公共利益，给全社会带来灾难与损失。

民主的决策体制则有两种形式，即直接民主制和代议民主制。在直接民主制条件下，公共决策或公共物品的需求决定由选民或公民直接投票决定，即由选民的倾向性或偏好来决定政策方案及公共物品的供给。这种直接民主制能全面反映选民的偏好，但决策成本高。在代议民主制条件下，公共决策或公共物品的需求决定是由选民或投票人选举出代表（议员、人大代表等），再由这些代表做出公共决策。依照这种决策程序，选民所选择的并不是公共政策本身，而是那些被认为能较好代表其利益的政治家。因此，代议民主制实际上是一种公民间接参与公共决策的程序，它力求在决策成本和公民偏好的一致性程度上寻求一个合适的平衡，是一种较为普遍的决策体制。

在民主决策体制中经常使用的投票规则（表决方式）有一致同意规则、过半数规则、最优多数规则和加权投票规则等。每一种投票规则均有其优劣，它是否有效取决于其成本的高低。投票规则的成本有外在成本和决策成本两种。所谓外在成本（或称预期外在成本）是指在决策规则的选择中，由于其他人的行动而使单个参与者预期个人所承担的成本，或者说，是一项政策方案的实施将给那些偏好与之不一致的人所带来的损害，这种成本是通过集体决策的内在强制性而施加给单个参与者的。所谓决策成本是指单个参与者为使集体决策得到所需的同意人数而耗费的时间和精力，亦即决策过程所耗费人力、物力和时间成本。

用上述两种标准，可以衡量各种投票规则的相对优劣。例如，一致同意规则指所有投票人都对某项公共政策方案投赞成票或不反对（投弃权票）的表决方式，其特征是每个决策者形式上都享有平等的决策权，任何一个否决行动都对方案能否最终通过具有决定性的意义，而且这一规则导向帕累托最优，即所有投票者都可以获益，或者至少没有一个投票者的利益受损。因此，一致同意规则的外在成本极小乃至于零；但是其决策成本太高，即为达到一个大家都满意、互不损害对方利益的最优方案，不得不进行反复的讨价还价，多方再三协商，因而时间、精力、财力耗费大，甚至贻误决策时机。

2. 政策过程的阶段途径

政策系统的运行表现为各个阶段或者环节，或者说它是由一系列的功能活动所组成的一个过程。关于这个过程究竟由多少个阶段、环节或功能活动所组成的问题，政策科学家们有不同的说法。在20世纪80年代以前，政策过程研究的基本和主导的途径是阶段途径，即把政策过程分为若干阶段来加以分别的研究，这种途径被称为阶段启发法（the stages heuristic）。近20年来，阶段途径受到批评与挑战，人们提出了各种新的替代途径或概念框架，从而丰富了政策过程的理论。

迄今为止，了解政策过程的最成熟和最有影响的途径仍然是阶段途径。这种途径发源于拉斯韦尔，经过琼斯（Charls Jones）、安德森（James Anderson）、布鲁尔（Garry. D. Brewer）和狄龙（Peter Deleon）等人的论述，而在20世纪七八十年代成熟起来，成为了解政策过程的基本的甚至是唯一途径。该途径将政策过程划分为一系列阶段或环节——通常包括政策议程，政策规划与合法化、执行、评估和终结等阶段，并在每一阶段讨论影响政策过程的各种基本因素。

作为政策科学的奠基人，拉斯韦尔在《政策科学》（1951）、《决策过程》（1956）和《政策科学展望》（1971）等著作中力求提供“一种能够获得关于任何集体行动的主要阶段的一般化图像的概念地图”。尤其是在《决策过程》这一论著中，他将决策过程划分为情报、建议、规定、行使、应用、终结、评价七个阶段。这是关于政策过程的阶段划分的起源。①

后来，拉斯韦尔的学生布鲁尔发表了一篇题为《政策科学的出现》的论文，文中根据拉斯韦尔的思路，提出了政策过程的六个阶段学说。这六个阶段分别是

① Harold D. Lasswell. “The Policy Orientation.” In Daniel Lerner and Harold D. Lasswell, eds., *The Policy Sciences*. Stanford: Stanford University Press, 1951; *The Decision Process*. College Park: University of Maryland Press, 1956; *A Pre-View of Policy Sciences*. New York: American Elsevier, 1971.

创议、估计、选择、执行、评估、终结。布鲁尔的六阶段学说对20世纪70年代中期以后政策过程的阶段框架的形成产生了深刻的影响。①

对于政策过程的阶段途径的流行产生较大影响的作者及著作还有：琼斯的《公共政策研究导论》（1970、1977和1984），该书将政策过程看作是由如下11个功能活动环节或阶段所构成的过程，即感知/定义、汇集、组织、表述、议程确立、方案形成、合法化、预算、执行、评估、调整/终结②；安德森的《公共决策》（1975、1979），该书将政策过程的功能活动划分为以下五个范畴：问题的形成、政策方案的制定、政策方案的通过、政策的实施、政策的评价③；布鲁尔和狄龙的《政策科学的基础》（1983），该书确立了政策过程的基本阶段及其理论基础。④ 此外，梅和韦达夫斯基在《政策周期》（1978）这一论著中也提出了类似的政策过程的阶段模式。⑤

作为一种最早的和较为成熟的政策过程模式，阶段途径产生了广泛的影响。阶段途径的主要成就表现在：一是简化了复杂的政策过程，将涉及众多因素和活动的政策过程分解成若干阶段或环节，并对每一阶段加以解剖和分析，这是了解政策过程的实质的必不可少的一步。二是带来了众多的关于政策过程各阶段研究的成果，加深了人们对政策过程的认识，丰富了政策科学的理论。特别是20世纪七八十年代，它引发了对政策议程、政策执行、政策评估和政策终结的深入研究，产生出一批有影响的论著。例如，波尔比（N. Polsby）的《美国的政治革新》（1984），金顿（J. Kingdon）的《议程、备选方案和公共政策》（1984），里夫林（A. Rivlin）的《社会行动的系统思维》（1971），奎德（E. Quade）的《公共决策分析》（1983），普雷斯曼和韦达夫斯基的（J. Pressman and A. Wildavsky）《执行》（1973），巴达克（E. Bardach）的《执行游戏》（1977），马兹曼尼安和萨巴蒂尔（D. Mazmanian and P. Sabatier）的《执行和公共政策》（1983），舒什曼（E. Suchman）的《评估研究》（1967），考夫曼（H. Kaufman）的《政策组织是永存的吗?》（1976）等。三是为了解现实的政策运行提供了一种有用的概念

---

① Garry D. Brewer, "Policy Sciences Emerge: To Nurture and Structure a Discipline." *Policy Sciences* 5 (3), (September), 1974: pp. 239-244.

② Charles Jones. *An Introduction to the Study of Public Policy*, 3d ed. Belmont, Calif.: Wadsworth, 1984 (originally published in 1970; 2d ed., 1977).

③ James Anderson. *Public Policy-Making*. New York: Praeger, 1975.

④ Gary Brewer and Peter Deleon. *The Foundations of Policy Analysis*. Monterey, Calif.: Brooks/Cole, 1983.

⑤ Judith V. May and Aaron B. Wildavsky, eds. *The Policy Cycle*. Beverly Hills, Calif.: Sage, 1978.

框架，尤其是它与常识相一致，易于被接受、把握和应用于实践之中。

然而，阶段途径的局限性也是显而易见的。它把复杂的政策过程还原为若干阶段来分别加以研究，并往往用线性的观点来看待各阶段的关系，即它们被看作是一种在时间上前后相续的过程；它并未深入探究政策过程中的因果关系，对政策过程的解释不充分，也难以进行预言；它对政策实践的了解是片面的，其应用也是有限的。因而这种途径被有的学者称为“教科书途径”。

20世纪80年代末以来，阶段途径因其自身的问题与局限性而受到了许多政策科学学者的批评。1987年，青木（R. Nakamura）在一篇题为《教科书式的政策过程与执行研究》的论文中，首次对阶段途径提出质疑，认为被广泛应用的阶段途并未得到准确的说明，因而不能成为一种“范式”。① 1988年开始，萨巴蒂尔在几篇相关的论文中指出，政策过程的阶段启发法作为研究和教学的基础有着严重的局限性，特别是它忽视了观念在政策演化中的作用。②

萨巴蒂尔在《政策过程理论》一书中将对阶段途径的批评归纳为如下四点③：一是阶段途径并不是一种真正的因果理论，因为它并未揭示出政策过程各阶段之间的内在因果关系；相反，每个阶段的研究都形成自身的而几乎与其他阶段无关的理论。二是它对各阶段的先后顺序的描述是不准确的。实际上，政策过程的各个阶段是交叉的、相互作用的。例如，项目的评估影响议程的确立，政策规划与合法性也随官僚试图执行模糊不清的法规而出现。三是阶段途径带有一种偏见，它所注重的是一种立法上的、自上而下的过程，其焦点集中于重大法规的通过与执行，而忽视在特定的政策领域内有无数的政策与法规的执行与评估的相互作用。四是这种途径往往持有唯一或单一的政策周期的假定，把政策过程的循环反复和长期性及复杂性过分简单化了。萨巴蒂尔等人得出的基本结论是：阶段启发法已经失去其生命力和有效性，即它已经过时，必须建立更好的理论框架来取而代之。

3. 政策过程的新理论框架

近20年来，西方政策科学学者在批判反思阶段启发法的基础上，提出了各种关于政策过程的新理论框架，包括制度理性选择框架、多源流框架、中断—平

---

① Robert Nakamura. “The Textbook Process and Implementation Research,” *Policy Studies Review* 1，1987：pp. 142－154.

② Paul Sabatier. “Top-Down and Bottom-Up Models of Policy Implementation：A Critical and Suggested Synthesis,” *Journal of Public Policy* 6（January），1986. pp. 21－48；“Toward Better Theories of the Policy Process,” *PS：Political Science and Politics* 24（June），1991：pp. 147－156.

③ Paul A. Sabatier ed.，*Theories of the Policy Press*. Boulder：Westview Press，1999，p. 7.

衡框架、辩护联盟框架、政策扩散框架、因果性途径、权力角斗场理论、文化理论、建构主义框架、政策论域框架等。下面，我们根据萨巴蒂尔主编的《政策过程理论》一书的论述，简要介绍几种较有影响的途径。

(1) 制度理性选择框架。制度理性选择 (institutional rational choice) 不是单一的框架，而是一类框架。这类途径或框架的焦点是，制度规则是如何改变由物质上的自我利益所激励的自觉理性个人的行为。尽管大部分制度理性选择文献集中在一系列特殊的制度，如美国的国会与行政机构的关系，但是其一般的框架的范围十分广泛，并且已被应用到美国和其他国家的重要的公共政策问题上。它是目前政策过程的新理论框架中较为成熟和较具影响力的途径。奥斯特罗姆 (E. Ostrom) 的《制度理性选择：制度分析和发展框架的评估》一文（见《政策过程理论》一书中）对这种途径作了很好的说明。

(2) 多源流框架。多源流框架 (multiple-streams framework) 是由金顿 (J. Kingdon) 在《议程、备选方案和公共政策》(1984) 一书中根据科恩、马奇和奥尔森等人的有关组织行为的"垃圾桶模式"而提出的。它将政策过程看作由如下三股源流所构成的过程：问题流（由关于各种问题的数据以及各种问题定义的支持者所组成）、政策流（包含政策问题的解决方案的支持者）和政治流（由选举和民选官员所组成）。依金顿的观点，这三种源流平时彼此独立运行，只有当"机会窗户"打开时，才允许政策企业家将不同的源流配对。如果政策企业家取得成功，那么结果就是重大的政策变化。尽管多源流框架并不总是清楚和内在地一致的，但它似乎可以应用于非常广泛的政策领域，它的文献在社会科学中也被广泛地应用。

(3) 中断—平衡框架。中断—平衡框架 (punctuated-equilibrium framework) 最初是由鲍姆加特纳和琼斯 (F. Baumgartner and Bryan Jones) 在《美国政治中的议程和不稳定性》(1993) 一书中提出的。[①] 它认为，美国的政策（制定）过程以被短期的重大政策变化所打断的长期渐进变化作为特征。当反对者设法形成新的"政策形象"并探索多方面的政策发生的可能性时，就会发生重大的政策变化。这一框架最初被用于解释立法变化，最近它的应用范围被扩展，用于分析和解释联邦政府预算的长期变化。

(4) 辩护联盟框架。辩护联盟框架 (advocacy coalition framework) 是由萨巴蒂尔和詹金斯-史密斯 (Jenkins-Smith) 在《政策变化和政策取向的学习》

① Frank Baumgarther and Bryan Jones. *Agendas and Instability in American Politics*. Chicago: University of Chicago Press, 1993.

(1988) 和《政策变化和学习》(1993)[1] 等论著中提出的，它主要关注政策次属系统中辩护联盟——每个联盟由来自于不同机构的享有共同政策信念的行动者所构成——的相互作用。这种框架花了大量的时间来描述政策精英的信念系统，并分析那些可能出现的跨联盟政策取向学习的条件。这种途径在经合组织国家中引起了相当浓厚的兴趣，也带来了某些建设性的批评。

(5) 政策扩散框架。政策扩散框架 (policy diffusion framework) 是由 F. S. 贝里和 W. 贝里 (Frances Stokes Berry and William Berry) 在《作为政策创新的州彩票抽奖法》(1990) 和《州的税制创新》(1992)[2] 等论文中提出的。它力图解释在跨州或地方在采纳特殊政策创新 (如抽彩票抽奖法) 中的不同。它认为这种创新被采纳是特殊政治制度的特点和不同扩散过程的函数。近年来，又有学者将这种途径与政策网络的文献整合在一起。[3] 目前，这种途径仅仅被应用到美国的政策过程，它应扩展到欧盟和其他经合组织国家的政策过程上。

1.2 公共政策学的范式

公共政策学是如何形成和发展起来的？什么是公共政策学？如何界定它的研究范围？它的“范式”特征是什么？公共政策学有哪些研究途径？本节将对这些问题加以考察和分析。

1.2.1 公共政策学的兴起

1. 公共政策学的形成

作为一门研究政策相关知识 (即公共政策过程的知识以及这一过程所使用的其他知识) 的学科领域，公共政策学源远流长。它的源头可以追溯到人类文明之初，因为有了公共事务的管理，也就需要政策相关知识的研究。我们可以从古代及中世纪的历史典籍中找到大量关于政策及政策相关知识研究的论述，而近现代

① Paul A. Sabatier and Hank C. Jenkins-Smith. eds., *Policy Change and Learning*: An Advocacy Coalition Approach. Boulder: Westview Press, 1993.

② Frances Stokes Berry and William Berry. “State Lottery Adoptions as Policy Innovations: An Event History Analysis,” *American Political Science Review* 84, (June), 1990: pp. 397－415; “Tax Innovation in the States: Capitalizing on Political Opportunity,” *American Journal of Political Science* 36(August), 1992: pp. 715－742.

③ Michael Mintrom and Sandra Vergari. “Policy Networks and Innovation Diffusion: The Case of State Educational Reform,” *Journal of Politics* 60 (February), 1998: pp. 120－148.

特别是19世纪和20世纪上半期社会科学的发展为政策科学的诞生奠定了坚实的基础；在经济学、政治学、行政学和社会学以及运筹学和系统分析等领域积累起来的政策相关知识、政策研究理论和方法及技术，则构成了公共政策学发展的直接先导或基础。

1951年，美国斯坦福大学出版社出版了由拉纳（Daniel Lerner）和拉斯韦尔主编的《政策科学：范围和方法的新近发展》一书，被人们当作是公共政策学诞生的标志。此后，在美国兴起了一场旷日持久的“政策科学运动”（policy sciences movement），并形成了这个研究领域的一个主导范式，即拉斯韦尔-德洛尔的政策科学传统。

“20世纪50年代起，政策研究得到迅速发展，尤其是在美国。政治学家哈罗德·拉斯韦尔在其一系列著作中，提出‘政策科学’概念，并构建了政策科学的基本理论框架”[①]。拉斯韦尔被誉为“现代政策科学的创立者”。在《政策科学》尤其是其中的《政策方向》一文中，他首次对社会科学中的政策研究方向即政策科学的对象、性质和发展方向等问题加以论述，奠定了政策科学发展的基础。他认为，政策科学或社会科学中的政策方向可以超越社会科学的零碎的专门化，确立一种全新的、统一的社会科学；时下局部的问题并不是政策科学所主要关心的，政策科学将致力于一般选择理论的研究；政策科学是某种不同于应用社会科学的东西，因为它主要关心“社会中人的基本问题”；“关心解释政策制定和政策执行过程，关心搜集数据并提供对特定时期政策问题的解释”。政策科学采取一种全球观点，强调政策的历史脉络尤其是面向未来，重视对变化、创新和革命的研究。[②]

虽然拉斯韦尔在20世纪50年代初就指明了社会科学中的政策研究方向，但是此后的十几年里，除了在政策分析的定量方法及技术方面，特别是运筹学、系统分析、线性规划和成本—效益分析等方法及技术上取得成就之外，政策科学的学科建设并没有取得重大突破。60年代中期以后，情况发生了改变，政策科学取得了迅速的发展。著名哲学家托马斯·库恩（Thomas S. Kuhn）的《科学革命的结构》(1962) 在当时起到了方法论的解放作用，给政策科学的发展注入了活力。但为政策科学的突破作出贡献的是一批政策科学家及政策分析者（更准确地说是一批政治学家、经济学家、社会学家或系统分析家），其中最突出的是叶海卡·德洛尔（Yehezkel Dror）。他在1968—1971年短短的几年里，出版了政

① ［英］米切尔·黑尧：《现代国家的政策过程》，2页，北京，中国青年出版社，2004。

② See, Daniel Lerner and Harold D. Lasswell, The Policy Sciences: Recent Development in Scope and Method. Stamford, CA: Stamford University Press, 1951.

策科学的“三部曲”——《公共政策制定检讨》（1968）、《政策科学构想》（1971）、《政策科学进展》（1971），并发表了一批政策科学论文。这些论著构成了政策科学发展的第二个里程碑。德洛尔继承和发展了拉斯韦尔的政策科学思想，对政策科学的一系列基本理论问题作了进一步具体详尽（有时近乎烦琐）的论证，从而形成了拉斯韦尔-德洛尔的政策科学传统。

在这些论著中，德洛尔分析当代社会科学尤其是管理科学和行为科学的局限性以及政策科学产生的必然性和必要性，讨论了政策科学的对象、性质、范围及方法论问题。

德洛尔认为，与传统的常规科学相比，政策科学具有如下一系列的新范式：政策科学主要关心的是理解和改善社会发展方向，基本目标是公共决策系统的改进和公共政策质量的提高；政策科学所研究的是公共政策制定的宏观层次，即地方的、全国的和跨国的政策制定系统；政策科学在传统的学科特别是行为科学和管理科学之间架起桥梁，它必须整合来自各种学科的知识，构成一个集中关注政策制定的跨学科系统；政策科学在通常的纯粹的研究和应用的研究之间架起了桥梁，这两种研究的整合是通过将政策制定系统的改善作为最终目标来实现的；政策科学除了使用常规的研究方法外，还将不证自明的真理和个人的经验当做重要的知识来源，它强调学者与官员尤其是政策制定者的紧密合作；政策科学既关心工具—规范的知识，又重视政策价值观的研究；有条理的创造性是政策科学各部分的一个重要的构成因素，因此，鼓励和刺激这种创造性是政策科学的一个主题和重要的方法论之一；政策科学对于时间非常敏感，它将现在看作是过去和未来之间的桥梁，它既强调历史发展，又注重未来研究；政策科学对于变化的过程和动态的环境十分敏感，对于社会变化条件以及指导变化的政策制定的强烈关注构成政策科学的基本模式、概念和方法论前提条件；政策科学涉及系统化的知识和结构化的合理性对公共政策制定的贡献，但也明显地认识到超理性和非理性过程的重要作用；政策科学既修正已被接受的科学原则和基本方法论，又将它们扩展到已被接受的科学研究的界限之外；政策科学要成为自觉的，就必须寻求自己的范式、假定和理论；政策科学为其在实际政策制定中日益增加的应用性和职业化而奋斗；政策科学尽管有种种的创新，但它属于科学的事实，并为科学的传统（如证实和有效性）而努力。①

---

① See，Yehezkel Dror，Design for Policy Sciences，New York：Elsevier Inc.，1971，pp. 50－53；Ventures in Policy Sciences；New York：Elsevier Inc.，1971 pp. 3－4；“Prolegomenon to Policy Sciences”，Policy Sciences，No. 1（spring，1970），pp. 139－180.

20 世纪 60 年代末，当政策科学作为一个独立研究领域刚趋向成熟时，一些著名高等学府的学者就迫不及待地把研究生教育的眼光紧紧地盯住了这个充满希望和诱惑的新领域。从 1967 年到 1971 年短短的几年里，出现了第一批公共政策学院或研究所（如美国密歇根大学公共政策研究所、哈佛大学肯尼迪政府学院、加州大学伯克利分校公共政策学院、兰德公司研究生院、杜克大学政策科学研究所等），开始了这方面的硕士和博士教育。这些著名学府不约而同地兴办政策科学专业的研究生教育项目，充分说明这一领域的重要性和生命力，说明它在培养政府决策、管理和政策分析人才方面的优越性，有力地推动了政策科学的进一步发展。

2. 公共政策学的新进展

20 世纪七八十年代，政策科学研究获得了新的进展，在政策系统与政策过程的研究上取得显著的成就，特别是在政策评估、政策执行和政策终结方面形成了各种理论。首先，政策评估成为一个重要的研究领域。60 年代美国联邦政府推行了许多重大的改革和发展政策，70 年代对其中的一部分进行评估，这在客观上促进了政策评估研究的发展。其次，政策执行也成为政策科学研究的一个重要课题。针对 60 年代美国社会改革（“伟大社会”改革计划）政策的失败，政策执行的研究得到了加强。哈佛大学肯尼迪政府学院首先发表了一篇《公共政策执行问题的报告》，指出对政策执行过程的政治与官僚方面的研究往往为人们所忽视；有些学者如哈格罗夫则指出，在政策形成与政策成功之间存在着一个忽略或错失了的环节——政策执行，只有加以补充，才能使政策生效；加州大学伯克利分校公共政策学院的普雷斯曼和韦达夫斯基等人则对奥克兰计划案例进行详细的跟踪研究，写成经典性的《执行》一书。他们力图解决失误的政策能否终止、如何终止以及采取何种终止策略问题，由此形成相关的政策终结及周期理论。最后，70 年代崭露头角的公共选择（public choice）理论也可以视为政策科学在这一时期取得的一个成就，因为这种理论实质上是用经济学的途径来研究非市场决策即公共决策问题。

英国学者米切尔·黑尧认为，在 1980 年，政策科学研究重点发生了两个方向性的转变，其一是要求政策分析更多地植根于古典经济学的技术方法，公共管理应该吸收利用企业管理的理念。其二是曾经喧嚣一时的发展一种政策设计的“科学”方法的幻想破灭，越来越多的人认识到，政策过程是复杂的，受到一系列外在因素的影响，这些因素难以控制，在某些方面甚至是随意的。一些政策分析家对进一步理解政策（政策的分析）感兴趣，一些政策分析家对改善政策的质量（为政策分析）感兴趣，而一些政策分析家则对这两方面都感兴趣。此外，还有一种政策分析视角，就是关注目的和手段，在这种情况下，当然也有一大批政策分析家同时关注这两个要素，而反对将它们割裂开来进行分析。①

最近的二三十年来，西方的政策科学研究出现了一系列的新变化及新趋势：一是政策科学作为一门统一的社会科学的范式受到作为一门应用性社会科学的政策科学范式的挑战，政策科学与公共行政学及管理学的合流而导致公共管理学的兴起（美国政策科学或政策分析的最权威的组织——政策分析与管理学会的成立，目的就是要沟通政策分析研究和管理研究，促进组织管理与公共政策的融合）。二是公共政策研究的经济学途径的地位越来越突出。经济学途径历来是政策科学或政策研究的一个主导途径。它采用经济学的理论假定、概念框架、分析方法及技术来看待公共政策问题。在当代政策科学学科中，最有影响的经济学途径是福利经济学理论、公共选择理论和新制度学派（这后两种理论就是“新政治经济学”的途径）。三是政策科学学科在不断分化尤其是出现了比较公共政策、政策伦理学、政策工具研究等分支学科，政策科学在许多主题领域中研究取得新的进展，形成了新的理论。例如，政策价值观或公共政策与伦理关系问题的研究得到加强，政策科学的研究者从政治哲学、案例分析、职业道德等角度或方面去研究政策价值观问题。四是政策研究的视野进一步拓宽，一些学者认为过去的政策科学片面强调经济理性和技术理性，无法解释丰富多彩的政策现象，因此，这些学者主张用社会、政治和法律的理性取代经济和技术的理性。

现在，政策科学在美国已经体制化了。其体制化的内容包括学术团体、基金来源、出版发行渠道、教育培训和职业化等方面都已相当完备。在学术团体方面，出现了一批学会（如政策研究组织、评估研究会、公共政策分析与管理学会）和大量的思想库（如布鲁金斯学会、斯坦福研究所、企业研究所和传统基金会）。在出版发行渠道方面，出现了一批政策科学或政策分析的期刊（如《政策科学》、《政策分析》、《政策研究杂志》、《公共政策》、《政策分析与管理杂志》等）以及一批周边期刊（如《美国公共行政评论》、《美国政治科学评论》等）；出版了大量的论著或教科书。在教育培训方面，继第一批公共政策研究学院出现之后，许多大学纷纷效仿，设立相同或相似的学院或研究所。现在美国的主要研究性大学都设有公共政策研究生院、研究所或中心，一般的大学都开设了这方面的课程。在职业化方面，“政策分析家”已成为一种正式的职业，联邦、州和地方政府都设立了政策分析职位，再加上大学及思想库的教研职位，政策科学的职业化已达到相当的规模。总之，经过半个多世纪的发展，政策科学已成为美国及

① 参见［英］米切尔·黑尧：《现代国家的政策过程》，2页。

西方社会科学中的一个独立的而又有相当影响的领域。

3. 公共政策学兴起的背景

公共政策学是人类社会发展的必然产物，促使公共政策学出现的原因是多方面的。按照德洛尔的说法，现代政策研究（政策分析）发展是众多因素作用的结果，这些因素包括思想库的成熟，人们对重大决策问题兴趣的增加，核武器的冲击，公众对科学能解决政策难题的信仰，政策制定者日益增长的需要，以及经济学的示范性影响等等。我们认为，促使公共政策学出现的三个基本原因是：第一，人类在当代所面临的社会问题越来越复杂以及人们对政府解决问题能力及表现的不满；第二，当代自然科学和社会科学已经发展出一些可以改善政策系统和提高政策质量的理论和方法，越来越多的社会科学日益把注意力转向与公共政策相关问题的研究；第三，思想库的成熟及其在公共决策中的地位和作用的日益突出。

首先，公共政策学的兴起与当代人类所面临的共同的问题以及各国所面临的特殊问题有关。随着科技进步以及社会发展，人类在当代所面临的问题越来越错综复杂，解决这些问题的政策也变得越来越重要，这使得人类第一次将自己的命运与改善政策质量的问题直接联系起来。尤其是当代全球问题，如环境污染、恐怖主义、人口爆炸、能源危机、核威胁等的出现，更使人们意识到政策研究的重要性。我们可以将当代西方各国面临的经济政策问题与19世纪和20世纪初西方各国所面临的经济政策问题相比较，来说明当代政策问题的错综复杂性。

在19世纪和20世纪初，西方各国政府的目标比较单一，主要是促进经济增长，政府所要解决的问题相对简单，环境和技术的变化也不太急速；这一时期的资本主义政府所奉行的是放任主义，它的主要职责是保障市场经济运行的外部条件，起“守夜人”的作用，这时的经济政策的数量很少。到第二次世界大战以后，这种情况大大地改变了，政府面临大量复杂的经济问题，政府的目标也是多元的，技术和环境也急剧变化，而资本主义政府日益干预经济生活，通过大量的经济政策及其他手段来调控经济运行。这一时期的经济政策问题具有这样几个特点：一是各种问题相互联系，相互依赖，错综复杂，如各种产业之间、国内经济与国际经济之间具有相互依存性；二是政府解决问题的目标是多元的，而不是单一的，政府不得不在经济增长与公平分配，物价稳定与充分就业，经济发展与环境保护等相互冲突的目标中做出取舍；三是政策问题迅速变化，或者问题的一些因素突然变化，或者整个问题的性质迅速改变，这使得政府在处理问题时，必须采取阶段性的解决办法。

由此可见，人们在当代所面临的是越来越复杂的社会问题，旧的问题还没有解决，新的问题又出现了，而且各种问题常常交织在一起，尽管这些问题可以处理，却往往缺乏明确的答案。所以，一些政策分析家将当代的许多社会问题或政策问题称为“破烂的”、“模糊的”或“邪恶的”问题，认为这些问题的显著特征是：(1) 难以给予明确的界定，即问题的实质和边界难以把握；(2) 解决问题的办法在实际应用之前往往难以证明是正确的；(3) 没有什么解决办法可以得到预期的结果；(4) 解决办法很少是既好又便宜的；(5) 解决办法的好坏往往难以在公共物品的基础上加以衡量；(6) 这些办法的公平性不可能加以客观地测量。因此，这就使得那些影响到公众利益的政府决策变得越来越复杂和困难。在传统社会，由于社会环境变迁的速度较慢，经验在公共决策中起着较大的作用，通过试错法和政治上的取舍，公共官员就有可能做出决策。但在现代社会，情况就不同了，社会事件和技术变化是如此之快，问题是如此错综复杂，以至于试错法和政治上的取舍往往难以奏效。不仅对战争、革命和突变事件是如此，而且对人口压力、资源缺乏、环境污染等问题也是如此。

公共政策所涉及的是千百万人的利益，涉及大量的人力、物力和财力。公共政策的成功能够给整个社会带来巨大的效益，而它（们）的失败将给社会带来巨大的灾难。人们在不同的社会制度、不同的国家中可以看到大量的政策成功或政策失败的正反两方面的例子。例如，当代西方片面追求经济效益和军事目的的科技发展政策，已经给人类带来巨大的灾难，造成一系列生态危机和社会问题；又如我国 20 世纪五六十年代人口政策上的失误，导致了人口增长的过快过猛，带来巨大的经济发展压力及一些严重的社会问题。而 20 余年来我国的改革开放政策则给我国的社会经济带来翻天覆地的变化。

公共政策失败的原因是多种多样的：(1) 靠少数几个人的认真决策去改变社会状况往往是不可能的；(2) 许多紧迫的问题往往在其原因未被充分了解之前，就必须采取对策，这样所产生的结果往往是难以令人满意的，甚至会把问题弄得更糟；(3) 有一些问题被认为是不能解决的，或至少在某个特定的阶段是不能解决的；(4) 有一些问题是可以解决的，然而在解决时却缺乏一致的意见；(5) 政策的失败有时是由于公共官员尤其主要的决策者的偏见的误导，或由于决策者并不清楚政策的目标是什么；(6) 有时则是由于政府面临太多的压力而无法决策。此外，政策失败的另一个重要原因就是政策制定者和执行者没有充分地利用分析方法去发现和解决问题，这正是公共政策分析的有用性的内在根据。

其次，随着二战后新科技革命的来临，科学技术及其方法得到了迅速发展，为解决社会问题提供了新的方法、技术或工具。二战期间发展起来的系统分析被广泛应用于理性决策；战后，数量分析、运筹学方法及系统分析，再加上电子计算机的使用，理性决策方法有了长足的发展；有限理性和非理性的决策方法以及行为科学的方法、比较方法也被广泛地应用于公共决策之中，这使得人类的决策科学化有了客观的基础。同时，越来越多的科学家特别是社会科学家关注政策相关问题的研究，加深了对政策的原因与结果、政策系统及政策过程等方面的认识，最终导致了公共政策学的出现。公共政策学作为一个综合、交叉学科，它可以成为正确、合理决策的有用的工具，可以有效地促进决策的科学化，提高政策质量。它对决策者之所以有用，就在于它能够提供关于政策过程的本质及规律的认识，能够通过分析和研究，提供政策相关信息或知识，分析和澄清问题，揭示目标与达成这一目标的努力之间的不一致，产生新的替代方案，提供把思想转变成现实的途径或方法。公共政策分析的主要贡献是产生真知灼见，将决策者的经验、判断和直觉与科学的分析方法联结起来，从而使决策更加合理。

再次，思想库的成熟也是政策科学兴起的一个重要因素。思想库是时代发展的产物，它是第一次世界大战后在美国首先出现的。最早的思想库有胡佛战争、革命与和平研究所（1919），对外关系委员会（1921），布鲁金斯学会（1927）。思想库的大量涌现则是二战后的事。当代思想库具有独特而合理的组织结构和运行方式，它们开发了许多新的研究方法，形成了各学科综合性研究，推动人类的政策研究从个体走向群体，从偶然走向必然。当代西方较有影响的思想库有：美国企业公共政策研究所（1943）、兰德公司（1948）、斯坦福国际咨询研究所（1946）、巴特尔纪念研究所（1955年）、乔治敦大学战略和国际问题研究中心（1962）、野村综合研究所（1965）、国际应用系统分析研究所（1966）、伦敦国际战略研究所（1958）、法国经济和社会委员会（1946）、加拿大公共政策研究所（1972）等。

思想库的成熟有力地推动了政策科学的形成与发展。正如德洛尔所指出的，思想库是政策科学研究的最纯粹的组织体现，它不仅是政治设计的有意义的发明，而且也是政策科学或政策研究成长的摇篮。思想库既锻造了政策分析的基本方法和技术，又使政策研究成果凝聚为一个新的学科；它是政策研究的理想场所和政策研究成果推广应用的中间试验基地，也是公共政策学的学生、政策分析者以及官员的实习、锻炼的基地。那格尔则认为："思想库是产生可靠的，可以被有关部门接受的政策研究成果的主要机构。"①

思想库是现代国家公共决策链条中不可缺少的一环。在公共政策制定过程中，思想库起着承上启下的作用，是联结权势集团和直接决策者的中介，起到了

① ［美］斯图亚特·S·那格尔：《政策研究百科全书》，10页。

使政治系统与社会广泛联结的作用。它们一方面直接填补掌权者的职责与实际能力之间的差距；另一方面间接起到政府职能作用，为政府机构的有效运行服务。其作用主要表现在：提供政策建议，充当咨询参政机构；提供学术思想，充当认识机构；提供政策结果信息，充当评估机构；向政府输送官员和专家，充当人才交流、储备机构；制造舆论、传播观点，充当宣传机构。在美国，有一种流行的说法，即思想库的研究成果，决定着美国人从摇篮到坟墓的一生。思想库成为现代公共决策的一个不可或缺的组成部分，思想库的成熟程度成为衡量一个国家公共决策水平高低的重要尺度。

1.2.2 公共政策学的学科范围

1. 什么是公共政策学？

什么是公共政策学（政策科学或政策分析）？学界对它并没有一致的看法。德洛尔、奈格尔和戴伊等人对政策科学作了最广义的理解，将它界定为一个跨学科、综合性的新研究领域，是为了解决各种具体社会问题而对不同的公共政策的性质、原因及效果的研究；奎德和邓恩等人对政策分析作了次广义的理解，将它看作一种应用性的（社会科学）学科，强调使用科学研究方法去解决社会问题，产生政策相关知识或信息，其范围涉及从问题发现到问题解决的整个过程；小麦克雷和帕顿等人则对该学科作了较狭义的理解，即认为政策分析主要研究备选方案的评估和选择；而D. 韦默尔等人则强调政策分析的职业化方向，即政策分析以当事人为方向，并突出政策分析与价值（观）的相关性。

拉斯韦尔：公共政策学是“以制定政策规划和政策备选方案为焦点，运用新的方法对未来的趋势进行分析的学问”①。

德洛尔：政策研究的核心是把政策制定作为研究和改革的对象，包括政策制定的一般过程，以及具体的政策问题和领域；政策研究的性质、范围、内容和任务是：理解政策如何演变，在总体上特别是在具体政策上改进政策制定过程。②

斯图亚特·S·那格尔：“政策研究可以总的定义为：为解决各种具体社会问题而以对不同的公共政策的性质、原因及效果的研究”③。

① Daniel Lerner and Harold D. Lasswell, The Policy Sciences: Recent Development in the Scope and Method, Standford, CA: Standford University Press, 1951, pp. Ⅷ-Ⅺ.

② 参见斯图亚特·S·那格尔主编：《政策研究百科全书》，7页。

③ 同上书，1页。

克朗（R. M. Krone）：政策科学是通过定性和定量的方法，探求对人类系统的了解与改进，它的研究焦点之一是政策制定系统。①

奎德（Edward S. Quade）："政策分析是应用研究的一种形式，用来获得对社会技术问题的更深刻的理解，并提出更好的解决办法。政策分析试图利用现代科学技术去解决社会问题，寻求可行的行动过程，产生信息，排列有利证据，并推导出这些行动过程的可能结果，其目的是帮助决策者选择最优的行动方案。"②

帕顿（Carl V. Patton）等："政策分析是关于备选政策方案（计划或项目）的技术和经济的可行性、政治的可接受性、执行战略和政策选择结果的系统的评估。"③

韦默（Davild L. Weimer）等："政策分析是面向当事人提建议，这些建议与公共决策相关，并反映社会的价值（观）。"④

邓恩："政策分析是一种应用性的社会科学学科，它使用各种研究和论证方法，产生并转变政策相关信息，以便政治组织解决政策问题。"⑤

我国的政策科学学者给公共政策学下过一些定义，可以概括为这样四种基本看法：一是认为公共政策学主要研究政策制定的理论和方法，是研究如何制定优化政策、避免错误政策的学科领域。二是认为公共政策学是关于制定政策方案、规划政策的实施、评价政策的结果、预测政策方向的一门学科。三是认为公共政策学是研究政策的属性及特点、政策制定和执行规律的科学。四是从广义和狭义两个方面界定公共政策学，认为广义的公共政策学是对不同的公共政策的性质、原因和结果进行的研究；狭义的公共政策学可以界定为对目标、方案及社会效果之间的相互关系的研究。

尽管一些传统的社会科学学科如政治学、经济学和社会学已涉及政策系统及

---

① 参见 R. M. 克朗：《系统分析和政策科学》，28～29页，北京，商务印书馆，1987。

② E. S. Quade，*Analysis For Public Decision*（3 ed.）. New York：Elsevier Science Publishing Co.，Inc. 1989，pp. 4－5.

③ Carl V. Patton and David S. Sawicki，*Basic Methods of Policy Analysis & Planning*. Prentice-Hall Inc.，Englewood Cliff，NJ，1986，pp. 19－20.

④ David L. Weimer and Aidan K. Vining，*Policy Analysis：Concept and Practice*. Prentice-Hall Inc.，Englewood Cliff，NJ，1992，p. 1. 类似的定义可以参见：Arnold J. Meltsner，*Policy Analysis in the Bureaucracy*. Berkeley：University of California Press，1976；Norman，"Policy Analysis in Government：Alternative to 'Muddle Through'". *Public Administration Review*. Vol. 37，No. 3（May/June）1977，pp. 221－222.

⑤ William N. Dunn，*Public Policy Analysis：An Introduction*. Englewood Cliff：Prentice-Hall，1981，p. Ⅸ；also，Policy Analysis：Perspectives，Concepts and Methods，JAI Press，Inc.，1986，p. ⅩⅢ.

政策过程问题，但它们并未将政策系统及其过程作为专门、惟一的研究领域，并未对此加以系统、全面和具体的研究。只有公共政策学才做到了这一点。公共政策学以人类社会的政策系统及政策过程作为专门的研究对象，它既要研究政策的本质、原因和结果，注重内容分析又要研究政策系统及政策过程（包括政策的制定、执行、评估等环节），注重系统过程分析。

因此，我们给公共政策学下的定义是：一个综合地运用各种知识和方法来研究政策系统和政策过程，探求公共政策的实质、原因和结果的学科，它的目的是提供政策相关知识，改善公共决策系统，提高公共政策质量。

公共政策研究的目的在于帮助公共政策的制定者去解决所面临的问题，它并不是单独的知识研究；它所主要关心的并不是社会的或环境的问题的原因和性质或对行为的解释，除非这样的研究对形成决策是必不可少的。政策研究或政策分析是政府的政策研究部门，或政府部门聘请大学、研究所、思想库或咨询公司所进行的正式研究。

2．公共政策学的研究范围

公共政策学涉及的范围十分广泛，目前尚难以划出准确的边界。它的主要研究内容包括政策系统、决策体制及政策过程，政策分析方法和技术，政策思维，政策价值观，未来研究，政策战略（元政策研究），政策规划，重大工程项目的论证与评估，从大政方针到各层次、各部门的具体政策研究等等。按照克朗的说法，政策科学把如下五个方面的内容作为研究的重点：（1）政策战略；（2）政策分析；（3）政策制定系统的改进；（4）评估；（5）政策科学的进展。[①] 德洛尔则认为，政策科学的核心部分是认识和端正社会发展方面，把不同层次（跨国的、全国的、地区的）政策制定系统的改进作为追求的目标，同时也作为自己研究成果的手段。在他看来，政策政策科学的主要焦点有：（1）政策分析；（2）备选方案创新；（3）重大政策（基本政策）；（4）评估和反馈；（5）重大政策的改进等。[②] 他在20世纪80年代又把改善政策制定系统及政策制定研究与统治方式、政府中决策系统研究结合起来，特别是在探索逆境中的政策制定，高层政策推理，超优政策分析方面取得了新的进展，这丰富了宏观政策理论的研究，拓宽了政策科学的研究领域。

公共政策学可以有不同的研究视角与重心。英国学者霍格伍德和冈恩（Brian W. Hogwood and Lewis A. Gunn）在《现实世界中的政策分析》一书

---

① 参见R. M. 克朗：《系统分析和政策科学》，28～29页。

② Y. Dror, *Ventures in Policy Sciences*, Elesvier Inc., 1971, p. 14.

(1981，1984）中根据高登（Gordon）等人的论述，认为有如下七种不同类型的政策分析①：

（1）政策内容研究（studies of policy content)。从这个视角来进行政策分析的政策分析家，基本的研究重点是描述和解释具体政策的起源和发展。这个视角一般通过案例分析，来探索政策制定、政策执行和政策结果。

（2）政策过程研究（studies of the policy process)。这个视角关注在政策制定的动态过程，研究公共问题的产生和发展以及在问题发展过程中各种不同的要素的影响。它也关注具体的公共问题或政策领域，但分析的重点是有关组织的政策过程或影响政策的要素。

（3）政策输出研究（studies of policy outputs)。这个视角力图解释不同的国家或地方政府间，开支水平或公共服务提供差异的原因。这种研究将政策作为因变量，试图透过社会、经济、技术和其他要素来理解它们（它的一个特别应用领域是社会福利政策)。

（4）评估研究（evaluation studies)。这是政策分析和分析政策之间的分界线。由于评估研究关注分析政策对人们的影响，有时它也被称为效果研究（impact studies)。这种研究既可能是描述性的，也可能是规范性的。

（5）决策信息（information for policy making)。主要是收集和处理有关的信息情报，以支持决策者进行决策。这些信息可能来自对政府运作进行考察所得出的看法，成为规范化的控制过程的一个组成部分；也可能是政策分析专家运用他们的知识，分析实际问题所得出的结论。

（6）过程倡导（process advocacy)。这是政策分析的一个变种。这种研究寻求改进决策体制的性质。过程倡导研究取向主要致力于通过政府职能和任务的重新配置，来改进政府机器，通过发展政策规划系统和决策评估的新方法，来提升政策选择的基础。

（7）政策倡导（policy advocacy)。这是指分析家个人或与他人一起，可能通过压力集团，在政府决策过程中，提出具体的政策方案和理念，来影响政府决策的行动。

3. 公共政策学的划界

所谓“划界”指的是科学与非科学之间、科学中的各个学科之间的分界。这里，为公共政策学划界，也就是要说明它与相邻的各个学科的关系。我们曾在《政策科学》一书中对政策科学与政治学、经济学、社会学、管理科学、法学、

① 参见［英］米切尔·黑尧：《现代国家的政策过程》，3～4页。

哲学和自然科学的学科的关系作了较详细的说明。①

戴维·L·韦默、艾丹·R·维宁在《政策分析：理论与实践》一书中，将政策分析与下列这几个学科及职业做了比较——社会科学学术研究、政策研究、经典计划、"旧式"公共管理（即传统公共行政学）、新闻工作、政策分析，说明它们之间的关系，见表1—1。②

表1—1　　政策分析与相邻学科及职业的关系

	主要目标	"客户"	一般类型	时间限制	一般缺点
社会科学学术研究	构建理论以了解社会	由各专业定义的"真理"；其他学者	构建和检测理论的严谨方法；通常是回顾	很少有外部时间限制	往往与决策者的信息需要无关
政策研究	预测能被公共政策改变的变量变动产生所影响	政治家相关专业	运用正规方法分析政策相关问题；结果预测	有时有最后期限压力，也许总是复发可以减轻压力	难以将研究结果转为政府行为
经典计划	勾画和达到值得向往的社会状况专业定义的"公共利益"	既定规则和专业规范	目标和目的说明	几乎没有直接的时间压力，因为处理的是长期前景问题	计划过于理想而忽略了现实的政治情况
"旧式"公共管理	有效地完成政治程序制定的纲领	植根于指令性纲领的"公共利益"	管理的和法律的	时间压力与常规决策制定（如预算过程）相关	排除了计划外的备选方案
新闻工作	将公共注意聚焦于社会问题	普通公众	描述的	最后期限压力大——热点问题的限制	缺乏分析深度和对比权衡
政策分析	对有利于公务员解决社会问题的备选方案进行系统比较和评价	制定决策的特殊人群和机构	综合现有研究和理论，预测备选政策的结果	最后期限压力大——分析的完成通常与特殊决策相关	客户导向性和压力导致缺乏远见

在西方文献中，有几个与政策分析相近的概念，即运筹学、系统分析和决策分析等。这些概念与"政策分析"密切联系，而又有差别，但这种差别往往是由

① 参见陈振明主编：《政策科学》，25～35页，北京，中国人民大学出版社，1998。

② ［美］戴维·L·韦默、艾丹·R·维宁：《政策分析：理论与实践》，26～27页，上海，上海译文出版社，2003。

历史的原因造成的。奎德曾经对这三者的关系作了具体的说明，他认为，政策分析是作为系统分析的扩展而发展起来的，而系统分析是作为运筹学的扩展而发展起来的。关于这三者之间关系的基本特征可以描述如下："运筹学寻求帮助把事情做得更好；系统分析也试图做到这一点，但它还要将正确的事情做得既好又便宜；政策分析试图做到系统分析所想努力做到的所有事情，但它还要使事情做得公平。因此，系统分析可以看作包括了运筹学（原初意义上的），加上经济上的考虑以及对目标及其与手段的互动的研究；政策分析可以看作既包括了系统分析，又关心政策的分配性影响。此外，政策分析更强调执行及政治和组织方面的考虑。"①

1.2.3 公共政策学的"范式"特征

作为一个新学科，公共政策学（公共政策分析）具有下列几个基本特征：

1. 公共政策学是一个跨学科的、应用性的研究领域

公共政策学是在当代科学技术进步的基础上产生和发展起来的。作为一个应用性学科，公共政策分析不仅借助于社会科学及行为科学尤其是经济学、政治学和社会学的理论和方法，而且也借助于哲学、数学和系统分析及运筹学等的理论和方法。然而，公共政策学与传统的学科尤其是经验科学不同，公共政策分析的目的是创造与政策相关的知识，关心社会问题的发现和解决。它超出了传统学科对经验规则的解释，它不仅结合和转变相关学科的理论和方法，而且也产生可以用来解决特殊政治背景中的问题的相关信息。经验科学主要关心的是追求真理，并寻求理解和预言；公共政策学追求的是似真性（plausibility）或合理的知识，而不是一定要追求确定为"真"的知识，它寻求帮助决策者做出更好的抉择。因此，它的主要目的不是对政策过程的精确了解，而是要更好地操纵现实世界，这甚至可以在对世界现象没有更完全的理解的情况下来进行。不过公共政策学运用科学的方法，并为科学的传统而努力：由过程所获得的结果可以重复，所有的假定、计量和数据必须明确并服从批评与检验，必须具有客观性。但是，公共政策分析的方法并不都是科学的。事实上，我们有时必须做一些我们认为是正确的事情，而不管它们是否可以检验。

2. 公共政策分析既是方法论，又是艺术

公共政策分析是方法论的研究和应用。在这里方法论是指创造、评估和交流

① E. S. Quade, *Analysis for Public Decision* (Third edition). New York: Elsevier Science Publlishing Co., Inc., 1989. p. 27.

政策相关知识的标准、规则和程序的体系。这就是哲学家们尤其是科学哲学家们所称的“研究的逻辑”(logic of inquiry)。经过50余年的发展，公共政策学已经形成了一系列在政策分析者中取得认可的方法，如成本—效益分析、计算机模拟、操作博弈等。然而，并不存在固定不变、普遍适用的方法论。由于社会环境、政治传统、意识形态等方面的差别，不同的政策问题需要采用不同的分析方法。既要有定量的方法，也要有定性的方法；既要有理性的方法，又必须有超理性的方法，特别是必须依赖直觉、灵感和判断的创造思维活动。在这个意义上，公共政策分析与其说是一门科学，倒不如说是一门艺术。关于这一点，许多著名的西方政策分析家都作了明确的论述。①

3. 公共政策分析涉及的是从问题发现到问题解决的整个政策过程

人们过去往往片面强调政策分析是解决政策问题的方法论一面，而忽视它同时也是问题构造或问题发现的方法论的一面。诚然，问题解决是公共政策学的关键因素之一，也是它的归宿之所在。然而，要真正解决问题，必须首先正确提出或构造问题，正确提出问题等于成功一半，解决错误的问题等于白白浪费精力。因此，政策分析既是解决问题的艺术，也是提出问题的艺术。问题发现本质上是一种概念和理论的活动，它所关心的主要是问题的性质，而不是解决问题的行动；问题的解决主要关心的是行动过程的选择以及这种行动过程是否被恰当地执行，而不是问题的性质。在某种意义上说，提出问题比解决问题更重要。因此，邓恩将问题构造的方法论称为“元方法论”。韦达夫斯基将政策分析看作一种以问题为中心的活动，即分析以政策制定者所面临的问题为主题，并旨在于通过创造性、想象和技巧的过程来改善这些问题。②

4. 公共政策分析不仅是描述的，而且也是规范的

事实和价值的分离或追求价值中立性，曾一度被当作经验科学的目标，这实际上是实证主义不切实际的科学理想。如果说经验自然科学及传统的社会科学学科并不是真正价值中立的话，那么公共政策学则明确以价值为取向。公共政策分析既关心事实，也关心价值；它不仅是描述的，而且是规范的。说它是描述的，是因为它同样追求对事实的说明或解释，即追求有关公共政策的性质、原因和结果的知识；说它是规范的，是因为它重视价值评价或分析，它的一个重要目标是

① See Peter W. House, *The Arena of Regulation and Resource*. Bevenly Hill: Sage Publicatiopns, 1982; Aaron Wildavsky, *Speaking Truth to Power: The Art and Craft of Policy Analysis*; Arnold J. Meltsner, *Policy Analyst in the Bureaucracy*; Edward S. Quade, *Analysis for Public Decision*.

② See Aaron Wildavsky, *Speaking Truth to Power: The Art and Craft of Policy Analysis*. p. 17.

创造和批评有关公共政策价值的知识主张或推荐行动的过程，公共政策分析的规范或价值批评的方面可以由这样一点来加以说明，即政策相关知识包含了具有价值特征的因变项（目的）和自变项（手段）的互动，这些变项的选择往往涉及在健康、财富、安全、和平、正义、平等和自由一类的价值中作出取舍。选择哪一个价值，并不仅仅是一个技术判断问题，而且往往需要伦理学推导。因此，公共政策分析往往采取了应用伦理学的形式。邓恩认为，政策分析要求产生的信息和似真性论证涉及三个方面的内容，即（1）价值——它的获得是对一个问题是否已被解决的主要检验；（2）事实——它的出现可以限制或加强价值的获得；（3）行动——它的采纳可以导致价值的获得。相应地，政策分析有如下三种主要分析途径：（1）经验途径涉及的是事实，关心公共政策的原因和结果，产生的是描述性知识；（2）评价途径涉及的是价值，关心某些公共政策的价值问题，产生的是评价性知识；（3）规范途径涉及的是行动，关心解决公共问题的未来方案的推荐，产生的是规范的信息。①

1.2.4 公共政策学的研究途径

1. 公共政策学研究途径的多样化

政策分析是一个跨学科、综合性的研究领域，它可以有不同的研究途径、方法或观点。首先，政策分析可以从不同的社会科学学科的框架中来加以研究，在西方（美国）政策分析的发展中，形成了几种较有影响的学科途径，即政治学途径、经济学途径和社会心理学途径。其次，可以从某些社会科学的理论、假设或模型出发来研究公共政策及其过程，由此形成的研究途径更是多种多样。研究途径、方法的不同，导致对公共政策的性质、原因和结果以及公共决策系统及其运行做出不同的描述或解释，从而形成不同的政策分析理论。

2. 政治学的研究途径

关于政治学的研究途径，托马斯·戴伊在《理解公共政策》这一论著中概括了八种模型或途径，即制度模型、过程模型、集团模型、精英模型、渐进模型、对策模型、系统模型、理性模型。安德森在《公共决策》一书中则将西方政策分析的研究方法或观点归纳为五种理论，即系统理论、团体理论、杰出人物（精英）理论、过程理论、制度理论。

（1）系统理论。这种途径是由戴维·伊斯顿等人所提出的。它从系统论的角度来研究公共政策问题，将公共政策看作对周围环境所提出的要求的反应。或者

① See William N. Dunn，*Public Policy Analysis*. pp. 62-63.

说，将公共政策看作是政治系统的输出。系统途径注重环境与政治系统的相互作用和社会反映。

（2）过程理论。这种途径的要点是将政策看作一种政治行为或政治行动，通过政治与政策的关系对政策的政治行为进行阶段性或程序化研究，这是行为主义政治学观点在公共政策研究上的反映。政策过程被视为是一系列政治活动的构成。根据政策过程的每一步骤的特点，对政策加以分析，从而发现政策是如何形成的以及决策应当如何做出。

（3）团体理论。这种途径将公共政策看作利益集团之间相互作用、相互斗争以及彼此协商、定约和妥协的产物。团体理论是美国政治学的主导理论。它认为，利益团体的相互作用和争斗是政治生活的主要行为，政治系统通过各种手段来处理各种利益集团之间的关系；政策制定被视为一种处理来自各利益集团压力的活动，政策则是这些利益团体之间的斗争、妥协的结果。

（4）精英理论。这是由戴伊和汤姆逊等人提出的一种途径。公共政策研究的精英途径从政治学精英理论出发，认为政策反映的是精英的偏好、价值观和利益，而不是群众的要求；政策的变化或完善实际上是精英们的价值观变化的结果。因此，政策实际上变成精英按自己的偏好做出选择，而政府不过是执行精英们做出选择的机构；政策是自上而下由精英提出并加以执行，而不是自下而上产生于群众的要求。

（5）制度理论。这种途径将政策看作政府机构或体制的产出。国家或政府机构历来是政治学研究的焦点，传统政治学则以政府机构作为主要的研究对象。政策是由政府机构制定并加以实施的，一项政策方案若不被政府所采纳和执行，就不能成为政策。这正是公共政策区别于其他社会团体或组织的规章制度或个人决策的根本之点。

米切尔·黑尧（Michael Hill，或译为米切尔·希尔）在《现代国家的政策过程》一书中对当代公共政策学的政治学研究途径作了较全面的论述。他认为，大致有以下三个简单的政策形成模式：（1）它们产生于民众的要求；（2）政治体制之外的综合性力量推动它们列入政策议程；（3）政治体制（最广义的政府）内的人确认需要解决的问题。而与这三种政策形成模式相对应的研究途径（他称之为“国家和政策过程的理论模式”）分别是：（1）多元主义；（2）各种环境理论和发展理论（包括结构主义和马克思主义的变种）；（3）强调国家的权力，寻求分析政府机构内政治主体的角色的理论。[①] 他用表1—2来概括这些研究途径或

① 参见［英］米切尔·黑尧：《现代国家的政策过程》，25～26页。

理论模式的形成、发展变化及最新趋势①：

表 1—2

最初的理论	发 展	最新发展
多元主义	工团主义理论	网络和政策共同体
公共选择多元主义	官僚制组织的经济理论	官僚机构塑造
精英主义	官僚特点的更广泛的探索	关注“核心执行机构”
工具马克思主义	马克思主义的工团主义	
结构马克思主义	“自主型国家”的理论化	
结构/行动理论	制度分析	宪政限制分析

3. 经济学的研究途径

经济学途径历来是政策分析或政策研究的一个主导途径。它采用经济学的理论假定、概念框架、分析方法及技术来看待公共政策问题。在当代政策分析学科中，最有影响的经济学途径是福利经济学理论、公共选择理论和新制度学派（准确地说，后两种途径是“新政治经济学”的途径）。

（1）福利经济学。福利经济学也许是被最广泛地运用于公共政策研究的途径。它认为，应该通过市场机制，依靠个人而做出大部分的社会决策；然而，市场是有缺陷的，它并不能总是能有效地分配资源，或者说，不能加总个人的效应最大化行为而最优化全体社会福利。在存在市场失灵的情况下，必须依靠政府来弥补市场机制的不足。

从这种假定出发，福利经济学家发展出一种关于公共政策制定的理论，认为政府有责任纠正市场失灵，因为最优化的社会结果并不是由纯粹的个人决策所产生的；面临着行动要求的政府必须首先确定是否市场失灵正在引起社会问题。如果确定需要政府干预，那么，关键是要发现最有效的干预办法（即政策手段），而最有效的方法是成本最低的方法，并且用来确定它的分析技术是成本—效益分析。

（2）公共选择理论。公共选择理论是20世纪70年代发展起来的一种“新政治经济学”或“政治的经济学”理论，80年代以后被广泛地应用于公共管理和公共政策领域。公共选择理论将经济人假说、交换范式和方法论个人主义应用到政治和公共政策领域。作为一种公共政策的研究途径，公共选择理论假定：政治行动者个人（不管是决策者还是投票者）都被自利的动机所引导而选择一项对其最有利的行动方案。

由这一假定出发，公共选择理论得出了一系列关于公共政策及其过程的理论

① 参见［英］米切尔·黑尧：《现代国家的政策过程》，61页。

解释。根据这种途径，投票者更像是一个消费者；压力团体可以看作政治消费者协会或有时作为合作者；政党变成企业家——他们提出竞争的一揽子服务和税收的交换选票；政治宣传等于商业广告；政府机构就是公共公司——它们依靠动员和获得充分的政治支持以掩盖成本。

(3) 新制度主义。新制度主义或新制度学派（有时也称为“新组织经济学”）是一种新的、影响在不断加强的公共政策研究途径。它强调制度在政治生活中的决定性作用，认为制度自身是人类设计的产物，是工具性指向的个人的合目的结果；制度之所以在社会中存在，是因为它们可以克服社会组织中的信息障碍和减少交易成本；在社会中，两种能最小化交易成本的组织是市场和等级制（官僚制）；作为持续不断的正式或非正式的规则，制度规定行为角色、约束行为和形成期望，因而它们不仅增加或减少交易成本，而且也形成偏好。

政策分析的新制度主义途径认为，持续不断的制度结构是社会和政治生活的基本建筑材料，个人的偏好、能力和基本的认同以这些体制结构作为条件；历史发展是路径依赖，一旦做出某种选择，它便限制了未来的可能性；决策者在特定时期可利用的选择范围是那些早期确定了的制度性能的函数。依照这种分析途径，并不是制度引起行动，而是它们通过形成问题的解释和可能的解决方案，通过限制解决方案和选择及它们被执行的方式而影响行动。

4. 马克思主义的观点

马克思主义为公共政策研究提供了一整套系统的理论和方法论。在政策分析中，必须坚持马克思主义的基本立场、观点和方法。公共政策分析的马克思主义途径典型地体现在阶级分析上。公共政策研究的阶级分析途径认为，资本主义社会的公共政策反映的是资产阶级的利益，是资产阶级不同集团利益冲突的表现；公共政策是资本家手中的工具，它被用于维护资本主义制度和增加剩余价值，并以牺牲劳动者的利益为代价。用阶级分析方法，我们可以更深入地认识当代资本主义国家政策的实质。

米切尔·黑尧在《现代国家的政策过程》一书中指出：“多数马克思主义理论实际上是结构主义理论，所论述的是非个人的技术和经济力量的影响，统治阶级中的个体成员仅仅是‘负载者’(bearer)。”现代马克思主义（即‘新马克思主义’）在许多方面修正了传统的马克思主义理论，但是，赞同决定论者并不一定是马克思主义者。“就政策过程方面的内涵而言，研究经济发展道路和全球性(globalism)的现代理论与马克思主义有很多相似之处。”①

① ［英］米切尔·黑尧：《现代国家的政策过程》，26页。

1.3 公共政策学的意义

公共政策学是一个跨学科、应用性和以行动取向的新学科领域。它是适应人类解决日益复杂的社会问题的需要并在政策实践的推动下形成和发展起来的；反过来，它被应用于政策实践或社会问题的解决之中，为各国的政策制定系统的改进以及政策质量的提高提供有效的理论和方法。政策分析在当代的迅速发展以及它对各国的政策制定和社会进步的巨大影响，使它备受各国政府和学术界的关注。因此，发展公共政策学，加强对该学科的研究，具有重大的理论与实践意义。下面，我们将先从政策分析的职业化谈起。

1.3.1 政策分析的职业化

政策分析的职业化从一个侧面反映了政策分析及政策科学这一学科的发展演化及其广阔的前景。作为20世纪后半期兴起的知识工业的一个重要组成部分，政策分析日益成为一个热门的职业。在西方尤其是美国，政策分析已成为一种正式的职业并具备了相当的规模；在我国，许多人在政府机关或研究单位从事着实际的政策分析工作，只是他们很少自称为"政策分析者"而已；随着市场经济体制的建立和完善，政策分析及其职业化将在我国迅速成长壮大。

1. 职业化及其标准

"政策分析者"（policy analysts）的历史悠久，世界各地自古以来一直有"智囊"或"谋士"人物存在，但他们在历史上人数有限，只是当代政策分析职业角色的雏形而已。政策分析的职业化开始于20世纪六七十年代。根据一些西方学者的观点，在60年代后期，"政策分析者"一词便经常被人们用来表示政策研究的实践者或学术家的身份。①

几乎所有的社会成员都会自觉或不自觉地进行某些政策分析的活动，他们通过大众传播媒介如报刊文章、电视、广播新闻或通过参加各种政治活动或会议，对国内外形势和政府的政策加以思考并发表自己的看法。政策分析的职业化与此有所不同，它表示将政策分析或评估、因果解释作为自己日常工作的大部分或全

① See Aronold J. Meltsner, *Policy Analysts in The Bureaucracy*. University of California Press, 1976, pp. 1-2, note 1; Yehezkel Dror, "Policy Analysts: A New Professional Role in Government Service". *Pubic Administration Review* 27 (Sept. 1967), pp. 197-203.

部。政策分析的职业化是指在政府部门、研究机构、咨询公司、大专院校中从事专门的政策分析或政策研究活动。

职业化具有其标准和过程。为了使一件工作或获得收入的活动成为职业，它必须满足一些基本条件，并经历一定的过程。根据奈格尔和米尔斯的观点，一件工作尤其是指那些需要较高专业化知识的工作要成为职业，必须包括下列几种基本的因素①：

（1）必须有专门的教育培训机构或项目，如法学院、医学院、公共政策学院等，以便人们为准备从事一项职业而参与学习，由这些机构或项目毕业的人，必须经过某种考试获得某种证书，才能被承认为这种职业的正式成员，如律师考试、医师考试、政策分析学位等。

（2）在工作描述中，必须有某种表示这种职业的工作，这样的描述可以是律师、医生、政策分析者或项目评估者等等。

（3）必须有那些从事这一职业的人自己的组织或专业行会，如美国律师协会、美国医生协会、政策研究组织或政策分析与管理学会，这些组织致力于发展、改善本专业或行业的理论和技艺，特别热衷于专业杂志、论著及其相关文献的出版。

（4）必须有一种明确的或被认可的职业伦理规范，这种职业伦理规定就业者应如何对待当事人、一般公众及同行。

一些社会学家则研究了职业化的一般过程，从而揭示职业化的某些本质属性。怀伦斯基（Harold L. Wilensky）认为，已经确立起来的各种职业都经历了这样一种典型的过程：人们开始全日制地从事一项工作，并逐步划定此项工作的管辖范围；早期的技术大师及追随者建立起培训学校；然后，教师和活动家们在促进更有效的组织方面获得地方性乃至全国性的成功；后来，出现了技术垄断的法律保护；最后，采纳了一种正式的职业伦理规范。②

2. 政策分析职业化的现状

弗兰克·费希尔在《公共政策评估》中说："公共政策分析现已成为美国的一项重要产业。从福利改革、环境保护到国际援助和军事防卫，每年花在国内外政策评估上的美元数以百万计。政策分析家们为各种不同组织或个人包括总统办事机构、立法小组委员会成员、内阁机构、各种政治利益组织、政治智囊团、学

① Stuart S. Nagel and Miriam K. Mills, *Professional Development Policy Sciences*. Greenwood Press, Westport, Connecticut, 1993, pp. XIII-XIV.

② Harold L. Wilensky, "The Profession of Everyone?" *American Journal of Sociology* (Sept. 1964), pp. 145-146.

术界的社会科学家、私人咨询公司等进行评估，要么旨在记录政府之建树，要么旨在指摘其缺失，林林总总，乐此不疲。”①

根据奈格尔等人上述的一般职业化的四个基本要求或标准，我们来衡量作为现代政策科学发源地的美国目前政策分析职业化情况。

首先，美国的政策分析的教育培训已经得到充分的发展。在20世纪60年代末70年代初，美国开始兴起政策分析或公共政策教育，出现了最早的一批政策分析或公共政策的硕士和博士学位点及公共政策学院。现在，几乎所有主要的大学都设有公共政策研究生院、研究所或研究生培养项目（program）。例如，哈佛大学、加州大学伯克利分校、普林斯顿大学、密歇根大学和兰德公司都设有公共政策或公共事务的研究生院；杜克大学、康奈尔大学都设有公共政策或公共事务研究所；还有一些大学在政治科学系或管理学院中设有政策分析的学位项目。值得一提的是，在美国大学的研究生教育中，公共政策或公共事务硕士（MPA、MPP）与工商管理硕士（MBA）几乎同样热门；公共政策研究生院与管理学院、法学院、医学院等成为并驾齐驱的职业研究生教育机构。政策分析的教育培训机构或项目为政策分析职业输送合格的专门人才，同时也担负培训政府部门的官员和政策分析人员的任务。

其次，政策分析的就业者的人数不断增加，“政策分析者”在职业描述中作为一种正式职业逐渐为人们所接受。在相当长的时间里，实际上很少有从事政策分析职业的人将自己称为“政策分析者”，而宁愿将自己称为经济学家、计划者、项目评估者、预算分析者、运筹学家、统计学家等等。近20年来，情况有所变化，“政策分析”作为一种正式的职业名称已开始出现，在许多政府机构，标上“政策分析”的职位已很常见，电视新闻人物以“政策分析者”的头衔出现的也很普遍。当然，这些政策分析的职位并不一定由政策分析或公共政策项目的毕业生担任，这个领域仍年轻，大部分的人仍不标榜为政策分析者。这种情况的彻底改变，仍需要时间。

在美国，政策分析日益成为一种热门的职业，它的就业者散布于不同背景的组织中，主要有政府机关包括联邦、州和地方政府的行政、立法机构、大学和研究所、咨询公司、贸易协会以及其他代表利益团体的组织、商业和非获利的公司等。“政策分析家就职于各类组织背景下，分析的问题范围极广，从城市垃圾收集到国防什么都有。”②

---

① ［美］弗兰克·费希尔：《公共政策评估》，1页。

② ［美］戴维·L·韦默、艾丹·R·维宁：《政策分析：理论与实践》，34页。

政府机关的政策分析者是一个主要的部分，在联邦政府的执行和立法机构有大量的政策分析人员，“政策分析家遍布所有联邦机构”。在白宫，国家安全委员会、国内政策委员会、管理和预算办公室、经济咨询委员会等机构主要是政策研究或分析的单位；政策分析者在所有其他的联邦机构也占有一席之地，除少数的私人职员外，各机构的头头都有一个直接向他们报告的办公室，这些办公室有各种各样的名称，通常是一些这样的词的组合：“政策”、“计划”、“管理”、“评估”、“经济”、“预算”等。政策分析者也充满联邦立法机构，作为整体的国会和它的个别成员都是服务的对象。他们在总会计办公室、国会预算办公室、国会研究服务处、技术评估办公室等机构为国会工作；国会议员都有自己的私人职员包括政策分析人员。在州和地方政府，也有大量的政策分析人员，例如，州长和各机构的负责人都有做政策分析的专门咨询职员，各州都有预算办公室，在州的立法机构中，有私人的或委员会的做政策分析的职员。①

政策科学家梅尔兹纳（Arnold J. Meltsner）提出了一个分类概念框架，他将美国官僚体制中的政策分析者分为三类，即技术员、政治家和企业家。这三类政策分析人员有不同的期望，这些期望来自于他们的职业培训规范、他们所受的正式教育、他们关于实在的信念以及对政策影响的动机。②

技术员是指那些具备优越的分析技巧但缺乏政治技巧的分析者；他们感兴趣的是做出高质量的政策分析研究，当同僚喜欢其工作时，他们就有成就感；这类分析者在本质上是官僚机构中的学者。

政治家是指那些官僚的分析者，他们为自己的升迁而奋斗，所关心的是自己的晋升和个人的影响，感兴趣的是与此有关的分析；这类分析家以自己的顶头上司的满意程度作为成功与否的标准，他们与政治的一致多于与分析的一致。

企业家则是指那些拥有分析的技巧和政治的技巧的分析者，他们感兴趣的是运用分析手段来影响公共政策和改善政策效果；他们以是否改变资源的配置和使人们生活得更好作为分析成功与否的标准。这类分析者懂得如何用数字来工作，不受当事人的直接限制；他们以公共利益作为当事人，对政府活动范围有强烈的规范观点；既关心分配又关心效率，比其他分析者更清楚偏好如何指导问题的选择和解决。③

---

① 参见［美］戴维·L·韦默、艾丹·R·维宁：《政策分析：理论与实践》，31～33页。

② Arnold J. Meltsner, *Policy Analysists in the Bureaucracy*. p. 4.

③ Ibid., pp. 36-37.

梅尔兹纳发现，官僚机构中的分析者很容易受官僚机构的影响，因为“（1）他们是一种正在出现的、没有强有力的标准和约束力的职业的成员；（2）他们缺乏充分的知识基础和相关的理论规范；（3）他们的交流脉络模糊不清；（4）他们是低资源低地位的政治行动者。”① 由于缺乏来自于官僚机构外部的社会的和政治的支持，他们往往屈从于官僚体制的力量、习俗和各种诱因。政策分析者有可能变成某一特殊政策的辩护者，但是，他们更经常地主要是分析者，他们要为雇主或当事人提供有关对各种方案的评估，其职责是提供建议，而非做出决策。

思想库、咨询公司和大学及研究生院是非官方的或半官方的政策分析者云集的几种重要的机构。“学术界的研究人员、‘智囊团’和政策研究机构也提供咨询服务。虽然他们的工作往往与特殊政策的决定没有直接关系，但一些单位如兰德公司、布鲁金斯学会、美国企业政策研究学会、城市学会、未来资源组织、国防分析学会和公共政策研究学会（加拿大）的研究人员有时也为特殊客户作细微的利益分析。”② 思想库、咨询公司的工作人员和大学的公共政策学院或公共政策研究所的研究人员的人数不少。据 20 世纪 70 年代初的估计，单思想库的就业人员就有近 10 万人，分布在大约 5 300 个思想库中，著名的有兰德公司、布鲁金斯研究所、美国企业研究所、城市研究所、未来资源研究所、国防分析研究所等等。思想库和大学的研究人员既提供高层次的政策学术或战略思想，也提供具体政策咨询服务，他们是政府机构雇佣的主要对象。

另外，大量分析家既不为政府工作，也不向政府提供有偿服务。他们常就职于产业领域受政府严格调控的营利性公司，与特殊立法领域有关的贸易协会和国内工会，以及肩负公共使命的非营利机构。③

再次，在职业化组织方面，美国政策分析的学术研究团体及职业协会已有相当的规模。从 20 世纪 70 年代初开始，先后建立起一些与政策研究及应用相关的学术研究团体。如，政策研究组织（Policy Study Organiyation，1977），偏重于政治科学方面；社会问题研究学会（Society for the Study of Social Problems），偏重于社会学方面；评估研究学会（Evaluation Research Society，1977），偏重于社会学和心理学方面。到了 80 年代，政策分析职业的组织化得到了进一步的发展，出现了多学科的规模较大的职业协会，包括：公共政策分析与管理协会（Associa-

① Arnold J. Meltsner，Policy Analysists in the Bureaucracy，pp. 11－12.

② ［美］戴维・L・韦默、艾丹・R・维宁：《政策分析：理论与实践》，33～34 页。

③ 参见上书，34 页。

tion for Public Policy Analysis and Management)，跨经济学与政治科学两大学科；社会—经济学会（Society for Social-Economics），跨社会学和经济学两大学科。

这些学术团体或职业协会通过创办期刊、出版论著及丛书、举行定期或不定期的学术讨论会来推动政策分析及其职业化的发展。20 世纪 70 年代初以来，出现了一大批政策分析专业刊物，如《政策分析》、《政策科学》、《公共政策》、《政策研究杂志》、《公共利益》、《政策研究评论年刊》、《政策分析与管理杂志》等。特别是作为公共政策与管理协会刊的《政策分析与管理杂志》加宽和加深了以前出版的政策分析杂志的内容，是一本权威性的杂志。此外，这些研究团体或协会积极推动学术著作和丛书的出版，并经常召开各种学术研讨会，有效地促进了政策分析的理论与方法及技术的发展、推广和应用。

最后，在职业伦理方面，由于政策分析职业化发展历史很短，加上政策分析的从业者来自于不同的专业和组织背景，要形成一整套为所有的或大多数政策分析者所认同和遵守的职业伦理规范并非易事。然而，这个问题一直是政策科学家或政策分析者争论的热点问题，他们已经提出了一些值得考虑的意见。例如，德洛尔认为，政策科学家或政策分析者不应为那些其目标与民主和人权等基本价值相矛盾的当事人工作，应该为目标的实现设计方案，而不是致力于目标的实现。① 有的政策分析家认为，政策分析的职业伦理的合理途径应该是充分认识对当事人的责任以及整合各种指导道德行为的价值分析。还有一些学者认为，目前与其等待完善的职业伦理规范的出现，还不如探讨政策分析的精神气质；政策分析者应该明确地认识到要保证支持宪法所规定的民主过程，并促进分析和人性的整合；在一般的价值评估中，这些价值应该支配我们对于当事人的责任。②

综上所述，我们可以断言，政策分析作为一种新的职业已经在西方（美国）出现，并达到了一定的规模。但是，政策分析的职业化尚不成熟，还处于迅速的发展之中。

我国的政策分析职业化已开始起步，这主要表现在：其一，在我国目前有大量从事实际政策分析职业的人员，他们主要分布在党政机关特别是党中央及地方各级党委的政策研究室、国务院和地方各级人民政府的体改委、社会经济发展研

---

① Yehezkel Dror, *Designs of Policy Sciences*. New York: American Elsevier, 1971, p. 119.

② Mark T. Lilla, "Ethos, 'ethics' and public Interest". *Public Administration Review*. No. 63 (spring 1981), pp. 3–17; J. Partrick Dobel, "Intergrety in public service ". *Public Administration Review*, No. 3 (May/June 1990), pp. 154–366.

究中心以及各职能部门的政研单位、学术研究机构和大专院校、科协和社科联一类的协会以及其他半官方的或民间的咨询机构。其二，我国的政策分析教育已开始步入正轨，许多高校、党校已开设了政策分析或政策科学及其他相关课程，政策分析专业及学位点的设置已提上议事日程，有的大学已设立研究生的政策分析研究方向。其三，全国性的政策分析或政策科学的研究组织已经出现。如，1992年中国行政管理学会成立了政策科学研究会，1994年则成立了以挂靠国务院发展研究中心的全国政策科学学会。此外，已经出现专门的政策研究专刊，政策分析文章也逐步增多，学术活动日趋活跃，学术研究和应用开发取得显著成果。可以预言，随着我国市场经济体制的完善和政治体制改革的深入，政策分析的职业化将迅速发展。在我国，政策分析或迟或早将成为一个热门职业。

1.3.2 研究公共政策学的理由

为什么要研究公共政策学？这可以有各种各样的理由，如科学的理由、职业的理由、政治及行政的理由等等。

首先，研究公共政策学可以为了纯粹科学上或学术上的理由。即学习和研究公共政策学是为了更好地理解政策的起因、发展过程和它给社会带来的影响。这反过来可以增加人们关于社会及政治系统的知识。公共政策早已是政治学、经济学、社会学以及其他社会科学学科所关注的对象。但是，直到公共政策学或政策分析学科产生以前，并没有哪一个社会科学学科专门探讨过公共政策的系统及过程问题，因此人们在这方面的知识是零碎的。公共政策学作为一个跨学科的研究领域，以现实的政策实践、政策系统和政策过程作为研究对象，它要揭示其本质或规律性，从而增加人们对政策系统及过程的知识。一方面，公共政策是一个因变量，我们可以指出环境的因素和政治系统的特征是如何影响政策内容的；另一方面，公共政策又是一个自变量，我们可以指出它对环境和政治系统产生什么样的影响。我们还可以通过政策主体、政策客体与政策环境的相互作用来了解政策系统本身的运行，通过政策过程的各个环节（制定、执行、评估、控制、终结等）的研究来揭示这一过程的规律性。通过提出并研究这类问题，无疑可以大大增加对作为人类社会子系统之一的政策系统及政策过程的知识；同时，公共政策学是一个跨学科研究领域，它往往被人们称为社会科学学或元社会科学，它的范畴、理论或原理具有方法论作用，可以为社会科学的各学科如政治学、经济学、社会学等所借鉴或运用。因此，研究公共政策学可以促进社会科学的其他学科的发展，加深我们对一般社会科学性质、意义、可靠性及理论发展的了解。

当然，我们说研究公共政策学可以出于纯学术或科学的理由，并不等于说这个学科本身是一个纯学术领域；相反，公共政策学是一个应用性、以行动取向的学科，具有很强的实践性，它的生命力和价值就在于它坚决面向政策实践，以现实社会问题或政策问题的分析和解决为宗旨。公共政策学能够为实际的政策研究提供理论和方法。我国现阶段的政策研究水平不高的一个重要原因，就是缺乏政策科学和政策分析的理论和方法论的研究、探索。而缺乏基础理论和高层次学术思想的研究就难以出高水平的政策及战略研究成果，因为没有高层次的理论研究就难以综观全局、洞察入微，难以为政策奠定坚实的理论基础，导致缺乏远见和短期行为，使政策研究的主观随意性增加。西方著名思想库尤其是兰德公司的成功经验之一，就是重视基础理论研究，出高层次的学术成果，促进实际政策研究水平的提高。此外，公共政策分析的实践还在于它是传统的各社会科学学科的学术思想转化为社会效益的一座桥梁。公共政策学在当代西方之所以被誉为社会科学研究的核心，重要的一点就是，社会科学的各学科尤其是经济学、社会学和政治学的学术思想要转变为社会效益（或曰生产力），实现其现实的价值，在相当大程度上依赖于其研究成果能否政策化以及政策化的程度。因此，社会科学各学科必须通过政策的这一中介而为社会实践服务。可以说，公共政策学为社会科学各学科转化为社会效益提供一种机制。

其次，研究公共政策学可以为了职业上的理由。对于公共政策的原因、结果以及政策系统和政策过程本质的了解，可以使我们更有效地利用社会科学知识去解决社会问题。掌握实际的知识是医治社会疾病，解决社会问题的先决条件。如果我们要达成某个社会目标，那么，什么样的政策能最好地达成这一目标便是一个必须加以研究的问题。换言之，如果我们知道某些有助于公共政策确立的要素，或者我们要知道既定政策的某些后果，那么，我们就能为个人、团体和获取政策目标的行动提供有益的意见，如什么样的政策能用来实现特定的目标，什么样的政治因素和环境因素容易导致某一特定的政策的产生等。因此，公共政策学可以成为一种职业。政策分析者需要多方面的知识和能力，这些知识和能力必须通过政策分析及其他学科来加以培养和训练。作为一个颇有吸引力的新职业，政策分析可以使它的从业者获得体面而又丰盈的生活收入，接近权力，或许还能通过对公共政策的影响来实现某些政治理想。这也是一个富于挑战和创造力的职业，因此能够吸引社会的一些优秀分子从事这项工作。

正如我们已经说过的，政策分析的职业化在西方尤其是美国已具有相当的程度，政策分析者已散布在公共部门特别是政府机关、思想库及咨询公司，大学研究所及其他非营利机构，政策分析日益成为一个热门的职业，而大学的公共政策学院则成为培养政策分析家的摇篮，出现人满为患的现象。在我国，尽管很少有人自称政策分析者，但在政府机构和各级党委工作的不少人实际从事着政策研究职业。随着我国改革开放的深入以及社会主义市场经济体制的建立与完善，我国的咨询业必将大发展，而政策研究和咨询是其中的高层次或核心部分，必须优先发展。因而我国政策分析职业化的步伐必定加快，政策研究者和政策咨询者的队伍必定不断壮大。反过来，政策分析的职业化的发展，将大大促进我国咨询业的发展，把我国的咨询业提高到一个更高的层次。

再次，研究公共政策学可以为了政治上及行政上的理由。它在政治上可以保证国家、政府采纳正确的政策，规范社会的发展方向，并达成一定的发展目标。传统的政治学经常受到人们的批评，说它不能在国家面临巨大的社会和政治危机的时候有所作为。人们认为，政治学家有责任和义务去关心紧迫社会政治问题的解决，不能局限于对政治制度、政治过程及政治行为的纯学术研究。政策科学及政策分析的发展在很大程度上克服了政治学的这种弊端，或说弥补了它的这种不足。公共政策学直接关注政策及政策过程，重视社会所面临的真正重要的政策问题，它以改进政策制定系统，提高政策制定质量为目标。公共政策学研究可以为政治的目的服务，它可以使人们熟悉政治讨论，提高政治敏锐性，在关注政策的技术的可行性的同时，关注政策的政治可行性；它有助于提高决策的科学化和民主化程度，密切政府和人民的关系，促进两者的相互沟通和了解；政策分析还有助于政策宣传、政策的执行等。此外，公共政策学有助于加强政治民主化建设。在当代政治权力中科学成分的多少被人们当作衡量人类文明进步水平和政治民主化程度的一个标志。人类社会越进步，由少数人说了算的政治权力就越来越被大多数人说了算和科学的分析所代替。对政策进行科学的分析，无疑可以加速科学的成分进入政治权力的进程，从而加强民主政治的建设。

同时，公共政策分析有助于提高行政管理水平。在某种意义上说，行政管理的过程也就是政策执行以及制定的过程。行政机关不仅要执行政策，而且也要参与政策的制定，一方面影响立法机关的政策制定，另一方面独立制定行政法规。公共政策分析为行政部门提供政策相关知识，特别是关于政策执行中的各种因素、障碍及克服手段的知识，使他们了解政策制定、执行和评估的本性，了解政策客体即受政策作用的个人、群体或组织的利益和要求，掌握政策管理的方法和技术，从而更好、更有效地执行政策，更快地达成政策目标，提高行政效率。

1.3.3 研究公共政策学的现实意义

在我国改革开放不断深入、建立和发展社会主义市场经济体制的新形势下，发展政策分析学科，加强公共政策学的研究具有特别重要的意义。

1．提高我国决策科学化民主化的迫切需要

中国共产党人在长期的革命和建设的实践中，历来重视政策研究，把政策问题提高到革命和建设事业能否取得成功的高度来认识。新中国成立后特别是改革开放以来，党和国家制定了一系列正确的政策，极大地促进了社会主义各项事业的发展。但必须看到，在相当长的时期，我们基本上停留在经验决策的水平上，缺乏对政策本身进行科学的、全面的、系统的理论研究。政策成功了，不知道成功的原因；政策失败了，不了解失败的根源。仅仅以学习和阅读政策文件，作为广大干部提高政策水平的主要办法。这是我们过去许多政策失误的一个基本原因。由于政策制定者和执行者不能正确了解和深刻认识政策过程这种复杂事物的本质和规律，致使许多政策匆忙出台，左右摇摆，知难而退，朝令夕改，这种非科学的态度，使人吃尽苦头，使国家蒙受巨大的损失。

目前，我国决策科学化、民主化程度仍不够高，尚存在一些问题或亟待改善之处。一个突出的表现是，缺少政策制定的科学理论和方法，科学化、程序化的决策水平不高，每每可见以试错法这样一种经验型决策方法作为决策的主要方法的情况，即根据政策制定者的个人偏好，在一组待选择的方案中，择其一而加以实施，倘若在实施中发现失误，即通过信息反馈去修正已执行的政策或重新选择另外的政策。有些政策仍然没有经过理论探讨，没有经过专家的详细论证，没有经过多次代表大会的充分、认真的讨论；少数领导者凭经验，甚至按主观设想拍板。这就难以避免政策失误；同时，某些方面的政策缺乏完整性，没有形成有机体系，往往是零散、无系统的，就事论事和缺乏远见的，因此导致前后不一致和不同政策之间的相互冲突。此外，政策制定的法制化程度不高，政策的制定和实施往往靠层层发文件的办法，缺乏完善的有关政策制定和执行的法律手段。

要克服上述弊端，提高我国决策科学化民主化水平，就必须大力提倡和发展政策分析，研究政策过程的规律性，形成系统的、科学的政策制定、执行和评估的理论，探索政策制定、执行和评估的程序、模型和方法，用以指导实际政策研究，提高政策水平。公共政策学既然以公共决策作为研究对象，以公共政策系统的改进以及提高政策质量为目标，并形成相当完善的理论和方法，那么，与其他相关学科相比，它更应成为决策科学化、民主化的主要支持学科。这一点在国内迄今为止并没有引起人们应有的重视。

2．促进我国社会主义市场经济发展的迫切需要

党的十四大提出了建立和发展社会主义市场经济体制的战略决策，这是一项前无古人的伟大事业，是一个长期、复杂的过程。在这一过程特别是目前由计划

体制向市场体制转轨时期，必定产生大量的经济政策及社会政策问题，如产业、财税、金融、外贸、投资、就业、人口、环境、分配、消费、企业制度以及社会保障的政策问题。必须根据市场经济运行的规律以及我国现阶段的实际情况，制定切实可行、系统完整的宏观经济政策及社会政策，以保障社会主义市场经济的健康运行。特别是必须处理好一些目标容易发生冲突或难以同时达成的经济政策之间的关系。

例如，关于经济增长和公平分配政策之间的关系，许多西方经济学家认为，这两者互相冲突，必须做出取舍，发展中国家所面临的主要是经济增长问题，在经济发展之初，是不应该谈公平分配的，因为发展中国家生产力如此之低是不能做到公平分配的。我国目前生产力发展水平不够高，而社会主义的目的是共同富裕，公平分配应是我们奋斗的目标。因此，在社会主义市场经济发展过程中，我们应如何处理好经济增长与公平分配之间的关系，使两种政策能够协调起来，这是必须认真研究和加以解决的问题。

又如，物价稳定与充分就业两种政策的关系问题，也被一些经济学家看作是彼此冲突的关系，即维持充分就业以通货膨胀为代价，稳定物价的可能代价是增加失业；还有经济增长与通货膨胀、工业发展与环境保护之间也属于这种关系。这些都是我们在市场经济发展中所应研究和解决的政策问题。可以说，我国的市场经济能否顺利健康发展，在相当大的程度上取决于能否制定出好的、高质量的经济政策及社会政策。而要制定出好的高质量的政策，必须依靠现代的政策科学理论和政策分析方法，这必须依靠发展公共政策学来实现。

3. 深化我国政治体制及行政体制改革，加强我国政治文明建设的迫切需要

经济体制改革必定引起和促进政治体制及行政体制的改革，而政治体制及行政体制改革构成全面改革的一个极为重要的组成部分。应该说，政治体制与行政体制改革本身正是政策科学及政策分析中政策制定系统改革的研究范围，要建立更加有效、更加灵活的政治及行政体制，必须借助政策科学及政策分析的有关理论和方法。例如，当前行政体制改革的一个核心内容是政府职能的转变。这就要求政府运用各种杠杆（政治的、经济的和法律的）来指导和调控经济活动，因此，政府职能转变的基本内容也属于政策的制定和执行的问题。由此可见，发展公共政策学乃是深化政治、行政体制改革的客观需要。

总之，人类社会离不开决策，现代社会的发展离不开政策。公共政策在指导和促进社会的政治、经济和科技文化的发展中起着巨大的作用，它们也决定着每个社会成员“从摇篮到坟墓”的一生。政策研究与人类、国家、社会以及个人的前途命运密切相关。毛泽东同志说得好，政策和策略是党的生命。因此，发展公

共政策学，探索政策研究的科学理论和方法，对于改善政策制定系统，提高政策质量，促进社会发展就具有不容低估的意义和作用。

案例

生死判决　依据科学

——关于三门峡水库的争论

缘起

三门峡水库作为黄河上第一个大型水利枢纽工程，一直命运多舛，处境尴尬。从规划设计到建造运行的近半个世纪中，对它的争论从未停止过。2001 年小浪底水库投入运行后，对三门峡水库的新一轮争论又开始了，特别是 2003 年渭河下游发生的洪灾，更把这场争论推向了新的高潮。综观各方观点，不外乎三种意见：一是将三门峡水库彻底废弃，恢复自然河道；二是保留大坝，在平时和汛期均敞开泄水，只在特大洪水时，才关闭滞洪；三是在汛期发生洪水时敞开泄水冲沙，非汛期低水位运用。

三门峡水库面临生死判决。为了客观地看待三门峡水库的功过，科学地确定三门峡水库的运用方式，我们特访问了流域管理机构——水利部黄河水利委员会的部分专家，以听取他们的意见。

历史追溯：争论不休数十年

主持人： 黄河是中华民族的母亲河，也是世界上最复杂的一条河流，在黄河上建造水利工程格外为人们所关注。三门峡水利工程在规划和方案讨论阶段，直到后来建成投入运行，围绕它的争论一直此起彼伏。温善章先生是这一过程的参与者和历史见证人，请问这些争论主要集中在哪些方面？这些争论对以后工程的改进产生了哪些积极影响？

温善章（黄河水利委员会勘测规划设计研究院教授级高工）：在三门峡修建水库，是 20 世纪 30 年代提出来的。在当时，对水库的回水是否应超过潼关，就存在两种意见。1954 年，国家计委为此正式成立了黄河规划委员会，提出了防洪、灌溉、发电、水土保持等综合利用的规划报告。规划中，围绕三门峡大坝的高低，也就是对关中平原的淹没程度，发生了激烈的争论。如果水库坝前水位为 350 米，则水库将淹没 200 多万亩土地，移民 60 多万人；如果水位为 360 米，则淹没面积为 350 万亩，移民 90 万；如果水位为 370 米，则淹没面积为 4 000

万亩～5 000万亩，移民120万。规划提出的水位为350米。1955年7月，国务院副总理邓子恢在一届全国人大二次会议上作了《关于治理黄河水害、开发黄河水利的综合规划报告》，原则上通过了三门峡工程方案。水库交给苏联专家设计，设计中又研究了350米、360米、370米等几个方案，后经多方讨论，国家最终在规划阶段定下了“360米水位、650亿立方米库容”的设计规模。

邓子恢副总理作报告的时候，我还是天津大学水利系三年级的学生，认为三门峡水库过多地淹没关中平原不符合国情。我第二年毕业后分配到电力部水电建设总局，这时，我给国务院、水利部两次写信，提出三门峡水利枢纽应以“低水位、少淹没、多排沙”的思想进行设计，按“滞洪排沙”的方式运用，即将原来“高坝大库、蓄洪拦沙”的设计方案变为“低坝小库、滞洪排沙、低水位运用”的方案。我认为，水库正常水位不用360米，非常洪水时水位定为335米，可基本不淹没关中平原，迁移人口在15万以下。

1957年6月，水利部专门组织70余名专家讨论了这个“温青年方案”。结果，绝对多数反对这个意见，只有中国水科院的叶永毅、清华的黄万里、长办的吴康宁等三人支持我的方案。“温青年方案”就这样胎死腹中。1958年4月，周恩来总理到三门峡开现场会，决定上下游兼顾，确保西安，确保下游，按360米设计、350米施工，分期抬高运用水位。此方案是一个折中的结果。1958年8月，中央决定1967年前运用水位最高不超过340米。

三门峡水库从1960年秋季开始蓄水，到1962年初水位达到332.58米，移民遇到了很多困难，运用水位难以再抬高。在1962年全国人民代表大会上，陕西省全体代表联名提出降低运用水位排沙的提案，由此引发了一场如何降低水位排沙和改变三门峡水库运用方式的大讨论。这场讨论的结果促成了三门峡水库的两次大改建：1965年至1966年打通了两条汇洪隧道，改造了4条发电钢管；1969年打开了当初用于导流的8个施工底孔，降低了发电钢管的进水口高程。此外，又将水库运用方式由“蓄洪拦沙”改为“滞洪排沙”和“蓄清排浑”。经过这两次改造，极大地加强了水库的泄洪排沙能力，潼关高程明显下降。

渭河洪灾：三门峡水库当何“罪”

主持人：新一轮争论的焦点在于三门峡水库现在的运行方式是否影响潼关高程的抬升和渭河下游的淤积。在这个问题上，你们做了哪些研究，结论如何？

姜乃迁（黄委会黄河水利科学研究院副院长）：为了解答这个问题，水利部2002年确定了“潼关高程控制及三门峡水库运用方式研究”的课题，由中国水利科学研究院、黄河水利科学研究院、清华大学、陕西省水利厅、西安理工大学等单位共同承担研究任务，对40年的资料进行深入分析，并同时进行数学模型计算和实体模型实验。现在，课题研究已经有了初步成果。

我想谈两个方面的问题：一是潼关高程抬升与三门峡水库运用方式之间的关系；二是谓河下游淤积与潼关高程之间的关系。

由于三门峡水库建成初期的高水位运用，水库淤积严重，潼关高程从1960年9月至1962年3月上升了4.67米。后经过两次改建，水库运用方式也由“蓄洪拦沙”改为了“滞洪排沙”，水库淤积状况大为改观。到1973年岁末，潼关高程已由原来的328.71米下降到了326.64米。1973年11月开始采用“蓄清排浑”方式后，一直到1985年，潼关高程相对平衡：高程在非汛期上升，汛期下降，与建库前的规律大体相似。1986年以后，黄河水沙条件变化很大，上游来水量急剧减少，特别是汛期洪水发生次数减少。由于汛期没有足够的来水冲沙，所以潼关高程又出现了上升趋势。尽管在此期间三门峡水库的水位在不断下调，但黄河上游来水量对潼关高程的影响更大，汛期下降的幅度抵不上非汛期上升的幅度。

从1960年建库到2001年，渭河下游共淤积了13亿立方米泥沙，其中1960年到1973年淤了10.3亿立方米，1974年到1990年淤了0.4亿立方米，1991年到2001年淤了2.5亿立方米。相应地，1974年至1990年，潼关高程上升了0.96米；1991年至2001年，潼关高程上升了0.63米。由此可见，在1991年之后，虽然潼关高程变化不大，但渭河下游的淤积速度却大大加快。这一现象只能从渭河来水量大幅度减少造成河道输沙能力大大减弱得到解释。

综上所述，应该可以得出这样的结论：在三门峡建库初期，水库的高水位运用对潼关高程和渭河淤积有着直接的影响。近年来潼关高程的抬升和渭河下游的淤积主要是由于水沙条件的变化造成的。三门峡水库有一定影响，但不是主要因素。三门峡水库的运用方式应作进一步调整，但潼关高程的抬升和渭河下游的淤积不能只依靠三门峡水库来解决，而应采取综合措施。即使三门峡水库全年敞泄，也不能完全解决问题，而且会带来其他负面效应。

未来命运：综合治理是出路

主持人：小浪底水利工程建成以后，三门峡水库是否失去了意义？也就是说，小浪底水库能否取代三门峡水库的功能？

薛松贵（黄委会总工程师）：在以往在40多年中，应该说三门峡水库在减轻下游防洪压力、防凌、城市供水和农业灌溉以及发电、探索和总结多沙河流上水库合理的运用方式等方面均有过不可磨灭的功绩。虽然迄今尚无机遇证明三门峡水库在防御特大洪水方面的巨大作用，但小浪底水库建成后，三门峡水库仍必不可少。如若遇到特大洪水，仍然需要三门峡、小浪底等“四库联调”滞洪。黄河防凌需要35亿立方米的库容，小浪底水库只能解决20亿，剩下的15亿需要三门峡水库来调节。此外，三门峡水库周边已形成了200平方公里～300平方公里新的湿地生态系统，如果不进行周密的论证就贸然废弃水库，有可能会带来新的不利后果。

姜乃迁：小浪底水库在泥沙库容淤满后只剩下40亿立方米的库容，而三门峡水库有56亿立方米的库容。抵御上游大洪水时必须要用三门峡水库。至于防凌，按35亿立方米库容计算，小浪底只能担负20亿立方米，三门峡仍需要担负一定的任务。

温善章：在此，我觉得有必要强调一下，三门峡水库的存在能给人们带来安全感，这是一种"心理效应"，也具有非常重要的意义。另外，三门峡水库保留下来毕竟还可以发挥一些作用，例如，非洪峰期低水位（305米～313米）发电、特大洪水时可缓解小浪底水库的压力等等。它给渭河下游带来的负面影响，可通过一些花钱不多的办法来解决。

主持人：今后，为了防止像2003年出现在渭河下游的"小水大灾"，三门峡水利工程的运用方式将会做哪些调整？还有可能采取其他什么措施？

薛松贵：我的观点是：第一，要采取综合措施尽快降低潼关高程，例如在潼关以下河道40多公里处"裁弯取直"，对潼关河段进行清淤，根据课题研究组分析论证的成果确定呈调整三门峡水库运用方式。第二，要加强渭河流域的治理，加固渭河堤防，治理水土流失。第三，要高度重视人类活动对河流的负面影响，特别是多沙河流必须保证一定的生态用水和输沙水量，关注河流的健康生命。过去，在三门峡建设问题上确有不少教训甚至失误，需要认真汲取，但在未来三门峡水库的存、废以及运用问题上要有充分的科学依据。

资料来源：《光明日报》，2004-01-06。

链接：《三门峡工程半个世纪成败得失：一项大型公共工程的决策逻辑》，载《南方周末》，2003-11-27，A1/A2版。

思考题

1. 解释公共政策、政策系统和政策过程概念。
2. 什么是公共政策学？如何理解它的"范式"特征？
3. 公共政策学有哪些主要的研究途径？
4. 如何看待政策分析的职业化发展？
5. 结合上述案例，论述研究公共政策学的现实意义。

第 2 章

政策分析的基本框架

重点问题

- 政策分析的基本模式
- 政策分析的不同理论
- 政策分析的多样化方法论
- 政策分析的基本构成因素
- 几种有代表性的过程框架
- 政策分析过程的程序
- 政策分析过程中常用的方法及技术

政策分析并没有严格不变的固定框架、程序或模式，它依赖于具体的问题以及经验、直觉和判断的运用。然而，透过这些具体的差别，我们仍然可以找出政策分析的基本因素，政策分析过程的逻辑顺序。对于这些因素和过程的研究，可以为我们提供政策分析的指导性策略，即解决问题的合理思路。

2.1　政策分析的不同模式、理论和方法论

经过半个多世纪的发展，现代政策分析形成了不同的模式、理论和方法论。了解这些模式、理论和方法论，有助于我们把握当代政策分析的总体框架，进一步加深对于什么是政策分析问题的认识。

2.1.1　政策分析的基本模式

在现代政策分析的发展过程中，出现了许多分析模式。对此，政策分析学者作了不同的概括。例如，德洛尔将以往的政策模式概括为六种：纯粹理性模式、经济合理性模式、序列决策模式、渐进—变化模式、满意模式、超理性过程模式，并在对这些模式批判的基础上提出了自己的最优模式。[①] 在这里，我们着重介绍如下几种基本模式。

1. 全面理性模式

全面理性模式（comprehensive-rational model），又称纯粹理性模式（pure-rationality model），泛指决策者能够依据完整而综合全面的资料作出合理性的决策。很难确定是谁提出了这一模式，但是在经济学、管理学、公共行政学等学科中可以发现这一模式的广泛使用。

根据林德布洛姆的论述，全面理性模式的要点是：（1）决策者面对一个既定的问题；（2）理性人首先应该清楚自己的目标、价值或要点，然后予以排列优先顺序；（3）他能够列出所有达成其目标的备选方案；（4）调查每个备选方案所有可能的结果；（5）比较每个备选方案的可能结果；（6）选择最能达成目标的备选方案。[②]

这一模式意味着决策者能完全客观而合乎逻辑地看问题，他心中有明确的目标；在决策过程中，他的所有行动，不断地使他选择有效达成目标的备选方案。也就是说，决策者作为理性人，具有下列特性：（1）目标导向。在理性决策中，不存在任何关于目标的冲突。（2）所有选择皆为已知。决策者能认出所有相关标

---

① See Yehezkel Dror，*Public Policymaking Reexamined*. Scranton，Pennsylvania：Chandler Publishing Company，1968，p. 131.

② Charles E. Lindblom，*The Policy-Making Process*. Englewood Cliff，NJ：Prentice-Hall Inc.，1968，p. 13.

准，能够列出所有备选方案，知道每一方案的所有可能结果。(3) 偏好明确。标准和方案均能排列出偏好顺序。(4) 偏好一致。决策标准一致，而且在心目中所给予的权重总是不变。(5) 没有时间及成本限制。决策者在进行决策时，没有时间成本的限制，可以得到完全的信息。(6) 最好的选择可使报偿价值最大化。理性决策者会选择评分最高的方案，而得到最大的利益。①

总之，政策分析的全面理性模式主张，为了一个理性的决策，政府的决策者必须知道所有的社会价值偏好及其相对权重，所有可能的备选方案，每一个备选方案可能产生的后果；必须能够估计每一个政策方案可能得到或者失去的社会价值比例，能够选择最经济有效的政策方案。②

全面理性模式遭到了来自各个方面的批评，许多学者批评它的不可能性或指出它的局限性。概括说来，全面理性模式的主要难题有：第一，在政策制定中，决策者往往并不是面对一个既定的问题，而是需要根据一些现象的表征去探查问题的所在，这往往是一件相当困难的事；第二，在政策制定中，目标、价值的排列往往因目标不清晰及价值冲突，使得决策者犹豫不决；第三，要列出所有达成目标之备选方案及每个方案的所有可能后果，在人类能力有所限制、环境不确定影响及时间成本受限制的情况下也难以做到。因此，全面理性模式虽然是政策分析的完善境界，但在实际的政策分析中难以做到全面理性的要求。

全面理性模式构成以后的几乎所有政策分析模式的出发点。可以说，后起的各种政策分析模式是在批评全面理性模式以及吸取它的某些成分的基础上发展起来的。

2. 有限理性模式

有限理性模式（bounded rationality model）是西蒙（Herbert A. Simon）和马奇（James G. March）在批评全面理性模式及对行政决策的研究基础上提出的。它的要点是：决策者在决策过程中对备选方案的选择，所追求的不是最优的方案，而是次优或令人满意的方案。决策者在“满意”标准和有限理性之下，面对一个简化了的决策，不必再去检视“所有的”可能备选方案。

西蒙认为，“全面理性”或“完善理性”模式所依据的是古典经济学理论和统计决策论所发展起来的理论概念，它包含下列四个先决条件：(1) 存在着数种可以相互取代的行为类别；(2) 每类行为都能产生明确的结果；(3) 经济主体行

---

① Stephen P. Robbins, *Management: Concepts and Practices*. Englewood Cliff, NJ: Prentice-Hall. Inc., 1984, p. 77.

② Thomas R. Dye, *Understanding Public Policy*. Englewood cliff, NJ: Prentice-Hall, Inc., 1987, p. 32.

为产生的结果拥有充分的信息或情报；（4）经济主体拥有一套确定的偏好程序，以便让他依其所好，选择他认为适当的行为。西蒙指出，这种“完善理性”或“全面理性”在实际中是不存在的，主要理由是：（1）知识的不完备性。按照全面理性的要求，行为主体应具备每种抉择后果的完备知识和预见，而实际上，我们对后果的了解总是零碎的。（2）预测的困难。由于后果产生于未来，在赋予它们以价值时，就必须凭想象来弥补其所缺少的体验，然而，对价值的预见不可能是完整的。（3）可能行为的范围。按照全面理性的要求，行为的主体要在全部备选方案或行为中进行选择，但对于起初的行为而言，人们只能想到全部可能方案中的很少几个。

因此，西蒙认为，人类行为所依赖的是有限理性，而不是全面理性，也不是弗洛伊德等人所讲的非理性，而是介于理性和非理性之间的东西。人们在实际活动中，由于受能力、信息、时间、知识等因素的制约，只能在有限的且力所能及的范围内从事决策。在此基础上，西蒙提出用有限理性模式取代全面理性模式。他认为这种模式更符合实际，更适用于行政决策行为。

根据西蒙和马奇的看法，有限理性的决策步骤是：（1）确定需要解决的问题或所要订出的目标；（2）决定最低标准或水准，使所有被接受的方案都能符合这一标准；（3）选择一个可行的方案；（4）评估这一方案；（5）决定这一方案是否已符合所确定的最低标准；（6）如果此方案无法接受，再检查其他方案，并要逐一通过评估过程；（7）如果这一方案是可行的，即可开始行动；（8）执行之后，评定此方案及难易程度，并将资料作为提高或降低标准之参考。

西蒙和马奇的有限理性模式对全面理性模作了深层次的批评，并强调政策制定中非理性因素的重要性。这个模式在经济学、管理学和公共行政学中有广泛的影响。但是，这一模式主要是为学术理论服务的，而不是为实际的政策分析服务的。

3. 渐进模式

渐进模式（incrementalist model）是由美国著名经济学家、政策分析家林德布洛姆提出的。这一模式的大意是，政策制定所根据的是过去的经验，经过渐进变迁的过程，从而获得共同一致的政策。它以现行的政策作为基本方案，在与其他新方案相互比较后，制定出对现行政策的修改、增加的新政策。

林德布洛姆的“渐进主义”模式经历了几十年的发展演变（1953—1979），这一模式的名称也随着时间的推移而变化。1953年他在与达尔合著的《政治、经济和福利》一书中首次提出“渐进主义”（incrementalism）概念，该书将社会政治系统及过程分为四种基本形态，即价格体系、层级体系、多元体制和议价。

除了在层级体系形态中决策者可以比较不讲究“策略”，可以随心所欲地达成决策之外，其余三者都不可能由单独的决策者独立作出决策，而是由相关的决策者之间互动而做出。在这种情况下，如果要进行决策，必须讲究“策略”，在达成共识的基础上逐渐推展，便是“渐进主义”。1958 年，林德布洛姆在《政策分析》一文（载于《美国经济学评论》1958 年第 3 期）中把传统的政策分析称为“第一种方法”，而将他自己的政策分析方法称为“第二种方法”。1959 年，他在《“渐进调适”的科学》一文（载于美国《公共行政学评论》1959 年第 2 期）中，进一步批评传统的政策分析模式——全面理性模式，阐述他的连续有限比较模式，即所谓的“渐进调适”（muddling through）。在 1963 年的《决策的战略》一书中，他将传统的理性模式称为“全面分析”（synoptic analysis），而将他自己的政策分析模式称为断续渐进主义（disjointed incrementalism），他分析了全面理性不适应的八个原因，并提出了政治决策的四种形态。1965 年，他在《民主的智慧》一书中进而将他的方法称为“党派相互调适”（partisan mutual adjustment）。直到 1979 年他还在《公共行政学评论》上发表了《尚未达成，仍需调适》一文，对自己的模式进行了系统的辩护和补充。

尽管在不同时期的著作里，林德布洛姆对渐进模式的表达有所不同并不断发展，但这一模式的基本思想则保持一致。它的基本内容是：(1) 目的或目标的选择，对为实现目标所采取的行动进行经验分析，两者是相互交织、密不可分的；(2) 决策者只考虑解决问题的种种可供选择方案的一部分，这些方案同现行政策只有量上或程度上的差异；(3) 对每一可供选择的方案来说，决策者只能对其可能产生的某些“重要”后果进行评价；(4) 决策者所面临的问题经常被重新鉴定，渐进主义允许对目的—手段和手段—目的进行无限的调整，从而使解决问题的“正确方法”并不是唯一的；(5) 考察一个决策的优劣，并不要求各种各样的分析者一致认为这一决策是否为达成既定目标的最有效的手段，而是看他们是否直截了当地一致同意这一决策；(6) 渐进决策的形式，从本质上来说是补救性的，它更多的是为了改革当今的具体的社会弊病，而不是为了未来的社会目标。

林德布洛姆的渐进模式具有相当的影响力，并拥有不少的支持者。这一模式的合理之处在于，比较符合政策分析的实际，承认政策制定者缺少时间、信息和其他资源，而这一切都是对解决现实问题的各种可供选择的方案进行全面的分析时所必需的。同时，人们总是注重实际的，并不总是寻求解决某一问题，而是寻求解决“将起作用的某些问题”的最佳方法，通过渐进方式作出的是有限的、注重实效并容易被人接受的决策或政策。但是，另一方面，这一模式也存在着重大缺陷。它倾向于保守主义，安于现状和忽视社会变革尤其是革命；它注重目前短期目标，而忽视长远目标；不适应于政治性和战略性决策。因此，渐进模式受到来自各个方面的批评，批评者有许多著名人物，如德洛尔和埃泽奥尼等。

4. 混合扫描模式

混合扫描模式（mixed-scanning）是哥伦比亚大学社会学教授 A. 埃泽奥尼（Amitai Etzioni）提出的。他在《混合扫描理论：决策的第三种方法》一文（载于《公共行政学评论》1967 年第 5 期）中，对林德布洛姆的渐进模式以及传统的全面性模式加以批判，提出他所谓的第三种方法——"混合扫描"理论。他同意林德布洛姆对全面理性模式的批评；同时，他分析了渐进主义模式的缺陷。他指出，由渐进主义者所做出的决策仅仅反映了社会势力中最强大而且又组织起来的那部分人的利益，而社会底层、政治上无组织的那部分人的利益被忽视了；渐进主义把注意力集中在短期的目标上，只是改变现行政策的某些方面，因而往往忽视基本的社会变革；对于重大的、带有根本性的决策，如宣战等，渐进主义是无能为力的。

埃泽奥尼试图将全面理性决策和渐进主义模式的优点结合起来，提出他的"混合扫描理论"。他对自己的理论作了如下描述："假定我们准备用气象卫星建立一个全球性的气象观察网，若采用理性主义的方法，那么，我们将利用能用来作为细微观察的摄像机，尽可能安排对所有空间的考察，以使对气象情况作穷尽一切的探索。这种做法会产生多得不计其数的细节，分析代价高，而且很有可能为我们的活动能力所不及（例如，能产生飓风或能给干旱地区带来雨水的人工降雨云的形成）。而渐进主义则要求把注意力集中在过去我们对其气候状况比较熟悉的地区，或许还包括邻近地区。这种做法会使我们忽略产生在未曾想到的地区而本应引起我们注意的气候现象"。"混合扫描运用了两种摄像机而包括了上述两种途径：一个广角摄像机能观察全部空间，只是观察不了细节；另一个摄像机能对空间做深入细致的观察，但不观察已为广角摄像机所考察了的地区。尽管混合扫描有可能忽略只有用第二个摄像机才能找出乱子的地区，但与渐进主义相比，它不太容易忽略情况不熟悉地区出现的很明显的乱子"。[①] 埃泽奥尼宣称混合扫描理论把理性决策和渐进决策两方面都考虑到了，高级的理性决策过程确定了行动的基本方向，而渐进决策形成过程则为理性决策做准备，并在根本性的决策作出后加以实施。混合扫描理论允许同时使用理性模式和渐进的决策模式。在一些场合，全面理性模式是合适的，而在另一些场合，渐进模式是合适的。这一理论

① Amitai Etzioni, Mixed-Scanning: A "Third Approach To Decision-Marking". *Public Administration Review* No. 5, 1967, pp. 388-389.

也考虑到决策者能力的差别。一般而言，决策者能用来实施他们的决策的力量越大，进行越多的扫描是现实的；而扫描的范围越广，决策也就越有意义。一言以蔽之，混合扫描理论是渐进主义和理性主义相结合的产物。

应该指出，混合扫描模式主要是建立在理论推导的基础之上，这一模式如何运用于实际并不清楚。不过，它毕竟提醒人们注意到这样的一些重要的事实，即就决策的重要性，范围的不同决定应使用不同的决策模式。

5. 最优化模式

最优化模式（optimal model）或规范最优模式（normative optimal model）是德洛尔提出的带有综合性质的模式。德洛尔在批评全面理性模式和渐进模式并吸收这两种模式因素的基础上，提出了他的最优模式。他认为，综合理性或全面理性模式的要求过于理想化，在现实世界中难以达到。而渐进主义模式虽然更贴近实际，更适应于人类的本性和理论上更成熟，但是它也有着很大的局限性。他指出，渐进主义模式有三个先决条件，即"(1) 现行政策的结果大体上能满足决策者与社会各阶层成员的需要，边际变化在政策成果上才能显示其已达到一种可接受的改善；(2) 问题的性质必须保持高度的连续性；(3) 能够用来处理问题的手段必须具有高度的连续性"①。然而，这三个先决条件只有在高度稳定的社会中才存在，而在社会处于变革或动荡时则不存在。因此，渐进模式仅仅适用于高度稳定的社会，而不适用于急剧变迁的社会，其适用范围有限；同时，这一模式对于实际政策的影响在理念上助长维持现状，反对变革，因而是保守的。

针对全面理性模式和渐进主义模式的缺点，德洛尔提出了他的最优化模式或规范最优模式。这种模式的四种基本假设是：(1) 优化的政策制定包含了一种增加合理性内容的努力，这种努力可以透过对目标的更详细的说明，对新的备选方案的广泛追求，对期待的精心设计以及明确的政策范围和决策标准来完成。(2) 在复杂的最优化政策制定中，超理性的过程起着重要的作用，这不仅是因为人类缺少完全理性的资源和能力而不可避免，而且事实上也为更好的政策制定做出肯定的贡献。直觉、判断、总体印象和新的备选方案的创造性发现是最优政策制定的超理性各阶段的例证。(3) 这些超理性的政策制定阶段可以由各种手段，如案例讨论、敏感性分析和头脑风暴法来加以改善；类似地，理性的政策制定也可以通过增加输入（尤其时间）、增加知识和政策实践者的水平等而得到改善。(4) 在现代国家中的实际政策制定虽然倾向于因循守旧、渐进变化、维持现状与

① Y. Dror, "Muddling-Through Science or Inertia?" *Public Administration Review*, No. 3 (Sep. 1964), p. 154.

常规，但与政策所面临的问题、人们的抱负水平、可利用的备选方案和政策过程自身的知识等的变化速率相比，大部分当代的政策制定的实践已经滞后，这能够而且应该改善。①

德洛尔将最优化模式的分析过程分为三个阶段 18 个步骤。这三个阶段是：元政策制定；政策制定；后政策制定。这 18 个步骤是：(1) 处理价值；(2) 认识现实；(3) 界定问题；(4) 调查、处理和开发资源；(5) 设计、评价与重新设计政策制定体系；(6) 分配问题、价值与资源；(7) 决定政策策略；(8) 细分资源；(9) 以优先性顺序确定运作目标；(10) 以优先性顺序确定一系列的有意义的其他价值；(11) 准备一组主要的备选方案，包括一些好的方案；(12) 对各种不同方案的效益与成本进行可靠的预测；(13) 比较不同备选方案已预见出的效益与成本，并指出"最好"方案；(14) 评估"最好的"备选方案的效益和成本，并确定它们是"好"还是"坏"；(15) 鼓励政策的执行；(16) 执行政策；(17) 在政策执行后评估政策制定；(18) 联结先前各个阶段的沟通和反馈的渠道。在这里 (1) ～ (7) 是元政策制定阶段；(8) ～ (14) 是政策制定阶段；(15) ～ (17) 为后政策制定阶段；(18) 将各阶段联系起来。②

德洛尔的最优化模式试图克服全面理性模式的缺陷，确定一个更全面和合理的模式，尤其是力图将决策过程的理性因素和非理性因素结合起来。但是，这一模式也有明显的局限性，是一个折中的模式。有的学者认为，德洛尔在结合超理性因素的同时，强调全面理性的许多因素，这不恰当；另一些学者则提出，德洛尔的模式重述了全面理性模式的许多步骤，但是加上一些警告，以避免说它不切实际的批评。此外，当决策者依德洛尔的模式从事价值、目标、期望等的初步评估时，应该使用什么样的标准都不明确。C. 琼斯提出："德洛尔希望尽可能地做好决策，但他的意思却难以理解。'最优'的意思可能是利用理性和超理性的手段，使决策做得更好，然而更好到什么样的程度，达到何种目标，则无法得知。"③

2.1.2　政策分析的不同理论

经过长期的发展，政策分析形成了种种不同的理论。根据奈格尔和米尔斯

① Y. Dror, *Muddling Through: Science or Inertia?* op. cit., pp. 155-156.

② Y. Dror, *Public Policymaking Reexamined*. op. cit., pp. 163-164, pp. 312-318.

③ Charles O. Jones, "State and Local Public Policy Analysis: A Review of Progress". in Jones ed., *Political Science and State and Local Government*. Washington D.C.: American Political Science Association, 1973.

(Stuart S. Nagel and Miriam K. Mills）的观点，公共政策分析或政策评估的理论可以由政策分析过程中涉及的基本理论问题来加以概括，这些基本问题涉及相关概念、知识获得、原因和规范四个方面。相应地，政策分析有如下四种基本理论类型，即概念理论、认知理论、因果理论和规范理论。下面我们根据奈格尔和米尔斯在《政策科学的职业化发展》这一论著中的论述，简要地介绍这四种理论。①

1. 概念理论

在概念理论（conceptual theory）中，涉及的一个关键问题与如何界定政策分析或公共政策评估相关。主要因素是处理一系列所要取得的社会目标，为取得这些目标的备选政策方案以及为了选择或解释最好政策，结合、配置或预见性的决策规则，有关目标和政策之间的关系。概念化这个领域可能也包括界定什么是构成好的政策分析或政策评估的东西，这些东西包括有效性、重要性、有用性、创新性和可行性等。有效性是一个关键因素，它包含了主要的目标、备选方案、为描述其关系与经验实在的外在一致性，以及逻辑上由目标、政策和关系中推出结论的内在的一致性等。好的政策分析或政策评估依赖于它所处理的问题的重要性，对决策者影响的有用性、创新性和可行性等因素。当然，意识形态方向是一个与技术上好的政策分析无法分开的问题。

2. 认知理论

认知理论（theory of knowing）也称知识获得理论（theory of knowledge-acquisition）。这一理论认为，政策分析或政策评估从权威、统计观察分析、演绎推理和敏感性分析等方面获得目标政策和各种关系。一个要获得好政策建议的好系统必须能够处理认识过程中的各种障碍，这些障碍主要包括五方面：（1）有关多元目标的多个方面，这是一个“苹果和橘子”的问题；（2）多元错失的信息；（3）过多的、不能确定每一个效果的多元备选方案；（4）多元的和可能冲突着的限制或约束；（5）不管所有这些多元性，对推导和表述结论中的简单性的需要。这五个方面构成决策中的五个方法论问题。

3. 因果理论

因果理论（causal theory）主要关心为什么一些政策建议被采纳，而另一些政策建议不被采纳。有的答案与下列因素有关：较少的反对与较多支持的结合，交给了合适的决策者，转向预定的目标方向和取得好的效果。因果理论也关心为

① See Stuart S. Nagel and Miriam K. Mills, *Professional Development in Policy Sciences*. Greenwood Press, Westport Connecticut, 1993, pp. 183-192.

什么一些被采纳的政策取得成功，而另一些却遭受失败。相关因素包括原初目标的高低，提供什么样的诱因来保证服从，在遇到问题之前，是如何规划和执行分析的。

4. 规范理论

规范理论（normative theory）部分地关心某些政策分析的职业化伦理学问题，例如，谁的目标被最大化了？对于有效性和其他好的分析的标准应承担多少义务？如何处理好人们冒险地置于政策实验中的问题？以及在何种程度上分析者应当规范而不是仅仅描述。规范理论也关心澄清全社会的价值（观），这些价值观有：为最大多数人的最大幸福（这是英国功利主义者边沁、密尔和美国实用主义者詹姆斯、戴维等人的观点），社会底层的教养（罗尔斯的观点），做事情要使每个人过得更好或至少不能更糟（帕累托的观点）以及展开公共政策的其他新的全社会价值观。

2.1.3 政策分析的多样化方法论

作为一个跨学科的应用性研究领域，政策分析吸收并应用了当代各学科所发展起来的各种研究方法。因此，政策分析方法论具有多样性。政策分析者来自于不同的学科，所以，他们可能强调或偏重于他们所专长的学科的方法。根据奈格尔和米尔斯在《政策科学的职业化发展》一书中的概括，政策分析有五种主要方法论，即数学最优化、计量经济学方法、准实验方法、行为过程方法和多元标准决策方法。这五种方法各有所重，并以某些学科作为基础。我们可以根据它们是如何有效地处理政策分析的障碍来对这五种方法论进行评价。下面是奈格尔和米尔斯论述的要点。①

1. 数学最优化

数学最优化（mathematical optimizing）以运筹学、管理科学和决策科学为基础。数学优化既与数学和工程学有关，因为它是工业工程学的一部分，也与商业有关，因为它是管理科学的一部分。数学优化有各种不同的形式，基本的常用形式有如下四种：（1）报偿矩阵（payoff matrices）；（2）决策树（decision trees）；（3）最优化水平曲线（optimum level curves）；（4）微分曲线和函数曲线（indifference curves and functional curves）。

这四种数学优化形式可以部分地根据它们的数学特征来加以描述。报偿矩阵和决策树与有限数学和概率决策论有关，而最优化水平曲线、微分曲线和函数曲

① See Stuart S. Nagel and Miriam K. Mills, *Professional Development in Policy Science*. pp. 99-114.

线则与古典微积分最优化和线性/非线性规则有关。

数学优化在处理决策过程中遇到的方法论障碍时具有如下明显的缺点：(1) 试图通过形成单一的目标函数来消除多元目标；(2) 它徒劳无功地寻求错失的信息或做出错误的假定；(3) 通过古典的微积分优化的规则来进行分配；(4) 对于冲突着的约束无能为力；(5) 倾向于强调方程和非方程，难以处理和解释几何形式。

2. 计量经济学方法

计量经济学方法（econometric approach）以经济学和统计学为基础（计量经济学是现代经济学的基础，或者说是现代经济学中最有成就的部分），它强调统计回归分析，这种方法可以用来预言。一般包括如下几步：(1) 列出案例或案例类型；(2) 列出试探性标准；(3) 根据预言标准列出每个案例的分数；(4) 累加出每个案例的总分数；(5) 将这些案例的一系列总分数与过去的案例或案例类型的实际的或假定的结果联系起来；(6) 进行敏感性分析。

统计回归分析缺乏：(1) 简单性；(2) 预测的准确性；(3) 在试图描述经验时的有效性；(4) 预言多重关系时的相关性；(5) 在表述未权重的总的关系时的完全性；(6) 对小抽样的可应用性；(7) 在允许人们改变预测权重方面的灵活性；(8) 处理大量记录时的方便性。

3. 准实验方法

准实验方法（a quasi-experimental approach）以心理学和社会学特别是坎贝尔（Donald Campbell）的心理学理论、弗里曼和罗西（Howard Freeman and Peter Rossi）的社会学理论为基础，也与美国评估学会所发展起来的教育评估方法有关。它强调努力安排事前试验（pretest）和事后试验（posttest），控制团体和非随机的、准实验的团体。公共政策分析中的一种常见的因果关系是相互因果关系，即公共政策影响社会指标，而社会指标可能更会影响公共政策的采纳。准实验方法的本质是对那些采纳一项公共政策的地方与那些不采纳这项政策的地方加以比较，但它与在真实的实验中不同，政策的采纳并不是随机的。

准实验方法在某些场合是有用的，但是，它存在不少方法论和规范上的缺点。例如，往往会出现无意义的实验群体和控制群体，缺少“事前”数据和“事后”数据，甚至没有或缺乏已经采纳政策的地方；准实验方法也要求在实验之前对可能有害的政策的采纳，以与演绎模式相对照。为了避免准实验方法以及时间序列分析方法的缺点，人们可能试图从经验上检验过的前提中推出政策效果，这种演绎模式采取了不同的形式，并且可以处理个别决策的各种模式作为基础。

4. 行为过程方法

行为过程方法（behavioral process approach）以政治科学为基础，它深入政治科学中行为和过程方向的中心，这种方向可以与立法的、新闻的、历史的和哲学的方向相比较。这种方法强调政策的制定和执行的过程。

公共政策分析的一个重要方面是考虑政策被采纳的政治过程和政策执行的管理过程。因此，行为过程分析使政策分析对于政治可行性和管理可行性具有敏感性，因而它是有价值的。但是，最好的政策并不仅仅是政治和管理上可行的东西，它还必须具备其他的条件，如技术上的可行性。

5. 多元标准决策方法

多元标准决策（multi-criteria decisionmaking）方法是跨学科的，它以所有社会科学作为基础。这种方法强调处理这样一些问题：（1）所要取得的全社会目标；（2）取得这些目标的备选方案；（3）目标和备选方案的相互关系。目的是要分析最好的备选方案，并加以结合和分配。

多元标准决策方法的本质通过如下各步来分析政策问题：（1）在一个两维的矩阵的各排上列出可利用的备选方案；（2）在这个矩阵的各栏列出判断这些备选方案的标准；（3）在各格中插入显示每个备选方案是如何与每个标准相关的分数；（4）转变这些分数，如果必要的话，考虑从不同的方面来测量这些目标；（5）累加由每个标准得到的转变了的分数，以便得到每个备选方案的总的分数；（6）推导出关于采纳那个备选方案可能最有用的政策分析方法。它力求克服上述各种方法的缺陷，能够有效地处理政策过程中的方法论问题（或障碍）。因此，也可以将它用作判断其他分析方法优劣的标准。

最令人激动的是有关上述五种方法的微型计算机程序的发展，这些有意义的易于使用的软件将政策分析的多样化方法从方法论理论的王国带到有效应用的领域，这些方法论观点和软件现在处于迅速发展的状态，这使政策分析领域呈现勃勃生机。

2.2　政策分析的构成因素

一般而言，政策分析的基本任务及程序是：（1）帮助决策者确定政策目标；（2）找出达成目标的各种可能的办法；（3）分析每个备选方案的各种可能的结果；（4）依一定的标准排列各种备选方案的顺序。这些基本任务决定了政策分析中的各种因素及分析过程。

小麦克雷（D. MacRae Jr.）认为，政策分析有下列四种基本因素：（1）问题的界定；（2）抉择的标准；（3）备选方案、模式与决策；（4）政治可行性。① 按照奎德的说法，政策分析包括五个基本因素，即目标、备选方案、模式、效果和标准。他说，从抽象的和一般的意义上说，当面临一个选择问题时，人们首先必须确定其目标或目的，即他想要得到什么，以便他能寻找各种备选方案或达成目标的可能手段；然后，他应研究各种备选方案，尽可能确定每一方案被采纳后的各种效果或结果。在大部分问题中，所需的资源和成本以及方案所要达成的目标范围是主要的效果。在任何复杂的问题中，要知道效果，分析者必须制定出一个或多个框架，即模式，以便帮助决策者做出决策。此外，他需要确定一种标准，根据这一标准，他可以运用已经掌握的有关效果的信息，去排列各种备选方案的偏好顺序。②

下面，我们将根据小麦克雷和奎德等人的论述，简述政策分析的七个基本因素：问题、目标、备选方案、效果、标准、模型、政治可行性。

2.2.1 问题

问题是一般科学发现的逻辑起点，同样也是政策分析的逻辑起点。政策分析中的问题是指政策问题，即政策分析者所要分析、研究或处理的对象。政策分析所要处理的问题是公共问题，而非私人问题。关于什么是私人问题和公共问题，这是难以明确区分的。按照琼斯的观点，如果一个问题没有对未受影响的人提出要求，则这个问题本质上是私人的；反之则是公共问题。③ 一般地说，那些影响全社会或相当部分社会成员的问题是公共问题。

人们往往认为，社会问题是既定的、客观的，它们自然而然地成为政府所要力求解决的对象。然而，政策分析家的研究表明，政策问题不仅是客观的，而且也是主观的，它们在很大程度上是由决策者和分析者以及其他社会群体创造出来的，问题的性质依不同的人或群体而有所不同；对某一群体的人来说是问题，对另一群体的人来说则未必是问题，甚至是利益。现在，一些政策分析家已抛弃了"社会问题是一种客观条件"的观点，甚至认为"社会问题是集体行为的

---

① D. MacRae Jr.，"Policy Analysis Methods and Government Function". in Stuart S. Nagel ed.，*Improving policy Analysis*. Beverly Hill，California：Sage publications，Inc.，1980，pp. 131-132.

② E. S. Quade，*Analysis for Public Decision*. Chapter3. NY：Elsevier Science Publishing Co.，Inc.，1989.

③ Charles O. Jones，*An Introduction to the Study of Public Policy*. California：Brooks/Cole Publishing Company，1984，p. 39.

后果”。[①] 问题界定构成了政策分析的一个极为重要的组成部分，好的开端等于成功的一半，即成功地界定问题等于完成分析任务的一半。

因此，小麦克雷指出，政策分析必须首先将各种问题界定，转换成单一的“分析家的问题”，即重新以明确的语句写出问题，以便于分析，并且以决策者和执行者所了解的方式予以建构。邓恩则指出，相同政策的相关信息常常造成各种相互冲突的问题界定与解释；同时，在问题的形成过程中，已经包括了解决问题的各种备选方案。[②]

2.2.2　目标

目标或目的是决策者凭借决策手段所要取得或达成的东西。分析者遇到的一个困难是弄清楚决策者真正所要达成的目标。因为这些目标往往被决策者以抽象的语句或笼统的方式所陈述或隐含，以至于相当模糊。如果决策者还没有一定的目标的话，那么分析者就应认真地分析研究，并在目标应该是什么的问题上与决策者或当事人达成一致。尽管这很重要，但不幸的是在实践中对目标的完全的研究是不太可能的，或者决策者或当事人不赞同进行这种研究，或者特别的信息资料难以获得。

2.2.3　备选方案

备选方案是决策者用来达到目标的选择或手段。在不同的场合，它们可以是政策、策略、项目或行动等。备选方案之间不必是明显地相互排斥（相互取代）或起着相同作用的。因此，教育、娱乐、警察监视、家庭补助（每个选择以及它们的结合）可以是防止青少年违法的备选方案。此外，备选方案不只是那些决策者从一开始就知道的选择，而且也包括那些后来才被发现的选择。

2.2.4　效果

指明一个特殊的备选方案作为取得目标的手段意味着一系列的结果，我们称这些结果是与备选方案相联系的效果。有些效果是对实现目标的积极贡献，即利益；另一些效果则是与备选方案相联系的消极结果，即成本，它们是决策者力求

---

① Herbert Blumer, “Social problem as Collective Behavior”. *Social Problem*, Vol. 18. (Winter 1971), pp. 298-306.

② William N. Dunn, *Public Policy Analysis: An Introduction*, Prentice-Hall Inc., 1981, p. 97, p. 40.

要避免或减少的东西（当然，在一些人看来是利益的东西，在另一些人看来可能是成本）。与备选方案相联系还有另一种效果，我们称之为外在的结果，即经济学所讲的外部效应或外部性（externalities）。不管这些外在结果的影响是大还是小，也不管它们是正的还是负的，我们在政策分析中都必须加以认真的考虑，因为它们可能制约某些政策参与者的其他目标。另外，成本在政策分析中指的是执行一个备选方案所需的各种资源，有些成本可以量化，有些则不能量化。

2.2.5 标准

选择标准又称决策标准或决策规则，根据这些标准，我们可以“衡量各种备选方案达成目标的程度”（奎德），它们是“用以支持所推荐的行动方案并加以明确陈述的各种价值”（邓恩）。小麦克雷认为，不管是哪一种分析方法，都必须假定并运用明确的且有价值的选择标准，以便比较各种备选方案的结果。选择标准提供了一种将目标、备选方案和效果联系起来的方法。它们有时可以为目标的取得程度作出数字上的衡量。按照邓恩的看法，一般的决策标准有效能、效率、适当性、公平性、回应性和合适性等。在资源有限的条件下，政策分析常常采用成本—利益分析（损益分析）或成本—效能分析，以这两种分析的结果作为方案比较选择的标准。针对单一的政策目标，可资运用的标准常常不止一个。以个人购买小汽车为例，这一决策行为除了考虑成本价格外，还常常考虑汽车的外观、驾驶的舒适、油耗、保养费用等等。

2.2.6 模型

政策分析的焦点是一个可以预言或至少表明从一个备选方案的选择所能推出结果过程的存在或创造。也就是说，如果要实施一个行动过程，那么必须有一个框架或过程告诉我们会产生什么样的结果以及在何种程度上达成了目标。这个作用靠模型来完成。抽象地讲，模型不是别的，不过是一系列关于世界及其过程的概括或假定，一个关于实在的简化了的图像；它可以用来研究一项行为的结果，而不必采取实际的行动。模式有各种表现形式，如公式、物理结构、计算机程序等，甚至不过是一个心灵的图像而已。模型不仅可以用来预测备选方案的结果，而且可以应用于问题的建构或界定①，甚至可以应用于整个分析

① See W. N. Dunn, *Public Policy Analysis: An Introduction*. New Jersey: Prentice Hall Inc., 1994 (Second Edition), Chapter 5.

过程。①

2.2.7　政治可行性

对于什么是政治可行性，学者们并没有一致的定义。按照马杰（G. Majone）的说法，政治可行性是指符合在解决问题的限度内。限度指环境的因素，即影响政策结果的因素和不受政策制定者所掌握的因素。他将政治可行性分为三个方面：（1）政治资源限制——包括政治支持度，政治和行政技术；（2）分配限制——政治是整个社会对价值所做的权威性分配，分配的差距有一定限度；（3）制度的限制——政策分析不能为所欲为，必须在一定的制度限制之内进行。② 政策分析必须考虑政治可行性问题，这种可行性是不能靠系统分析或定量分析方法得到的。小麦克雷认为，政策分析应注意所选择的方案是否经得起立法通过及执行的考虑，必须借用政治科学及社会科学的知识，同时更应注意特殊政治形势的有关信息及实际工作人员的技术能力。迈耶尔（R. R. Mayer）则指出：事实上，在政策规划的各个阶段都应注意各种政治限制，必须注意各个方案是否被接受或拒绝，并凭借修改过程增加其被采纳的机会；政治可行性的判别几乎可以说是一种艺术，我们可以采纳脚本写作的技术来增强可行性评估。

2.3　政策分析的程序

政策分析是如何进行的？迄今为止，并没有单一的、普遍同意的过程程序、框架或格式。许多研究者和实践者提出了各种分析过程框架，其中的大部分属于政策分析的理性主义模式。

2.3.1　几种有代表性的框架

1. 奎德的模型

奎德在《公共决策分析》一书中认为，政策分析的过程与其他系统过程一样，可以看作一个由初始阶段、持续阶段和终结阶段所组成的过程；政策分析过

① M. J. Dubnik and B. A. Bardes, *Thinking about Public Policy: A Problem-solving Approach*. Canadan: John Wiley & Sons, Inc., 1983, pp. 35-38.

② G. Majone, "On the Nation of Political Feasibility". In S. S. Nagel (ed.), *Policy Studies Review Annual*. Vol. 1 (1977), pp. 80-95.

程中先做什么、后做什么依赖于被研究的问题及其脉络。分析过程一般包括五个逻辑上相联系的环节：（1）规划（formulation）——澄清和约束问题，并决定目标；（2）搜索（search）——辨别、设计和筛选方案；（3）预测（forecasting）——预测未来的环境或运行情况；（4）模式化（modeling）——建立和应用模型去决定结果；（5）综合（synthesis）——比较和排列方案。[①] 具体来说，政策分析是包括如下活动及其循环反复的过程，如图 2—1 所示。[②]

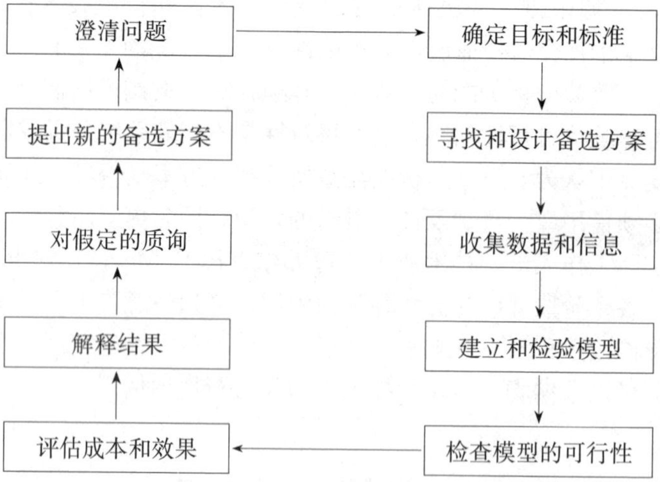

图 2—1　奎德的模型

2. 琼斯的模型

琼斯在《公共政策研究导论》一书中提出了一个详尽的政策分析框架模型。他认为，过程是一系列准确地实现一个目的的行动或操作，政策分析过程包括如下一些功能因素：（1）感知/定义（perception/definition）；（2）集合或累加（aggregation）；（3）组织（organization）；（4）代议（representation）；（5）确定议程（agenda setting）；（6）规划（formulation）；（7）合法化（legitimation）；（8）预算（budgeting）；（9）执行（implementation）；（10）评估（evaluating）；（11）调整/终结（adjustment/Termination）。[③] 可以把这些功能因素列成下表（见表 2—1）。[④] 琼斯认为，他的这个过程框架是对拉斯韦尔的八大功能活动因素

① E. S. Quade，Analysis for Public Decision. p. 49.

② Ibid.，p. 50.

③ Charles O. Jones，An Introduction to the Study of public Policy. pp. 27-28.

④ Ibid.，p. 29.

及其过程的发展。

表 2—1 **琼斯的模型**

功能活动	政府中的归类	潜在的产品
感知/定义		问题
集合或累加		
组织	问题进入政府	需求
代议		渠道
确定议程		优先性
规划		建议
合法性	政府中的行动	项目
预算		资源
执行	政府处理问题	变化（服务、开支、设备、控制）
评估		变化（调节、建议、变化、解决）
调整/终结	项目回到政府	

3. 帕顿和沙维奇的模型

卡尔·帕顿、大卫·沙维奇在《政策分析和计划的基本方法》（华夏出版社的译本译为：《政策分析和规划的初步方法》）一书中提出了一个包括六步的过程。这六个步骤分别是：问题界定、评估标准的确定、备选方案的确认、备选方案的评估、备选方案的比较、结果的评估，如图 2—2 所示。①

4. 韦默和维宁的模型

戴维·L·韦默和艾丹·R·维宁在《政策分析：理论与实践》中提出了一个改进了的理性主义政策分析模式。他们认为，巴顿和萨维斯基等人的政策分析模型（定义问题、制定评价标准、明确备选政策、展示备选方案并从中挑选、监督并评价政策结果）常常是从“定义问题”开始，接下来的步骤可以说属于“解决问题”。这一模型没有给予定义或解释问题应有的地位，未能充分考虑定义、解释和模拟问题的复杂性和困难。因此，韦默和维宁提出了一个将分析过程分为问题分析和解决方案分析两个主要部分的框架，如图 2—3 所示。②

① Carl V. Patton and David S. Sawicki, *Methods of Policy Analysis and Planning*. Prentice-Hall Inc., New Jesey, 1986, p. 26.

② ［美］戴维·L·韦默、［加］艾丹·R·维宁：《政策分析：理论与实践》，248 页。

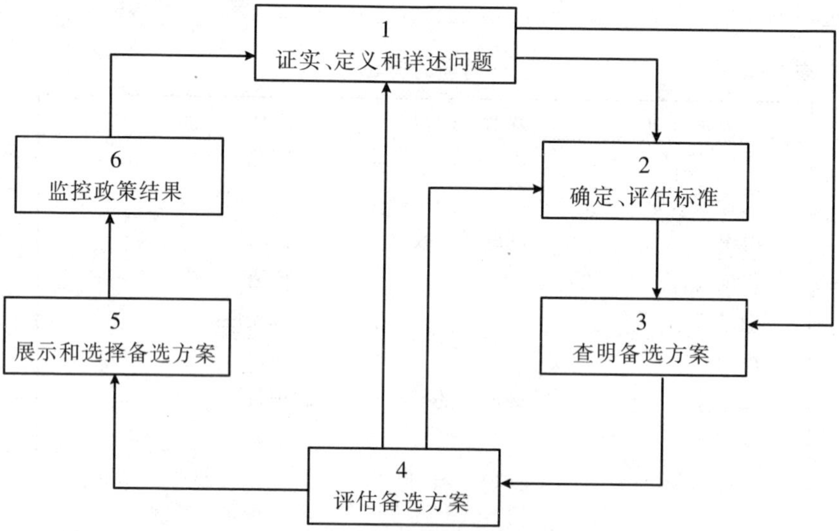

图 2—2 帕顿和沙维奇的模型

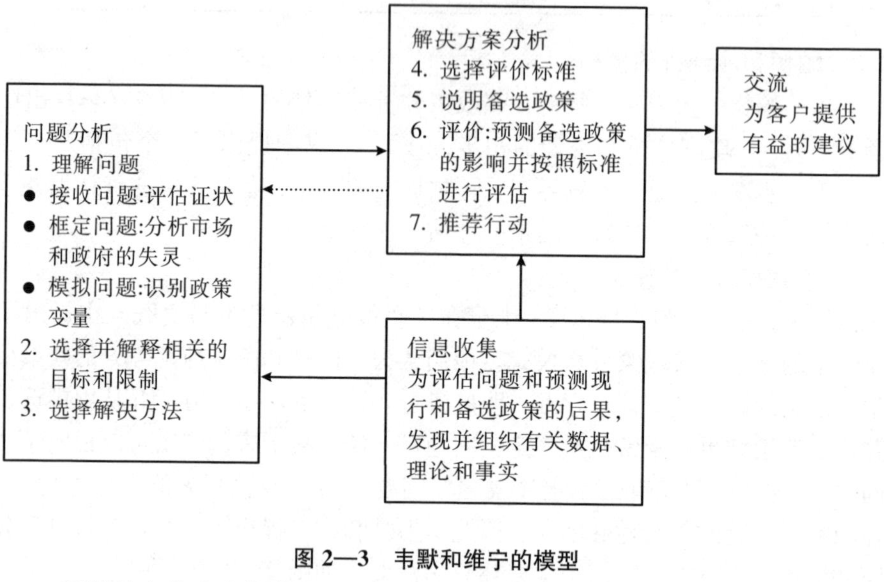

图 2—3 韦默和维宁的模型

5. 斯托基和扎克豪斯模型

斯托基和扎克豪斯（Edith Stokey and Richard Zeckhauser）在《政策分析入门》一书中提出了一个五步的过程模型，即决定重要问题和追求目标、确定备选的行动过程、预测每个备选方案的结果、确定衡量备选方案成就的标准，表明偏好的行动选择。他们认为，政策分析可能以从一步到另一步的顺序渐进的方式进行，并且必须在各个步骤中循环反复，但在分析过程中，这些基本步骤是不可或缺的。①

6. 西蒙的模型

西蒙在《管理决策新科学》一书中对决策分析活动过程进行了分析，认为任何问题的解决，都可以分成如下三个阶段：（1）情报活动（intelligence activity）——寻找需要做出决策的环境因素；（2）设计活动（design activity）——探索、发展和分析可能的行动方案；（3）抉择活动（choice activity）——从可行的行动方案中选择较佳的一个。②

7. 霍格伍德和冈恩的模型

霍格伍德和冈恩在《现实世界中的政策分析》一书（1981，1984）中认为，一个完整的政策过程应包括以下九个环节：(1) 决定做决策（议题搜索或议程确立）；(2) 决定如何做决策（议题过滤）；(3) 问题界定；(4) 预测；(5) 确定目标及其优先性；(6) 分析备选方案；(7) 政策执行、监督和控制；(8) 政策评估和评论；(9) 政策维持、延续和终结。③

8. 索伦森的模型

索伦森（T. C. Sorensen）对美国白宫的决策实际进行研究，发现了如下一套分析步骤：查明事实，确立目标，界定问题，根据可能牵涉的细节及其变化，对可能的解决方案作详细的分析，列举每个解决办法可能产生的后果，推介并抉择最后方案，抉择后的沟通，执行上的准备。④

9. 城市研究所的模型

美国著名思想库之一的城市研究所提出了一种分析进程模型，它包括如下各步：界定问题，确认相关目的，选择评估标准，说明当事人群体，确认备选方案，估计每个备选方案的成本，决定每个备选方案的效果和提出有关的发现。⑤

除了在政策分析的文献之外，在一般的决策理论、商业管理、行政管理、经

① Edith Stokey and Richard Zeckhauser, A Primer for Policy Analysis. New York: W. W. Northon, 1978, pp. 5-7.

② Herbert A. Simon, The New Science of Management Decision. NY: Haper & Row, 1960, p. 12.

③ Brian W. Hogwood and Lewis A. Gunn, Policy Analysis for Real World, London: Oxford University Press, 1984, p. 4.

④ T. C. Sorensen, Decision-making in the White House. NY: Columbia University Press, 1963, pp. 18-19.

⑤ Harry Hatry etc., Program Analysis for State and Local Government. Washington, DC., The Urban Institute, 1976, pp. 10-11.

济发展、城市与区域计划等学科领域的教科书中，我们也可以发现类似的决策或分析过程模式。例如，一本关于多学科决策的教科书所定义的分析过程包括下列各步：界定问题、寻找备选方案、使备选方案合法化、使用决策辅助手段、选择一个备选方案和执行决策。① 又如，在工商管理的著作中，也可以看到熟悉的过程模型：诊断问题、界定目标、派生备选方案、评估结果、选择“最好的”备选方案，试验并实施最好的备选方案。② 再如，在公共行政学领域，也有类似的决策过程模型：尼格罗（F. A. Nigro）在《现代行政学》一书中首先讨论流行的决策顺序：认定问题、搜集资料、分类分析、发现解决办法、列举方案、评估方案、做出决策、执行、追踪与反馈。然后他把这些步骤归纳为四大步：尽可能掌握各种合适的行动方案；分析各种方案以及被采纳方案可能产生的各种后果；权衡各种可能的行动方案所能产生的利弊；从这些行动方案中择其较佳的一个而做出决策。③

2.3.2 政策分析过程的基本步骤

综合政策分析家们的观点，我们提出一个包括如下八步的政策分析过程模型：问题界定、标准设立、方案搜寻、结果预测、方案抉择、政策执行与监测、结果评估和政策变迁。下面，我们参考奎德、帕顿和沙维奇等人的论述，对政策分析过程的这几个步骤作出简要的说明。

1. 问题界定

有如一般的科学发现一样，政策分析同样始于问题，即问题构成政策分析的起点。有了问题，我们才要去分析和解决，正确提出或发现问题等于成功解决问题的一半。政策问题并不仅仅是一种客观的情况或“事实”，而且也是一种感知活动的过程，涉及人的利益和价值（观）。决策者所面临的往往不是一个既定的问题，他（们）必须首先界定所面临的问题及发现问题的根源，然后才能对症下药，解决问题。问题的真正性质和它的表面现象可能有着差距，所以不能毫无保留地接受最初的问题陈述，它可能只是冰山的一角，一个更大的问题的一部分；或者是一个当事人或决策者左右不了的问题。由于客观情况在不断地变化，政策分析中的问题也在不断地变化，因此，分析者应该不时地提醒自己：要加以分析

---

① Percy H. Hill ed., *Making Decision: A Multidisciplinary Introduction* (*Reading*). MA: Addison-Wesley, 1978, p. 22.

② Harvey J. Brightman, *Problem Solving: A Logical and Creative Approach*. Atlanta: Georgia State University, College of Business Administration, 1980, pp. 219–221.

③ F. A. Nigro, *Modern Public Administration*. NY: Haper & Row, 1966, p. 174.

的问题是否仍然存在着？它出现了什么新的变化或显现出什么新的方面？政策分析过程中往往需要重新界定问题。按照一些政策分析家的说法，界定问题以便解决它，这种过程就叫做“向后的问题解决”（backward problem solving）。分析问题的最初可利用的数据，确定将用来评估备选方案的标准，思考可能的备选方案，然后重新界定问题，以便靠手头上的信息和资源使问题得到控制或解决，这种途径往往是由问题的直接性和分析问题的时间期限所要求的。

公共政策问题通常是复杂的，问题的界定也是困难的，直到我们提出解决办法之前，问题的真实性质不可能十分清楚。困难的原因是多方面的：当事人的目标不清楚或陈述的目标是相冲突的；有时当事人和分析者由于使用不同的术语而互不理解；更经常的情况则是相关的组织不愿意做出明确的目标陈述。对于公共组织特别是政府组织来说，这更是一个特别的问题，因为这些组织有多种多样的使命，服务的对象也不相同，并试图反映变化着的或发生冲突的公共需求。此外，权力包括决策权力在组织中是分散的，并且竞争着的不同部门都在追求某种权力。

在界定问题的过程中，分析者力图孤立地解决问题，固定问题被解决的脉络背景，找出主要的作用因素，获得它们之间关系的某些感觉。假如问题是存在的，那么，分析者必须首先确定问题的范围大小及严重性程度；其次，分析者必须了解不同的个人、团体的立场和影响决策的力量有多大等一类的问题。最后，分析者必须知道是否有可供利用的足够信息，以及能否获得更多的信息。

政策分析必须要求确定问题的边界，这很重要，又很困难。问题往往是错综复杂的，对一个问题的解决依赖于其他问题的解决（如环境污染问题）。因此，在问题界定的过程中，要注意被分析问题与其他问题的关联，把所有问题看成一个整体，把被分析的问题看作所有问题总体的一个组成部分，放在问题系统中去加以考察。

政策分析过程中的问题界定这一阶段的任务是：消除不相关的信息资料，用数字来说话，抓住焦点或关键因素，明确界定问题；然后，分析者应弄清当事人可能解决的问题是否存在，应该能够提供第一手关于问题的陈述，应该能够估计分析者所需的时间和资源；当备选方案被派生和分析时，问题的其他方面可能要加以界定，这就出现问题的重新界定任务。

2．标准设立

为了比较、测量和选择备选方案，必须设立相关的评估标准。通常使用的标准有：成本、净收益、效果、效率、公平、容易管理、合法性和政治上的可接受性等等。例如，一个备选方案可能比其他方案花较少的成本，或可能受资金预算的限制；一个方案可能比其他方案产生更大的净经济利益；一个方案可能是获得特定目标的最便宜的方法；一个方案比其他方案可能更会使某些个人、团体或组织受益或受损；有的方案可能比其他方案更难以执行；有些方案可能需要比可供利用的要多得多的技巧和时间；有些方案可能需要改变法律；有些方案可能对所涉及的所有人都是不可接受的；影响问题解决办法的政治方面也必须弄清楚，因为备选方案在政治上的可接受性上也是不同的。

分析者从哪里获得决策或评估标准呢？有时，当事人能够提供这样的标准，或者直接作为目标、尺度，或者间接地通过关于目标或目的的陈述。在前一种场合，分析者应做的工作是使标准足够明确，以便它们的获得是可以测量的；在后一种场合，分析者必须推导出标准，并与当事人一起确证它们。有时，决策者不能确认目标、目的或标准，因此，分析者必须推导出这些目标或标准；分析者还必须明确说明与公共利益相关的标准。很少出现所有标准都相等的情况，所以，分析者必须指明那些与涉及团体最相关的标准。在后来，当备选方案被评估时，重要的是必须注意那些对涉入的个人或团体来说十分要紧的标准，这是备选方案必须满足的范围。由此可见，决策标准的相对重要性变成了分析的中心问题。

分析者必须辨明那些对被分析的问题具有核心性作用以及对决策过程的主要参与者来说具有关键性的标准，寻找满足这些方面的各项标准。但有时这些标准是由可利用的数据得到的。然而，具体说明评估标准以及决定备选方案测量的方向，能够使得分析者澄清感兴趣和受影响的党派或团体的价值、目标和目的，并使可预料的和不可预料的结果明确起来；及早确定评估标准也有助于避免后来合理化偏好选择的企图。新的标准可能在分析的后面的阶段上被发掘出来，但是，分析者必须明确地认识这些附加的标准。

3. 方案搜寻

到了分析过程的这一步，分析者应清楚当事人及相关党派或团体的价值、目标和目的。设定标准、知道当事人想要什么，有助于分析者产生备选方案。分析者也许已经掌握了一系列备选方案。通常寻找附加的备选方案（包括已经知道的方案的混合或修正的方案）比寻找更精确的方案更有效。显然，如果我们没有任何备选方案和没有任何关于发现备选方案的思想，那么就没有什么可分析和选择的了。如果我们最后偏向于一个特殊的行动过程，那么，我们在早些时候就应发现这一过程的存在。因此，尽可能考虑备选方案的广泛范围是非常重要的。决策者自身就是一个重要的资源，他可能有解决问题的思想财富，但没有在真实世界中实现它们，他更没有办法将好的思想与坏的思想加以区分；政策过程的其他参与者的思想也可能是有用的。同时，非行动的备选方案（维持现状）和现状的最小变化的备选方案也是值得考虑的。一系列备选方案该包括作为基本案例的现行的政策，通过将其他政策（方案）与现行的政策比较，就有可能决定一个新的政策（方案）是否更好，并估计可以期待的改善有多大。此外，通过类比，借鉴别的地方（其他国家、地区）解决类似问题的办法，可能也是一个很好的备选方案的来源。

解决一个已界定了的问题的备选方案往往是很多的，如果我们考虑这些方案的不同组合时更是如此。例如，人口爆炸问题可以由计划生育、提高教育水准、发展社会经济等方案来加以解决。政策问题一经界定，往往就蕴含了某些行动方案，而排斥另一些行动方案。决策者和分析者乃根据政策问题的资料，包括背景、范围等，通过相关程序，将其转换成政策方案的信息。这个事实表明，方案的选择受制于最初界定问题的方式。因而重新界定问题是必要的，因为新的信息、重新表述问题的可能性将使评估标准增加、减少或修改。分析过程中的这一步应该注意的一点是避免过早地敲定有限的备选方案。

勤于思考可能是搜寻备选方案的一个最有效的办法，尤其是在时间紧迫的情况下更是如此。备选方案可以通过研究、分析和实验，通过头脑风暴技术和脚本写作等方法来寻找。描述那些可能被影响的不同团体的类型显示出对特定团体有意义的备选方案；表面看来似乎行不通的备选方案往往会被忽略，过去不可接受的东西在现在或将来未必不可接受。检查这些极端的备选方案也可能提供一些不太具有戏剧性的可接受性和关于基本的政策应如何修改的想法。因为参与者的价值观和假定总是在变化，所以，过去不可接受的备选方案不能不加分析就简单地抛弃。

4. 结果预测

政策未来或政策结果的预测是政策分析过程的另一个关键环节，它构成政策方案的评估、比较与抉择的基础。对政策的未来或结果的预测能力及水平的高低直接影响政策分析能否成功以及政策执行能否取得预期结果。通过预测，我们可以获得有关政策方案的前景及结果的信息，加深对政策问题、目标和方案的认识。

可以采用不同模式来进行预测。然而，在政策分析中，基于统计技术和明确的量化模式的应用是相当有限的。因此，在预测社会政治态度和技术变化时往往必须依靠直觉和判断。在预测结果的过程中，当时间比较充分时，可以通过民意测验等技术来估计对各种不同方案的支持；当时间不允许时，就必须采用预测技术及基本模式来说明各种备选方案的结果，用敏感性分析来估计基本假定和参数变化的影响，用快速的决策分析来提供关于不同决策序列的结果的概率统计。在政策分析中，对未来环境的预测也可以使用脚本写作方法来进行。

预测毕竟是在政策执行前、在行动的进程及结果发生以前进行的，社会行动是一个复杂的过程，其中存在着各种各样的难以预料的事件或情况，加上预测的理论、假定、措施、方法和技术也远非是尽善尽美的，因而政策前景的预测是一项困难而又易错的工作。

5. 方案抉择

在这一阶段，要根据预测的结果，对备选方案加以比较分析，并作出抉择。必须对备选方案技术可行性、经济可行性和政治—行政可行性方案加以比较。根据分析者——当事人的不同关系，评估的结果可以表述为一系列的备选方案，标准的列举和一个关于每个备选方案满足标准的程度的报告。在结果的表述中，标准的顺序、备选方案的前后次序以及留给不同方案的余地都有可能影响决策。矩阵往往被用作比较的格式来展示评估的结果，脚本的形式也经常被应用；有时，结果也以一个数字上的概要表示出来；有些当事人则要求分析者提供一个优先选择的强有力的论证。

政策规划——备选方案或政策选择的设计和评估——旨在恰当地定义问题，找出可行的和有效的解决办法。这些解决办法是否能被执行，本质上是一个政治问题，这是政策分析过程中的评估阶段必须注意的问题，因为政策方案不能没有考虑执行方面的因素而加以比较。因此，在方案的抉择中，必须注意技术上优越的备选方案和政治上可行的方案之间的差别。有时技术上偏好的备选方案是已知的，任务是处理政治上的反对意见。必须应用政治可行性分析来展示这些备选方案，回答如下一类的问题：相关的决策者对政策执行有兴趣、有影响力吗？一个次优的方案有较好的成功机会吗？新的行政管理机构是必要的吗？

很少只有唯一的一个可接受的或合适的备选方案这种情况。不仅不同的方案诉诸不同的利益群体，而且两个或更多的备选方案可能产生大概类似的结果。在这些备选方案中，可能没有一个是十全十美的，因为问题很少能被完全解决，常见的情况是它们的严重性被缓和，负担被均分，或被不太严重的问题所取代。

6. 政策执行与监测

政策执行是介于在政策规划和政策评估（结果评估）之间的中介环节，是将政策理想变为现实的过程。为了有效地管理国家和社会事务，政府必须根据社会政治、经济、文化发展的需要和态势，针对现实生活中的重大政策问题，及时、正确地制定政策方案。而正确的政策方案要变成现实，则必须靠有效的政策执行。如果没有政策执行环节，再好的政策方案也只能是纸上谈兵。

影响政策执行的因素有多方面，可以一般地概括为政策问题的特性、政策本身的因素和政策以外的因素三种。美国学者史密斯（T. B. Smith）则认为，政策执行过程中所涉及的重要因素有四个方面：第一，理想化的政策，指合理、正确的政策。第二，执行机构，指政府机构中负责政策执行的单位。第三，目标群体，亦即政策对象，政策的直接影响者。第四，环境因素，指政治、经济、文化等环境中那些影响政策执行的受政策执行影响的因素。

在政策执行中，选用何种政策工具或政策工具，用哪一种标准来评价该政策工具的效果等问题对政府能否达成既定目标具有决定性影响。政策工具的选择涉及两个主要问题，即影响工具的选择因素及如何进行工具选择。关于政策工具选择的影响因素，学者做出了不同的分析，他们各自强调影响工具选择的某一或某些方面的因素，而忽略其他因素。一般说来，影响工具选择的因素主要有政策目标（或政府目标）、工具的特性、工具应用的背景、以前的工具选择和意识形态五种主要因素。

在政策执行过程中，由于信息不充分、有限理性、既得利益偏好、意外事件等因素，使得政策方案被误解、曲解、滥用政策或执行不力，直接影响了政策执行结果。因此，必须对政策执行过程加以监测，以保证正确的政策能得到贯彻实施，并及时发现和纠正政策偏差。关于政策监测有哪些方式的问题，邓恩认为，政策监测有社会系统核算、社会实验、社会审计和综合实例研究四种方式；罗西等人在《项目评估方法与技术》一书中则认为，项目监测（政策监测）有如下三种主要形式：过程或执行评估、日常项目监测和管理信息系统、绩效测量和监测。

7. 结果评估

即使一项政策（方案）被执行之后，仍然会产生诸如政策问题是否已被恰当地解决了以及被选中的方案是否被恰当地执行了一类的问题。这要求在政策执行中必须对政策及项目加以监控，以保证它们不被任意改变而偏离原来目标；必须测量它们现有的效果，看看是否取得预期的结果，决定它们是否继续、修正或终止。我们既应注意政策分析中的事前评估的方面，也应注意事后评估的方面。进行事前评估必须了解以往的政策是如何失败的，预先设计恰当的控制和评估框架，可以预见某些失败。事后评估的意义在于，它是探讨政策是否达成目标，政策执行中所采取的各种措施、行为是按事先的设计来进行的基本手段；事后评估所得到的信息是采取对应措施的基础；它为解释或说明某一特殊政策效果或影响提供依据；以及解释政策成败的理由。

政策分析者必须认识到，政策可能因项目不能按事先设计的那样被执行而导致失败，也可能因为按原来设计的要求来执行，但由于基本理论的错误而达不到预期的结果。政策或项目的评估主要关心理论上的失败的方面，但必须不要忽略项目未能按原来的设计要求而被执行的可能性。可能的评估设计包括政策执行前后相关比率的比较，“试验状态”和“控制状态”的比较、评估时间序列分析等形式。

上面我们介绍了政策分析中的七个阶段（步骤），它们是政策分析过程的七个基本环节。此外，政策过程还有一个环节，这就是政策变化或政策变迁。决策者通过政策评估及监测，在获得政策执行及政策结果的信息之后，必须对政策去向做出判断和选择：是维持、延续、调整这项政策，还是终止该政策？如果决定终止，这就意味着该政策生命的结束和新政策的开始。

必须强调指出，上述只是政策分析的逻辑过程或逻辑结构，它是实际政策分析过程的抽象。所以，并非所有的政策分析的每一步都非按照这个过程进行不可。在实践中，这些阶段的先后次序是相对不重要的，重要的是它的覆盖面的宽度和广度。这些阶段及过程必须重复进行，必须通过分析问题的循环和再循环，以便答案越来越集中和更具穿透力。在政策分析中，事物很少是整齐划一的，目标经常是多元的、冲突的和模糊的；没有任何一个可行的备选方案足以取得多种目标；人们对政策系统运行的最初了解总是和数据一致的；从模式中得到的预见充满了不确定性；其他看来与被选择的标准同样可行的标准可能导致不同的偏好顺序。当发生这种情况时，就必须再努力获得一个满意的解决办法。一次性的尝试很少是足够的，成功的政策分析依赖于一个对问题的界定、选择目标、设计备选方案、抉择备选方案和结果监控等环节的不断循环反复，直到当事人满意或缺乏资金和时间而不得不走捷径为止。

2.3.3 政策分析过程中常用的方法及技术

政策分析是在运筹学、系统分析、数学、统计学、概率论、决策论、计量经济学和计算机等学科的知识和方法及技术的基础上发展出来的，或者说，是把这些学科的方法及技术运用到政策研究或政策分析过程之中。因此，有大量政策的分析方法及技术。

可以从不同的角度或侧面对政策分析过程中的方法及技术加以分类。卡尔·帕顿、大卫·沙维奇在《政策分析和规划的初步方法》一书中将政策分析过程中常用的方法及技术归纳见表2—2。①

① ［美］卡尔·帕顿、大卫·沙维奇：《政策分析和规划的初步方法》，55～56页，北京，华夏出版社，2001。

表 2—2　　政策分析过程中各步骤的初步方法

分析过程中的步骤	方　法
所有步骤	甄别和搜集资料 文献调查方法 政策信息访谈 快速调查 初步资料分析 传播分析
1. 认定和细化问题	简易计算 快速决策分析 产生有效的、可操作的界定 政治分析 问题报告/入门分析
2. 建立评估标准	技术可行性 经济和财政可能性 政治可行性 经济和财政可能性 行政可操作性
3. 确认备选方案	研究分析 不行为分析 快速调查 文献述评 理想现实世界经验的比较 被动地搜集和分类 分类的完善 类比、暗喻和群体生态法 头脑风暴法 与理想模式的比较 可行性操作 现有解决方案的修正
4. 评价备选政策	外推法 理论预测 直觉预测 折扣分析 传感性分析 快速决策分析 政治可行性分析 实施分析 脚本写作
5. 展示备选方案并进行分析	成对比较 满意 排列顺序

	非支配性备选方案法 等价备选方案 标准备选方案法 矩阵展示系统 脚本写作
6. 监督实施的政策	前后对比 有为与无为的试验对比 实际对预期的比较 实验模型 半实验模型 成本取向法

邓恩在《公共政策分析导论》一书中按照政策分析过程的不同阶段，将政策分析方法划分为问题界定的方法、确立目标的方法、规划方案的方法、结果预测的方法、比较方案的方法、评估结果的方法等。

克朗在《系统分析和政策科学》一书根据决策类型的不同将定量分析技术分为两类，即确定型的分析技术和随机分析技术。[①] 所谓确定型，是指那些可用于只有一种势态，并在做出可接受的假定之后其变量、限制条件、不同的选择都是已知的、确定的，按一定的统计置信度可以预见的方法或技术。克朗将线性规划、排队论、马尔柯夫分析、统筹法等列入这类技术之中，见表 2—3。

表 2—3　　确定型的定量模型、方法和技术

模型、工具或技术	应用	基础知识
线性规划	解决在商业、交通、库存、建筑、后勤及网络中的配置、分配和优化问题	计算机科学、敏感性分析、代数解法、单纯形表、经济学
排队论	人或事物或事件的等待服务问题	蒙特卡罗法、模拟、统计学
规划管理技术	生产和建设计划	PERT（成本或时间）、CANTT 图、网络分析（CPN）、决策树
马尔柯夫分析	销售经营、预测	矩阵代数、经济学
对抗分析	商业、心理学、国防研究	博弈论
质量保证	工业、国防	科学、技术
损益分析	资源分配	经济学、统计学

① 参见 R. M. 克朗：《系统分析和政策科学》，83～86 页。

随机分析技术则是应用于不确定型或风险决策的分析方法及技术。当存在一个以上的态势，并且需要估计和确定每一种可能的状态时，就要碰到随机模型问题。这时还要计算在每一种态势下用每一种决策选择所得的输出结果。因而可供选择方案的数量将很大，这时可以用数学、统计推论和概率论等学科的方法，在可以接受的假定条件下减少不确定性。有时，随机的局面可以化为确定模型来加以处理，比如选择一种最有可能发生的未来态势，或者只分析最坏的或最好的方面等等。克朗将动态规划，计算机模拟，随机库存论，取样、回归、指数平滑，贝叶斯定理、损益分析，决策树等列入随机分析技术之中（见表 2—4）。

表 2—4　　随机定量模型、方法和技术

模型、工具或技术	应用	基础知识
动态规划	在生产、配置活动中的多阶段决策	计算机科学和概率论
计算机模拟	系统内部的相互作用	计算机科学和蒙特、卡罗法
随机库存论	需求或提前时间是随机的情况	概率论和期望值统计量
随机模型	计算系统转换的概率	矩阵代数、微积分
取样、回归、指数平滑	大总体的问题解	统计学和概率论
贝叶斯定理	条件概率下的预测、相关和因果分析	代数、概率论以及有关先验概率和知识
损益分析	资源分配	经济学和统计学
决策树	系统行为	代数和统计学

政策分析方法是 S. S. 那格尔和 M. K. 米尔斯在《政策科学的职业化发展》一书中所提供的。① 他们将政策分析方法分为五类，即数学最优化方法、计量经济学方法、准实验方法、行为过程方法、多元标准决策方法。尽管他们不局限于定量分析方法的范围，但主要也是从量化分析的角度来讨论问题，尤其是前两种方法纯粹就是量化分析方法，另外三种方法中也有部分量化分析方法。按照那格尔和米尔斯的说法，数学最优化以运筹学、管理科学和决策为基础，它既与数学和工程学有关，也与商业管理有关；数学优化有各种形式，常见的有报偿矩阵、决策树、最优化水平曲线、微分曲线和函数曲线等。这四种数学优化形式可以部分地根据其数学特征来加以刻画：报偿矩阵和决策树与有限数学和概率决策论有

① Stuart S. Nagel and Miriam K. Mills，*Professional Development in Policy Science*. Westport，Connecticut：Green wood Press，1993. pp. 99-114.

关，而最优化曲线、微分曲线和函数曲线与古典微积分和线性/非线性规划有关。计量经济学方法则以经济学和统计学为基础（计量经济学是现代经济学的基础，或者说是现代经济学中最成熟的部分），这种方法强调统计回归分析，常用来做预测。

案例

城市中心开发

你的角色是一个高级政策分析家，某城市有50万人口，位于一个超过200万人口的城市带中，并发展迅速。这是一个阳光带城市，正在经历着与郊区的爆炸发展相关的问题。在郊区，商业、零售、工业活动和住宅发展迅速，而城市中心却处于停滞状态。

你与市长在很多发展问题上合作默契。这次你面临的问题是对城市中心地区的一块土地采取什么措施。目前，有两个建议。一是把这块土地拍卖，并以最好的价格出售，最低价格为140万美元。二是建设城市所有的停车场，可能由城市负责其运行。在市议会中两方面的支持意见都存在。你在与市长、议会主席和预算主任谈话后刚刚回到办公室。会议决定每个人在未来几周内都提出自己偏好的方案。他们会拖延的可能性是存在的，但进行推荐的责任却落在你的身上。如果你能够让他们确信这种拖延有益于做出好的决策，那么市长就愿意进行拖延。似乎有三种可能：一是建设停车场；二是招标拍卖；三是拖延一段时间再来对一些关键问题进行研究。

市长要求你完成一个备忘录，并写1页纸的执行概要。备忘录应该探讨三个选项：建设停车场，对土地进行招标，或者如果你有足够的理由，推迟决策并对关键因素进行特殊研究。你的备忘录应该在15页以内，并把定量资料列入附件。

背景材料

土地的面积为5英亩，位于城市正在建设的开发区内。它邻近主要快车道交叉口，以及文化、购物和商业区。这一地段内有一幢烧毁的建筑物必须拆除，费用大约为28万美元。城市刚刚在7英里以外的地方建设了一座停车场。该停车场为8层，能够停放800辆汽车，成本为980万美元。20年来，城市在联邦和州的资助下已经在公共交通方面投入了大量资金。有一个主要战略问题到现在为止市政府还难以定夺，即支持在城市中心使用私人汽车，还是限制使用以鼓励公共交通的发展。目前，城市公共交通系统运行的赤字是每年280万美元。已经做过的一些研究清楚地显示了在城市内停车的需求。一个是对在城市中心工作的人员的研究，另一个是私人停车公司做的市场研究，第三个是地区规划委员会做的关于交通的独立研究。

从这三个研究中可以发现以下事实：从星期一到星期五，8万辆车进入市中心，每辆车中平均有1.5人。在8万辆汽车中，有5万辆是用于上班的，1.5万辆用于购物，另外1.5万辆则是公务旅行。另外有4万人乘坐公共交通工具进入市中心，往返的票价平均为1.7美元。在这4万人中，3万人上班，8 000人购物，2 000人公务旅行。那个私人停车公司所做的市场研究得出的结论是，按照目前的价格，市中心地区还需要7 000个停车位。也就是说，如果停车公司愿意按照现在的价格收费，再增加的7 000个停车位每天都会满员。目前，在市中心地区共有22 000个停车位，其中12 000个由私人公司提供，10 000个由政府提供。当前的停车价格和使用模式如下：在市中心，价格结构为第1小时2.80美元，第2小时1.40美元，以后每小时0.70美元，全天最高收费7.00美元。从早晨7:30到晚上6:00，建议建设停车场的地段可以接近完全利用，而且这些停车者中80%为全天停车。从晚上6:00到午夜，地段停车利用率为30%。在星期六，从早晨7:00到晚上6:00，地段停车利用率为50%，停车者中30%为全天停车；从晚上6:00到午夜，地段停车利用率为75%。在星期天，从早晨7:00到午夜，地段停车利用率为20%，停车者中有一半为全天停车。

预算主任掌握了其他城市所有的停车场的运行数据。一个容量为800辆汽车的停车场每年运行和维护费用为90万美元。除停车收入外，停车场通过出租一层给零售商每年可以获得28万美元收入。停车场的收入情况不易掌握。很明显，收入是由停车场的地点、价格政策和利用率决定的。一项研究表明，鉴于目前市中心的驾驶和停车状况，有一半乘坐公共交通工具的人拥有汽车，但是他们更愿意使用公共交通。

市中心商业协会的一些成员已经开始积极地游说市长建设市中心停车场。他们提出每个停车位将至少增加42 000美元的零售活动。他们说，城市会因此获得收入，因为城市可以收取4.5%的零售税。

写字楼市场情况不是特别清楚。与许多相同规模的城市一样，这个城市的大量活动已经转移到郊区。目前，居住和办公的真正迅速发展是在郊区，而不是城市。但是，城市也在发展，尤其是写字楼。最近在市中心落成的写字楼是两年以前修建的，空房率为15%。去年，它上缴城市财产税105万美元。考虑到这一地段的位置，很明显，写字楼是最可能的发展方向，而且写字楼开发商最有可能参加竞标。

资料来源：[美] 卡尔·帕顿、大卫·沙维奇：《政策分析和规划的初步方法》，387～389页，北京，华夏出版社，2001。

思考题

1. 简述政策分析的五种基本模式。
2. 简述政策分析的不同理论和多样化的方法论。
3. 政策分析的基本构成因素有哪些？
4. 简评上述几种有代表性的政策分析过程框架。
5. 应如何划分政策分析过程的步骤？
6. 运用政策分析程序，对上述案例进行分析，向市长推荐你所偏好的方案。

第3章

问题界定

重点问题

- 什么是政策问题
- 政策问题的性质
- 政策问题的种类
- 问题界定与问题解决
- 问题界定的步骤或阶段
- 问题界定的基本方法及其应用

问题界定或问题构造是政策分析过程的逻辑起点，也是政策分析过程中最为关键而困难的一步。过去，人们往往将政策问题仅仅视为一种客观存在或特定的事实，将政策分析的任务仅仅规定为寻求问题的解决办法。这种朴素的政策分析观点忽视了政策问题部分地是人们主观构造的产物，而且忽视了要有效地解决问题必须首先界定正确的问题。当代许多政策分析家（如邓恩、奎德和梅尔兹纳等）将问题界定或问题构造视为政策分析过程中的最重要而又困难的一步。阿可夫（Russell L. Ackoff）在《重新设计未来：社会问题研究的系统途径》一书中指出：成功的问题解决需要为正确的问题找到正确的解决办法，我们失败的原因更多的是由于解决错误的问题，而不是由于为正确的问题找到错误的解决办法。所谓问题界定或问题构造，按照邓恩的说法，就是用来产生关于问题性质及其潜在解决办法的政策分析方法。① 在这一章中，我们将讨论政策分析中的问题界定或问题构造的理论和方法。

3.1 政策问题的性质

要了解政策分析中的问题界定，首先必须先了解政策问题的本质，即什么是政策问题，它的性质、特征和范围。正如林德布罗姆所批评的，以往的政策分析者认为决策者所面临的是一个既定的问题，因而有关的政策分析方法不外乎是运筹分析、系统分析、成本—利益（损益）的分析等，这些方法的目的不在于探讨政策问题的本质，而是为一个既定的问题提供最有效的解决办法。其实，对于政策问题的性质、范围和严重性的认识与使用问题构造的分析程序密切相关。问题界定是一个中央指导系统或影响政策分析过程所有后面各个阶段的调节机制，它也在政策分析过程的这些后来阶段中不断重现。问题界定之所以重要，原因之一是，分析的失败往往不是为正确的问题提供错误的解决办法，而是解决了错误的问题。

3.1.1 什么是政策问题？

何谓"政策问题"？政策分析家下过不同的定义，兹举几种较有影响的观点：

迪里（David Diry）在《政策分析中的问题定义》一书中说："政策问题是未实现的需要、价值或可以通过公共行动来追求的改善机会。"②

琼斯在1970年版的《公共政策研究导论》中认为，政策问题是一种人们的需要被剥夺或不满足，可由自己认定或他人认定，且要加以解决的公共问题。

美国社会学家富勒（R. C. Fuller）和迈耶尔（R. R. Myers）认为，社会问题是一种情境，即一种被相当数目的人们认定为与他们所持的某些社会规范产生

① William N. Dunn, *Public Policy Analysis: An Introduction*. Englewood Cliffs, New Jersey: Prentice-Hall, 1994, p. 85.

② See David Diry, *Problem Definition in Policy Analysis*. Lawrence, KS: University Press of Kansas, 1984.

偏离的情形，社会学者所研究的不应该只限于社会问题的客观情况，同时应该研究人们对同一情况所下的定义，以及产生解决办法和它们所依据的价值判断。这两位学者强调社会问题的客观条件和主观感知，这两方面是社会问题存在的充分必要条件。所谓客观条件即是指可由公正的、训练有素的观察者确认检验情境的存在和数量（比值）；主观感知则是指某些人体验到某种情况，对其所持有的某些价值造成威胁的情形，“这种偏离的情形，只有靠众人集体的行动，才能消除或改善，单凭一个或少数几个人的力量是无法做到的”①。

布鲁默（Herbert Blumer）认为，社会学家往往将社会问题错置于客观情况之上，其实社会问题存在于一个集体界定的过程之中。他将社会问题的形成过程分成五个阶段：（1）社会问题的出现；（2）社会问题取得合法性；（3）动员各种活动研讨该问题；（4）形成官方行动；（5）将官方计划付诸实际的执行。②

林永波、张世贤则说：“所谓的政策问题乃是在一个社群中，大多数人觉察到或关心到一种情况，与他们所持有的价值、规范或利益相冲突时，便产生一种需要，受剥夺或不满足的感觉，于是透过团体的活动向权威当局提出，而权威当局认为所提出者属其权限范围内的事务，且有采取行动，加以解决的必要者。”③显然，林、张两人的定义基本上是对美国学者观点的综合。

综上所述，政策问题有如下一些基本构成要素：

（1）一种客观条件或情况。政策问题首先是某种客观存在中的情况，当人们感到问题的存在时必定有某些具体的事实呈现在眼前，如出生率、人口数、犯罪案件等等。

（2）它是被感知的。一种情况事实上已存在，但不为人们所感知，仍不构成问题。如吸毒，若不为人们所知就不构成问题，最多只是一些潜在的社会状况，显然它与社会中的价值观念相冲突，却未被任何人所感知。

（3）是大多数人所感知到的一种情况。如果一种社会状况为个人或少数人所感知，那往往属私人或少数人的事情，难以构成政策问题。政策问题必定是公共问题，它必须涉及相当多的社会成员，并为他们所感知，并具有一定的严重性。

（4）价值、利益、要求的冲突。政策问题联系着人们的利益、价值和要求，不同的个人、群体和阶级有着不同的价值观和利益要求。当一种情况违反某些个

① R. C. Fuller and R. R. Myers, “The Natural History of a Social Problem”. American Sociological Review, June 1941, pp. 320-328.

② H. Blumer, “Social Problems as Collective Behavior”. Social Problem. V. 18 (winter 1971), pp. 298-306.

③ 林永波、张世贤：《公共政策》，72页，台北，五南图书馆出版公司，1993。

人、群体或阶级的利益和价值时，人们便要求政府采取某些行动，逐渐成为政府必须解决的政策问题。

（5）需要、受剥夺、不满足感的产生。一种情况之所以被认为是问题，除了与利益、价值相冲突外，它所产生的结果，还必须使人们感觉到有一种需求，必须满足它；或者有一种受剥夺的感觉，且这种感觉必须强烈到迫切需要采取行动去解决的地步。

（6）团体活动过程。政策问题往往是团体的冲突，只有通过团体或社会的多数人对问题一再界定的过程，才能产生一个为多数人认可的问题；政策问题也只有通过这种途径才能进入政府议程。因此，布鲁默才将政策问题或社会问题称为集体行为的产物。

（7）权威当局认为有必要采取行动加以解决的问题。一个问题要成为政策问题必须是属于政府管辖内，且政府有必要采取行动加以解决的那些问题。所以，科布（Roger Cobb）等人认为，“一个公共问题要列入政策议程，必须有相当充分的社区成员认为这个问题是属政府适当管辖权之内的事务。”①

由此可见，所谓的政策问题不仅是一种客观存在的“事实”或状况，而且也是一种主观感知及集体行动的产物。它是一种由相当数量的社会成员感觉到的与人的利益、价值和要求相联系的，并由团体活动所界定的，以及为政府所认可，认为必须加以解决的社会问题。

3.1.2　政策问题的特征

从上面关于什么是政策问题的论述中，我们已经看到，政策问题是相当复杂的，不能将政策问题视为理所当然是“给定的”。当我们处理复杂的政策时，日常的理解或常识往往使我们误入歧途。因此，有必要进一步刻画政策问题的基本特征。根据邓恩在《公共政策分析》一书中的论述，政策问题的特征有②：

1. 政策问题的相互依赖性

一个社会领域（如能源）中的政策问题经常影响其他领域（如卫生、保健、就业）的政策问题。实际上，政策问题不是独立的实体或现象，它们是整个问题系统的组成部分，这个系统最好的是刻画为“混沌”（messes），即由那些产生社区各种令人不满的外在条件所组成的系统。要想通过使用一种单一分析途径——

① Roser Cobb etc.，“Agenda-Buildiug as A Comparative Political Process”. *The American Political Science Review*，vol. 70（March 1976），p. 127.

② William N. Dunn，*Public Policy Analysis：An Introduction*. pp. 140－142.

那种将问题分解成它的构成要素或部分的途径——来解决问题系统是困难的或是不可能的。有时，“解决十个相互联结的问题比解决单一的问题更容易”。相互依赖的问题系统要求一种全面考虑的途径，即一种将问题看成不可分割的和离开它的构成系统就无法测量的观点。

2. 政策问题的主观性

产生问题的外部条件是被有选择地加以定义、分类、解释和测量的。尽管在某种意义上说，问题是客观的（例如，空气污染可以根据大气中的气体和微粒的比例来定义），但是，有关数据可以明显地从不同的方面加以典型的解释。政策问题“是影响环境的思想的产物；它们是问题情景的因素，这些因素是由分析者从这些情景中抽象出来的。因此，我们所体验的是问题情景而不是问题，问题本身有如原子或细胞，是概念的构造”。在政策分析中，重要的是不要混淆问题情景与政策问题，因为后者是通过人的直觉而将经验转化而产生的精神（人工）产品。

3. 政策问题的人工性

只有当人类做出关于改变某些问题情景愿望的判断时，政策问题才有可能。政策问题是人们的主观判断的产物；它们最终也被人们当作客观社会条件和合法定义来加以接受。因此，政策问题是社会地构造、维持和改变的，问题不会脱离定义它们的个人或团体而存在，也就是说，不存在自身构成政策问题的种种“自然的”社会状况。

4. 政策问题的动态性

对于一个特定的政策问题，有各种各样的定义，因而也就有许多不同的解决办法。问题和定义是处于不断变化之中的。因此，问题不可能一劳永逸地得到解决，即使所要解决的问题不过时，问题的解决办法也会过时或失效。

邓恩认为，问题系统并不是机械的实体，它们是合目的的系统。在这个系统中，第一，没有两个分子在其所有的或期待的性质和行为方面是相同的。第二，每个分子的性质和行为都对作为总体的系统的性质和行为有影响。第三，每个分子的性质和行为以及它影响作为整体的系统的方式，依赖于系统中至少一个其他分子的性质和行为。第四，所有可能的分子次属群体对作为整体的系统有一种非独立的影响，也就是说，问题系统——犯罪、贫困、失业、通货膨胀、能源、污染、保健等——若被分解成它的独立的子集，那么，往往会冒着对错误的问题产生正确的解决办法的危险。问题系统的一个关键特点是总体大于或在质上不同于它的各个部分的简单相加的总和（即非加和性）。一堆石头可以定义为所有各块石头的总和，也可以定义为一座金字塔；类似地，一个人能走能跑，但他的各个组成部分却不会。第五，对于政策问题的相互依赖、主观性、人工性和动态性的认识，可以使我们警惕这样一些可能的非预期的结果——它们是由那些基于对错误问题的正确答案的政策所产生的。例如，联邦德国为解决能源问题而建立核电厂，并用莱茵河水冷却，结果提高了河水的温度，导致疟疾流行。

3.1.3 政策问题的种类

政策问题可以从不同的角度来加以分类。琼斯从政策问题的实质内容着手，将美国的政策问题分成以下三类：(1) 外交：国与国之间的关系（个别的或联盟的）；(2) 国防：美国军事，对其他国家的军事援助、军备控制；(3) 国内：人力资源（包括保健、教育、福利、职业培训），物理的和自然的资源（包括环境、能源、交通、住房、农业、科学、技术），民权，社会控制（包括加强法制、药物控制、社区支持等），经济控制，政府组织，税收，对州和地方的资金援助，政府开支等。琼斯认为问题在美国各州之间或不同的时期可能有所不同，重点也会发生变化。例如，在 20 世纪 60 年代末 70 年代初，外交和国防问题（尤其是越战）、校园骚乱、污染、犯罪和经济问题是中心问题，国防问题被列在最后一位。1982 年里根总统致国会的咨文强调经济复苏和联邦—州—地方的责任划分。①

邓恩根据米特洛夫和萨伽斯蒂（I. Mitroff and F. Sagasti）的观点将政策问题分成三类，即结构良好的问题、结构适中的问题和结构不良的问题。这三类问题的构造是由它们的相对的复杂性来决定的，即由该问题实际上处于问题的相互依赖系统所决定的，这三类问题的区别最好由它们的共同因素的变化来加以说明，如表 3—1 所示。②

表 3—1　　三类政策问题在结构上的区别

	问题的结构		
因素	结构良好	结构适中	结构不良
决策者	一个或 n 个	一个或 n 个	许多
备选方案	有限	有限	无限
效应（价值）	共识	共识	冲突
结果	确定或风险	不确定	未知
概率	可计算	不可计算	不可计算

① Charles O. Jones, *An Introduction to the Study of Public Policy* (3nd., ed.), Brooks/Cole Publishing Company, Monterey, California, 1984, p. 43.

② William N. Dunn, *Public Policy Analysis: An Introduction*. Englewood Cliff, NJ: Prentice-Hall, 1994, pp. 145-147.

结构良好的问题（well-structured problems）是指那些包含了一个或几个决策者或少数几个备选方案的问题。效用（价值）反映了目标的共识，这些目标可以根据决策者的偏好来加以明确地排列。每个备选方案的结果或者已知是完全的确定性，或者是在可能出现错误的可接受边际范围内（风险）。典型的结构良好的问题是完全可以由计算程序化的问题。这种问题的所有结果可预先加以程序化。公共机构的问题就是一个相对简单的例子。例如，公共机构更换一辆车的问题就是一个相对简单的问题，包括找出那台旧车平均修理费用和购买新车及新车折旧的费用。

结构适中的问题（moderately structured problems）是指那些包含一个或几个决策者和相对有限数量备选方案的问题。效应（价值）也反映了在清楚排列的目标上的共识。然而，备选方案的结果既不是确定的或是在可接受的错误的边际范围内可计算的（风险的）。它们是不确定的，即错误的概率是全然不能估计的。这类问题的典型是政策模拟或博弈。一个例子是所谓的“囚徒困境”。在这一博弈中，两个囚犯被分别隔离地关在两个牢房里。检察官分别对他们进行审讯，他必须从一个或两个囚犯中获得口供以便判决。这位检察官有足够的证据来定每个囚犯的较轻的罪，他对每个囚犯说，如果他们两人都认罪，则他们都将被判处轻刑，受较小的惩罚；如果他们两人都承认犯了更严重的罪，那么，两人都可以减刑；如果只有一人认罪，那么，认罪者可以得到假释。假定两个囚犯都不能预测对方的抉择，那么，他们两人最理想的选择是认罪。然而，也正是这种选择将导致两个囚犯都被判五年徒刑，因为他们两人都力求减少刑期。这个例子不仅说明在结果不确定的情况下决策的困难，而且也表明，不同的“理性的”个人选择可能促使小群体、政府机构和作为整体的社会的集体选择行为的非理性。

结构不良的问题（ill-structure problems）是指那些典型的包含了许多不同决策者，其效用（价值）或者未知或不可能一致地加以排列的问题。结构良好的问题和结构适中的问题反映了共识，而结构不良的问题的主要特征是各种竞争着的目标的冲突。政策备选方案及其结果可能是未知的，因此，风险或不确定性的估计是不可能的。选择的问题并不是揭示已知的决定了的关系，或计算与政策备选方案相联系的风险或不确定性，而是定义问题的性质。结构不良问题的典型是那些完全非传递的决策问题，即那些不能选择单一的、优于其他所有备选方案的方案的问题。结构良好的和结构适中的问题包含着偏好的排列顺序，这种顺序是传递的——如果备选方案 A_1 优于备选方案 A_2，而且备选方案 A_2 优于备选方案 A_3，那么，备选方案 A_1 优于备选方案 A_3。结构不良的问题则包含着非传递性的偏好排列顺序。

许多重要的政策问题是结构不良的问题。政治科学、公共行政学和其他学科的经验教训之一就是在复杂的政府组织中，结构良好的和结构适中的问题是很少出现的。例如，假定有统一偏好（效用）的一个或几个决策者的存在是不真实的，因为公共政策是一系列由不同的政策参与者在长时间中所制定或影响的相互联系的决策；共识也是很少达成的，因为公共政策典型的包含着不同竞争的各种参与者的冲突；要查明解决问题的所有备选方案的范围也是不太可能的，原因部分地是由于信息要求上的限制，部分地是由于要达到一个对问题的满意的说明往往也是困难的。许多社会科学家已经很好地说明了结构不良的问题为什么对公共政策如此重要。

3.2 问题界定的过程

问题界定是一个复杂的过程，它依赖被研究的具体政策问题而有所不同，不存在一个一成不变的程序或图式，它是一个创造性思维的过程。然而，我们仍然可以从个别概括出一般，抽象出问题界定过程的各个基本步骤。

3.2.1 问题界定与问题解决

政策分析往往被人们界定为一种解决问题的方法论。这种说法不无道理，因为政策分析者的确是要为公共问题找到解决办法。然而，这种观点却往往容易使人误入歧途：政策分析者不必为发现问题或在问题界定上先下一番功夫，就能够成功地查明、评估和推荐各种解决问题的办法。其实，正如邓恩等人所指出的，政策分析是一个动态的、多层次的过程，在这一过程中，问题界定或问题构造的方法优先于问题的解决办法。问题界定的方法是高阶的方法或元方法，而问题解决的方法是低阶方法，即它是由元方法派生出来的。

如前所述，政策问题很少是结构良好的问题，大部分是结构不良的问题。结构良好的问题可以使用常规的方法，而结构不良的问题要求分析者在定义问题中起到更大的作用。在界定问题性质的过程中，分析者不仅将自己主观的东西强加于问题情景之中，而且必须施行创造性的判断和直觉。这就意味着政策分析不仅对问题解决有所贡献，而且也对问题的发现及界定有所贡献。事实上，问题解决只是政策分析工作的一部分。因此，有的学者指出，在那种将政策分析局限于问题解决的观点看来，政策分析始于清楚表述了的和自明的问题。假如当可认识的问题即那些假定可能的行动过程并能论述相关的目标的问题出现时，政策分析就出现了。然而，出现的并不是清楚的问题，而是分散的情况。为此，政治压力群体变得异常积极或他们的活动变得更强有力，正式或非正式给出了不利趋势或可能被解释不利趋势的标志。因而有了一个问题的信号，但还没有人知道问题究竟是什么。换言之，问题本身何在仍是成问题的。因此，政策分析包括发现及构造问题的过程，它包括问题的确立，以便解释系统中张力的最初标志。①

邓恩认为，成功地界定或构造问题的标准不同于那些成功地解决问题的标准。成功的问题解决要求分析者为一个清楚论述了的问题获得正确的解决办法；相反，成功的问题构造要求分析者为模糊的、缺乏定义的问题获得创造性的解决办法。事实上，一般判断创造性行为的标准也可以应用于问题构造的创造性。按照纽厄尔（Alau Newell）等人在《创造性思维的过程》一文②中的说法，仅当如下一个或一个以上的标准被满足，那么问题构造便是创造性的：（1）分析的产品足够新颖，以至于别人不能或不会得到相同的结论；（2）分析的过程充分地是非常规的，它包含于先前被接受的观念的修改或被拒绝；（3）分析的过程要求充分高度的动机和坚持，以至于分析是在高度集中和长时间中发生的；（4）分析的产品被分析者、决策者和其他作用者认为是有价值的，因为它提供了对问题的一个合适的解决办法；（5）最初提出的问题是如此模糊不清和缺乏定义，以至于任务的一部分是阐述问题本身。

所谓问题界定或问题构造就是分析者试图孤立和定义一个特定的问题，以便使问题得以解决。在问题界定的阶段，分析者试图以具体的术语构造问题，并提出明确的问题陈述（或命题），以使当事人或决策者对问题的政治和技术方面有充分的了解。由于问题与个人或团体所持有的价值（观）密切相关，所以问题的界定也将包括规范的陈述。

在问题界定中，分析者应力求提出并回答如下一些问题：这种状况是如何产生的？为什么它是一个问题？谁认为它是问题？为什么提出对该问题的解决办法是重要的？做一项分析会有所帮助吗？解决办法是什么？什么样的解决办法是可以接受的？在问题及解决办法上有哪些不同的观点？这是一个正确的问题吗？或者它只是一个更大的问题的一种表征或症状？进行分析有什么资源上的限制？如此等等。有了这些问题的答案，关于问题性质的图画就会开始显现。

---

① See Martin Rein and Sheldin H. White, "Policy Research: Belief and Doubt". *Policy Analysis*, 3, No. 2 (1977), p. 262.

② Alau Newell, J. C. Shaw and H. A. Simon, "The Process of Creative Thinking". *in Contemporary Approaches to Creative Thinking*. ed. H. E. Gruber, G. Terrell, and M. Wertheimer, New York: Atheton Press, 1962.

一项主要的工作是必须确定决策者所要取得的真正目标或目的究竟是什么。最终的目标较易表述，而直接的目标则较难以确定。在这些问题上花些时间是值得的。因为这可以避免达成的是错误的目标这样一种状况。对于分析者来说，未加讨论便接受当事人关于目标的陈述，而不检验这些陈述出来的目标能否有效解决问题，然后就忙于去收集信息和搜寻可行的方法，这种做法往往会犯错误。没有经验的分析者可能会接受当事人或决策者关于问题的初步定义，但老练的分析者应与当事人加以讨论，更多是依靠自己的分析，他检查问题的最初表述，应用已知的事实及其关系，进行解决问题的尝试；随着知识的增加、分析的深入，关于问题的定义会不断被修正，并越来越准确。

我们可以通过不同的途径来界定问题，可以接受当事人或决策者提供给我们的问题，可以采用一种实用的途径或社会标准的途径来界定问题。实用的途径指的是这样一种观点，即仅当在如何处理一个问题上存在着分歧，且存在着各种不同的备选方案时，才进行政策分析。如果不能对某一问题有所作为，如果问题或现状不能有所改变，那么也就没有必要进行政策分析。应用这种途径，就是要对那些可行的行动方案加以分析，以确定最合理、廉价的方案，减少政治上与财政上等方面的分歧。

在界定问题的社会标准途径方面，分析者搜寻不满的意见，并力求界定被解决的问题，它着重从问题对个人或社会影响的角度来界定问题。这种途径可能更复杂，因为在个人问题与社会问题之间、广泛流行的问题与严重问题之间、绝对问题与相对问题之间存在着冲突。这些冲突明显地说明了价值（观）在问题界定中的作用。测量价值是困难的，但是，查明问题意味着某些价值要求被满足。问题只能通过它与个人或团体的价值的关联来加以证实、界定或系统化的说明。分析者必须弄清作为问题定义基础的价值及其来源。到了分析者设计、评估可能备选方案的标准时，通常也以原初的价值（通常是受影响和注意团体的价值）作为基础。

与描述一般的目标和可测量的目的相比，列出和描述价值相对容易一些。但澄清目标和查明目的也常常受阻，因为存在所谓公共物品两难而且模糊的目标对一些党派有利。公共物品两难指的是：个人或集体可能愿意取得大的直接的收益以换取后来的损失，不管他们后来是否要付出代价。这就使确定"公共利益"成为困难，因为个人绩效的总和并不必然显示为对长远、对社会是最好的东西。典型的例子是：牧民在公地上过度地放牧以获得目前的直接利益，而社会或公众将付出后来的代价。因此，如果没有考虑问题的方方面面，显而易见的解决办法可能导致灾难。然而不幸的是，许多当事人或决策者宁愿要眼前利益而不要长远利益。

在问题的界定中，还应考虑模糊目标的潜在价值。模糊目标的不一致使得决策者可以同时支持相互冲突的政策，如同时资助烟农和资助反吸烟运动。有时，各种基本的目标也不加以排列顺序，因为决策者想要所有的东西，而不要在不同的政策之间做出抉择。

3.2.2　问题界定的步骤或阶段

这里我们着重介绍邓恩、帕顿和韦默等人的观点。邓恩的观点更理论化，帕顿和韦默的观点则更实用化。

1. 邓恩的观点

邓恩认为，在政策分析中问题构造（界定）优先于问题解决，问题构造可以看作由问题探索、问题定义、问题具体化和问题感知四个相互联系、依赖的阶段所构成的过程。问题构造的一个先决要求是必须认识到问题情景的"被感觉到了的存在"，在问题情景的运动中，分析者从事问题的探索（problem search）。在这一阶段，目标并不是单一问题（如当事人的问题或分析者的问题）的发现，而是各种政策参与者的各种问题表述的发现。实际的分析者通常面临着一个大的、错综复杂的、竞争的问题网络，这种问题的陈述是动态的、社会地加以构造的和分散在整个政策制定过程中的。实际上，分析者面临着一个"元问题"（德洛尔语），即一个由于不同参与者所持有的问题表述的范围大到难以处理而难以构造的问题；难以构造的问题的另一个显著的特点是它的边界大到不可处理。这一阶段的中心任务是构造一个元问题，即一个可以被定义为拥有一阶问题的类的二阶问题（一阶问题是二阶问题的分子或成员）。除非明确区分这两个问题层次，否则，分析者可能会因混淆分子与类，导致阐述错误问题的危险。由于不能区分这两个层次，分析者可能违反由怀特海和罗素在《数学原理》中所表述的这样一个集合论的原则："一个集合中所包含的所有分子不能是这些集合之一"。

由元问题转换到实质问题（substantive problem），分析者以最基本的和最一般的术语来界定问题。例如，分析者可能要确定问题是一个经济学问题、社会学问题或政治科学的问题。如果一个实质问题被概念化为经济学的问题，那么分析者将根据与产品和服务的生产和分配——如市场价格作为公共项目损益的决定因素——相关的因素来处理这一问题。反之，如果问题被当作一个社会学或政治学的问题，那么，分析者将根据竞争着的利益群体、精英和其他社会分层中权力和影响的分配来处理问题。概念框架的选择通常类似于世界观、意识形态、通俗神话的选择，并表明对一种特殊的实在观点的承诺。可以用界定贫困的不同方法这一例子来说明世界观、意识形态和通俗神话在构造实质问题中的重要性。

贫困可以被界定为一种偶然的结果或不可避免的社会状况，也可以界定为恶人行为的结果或穷人本身的缺陷所致。这些关于贫困的定义包含了世界观、意识形态和神话的因素，因为每种定义包含了一种有选择的对问题状况因素的感知。世界观、意识形态和神话部分为真、部分为假，这就意味着，它们既是有用的，也是危险的。在这个例子中，将贫困归因于历史偶然性或必然性表达了一种关于社会问题的天然观点（naturalistic perspective），这种观点歪曲了实在，它宣称贫困与财富的分配毫无关系，但这种神话可能同时使分析者认识到贫困定义的相对性质，指出迄今为止还没有一个社会能完全解决贫困问题的事实。类似地，将贫困问题归因于邪恶或道德腐败的资本家则歪曲了他们的实际动机；然而，同一个道德观点（moralistic perspective）——根据假定的道德弱点来解释贫困——也直接注意到了私人所有者促进了浪费、剥削和不负社会责任的这些方面。最后，将贫困归因于穷人本身人格不完善不仅导致了谴责牺牲者而不是谴责应负责任的社会力量，而且也指出了这样的事实：有些穷人选择了生活在被社会的其他人定义为“贫困”的生活条件之中。这种环境主义的观点（environmentalist perspective）——它将贫困和其他社会问题归因于牺牲直接社会环境的特点——通常导致一种自相矛盾的、被称为“谴责牺牲者”的人道主义标签。

一旦实质的问题被界定，就必须构造一个更具体、详细的正式问题。从实质问题过渡到正式问题是通过问题的具体化（problem specification）来实现的。问题的具体化往往包含了对实质问题的正式的数学表达（模式）的发展。在这里可能会出现困难，因为在一个结构不良的实质问题与该问题的形式化表达之间的关系可能是证据不足的。大部分关于用形式化数学语言来具体化问题的模式是不适应结构不良的问题的。在这里，主要的任务不是获得正确的数学结论，而是定义问题本身的实质。

问题构造过程中的一个关键环节是实质问题和形式问题如何如实地与原来的问题情景相一致。如果大部分问题实际上包含了整个问题的系统，那么政策分析的中心要求是形成充分地表现这种复杂性的实质问题和形式问题。一个特定问题情景的特点与一个实质问题的一致性程度是在问题界定的阶段所决定的。在这里，分析者比较问题情景的特点与实质问题——经常以某些关于人的本性、时间以及通过政府行动的社会变迁可能性所隐含的假定或信念作基础。然而，同样重要的是问题情景与形式问题的一致性程度，后者经常是以数学公式或一系列方程式的形式而被具体说明的。

在问题界定的第一阶段即问题探索阶段，分析如果不能进行探索或永远停止搜寻，就可能陷入选择错误的问题边界的危险，元问题的一些重要方面——如那些由执行该政策而将被卷入的那些人所持有的问题论述——简单地被丢在元问题的边界之外。在第二阶段（问题定义），分析者遇到的危险是选择错误的世界观、意识形态和神话来概念化问题情景，而他们本应做出这些东西的正确选择。在第三阶段即问题的具体化阶段，主要的危险是选择错误的形式表达（模式）来描述实质问题。在这种情景下，分析者就有可能犯所谓的“第三种类型的错误”（EⅢ），这种错误被定义为“由对错误的问题给出正确答案所犯的错误”。

问题的界定或构造的过程提出了大量对于政策分析方法论和一般科学方法论具有重要意义的问题。问题构造的每个阶段要求不同种类的方法论技巧，并隐含着不同的合理性标准。例如，对于发现元问题和定义实质问题的最合适的技巧分别是观察性的和概念化的，而论述形式问题主要靠数学和统计学以及经济学、运筹学和系统分析等领域的方法。问题的构造也提出了关于合理性的不同意义问题，因为合理性并不仅仅是为问题情景发现充分的形式表述的问题。正是合理性标准的这种技术定义因其对复杂问题的形式上的过分简单化而备受人们的批评。合理性可以从更基础的层次上来加以定义，在这些层次上，一种世界观、意识形态或神话的不自觉或非批判的选择可能是一种伪装了的意识形态。

2. 韦默和维宁的观点

韦默和维宁在《政策分析：理论与实践》一书中认为，理解问题的步骤包括以下三步：评估客户的情况；将它们界定为市场或者政府的失灵；模拟所关注的情况与那些能够由公共政策操纵的变量之间的关系。

（1）评估症状。客户通常是因为某些群体对某种情况不满意而体验到问题的。他们倾向于用这些不如意的情况或症状，而不是深层原因，向分析家说明问题。分析家的任务是评价症状，并且提供这些症状如何出现的解释或模型。评价症状包括确定它们的经验基础。狭义地看，这意味着设法找到有助于你把症状置于定量分析框架内的数据。广义地看，你应当熟悉当前关于这种症状的公共讨论，以及通常认为与之相关的现行政策的历史。

（2）框定问题。任何实证的或预测性的社会科学模型都可以作为问题分析的潜在基础。这里主要解释的焦点是说明个人私利（效用最大化）和总社会福利之间的偏差。例如，从市场（或非市场）失灵角度观察一个问题，就是把一个令人感到迷惑的东西转换成一个可以解决的问题。用这种方法可以解决千变万化的各种问题。指导政策变成价格政策，飞机噪音是一种外部性，效用是一种自然垄断，研究导致公共产品的出现。

（3）模拟问题。就市场和政府失灵的框定问题而言，它经常直接导致对政策变量与关注的状况之间的联系的模拟。例如，考虑一位市长关注上升的掩埋固体垃圾的成本。将这一问题视为市场和政府失灵的一位分析家会将这一问题框定为一种制度产生的负外部性。这个问题的模拟如下：居民所见的处置垃圾的边际私人成本越大，产生的垃圾数量越少。模拟的进一步阐述包括说明能够提高边际私人成本的途径和鉴别出这种提高的影响。

3．帕顿和沙维奇的观点

帕顿和沙维奇认为，政策分析中的问题界定阶段包括许多步骤，分析者证实最初的问题陈述，使用最可利用的数据来缩小问题的范围，从感兴趣团体的观点来定义问题，查明潜在的赢家和输家，进行一种初步的途径分析。分析者的任务是从一般问题的概念转移到这个问题的特别测量，以便设计和测量备选方案。这些步骤并不总是以相同的先后顺序，而且这个过程是需要重复的。具体说，政策问题的界定过程包括下列七个步骤：

（1）思考问题。正如有的学者所指出的，通常我们对一个问题的了解比我们所能意识到的要多得多，我们必须构造我们的思维，把我们所知道的所有的东西弄清楚，并将可利用的数据分门别类（形成目录）。这个步骤的结果应是尽量形成完全和准确的关于经验情况的陈述。因为问题意味着不应该如此的东西，所以必须弄清楚作为问题界定基础的价值（观），弄清当事人、分析者和被影响的公民和团体的价值是如何形成问题的；不过，是否将价值明确陈述出来则依问题本身、分析者和当事人而定。

（2）描述问题的边界。查明问题的所在，它已存在了多久以及形成问题的历史事件；必须弄清被分析问题与其他问题的联系。因为这些别的问题一旦恶化或被解决都将对我们所分析的问题产生影响。

（3）发展一个事实基础。问题界定需要一些基本信息。简便的计算方法（back-of-envelop）帮助产生这些信息。必须查询各种数据来源并使用几种评估技术对数据加以验证，并将之与已确定了的数据加以比较，收集的事实可以由问题的陈述派生出来。

（4）列出目标和目的。可能的解决办法依赖于各个行动的目标和目的，有些目标或目的必须试探性地加以陈述并随着分析的进展而加以修改，另一些目标和目的则必须加以推导，然而必须准备一般的目标陈述和一系列的目的；否则，我们便可能面临不能很好界定问题的危险。

(5) 查明政策范围。所谓政策范围是指一个问题中所要考虑的变项的范围，它对实际上被检验的备选方案将会产生影响。有时它是由起作用的脉络背景所决定的；有时则是由时间和可以利用的资源所决定的。分析者可以从社区、关注团体和其他行动者中得到关于政策范围大小的重要线索。分析者必须寻找政策被影响的关节点和有关的决策者，假如不把这些敏感变项包括在政策的范围里，就难以找到好的政策；即使找到了，也难以执行。

(6) 展示潜在的利益和成本。可以用报告、图表等形式来表示有关的活动者或团体的损益情况。如果要解决问题，就必须弄清楚每个行动者将得到什么或失去什么。这里所注意的不是备选解决办法的效果，而是有关问题是什么或理论上的解决办法应是什么的范围。分析者应重述假定和分析界限以便发现未被注意的偏见。

(7) 对问题的评论。例如，问题被允许有所行动的方式陈述了吗？有没有足够的关于发现备选方案线索的见解？此外，要对已有的假定提出挑战。

3.3　问题界定的方法

有许多方法和技术可以用来界定或构造问题。在不同的教科书中，所介绍的方法和技术有所不同。在这里，我们主要依据邓恩、帕顿和奎德等人的观点，介绍问题界定的一些基本方法。

根据邓恩的观点，问题构造是收集和检验有关问题的情景的可供替代的概念化过程。问题构造包含了四个相互联系的阶段即问题感知、问题搜索、问题定义和问题具体化。有许多的方法及相关的技术可以用于问题构造之中，这些方法及技术有着它们各自的目的、程序、知识源泉和偏好标准（见表3—2）。①

帕顿等人则介绍了如下几种界定问题的方法：用来估计问题大小范围（边界）的简便计算（back-of-the envelop）方法；用来查明问题构成因素或性质的快速决策分析；考虑非定量因素的政治分析；用来确定是否值得作进一步分析的问题文件法（issue-paper）。这些方法被认为更适用于日常的政策分析或初步的政策分析（与研究分析相对）。

奎德在《公共决策分析》中的“发起分析”一章中着重介绍了问题文件法方法。

① William N. Dunn, *Public Policy Analysis: An Introduction*. p. 162.

表 3—2 问题构造的方法

方法	目的	程序	知识源泉	绩效标准
边界分析	元问题边界评估	饱和抽样、问题启发和积累	知识系统	有限正确性
类别分析	概念的澄清	逻辑划分和概念分类	个体分析	逻辑一致性
层级分析	可能的、似真的和起作用原因的辨别	逻辑划分和原因分类	个体分析	逻辑一致性
综摄法	问题类似性的认识	个人的、直接的、符号的类比的构造	个体分析或团体	比较的似真性
头脑风暴法	思想、目标和战略的产生	思想的产生和评价	团体	共识
多视角分析	洞察力的产生	技术的、组织的和个人的视角的综合运用	团体	改善洞察力
假设分析	相冲突假设的创造性综合	辨别参与者，假设的提出、挑战、集中和综合	团体	冲突
论证图示	假设的评估	似真性和重要性的排序和图表	团体	优化的似真性和重要性

3.3.1 边界分析

邓恩认为，政策分析者很少面临一个单一的、完全界定了的问题；相反，他们面临着多种问题，这些问题散见于整个政策制定过程中，被那些观点和行动相互依赖的利益相关者以明显不同的方式加以界定。

边界分析是问题界定的一个重要方法，它由以下三步构成：(1) 饱和抽样。我们可以通过一个多阶段的过程来获得有关利益相关者的饱和抽样（或滚雪球抽样）。(2) 问题陈述的启发。具体说明这些问题表述的证据可以从面谈或电话交谈中获得，并可从饱和抽样阶段中的相关者那里获得所需的文件。(3) 边界估计。这一步是要估计元问题的边界。

帕顿和沙维奇在《公共政策分析和规划的初步方法》一书中提出了确定问题边界的所谓便捷计算方法。便捷计算方法的基本步骤是：(1) 使用参考来源。检查数据推导的细节，使用各种来源，少使用或不使用那些没有提供操作定义的来源。(2) 运用相关调查数据。分析者通常没有时间去作一个新的、正式的调查，但有许多全国性的或地方的调查材料可以提供有关数据。(3) 猜测。有各种猜测方法，如那些不因时间地点变化的比率可以用来猜测一个绝对数；可以应用某些学科已建立起来的拇指规则；一个已知的变项可以用来猜测另一个变项（假如两者的关系为已知的话)；从相似的现象中借用比率进行测量；因素累加得出估计总数等。(4) 使用专家。向专家请教，但必须保证他们是真正的专家。有各种由专家使用的估计方法可以用来减少估计所产生的可能错误。

3.3.2 类别分析

类别分析是一种澄清概念——即那些用来界定和分类问题情景的概念——的技术。在感知到有问题的情况下，分析者必须或多或少地对他们的经验（体验）加以分类，即使最简单的问题情景的描述方式，也凭借归纳推理的经验分类作为基础，归纳推理的程序是从所经历的特殊（具体）事物或情景推出一般（抽象）的概念如贫困、犯罪和污染等。

类别分析有两种基本程序——逻辑划分（logical division）和逻辑归类(logical classification)。所谓的逻辑划分是我们选择一个类，并将它分解成其构成因素；相反的过程则是逻辑归类，即把许多情况、事物和人组成一个更大的团体或类别的过程。任何一种分类都依据于分析者的目的，而分析者的目的则依赖于关于问题情境的实质知识。

例如，考虑美国人对贫困问题的分析。所有美国的家庭可以分成两类——那些收入在由美国社会保险局所确定的贫困线以上的家庭和那些在贫困线以下的家庭。如果分析者的工作到此为止，那么，他就做了一次逻辑划分，他得出这样的结论，即美国的贫困在逐步减少，或许他还会断言，贫困的逐渐减少乃是一个健康的资本主义经济系统运行的结果。然而，如果将逻辑划分继续进行下去，即根据政府转移支付前后的收入情况进一步将贫困家庭分成两个小类，那么，分析者将得到一个完全不同的关于贫困问题的概念化结论。在这里，分析者无疑将断定，贫困的减少乃是公共福利和社会保险项目的结果，并且可能进而宣称，贫困问题不可能由私人企业系统来加以解决，因为在1968—1972年间，在贫困线以下家庭的数量与总人口数量相比，无论是绝对数还是相对数都增加了。

类别分析的规则有：(1) 实质相关性——应根据分析者的目的和问题情境的性质提出分类的基础；(2) 穷尽性——分类系统中的子项必须穷尽，也就是说对所有分析者有意义的主题和情境都必须被涵盖；(3) 排他性——子项必须互相排斥；(4) 一致性——每个子项应该根据同一分类原则划分，否则就会导致子项交叉，出现谬误；(5) 层次区别性——分类系统中的层次（子项、次子项和次次子项）的意义必须认真加以区别。

分类分析的一个最有用的途径是集合论思维。集合论思维包括了各集合之间的关系以及集和子集之间的关系。集和子集等于分类系统中的类和子类，并可借助凡恩图来直观地加以表示。

3.3.3 层次分析

层次分析是一种查明问题情境的可能原因的技术。遗憾的是形式逻辑和许多社会科学学科并没有为查明可能原因提供多少帮助。没有确定的方法可以从原因推导出结果或从结果推导出原因。社会科学理论往往过于一般和抽象而难以对特殊的情况有直接的帮助。为了弄清产生一种问题情境的可能原因，有一些概念框架还是相当有帮助的。它们可以勾画出某些在问题情景中起作用的原因。

层次分析帮助分析者分清三种原因：可能的原因（possible causes）、似真的原因（plausible causes）和行动的原因（actionable causes）。可能的原因是指那些不管多么遥远都可能使一种特定的问题情景出现的事件或行动。例如，不愿上班、失业、权力与财产在精英中的分配都可以是贫困的可能原因。与此相对照，似真的原因是指根据科学研究或直接的经验而被认为是对一种问题情景的出现产生重要影响的那些原因。在上例中，不愿上班不可能被人们看作是贫困的似真原因（至少在有经验的观察者看来是如此），而失业和精英则是似真的原因。行动的原因指的是一种受政策制定者的控制和操纵的原因。因为没有单一的或一系列用来解决贫困问题的政策改变整个社会的结构，所以，权力和财产在精英之间的分配不可能被认为是一种行动的原因。在这个例子中，失业既是贫困的似真原因，又是其行动的原因。

进行层次分析的规则与分类分析的规则是相同的，即实质相关性、穷尽性、排他性、一致性和层次区别性。类似地，逻辑划分和归类的程序也适应于这种分析。分类分析与层次分析的主要区别在于：分类分析包含了对一般概念的划分和归类，而层次分析建立起可能的、似真的和行动原因的特殊概念。然而，这两种分析都集中于个别的分析者，并以逻辑一致性作为主要的评估问题被概念化的好坏程度的绩效标准，并且它们都不能保证发现概念正确的实质基础。因此，层次分析也可能通过依靠个别的分析者而不是群体作为知识源泉，而预先排除可替代的因果解释的可能性。

3.3.4 综摄法

综摄法是一种促进对类似问题认识的方法。综摄法表示对类似性的广泛研究，它帮助分析者在构造政策问题时创造性地运用类比方法。许多研究表明，人们往往不能认识到，表面看来似乎是新问题，实际上不过是一种披上伪装的老问题，而老问题可能包含着对于看起来似乎是新问题的潜在解决办法。综摄法基于这样的假定，即对于问题之间的相同的或相似关系的认识将极大地增加分析者解决问题的能力。

在构造问题的过程中，分析者可能进行如下四种类型的类比：

1. 个人类比（personal analogies）

在构造这种类比时，分析者试图将自己想象为如同政策博弈者（如政策制定者或当事人团体等）一样经历一个问题情境。个人类比在揭示一个问题情景的政治的方面是非常重要的，因为“除非我们愿意而且能够进行政治上的思考，否则我们将无法进入政策制定者的现象世界并了解政策过程。”

2. 直接类比（direct analogies）

在构造这种类比时，分析者寻找两个或两个以上的问题情境之间的相似关系。例如在构造吸毒问题时，分析者可能从控制传染病的经验中构造直接的类比。

3. 符号类比（symbolic analogies）

在构造这种类比时，分析者试图发现一个特定的问题情境与某些符号过程之间的类似关系。例如，符号类比经常取之于各种伺服机制（如恒温器和自动驾驶仪）和政策过程之间。在每个案例中，采纳的类似过程被视为来自于环境的不断反馈的结果。

4. 幻想类比（fantasy analogies）

在构成这种类比时，分析者完全自由地探索问题情景与某些想象状况之间的相似性。例如，国防政策有时就使用幻想类比来构造对付核武器攻击的防卫问题。

综摄法依赖于构造适当类比的个别分析者或群体。评估一个问题被概念化的好坏程度的主要标准是比较的似真性，即特定问题情景实际上与另一个被用来类比的情景的相似性程度。

3.3.5　头脑风暴法

头脑风暴法是一种产生某些有助于查明和概念化问题情景的思想、目标和战略的方法。它最初是由奥斯本（Alex Osborn）设计用来加强创造性的一种手段，可以用来产生大量的有关问题的潜在解决办法的建议。头脑风暴法有如下几个简单的程序：

（1）头脑风暴小组应根据被研究问题的性质来组成。这实际上是说，所选择的成员应是那些对特定问题有特别知识的人，即专家。

（2）思想的产生和思想的评估应严格分开，因为热烈的小组讨论可能会因不成熟的批评和争议而被禁止。

(3) 在思想产生的阶段，头脑风暴法活动的气氛应尽量地保持开放和随意性。

(4) 仅当在第一阶段（思想产生阶段）中所有产生的思想已经穷尽时，才开始进入第二阶段即思想评估阶段。

(5) 在思想评估阶段结束时，小组应优化有关思想，并将它们结合到一个包含问题的概念及其潜在解决办法的建议中去。

头脑风暴法是一种广泛适用的程序，它包含相对结构化的活动和非结构化的活动两种，这依赖于分析者的目的和实际的情景限制。相对非结构化的活动经常在政府机构和公共或私人的“思想库”中出现。在这里，政策问题的讨论是非正式的且大都是自发的，它包括来自于几个不同科学领域的专家和通才的互动。通过运用各种协调和集中小组讨论的手段，头脑风暴活动也可以相对结构化。这些手段之一是所谓的“持续不断的决策研讨班”的确定，它试图避免常设委员会的受限制的气氛，包括一组高度主动的专家，他们在几年的时间里经常碰头开会。

另一个协调和集中头脑风暴活动的手段是脚本（scenarios）的构造。脚本是有关假设的、可能改变某些问题情境的未来事件的提要。脚本写作包括对描述某些未来状况方面的想象的建设性使用，它已被用于探讨潜在的军事和政治危机。脚本有两种主要类型：操作分析的脚本（operation-analytical）和自由形式的脚本（free-form）。在构造一种自由形式的脚本时，分析是“一个传统观念的反对者，一个模式的决裂者，一个假定的反对者和偶尔的新标准的时髦者”（Seyon H. Brow 语）。与此相对立，操作分析脚本则只有有限的目的：“操作分析脚本不是要建立一个未受任何限制的幻想图景或一个作者认为很有希望的乌托邦幻想，而是从现有的世界状况出发，一步一步地表明，一种未来的状况是如何合理地从现有的状况中产生出来”（Olaf Helmer 语）。

头脑风暴法的结构化应用的一个典型例子是 2000 年计划项目—— 一个由美国人口普查局进行的为时两年的项目。在这个项目中，120 名自荐的参加者来自于该局的所有层次和分支，从秘书到各部门的负责人。项目要求这些人尽量自由思考有关未来的问题，并构造一个自由形式的脚本，以表明该局在 2000 年将是一个什么样子。要求参加者写出小组报告，这些报告后来由一个执行小组（该小组由各小组的代表所组成）汇总、整理成一个最后的报告；最终的报告提交给人口普查局的执行官员，也提交给美国统计学会、美国市场协会和美国经济协会的咨询委员会。

2000年计划项目在几个方面取得成功。所有小组都赞成地接受这一方案，并且大部分成员认为这个项目应以某种方式（或许长久地）进行下去。该项目的创造性产品是这样的两个建议：设立一个专门搜集批评反对意见的职位以保护人口普查数据使用者的利益，创立一个人口普查大学以发展和执行该局的继续教育项目。那些对报告最积极的人主要关心的是结构不良问题的战略方面；不太积极的反应来自于有熟练操作经验的人，他们主要关心结构良好的问题。这个项目之所以可能，是因为上层职员包括局长们认识到该局遇到了重要的长期问题，而问题的结构是相当复杂的和"混乱的"。最后，这个项目尽管包含了有意义的资源配置，但并没有为执行这一项目的危险。

头脑风暴法与其他问题构造技术的主要差别在于，它所注意的是知识团体，而不是个别专家；同时，头脑风暴法活动的评估并不根据逻辑的一致性或比较的似真性，而是根据头脑风暴小组成员之间所达成的共识。这种将共识作为问题构造绩效标准的主要局限性是，关于问题性质的认识上的冲突可能受到抑制，因此预先排除了产生和评估潜在地适应的思想、目标和战略的机会。尽管2000年计划项目寻求一种随意的气氛，但项目成功的最后评估是以权威决策者（机构执行官员）和专家（职业协会的咨询委员会）之间所达成的共识作为基础。简言之，这个项目和其他相对结构化的头脑风暴活动并没有提供明确的秩序以促进问题构造中冲突的创造性使用。

3.3.6 多视角分析

多视角是一种系统地采取对问题情景的个人的、组织的和技术的视角，以获得关于问题及其解决办法的真知灼见的方法。作为一种取代在计划、政策分析、技术评估、社会效果评估及其他领域中被绝对强调了的所谓的理性技术途径的方法，多视角分析被明确地设计来处理结构不良的问题。

1. 技术视角（technical perspective）

技术视角根据最优化模式来看待问题及其解决方法，并强调在概率论、损益和决策分析、定量经济学和系统分析基础上的种种技术。技术视角以科学技术世界观为基础——强调因果论、客观分析、预测、最优化和有限的不确定性。对日本投放原子弹的决策提供了一个技术视角的好例子。这个问题被认为是由五个备选方案所组成的——轰炸与封锁、入侵、未加警告的原子弹攻击、事先警告的原子弹攻击、在没有人烟的海岛上投放原子弹。如果给定的目标是以盟军的最小牺牲及日本的破坏促使日本无条件投降，那么，第三种备选方案（即未加警告的原子弹攻击）是较理想的备选方案。

2. 组织视角（organizational perspective）

组织视角将问题看作从一种组织状态到另一种组织状态有序进展（带有小的但暂时的危机）的一部分。标准化的操作程序、规则、惯例是组织视角的主要特征。组织视角往往与技术视角相抵触，它仅以最低限度地关心取得目标和改善绩效。投放原子弹的决策提供了组织视角的一个好例子，并说明它与技术视角的区别。从组织的观点看，一种不使用原子弹的决策引出了更深刻的组织恐惧，因为未经国会批准的20亿美元已被花掉了。投放原子弹向国会表明了这些钱并没有被浪费掉；同时，也通过向已被感觉到了的苏联威胁提出挑战，发动冷战。

3. 个人视角（personal perspective）

个人视角根据的是个人的感知、需要和价值来看待问题及其解决办法。它的主要特征是强调以直觉、魅力、领导和自利作为控制政策及其影响的主要因素。投放原子弹的例子也可以表明个人视角是如何提供一些从技术的或组织的视角中所不能得到的真知灼见。在1945年，新总统杜鲁门对于国防体制是一个门外汉，这个体制在罗斯福的三届任期内已得到了发展和巩固。杜鲁门缺乏对这种体制（包括稳固的官僚利益和政策）进行挑战的合法性和必要的影响，在他担任总统的初期也是如此。一种不投原子弹的决策将被同代人或历史学家看作他软弱无能的一个标志。具有强烈的历史感的杜鲁门要成为一个大胆和果断的领导人。因此，做出何种抉择就一目了然了。

多视角分析与在公共政策制定、公司战略计划、区域发展等领域发现的社会技术问题都是相关的。为了使用好多视角方法，林斯顿（Linston）等人提出了如下指导规则：（1）跨范式的混合；（2）各种视角之间的平衡；（3）不平衡的可重复性；（4）适当的交流；（5）合并的推迟。

多视角分析已被人们广泛地应用于技术评估领域及政策分析领域。在对外政策和知识系统设计基础上发展出来的这种多视角分析是处理如下复杂性的有效的方法——它们产生于社会技术系统的具有高度科技内容的缺乏定义问题。

3.3.7 假设分析

假设分析是一种旨在取得有关政策问题的冲突着的创造性综合的一种技术。它是问题构造中一种最具有综合性的方法，因为它包含其他的程序（方法）的应用，并可以集中于团体、个人或同时集中于这两者。假设分析的最重要的特征是：它被明确地设计来处理结构不良的问题，即那些政策分析者、政策制定者及其他政策参与者不知如何在界定上达成一致的问题。评估一个特定问题陈述的充分性的主要标准是，关于一个问题的冲突着的各种假定是否已经被显示、挑战以及创造性地加以综合。

假设分析明确地认识到冲突和承诺（认同）的肯定和否定的特征。冲突之所以必要，是因为它允许出现一个最大限度的相反政策的存在，并对每个政策制定的基本假设提出挑战。另一方面，承诺之所以必要，是因为每项政策的支持者都要为自己的观点提供最强有力的可能案例（不一定是最好的案例）。假设分析过程有如下五步：

1. 利益相关者的认定（stakeholder identification）

在这一阶段，利害相关者被认定、排除和确定优先顺序，这以对他们的影响以及在政策过程中被影响程度的评估为基础。这种程序导致那些通常在政策问题分析中被排除在外的利益关系人——如持异议的管理者或当事人——的认定。

2. 假设的提出（assumption suffacing）

在这一阶段，分析者的工作是由一项被推荐的解决问题的办法开始，追溯一系列选择性的支持该建议的数据和主要的假设，将这些假设与数据结合，人们就能推导出作为这些数据结果的这个建议。每个由利益相关者所提出的解决办法的建议应明确地或隐含地包含一系列假设，这些假设构成该建议的基础。通过列出所有的假设——例如，贫困是历史偶然性、精英统治、失业、文化剥夺等的结果，对于该建议所要处理的问题就有了一种明确的说明。

3. 假设的挑战（assumption challenging）

在这一阶段，分析者比较和评估一系列的建议以及它们的基本假设。这项工作通过系统地将假设和反假设（后者要最大限度地不同于前者）来完成。在这一过程中，每个先前被认定的假设由一个相反的假设来加以挑战。如果一个相反的假设是不可行的，那么将它从进一步的考虑中消除；如果它是可行的，那么对它加以检查，以确定它是否可以作为该问题的概念化及其解决办法的一个全新的基础。

4. 假设的汇集（assumption pooling）

当假设挑战阶段完成后，先前各个阶段产生的分散的解决办法应该汇集起来。在这里，假设（而不是建议）要根据其相对的确定性和对不同的利害关系人的重要性程度，通过其优先化而加以处理。只有最重要的和不确定的假设被汇集。最终的目的是创造一系列可能被接受的、被尽可能多的利害关系人所同意的假设。

5. 假设的综合（assumption synthesis）

最后的阶段是创造一个混合的或综合的问题解决办法。一系列混合的假定可以作为创造一个新的问题概念的基础。当围绕问题解决办法的概念化的论题达到这一点时，利害关系人的活动就可能变得合作和逐渐地具有生产力。假设分析的后面四个阶段可以用图 3—1 来加以说明：

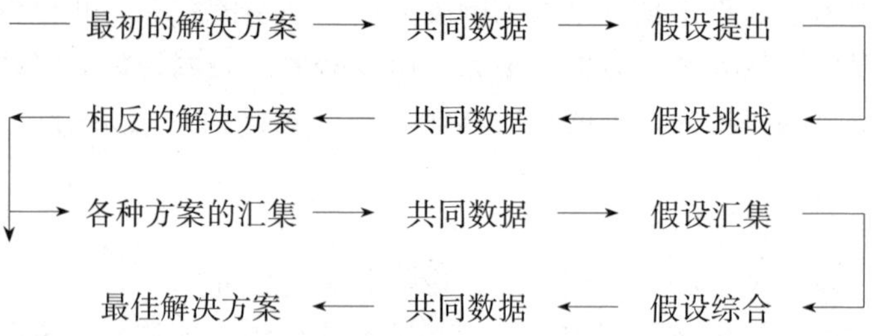

图 3—1　假设分析的过程

假设分析技术有三个明显的特征：首先，它从被提出的问题解决办法开始，而不是从假设本身开始。这是因为大部分政策的利益相关者知道被提出的问题解决方案，但很少意识到它所依据的基本假设。这个方法从被提出的解决方案开始，即从利益相关者最熟悉的东西开始，然后，应用这些熟悉的解决方法作为参照物，进而明确地考虑它的基本假设。其次，这一技术的第二个重要的特征是，它尽量集中注意同一系列的信息数据。最后，假设分析系统地处理了政策分析中的一个主要问题，即创造性地应用某些程序来处理冲突。

假设分析是构造有关政策问题性质的合理争论的主要工具。假设分析可以由一组实际参与构造政策问题的利益相关者所运用，也可以由一个模拟利益相关者的假设以便与自己进行合理争论的当事人所使用。

3.3.8　论证图示

假设分析的一个重要技术是应用图表展示，以构造政策争论因素的重要性和似真性的图画。这个过程的第一步是在两个序数标尺上评估这些因素——理由、支持和反驳。例如，关于废除 55 英里速度限制（1973 年美国全国最高速度法律）的建议是建立在这样的理由基础上的，即低速开车所失去的机会成本增加了那些有高收入开车者的冒险行车。有人则论辩说，在年轻的开车者中事故的频率较低。这个论断的理由是，年轻开车者收入较低，机会成本较低，较少冒险，因此就有较少的事故发生。这个理由可由不同的利益相关者在一个 9 点似真性和重要性的标尺（1＝低，9＝高）上来加以评估，并排列成图 3—2。

图 3—2 展示了六种利益相关者评估的似真性和重要性，它表明这些利益相关者是通过四个象限来分配的，指明了有关理由的似真性和重要性的实质不一致。如果利益相关者是问题构造小组的参与者，那么，图右边明显不一致可能被

讨论，也许赞成通过一个优化的似真知识的断言来加以解决。然而，典型的情况是这样一种情况，分析者必须认定利害关系人的范围，并根据电话交谈以及陈述利益相关者的论证和假设的有关文件，做出关于当事人可能赋予其理由、支持和反驳的似真性和重要性的判断。例如，对于55英里速度限制的文献评论表明，将高度似真性（$P=9$）作为理由的利益相关者可能是一个人种学家，他对年轻开车者的文化有专门的研究，并将他的分析建立在与年轻开车者、他们的父母、教师、法制加强者和其他利益相关者的交谈的基础上。

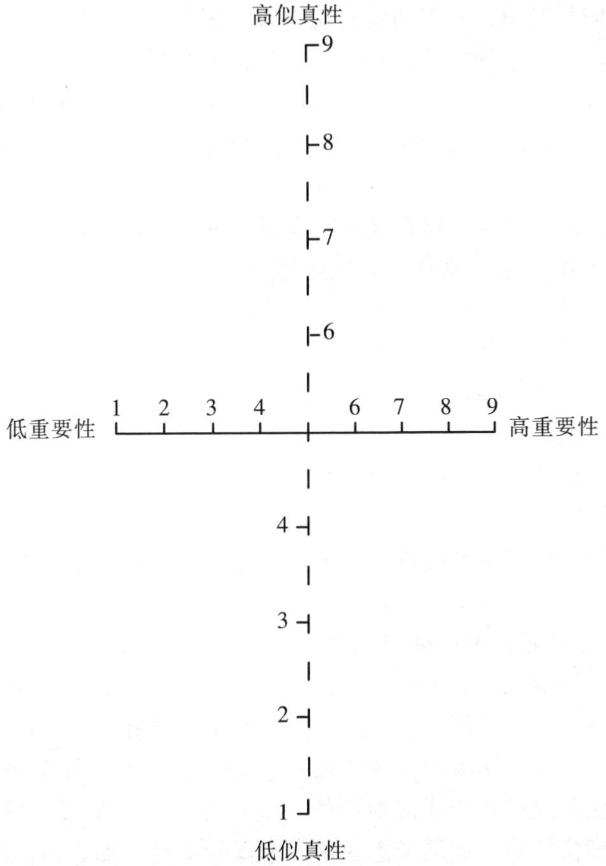

（理由:年轻开车者开支的机会成本较低,收入较低,因此开车较少冒险）

图3—2　似真性和重要性理由的分配

根据合理的论证和由如下两个来源——关于不同的利害关系人假设的信息和可得到的关于不同年龄组的事故和死亡率的统计数字——提供的证据，分析者就会应用有关的似真性标准，并断言，这种特殊的理由有较低的似真性，理由也有高的重要性——不管它是似真的或不似真的，它是与论证的结论高度相关的。

3.3.9 问题文件法

问题文件法是由计划—规划—预算系统在州和地方财政项目的应用而形成的一种界定问题的综合性方法。它被奎德当作发起一项政策分析的基本方法，认为它试图查明什么是真正的问题，分离基本目标，弄清知识中的关键空白，提出备选方案和恰当的有效性测量，并探明受影响的群体；它要列出关于这个问题不同方面的政府机构和组织，发现和列出现成可应用于问题的资源。然而，它仅仅止于不同备选方案的效果的比较，否则它就是整个分析过程了。帕顿等人则将这个方法视为一种关于是否进行"研究性分析"（即较复杂、需较长时间的分析，与之相对的是快速的或初步的分析）的可行性研究，它几乎简要地进行政策分析过程的每一步。

奎德根据计划—规划—预算系统在夏威夷的执行情况，列出准备问题文件的标准程式（format）。它包括如下各项内容①：

1. 问题的来源和背景

这一部分要求对所要分析的问题、议题或情况作出一个简短的、清楚的描述：它来自于哪里？它的症候是什么？为什么它是一个问题？要对之进行分析能做些什么？要讨论的问题是，一个真正的问题是什么样的？这个问题的原因是什么？这些原因的已知程度如何？

2. 注意的理由

插入这一部分以澄清情况或问题为什么需要加以分析以及在特定时间所需分析资源的理由，它有助于证明分析资金开支的正当性。

3. 纠正活动所指向的团体与机构

确切地说，将谁或什么东西考虑为一个问题的决策或项目的目标并不总是清楚的。这些在本质上正是纠正活动所指向的对象。目标可能是农业害虫、麻醉剂的贩卖者、工厂排放的污染物等等。如果目标不是一般的社会公众的话，那么，必须说清楚特殊的人员，应弄清他们的一般特点，如年龄段、种族、收入阶层、特殊需要和地理位置等。如果考虑的是一个保健项目，那么目标团体将是有某种疾病的人或敢于冒险的团体。我们也应区别实际上包含在目标团体中的人数和一旦某种备选方案被选定而潜在地包含在目标团体中的人数。例如，如果项目是修改福利享受资格规则的话，那么实际的目标团体将包括所有那些新规则所规定的

① E. S. Quade, *Analysis for Public Decision* (3nd., ed.), 1989, pp. 73-78.

可以获益的人。

4. 得益者和受害者

受益者和受害者是指那些在实现目标过程中获益或受损的人们。对于一个灭狼的项目，受益者将是那些牧羊人；对于一项消除空气污染的项目，受益者将是一般的公众。这里，受益者与目标团体是同一的，但有时并不一致。例如，罪犯将是一项加强法制政策的目标团体，而牺牲者或潜在的受害者将是这一项目的获益者。对于一项药物控制政策，药物使用者可能既是目标团体，又是受益者。目标团体也可能是供应者。无论如何，必须对受影响的不同受益者和受害者的人数做出量化的估计。谁获取利益和谁支付成本对于几乎所有公共政策问题的解决都是至关重要的。因此，重要的事情是要尽早考虑这些团体，并提醒决策者，他们是一些什么样的人。另外，在考虑受益者和受害者时，必须注意包括政策或项目的执行者，他们一般都是利害关系人。当执行者并不直接由决策者所控制，那么，他们对决策者有强有力的影响。当许多机构或公司参与政策或项目的执行，就有可能出现这样一种情况，有些执行者是受益者，而另一些执行者是受害人。在这种情况下，说明受益者和受害者的特征就会很有帮助。

5. 相关的项目和活动

这一部分应列出影响这个问题的其他人现在所从事的特殊活动或项目，必须弄清这些项目。在不会太费劲的情况下，应该知道其成本，并估计它们对目标团体和受益团体的可能影响。在每一团体中，及早弄清这些项目所提供的数字情况也是有所帮助的，从已知的东西加以投射也是有帮助的。重要的一点是，列举要尽可能完全：联邦的（中央的）、州（省）、市、县和私人部分的项目都必须查清，因为一种新的取得相同的或本质上类似的目标，应该与那些影响争论问题的机构的努力加以整合和协调。

6. 目标和目的

除非争论的目的或目标被认真、清楚和明确地陈述出来，否则后面的分析工作可能会失去方向，可能出现对有效性测量的不正确的设想；不正确的和无效的备选方案也可能被设计出来，资源也可能被投向不恰当的地方。问题文件必须指出解决问题的政策或项目的目标，基本的目的（标）是超越直接的物质产出而注意问题解决的最终目标；还应注意弄清它对其他项目可能引起的负面影响。当然，并没有一些简单的程序可以保证目的被直接地和概念化地加以说明。不过，还是有一些可用的方法和技术的。一个相当有用的技术是，在目标的讨论和解决中，请几个与政策或项目没有多少关系的、具有批判、怀疑眼光的局外人来讨论问题，与他们的讨论，将大大增加获得正确目标的可能性。

7. 标准和有效性

如何保证有效性的测量能够准确地反映所要求的最初目标的取得，这是一个颇为困难的任务。有效性的测量应与物质能力或特殊系统的影响、设备或被考虑的项目有关。如果不能直接测量，那么就只能尽可能找出接近的或好的替代测量。标准要求选择那些对于未来的调查研究更有希望的备选方案，并告诉我们在什么时候，纠正活动走得足够远。

8. 分析的框架

这种框架依赖于所必需的信息和问题的性质。资源配置可能要求对几个不同的项目的损益加以比较，或要求通过确定这样一个点——在这一点上，附加的行动的边际利益趋向于等于边际的成本——来确定单一项目的尺度。这时要考虑诸如排队论和线性方程一类的技术的应用为时尚早，除非问题自然地引入一个合适的程式；否则，硬要把问题塞进一个程式，可能会将分析引入歧途。如果分析将实质的投资包括到经验数据的分析中，那么，分析的这个方面必须加以讨论，被研究的假设以及它与可能行动方案的关系也必须加以讨论，要取得的数据也应加以提及。这种信息对价值和继续政策研究的成本的合理性评估都是必要的。讨论各种被考虑的解决办法时应注意做出决策的层次。决策者应有权决定采纳对他有所帮助的解决办法。最高层次的抉择涉及做什么，以及为什么、为谁和什么时候的问题。如果包括这些问题，那么在怎么样的问题之前，它们应被优先予以考虑。重要的是要确立对大家一目了然的主要假定，因为这些假定决定了分析的性质。如果包含有未加分析的蕴涵的假定，将会使分析得不到令人满意的结果。还应注意某些限制尤其是政治上和法律上的限制，不可能指望所有的限制在分析的这个阶段都被揭示出来，但及早发现某些限制可以避免一些不合适的备选方案被研究。

9. 备选方案

在这个早期的阶段，应力图查明备选方案的全面范围，即使其中的一些方案是先验的、非正统的、不实际的、太昂贵的、技术上不可行的等。在这一阶段和后面正式分析开始之间以及更多的信息被收集起来，更好的、更具吸引力的方案被选择时，还有较长的时间。所以，在一开始，应该采取一种自由探索、广泛开放的态度，发现各种多样的解决问题的可能性；要处理单一的备选方案，并简地提出混合的解决办法或不同的备选方案的部分相结合的可能性。对于每个备选方案，必须考虑下列各种因素：（1）描述—— 一个关于备选方案如何起作用、人事和所需的仪器设备、政策和使用的技术、所包含的机构以及采取的行动等的简要描述，将有助于判断备选方案的优劣。（2）有效性—— 一项量化的、但往往是直觉上的关于备选方案如何有效的信息将有助于考虑是否将这项分析进行下去。(3) 成本——通常应该而且能够对总的成本做出估计，当然，这在后面的分析中将被大大地修正。分析失败的原因往往是因为不能查明备选方案的各种成本因素，因此，把各种成本分门别类并累加起来，是一个好主意。(4) 外部性——指的是那些在取得目标的努力过程中非预期的效果，从一开始，就应努力弄清与每一方案相联系的外在效果，并弄清谁负担成本，谁获取利益。(5) 方案排列的评论——准备一个问题文件无非是要对各种备选方案作尝试性的比较，某种备选方案明显潜在地比其他方案更有吸引力，它（们）应被优先地加以研究和解释。(6) 其他考虑——它与备选方案相关的先前未被讨论的其他方面，应在问题文件的这个阶段加以讨论，如风险和不确定性、执行的困难、环境的可能变化、影响假定的可能政治情况等。

10. 可参考的建议

适应问题文件及问题构成阶段的可供参考的建议是：丢掉整个不值得进一步分析的题目；继续分析，但要在一个较低的优先性的基础上进行；从事或继续一个完全的研究。

有时，在研究的准备和最初的设计中，出现了如此众多的可利用的信息，以至于发现一个备选方案确定无疑地具有优越性，以至于可以直接提出一个行动建议。在这种情况下，发起分析的阶段实际上就变成了分析本身。

案例

中国实际失业率已达到警戒线

“中国城镇的实际失业率已达到 7%的警戒线。”这是由社会科学文献出版社出版的中国社科院 2002 年度《人口与劳动绿皮书》披露的信息。在中国加入世贸组织、就业形势日渐严峻的背景下，中国社科院这一具有“半官方”性质的调查结果顿时引起各界高度关注。在这一结论中，不仅 7%的数字比官方历来公布的登记失业率高出许多，而且首次提出了失业率已达警戒线的判断。

《南方周末》记者就此采访了该书的主编、中国社科院人口与劳动经济研究所所长蔡昉和该书的作者之一、劳动和社会保障部劳动科学研究所副所长莫荣。

7%是怎么来的

南方周末：7%的城镇失业率是怎么来的？

莫荣：我们是用德尔菲法调查出来的。德尔菲是古希腊神话中可预测未来的阿波罗神殿所在地，美国兰德公司在20世纪40年代以“德尔菲”为代号，研究如何更为可靠地收集专家意见，德尔菲调查由此得名。这个方法实际上就是把调查内容征求一定数量的专家学者的意见，然后把意见进行综合，最后形成结论。

当时我们选择了50余名从事就业和劳动统计研究的著名学者以及相关政府部门的专家（官员），发问卷请他们对失业率、城镇失业承受能力的大小等问题进行判断和预测。这些专家学者长期关注这一领域的问题，注意收集这方面的信息，预测应该还是有根据的。当年兰德公司把这种方法叫德尔菲法，可能也是认为专家们具有“德尔菲”般的预测能力吧。与德尔菲调查相似的一些做法实际上在日常也被大量运用。比如世界杯前请专家预测哪个队要夺冠，还有在股评中，分析证券机构、股评家个股推荐的情况。只是这些方法没有德尔菲调查那么规范、严格。

我们的调查进行了两轮，为保持调查中立性，在最后一轮中，学者们专家（官员）各占一半。专家学者回答的结果经过数据处理，得出的结论是：中国城镇当前的失业率已经达到7%，近一两年还有增加的趋势。我们在这中间发现一个现象，官员对中国真实失业率的估计偏低（不到6%），而学者的估计偏高（高于8%）。

南方周末：为什么会有这种差异呢？

莫荣：我们后来也琢磨了一下，考虑可能是身份不同造成的。官员往往下意识地会觉得是代表组织在发表意见，因此估计比较保守。而学者则可能有强调问题的严重性以引起社会关注的心态。

南方周末：警戒线是一个什么样的概念？

莫荣：它实际上就是指城镇失业承受能力的大小。过了这道线，社会就承受不了了。目前我们把警戒线定为7%，这也是德尔菲调查中综合专家学者的意见而得出的一个标准。失业率如果超过这个标准，老百姓就会不满，社会不稳定因素就会增加，严重的会引发一系列反社会的行为。因此就业问题应该引起我们的高度重视。在调查中，72.73%的专家学者认为近一两年城镇失业率增加1到2个百分点的可能性最大。事实上目前我们的就业形势很严峻，新增加的劳动力源源不断地涌入社会，而需求则在下降。

登记失业率不等于全面失业率

南方周末：目前官方公布的登记失业率是3.6%，你们调查出来的失业率是7%，这两者为何相差这么大？

莫荣：登记失业率和失业率是两个不同的概念。登记失业率是对在劳动保障部门登记的符合失业条件的人员进行统计得出的，这个数字反映的是最困难的一部分失业者的情况，而不是反映失业的全面情况，因为一部分没有登记的失业者不在里面。而我们做德尔菲调查，就是想了解失业的整体状况。

南方周末：那么中国现在有反映失业全面情况的一个官方数据吗？

莫荣：听说实际上有关部门在做这方面的调查，但数据没有公布。

蔡昉：不公布可能是有很多考虑。但据我所知，官方掌握的失业率并不是很高，公布出来可能有助于打消人们的疑虑，否则，老百姓可能在瞎猜，猜得很高。

就业就是经济增长的目的所在

南方周末：我们注意到，在绿皮书中，你们提出经济政策应以就业为核心。为什么把就业放到这么高的一个位置？

蔡昉：我们追求经济发展的目的是什么？还不是为了人的发展。如果一个人长期没有工作，他就很难感觉到自己的价值所在。一个理想的社会，就是能够给想工作的人提供足够的施展能力的岗位的社会。从某种意义上来说，在现代社会，就业就是经济增长的目的所在。

从中国的国情来看，树立就业的核心地位是必然的选择。入世后我们和别的国家处在同一个竞争环境中。我们如何竞争、如何发展？唯一的选择就是以己之长攻其之短，把自己的比较优势发挥出来。我们的比较优势在哪里？就在于丰富的劳动力资源。相比之下，中国的资金和技术较为匮乏。按照一国当前的比较优势来选择产品和技术进行生产，将使整个经济在国内和国际市场上具有更大的竞争力，占有最大的市场份额，积累最大的剩余。目前，中国仍然是劳动密集型产品具有比较优势。加入世贸组织的最大意义，即在于限制了政府以行政手段来扶持不具有比较优势的产业的能力，使中国的产业能够更好地遵循比较优势的道路来发展。在世贸组织的框架内，产品、资本和其他生产要素都会得以更自由地流动，但相对而言，劳动力资源在国际间的流动却困难得多。所以，我国的劳动力资源优势有别于发达国家所具有的资金、先进技术和管理模式方面的优势，劳动力优势更可能成为一种长期的优势。

廉价劳动力转化为比较优势需要条件

南方周末：有不少发展中国家跟中国一样，拥有丰富而廉价的劳动力资源，但它们为什么却没有转化为比较优势而一直陷于贫困呢？

蔡昉：大量供给的劳动力要成为竞争优势也需要一定的条件，以下两点尤为重要。首先，发挥劳动力资源优势要取决于劳动力的素质。要将极为丰富的劳动力供给转化为有效劳动供给还需要一个过程，需要相应的人力资本投资的政策来完成这个过程。加入世贸组织后，如果劳动力素质不能获得一个全面的提升，劳动力的市场供给必然会出现结构性的短缺。也就是说，劳动力市场可能会充斥大量没有就业机会的劳动力，但是企业迫切需要的岗位却没有合适的人选。劳动力市场的供求关系必然会因为这种结构性矛盾而趋于紧张，劳动力的工资水平也会随之上涨。到那时，丰富的劳动力供给的优势也就荡然无存了。这也是很多发展中国家劳动力众多、却无法成为资源优势的原因之一。

其次，劳动力资源优势的发挥，还取决于是否有一个全国一体化的劳动力市场。极为丰富的劳动力就像一个巨大的蓄水池中的水，而劳动力市场的种种羁绊就像蓄水池的闸门，只要闸门不开启，水永远无法流动。如果没有一个全国一体化的劳动力市场，没有劳动力的流动，劳动力的供求关系就有可能在局部地区失衡，从而出现工资水平上升的情形，劳动力资源的优势就会大打折扣。

哪些现行就业政策需要检讨

南方周末： 对于面临的就业问题，我们目前的一些政策是不是需要反思？

蔡昉： 当前主要存在两个问题：一是在发展战略上我们还没有鲜明地提出充分利用劳动力资源这个比较优势，目前的战略比较含混，有的提出高、精、尖战略，比较优势的意识还不强；二是有一些政策实际上有违劳动力市场的规律。特别是一些反失业的政策，用排斥外地劳动力进入的方法，来保护本地居民的就业，这样做在一天两天内会见效，但从长期看，它侵害了劳动力的自由流动，封闭会使当地工资上涨，企业因此会减少用工，反过来影响就业。

南方周末： 你们在绿皮书中提到，在现阶段，我们应该把主要资源投到义务教育和中等专业教育上，而不应该投到更高阶段的教育上。这是为什么？

蔡昉： 一个社会人们受到的教育，要与该社会劳动力市场的需求相适应，如果在经济发展的较低阶段上就把更高阶段的教育作为发展重点，则有可能出现较高的工资和大量失业并存的局面。

南方周末： 我们目前有这样的问题吗？

蔡昉： 应该说有。从这几年的改革进程来看，有财权上收、事权下放的迹象。更多的财政收入上移到了中央，但是义务教育还是由地方政府负担，这在客观上造成了对基础教育投入的削弱。

与此相对应的是，大学的经费却连年猛涨。大学当然要发展，但我们目前最应该做的恐怕还是提高大多数人的基本素质，而不能只顾少部分精英的提高。大量文盲的出现只能导致结构性失业的加剧。

南方周末： 我在书中看到你们对目前一些地方实行的最低工资标准也提出了

自己的看法。

蔡昉：到目前为止全国已有 30 个省、市、自治区建立了最低工资标准。2001 年中国城镇单位的工资大幅度增长，各城市的最低工资标准普遍抬高。最低工资标准实际上是人为地干涉劳动力的价格，本意是为了保护职工的利益，这是对的，但在目前我们最需要解决的是什么？是一部分职工的利益？还是大多数人的就业问题？目前中国存在大量农村剩余劳动力和城市传统企业的下岗、失业人员。在这样的社会背景下，城镇职工工资的大幅度上涨值得思考。一方面劳动力无限供给，一方面工资大涨，这在市场经济下是很难理解的事。如果由于制度性的原因人为抬高工资，会对就业有不利影响。

资料来源：《南方周末》，2002-06-13。

思考题

1. 什么是政策问题？如何看待政策问题的性质？
2. 如何对政策问题加以分类？
3. 问题界定为何重要？如何看待问题界定与问题解决之间的关系？
4. 问题界定有哪些基本步骤？
5. 举例说明问题界定的方法。
6. 根据上述案例及其他材料，分析并界定中国城镇的失业问题。

第 4 章

目标、指标和标准

重点问题

- 澄清目标的重要性与困难
- 基本的政策目标
- 澄清和确定目标的途径及方法
- 政策指标的内涵
- 经济指标、社会指标和政治指标
- 确定评估标准的活动及其困难
- 评估标准的基本类型

确立政策目标及评估标准是政策分析过程的第二个功能活动或逻辑步骤。一旦初步弄清问题的实质之后，政策分析者必须确定政策目标和相关的评估标准，以便于寻找、比较和选择备选方案。在政策分析的这一阶段，有三个密切相关的概念：目标、指标和标准。粗略地说，目标是决策者所追求的东西或政策分析所要达成的目的；指标则是政策目标的具体化，是政策目标的具体尺度（指数、数字或其他质的尺度）；而标准则是评估政策成果或政策目标实现程度的水准。目标和标准的确定在政策分析中的地位和作用如何？分析者与决策者是如何配合而进行这项工作的？采用什么方法来确立目标、指标和标准？存在着什么样的困难或障碍？这是本章所要讨论的主要问题。

4.1 政策目标

政策目标是决策者凭借决策手段所要取得的东西，它是政策的出发点和归宿，制约着公共决策及政策分析的全过程。目标涉及“是什么”和“应该是什么”的问题，对不同政策目标的澄清和认定是分析者所要解决的中心问题。辨明政策目标非常重要，但在实际的分析工作中却是一个相当困难的任务。

4.1.1 澄清目标的重要性

奎德认为，人们通常假定，政策目标是给定的，即认为政策制定者在处理某个特定的政策问题时，他对自己所要达到的目的或目标是一清二楚的，因而分析者的任务是根据这一既定的目标去寻找、比较和选择相关的备选方案。然而，现实公共决策过程的情况并非如此。在多数场合，决策者并不清楚了解所要达到的目标或目的，他们往往以一般的方式如抽象的语言来陈述目标。因此，澄清决策目标便成为政策分析中的一项重要任务。

若是需要一项分析以便帮助做出决策或选择一项备选方案，公共决策者应该对所要达成的目的或目标心中有数。但是，他们可能难以将目标清楚地表达出来，抑或他们根本就不清楚目标是什么。另外，在许多决策场合，目标可能是多方面的，甚至彼此是相冲突的。举例来说，假如国家的基础教育（中小学教育）的长远目标有：增加学生的知识和技能，提高学生的智力，灌输社会所保持的价值观和伦理道德规范，改善学生的人格特征，改变社会的结构，促进社会经济发展等等。显然，这些目标必须在不同的时期中达成。有些目标是直接的，有些是间接的，甚至要在下一代才能实现（如造就受良好教育的母亲，对于下一代的更好教育是有作用的）；有些目标是无形的，不能加以量化地测量的，有些甚至难以从质上加以具体的说明；另一些则是直接冲突或要求使用同一种资源的。例如，加强教育既能够保持社会稳定，又可以促进社会变迁；既能满足和实现社会的需要，又能满足和实现个人的愿望和自我满足。此外，在一些人或群体眼里是利益或优点（如改变社会结构），可能被另一些人或群体视为成本或缺点。除非确定特定的政策产出（铺设公路的里程、享受福利待遇的人数，犯罪率的百分比、污染的程度等）或多或少是“好的”，否则，我们就无法评估任何一项政策。

决策者应尽可能明确地说出他想要达到的目的，以便对相关的政策分析能有所帮助。从某种意义上说，当决策者规划其目标时，实际上就隐含着他所要采取的行动过程。分析者的任务就是要使决策目标及取得目标的方案明晰起来，因而澄清或辨明政策目标是政策分析的一个关键。为了给方案的选择提供合理的基础，必须首先弄清楚要达到什么样的目的。除非明确一项政策或项目所要取得的是什么目标，否则，关于备选方案、成本、利益一类的信息就没有太大的价值。在弄清应该做什么时，知道什么样的事情可以做到显然是相当重要的。经济学、运筹学和管理科学通常假定决策者知道他的决策所要达到的目标。政策分析及系统分析与这些学科的一个重要差别就在于，这两种分析在处理问题时，既考虑应做什么，也考虑如何做。

总之，在许多重要政策问题的分析中，不能将目标看作既定的、现成的东西，政策分析的一个功能活动及任务是规划方案之前帮助决策者澄清并最终确定解决政策问题的目标。

4.1.2 基本的政策目标

政策目标取决于决策者及分析者所要处理的具体政策问题。政策问题的不同决定了政策目标的千差万别。尽管如此，在当代公共政策中，特别是社会经济政策中，却有一些最基本的或一般的政策目标，掌握这些基本政策目标，对于我们确定具体的政策目标是会有所帮助的。

关于一个国家或地区的基本经济政策目标，经济学家尤其是经济政策学家作过不少论述。美国学者博尔丁（K. E. Bonlding，1959）在《经济政策原理》一书中将基本政策目标归纳为四个：经济进步、经济稳定、经济公正和经济自由；他在该书 1974 年的新版序言中又增加了两个目标——经济和平和持续的可能性。阿罗（K. Arrow）认为，经济政策目标按某种方法可以归纳为经济稳定、资源配置优化和分配的公平三种。尤默（M. J. Ulmer）指出，经济的均衡、经济的公正和经济增长是经济政策的三个基本目标。日本学者长谷川启之在《经济政策的理论基础》一书中则将经济政策的基本目标归纳为五个，即资源有效配置、经济增长与稳定、公平的分配、社会资本的扩大、国际经济关系的协调。综合学者们的观点，我们将基本经济政策目标归纳为增长、效率、稳定和公平。

1. 增长（growth）

经济增长是各国政府尤其是向现代化过渡的国家长期追求的主要经济政策目标。增长问题的实质在于，为了提高包括下一代在内的子孙后代的消费水平，应该在多大程度上抑制现在的消费，将有限的总生产物更多地用于投资，进一步发展生产。

经济增长明确地成为各国政府追求的一个基本经济政策目标是二次大战后的事。原因在于战后各国纷纷建立和完善关于国民收入统计制度，并逐步实现了标准化，这就使衡量经济速度的指标明确化，使各国之间的经济增长速度的比较具备了共同的基础，从而刺激了各国争取实现高速增长的动机。同时，人们普遍认为，经济增长是实现充分就业的一个重要条件。例如，人们认为，经济增长既提高工资，促进劳动供给的增加，又使劳动需求增长，这样经济增长可以促使经济实现更高水平的均衡。因此，为了保证生活水平不至于下降，单考虑收入分配公平是不够的，必须使经济达到更大的规模。

然而，由于实现方式的不同，经济增长既可以为人们带来利益，也可能使人们付出沉重的代价。例如，如果将经济增长看作只是单纯的扩大生产规模的增长，那么就很容易造成对环境的破坏，为此付出高昂的代价；又如，为片面追求经济增长而采用劳动集约型技术，就难以解决失业问题，妨碍充分就业目标的实现。因此，经济增长这一基本目标，决不是单纯的生产规模的扩大，同样的增长率，可以由不同的方式来实现。现阶段我国政府提出的实现经济增长方式由数量型、粗放型而向效益型、集约型的转变是十分正确的。

2. 效率（efficiency）

经济效率是经济政策的另一个基本目标。按照经济学的理论，稀缺资源的有效配置就是效率。在经济学中，一般把帕累托原则（Pareto principle）作为经济效率的标准。如果实现帕累托最优（Pareto optimum），就达到了最高的效率。所谓帕累托最优是指经济中的资源配置已经达到这样一种状态，在该状态下，资源配置的改变不会在任何一个人效用水平至少不下降的情况下使其他人的效用水平有所提高。处于这种状态的资源配置就实现了帕累托最优或经济效率。反之，如果经济可以不减少某个人效用的情况下，通过资源的重新配置而提高他人的效用，则这种资源配置状态就被称为“帕累托无效率”（Pareto inefficiency）。帕累托原则涉及效用或福利，效用或福利取决于主观感受，因而也就取决于价值判断。由此可见，效率标准与价值因素有关。

传统经济学假定市场机制是实现帕累托最优的最佳途径，即在完全竞争的条件下，由价格这只“看不见的手”所指引，通过完全竞争来达到帕累托最优。然而，现代经济学理论又证明，完善的市场机制或完全竞争只是一种理论假设，在现实市场经济实践中并不存在，由于公共物品、外在效应、不确定性、收入分配不公等因素的存在，使得市场机制的过程中必将出现资源浪费与资源不合理配置，即市场机制的内在缺陷使它难以实现帕累托最优。

3. 稳定（stability）

在市场经济体制条件下，如果让市场机制自发地加以调节，经济就不能稳定发展，而是在繁荣与萧条的周期性交替中前进。这种周期性波动造成宏观经济的不稳定，会带来各种问题，最突出的是繁荣时期所出现的通货膨胀问题和萧条时期出现的高失业率问题。失业和通货膨胀都引起资源配置失调、效率降低，并可能造成社会不稳定。因此，经济政策的一个基本目标就是维持经济环境的稳定或保持经济稳定增长。这一目标包括如下三个方面的内容：

（1）充分就业。经济学所讲的充分就业并非指人人都有工作，而是要把失业率保持在一定的水平之下。这种失业率要在社会可允许或可接受的范围之内，实现充分就业时的失业率称为"自然失业率"。经济学家根据引起失业的原因的不同而将失业分为四类：一是自然失业（natural unemployment），指由于经济中的某些难以避免的原因所引起的失业，例如劳动力正常流动引起的摩擦性失业，劳动力市场结构刚性所引起的结构性失业；技术进步所引起的技术性失业；劳动力需求的季节性变化所引起的季节性失业等。二是自愿失业，指由于工人拒绝接受现行的工资与工作条件或企图寻求更好的工作而放弃原有工作所引起的失业。三是周期性失业（或非自愿失业），指由于经济萧条，对劳动力需求不足而引起的失业。四是隐蔽失业，指有职无工，即虽然就业但劳动的边际生产力为零的就业状态。充分就业并不是要消灭各种失业，而主要是要消灭由于需求不足所引起的周期性失业。

（2）物价稳定。各国在经济发展过程中都会出现不同程度的通货膨胀。通货膨胀尤其是严重的通货膨胀是经济不稳定的主要原因之一。它使市场机制扭曲，资源配置失误，减少人民的实际收入，加剧收入与财富分配的不公，甚至引发社会动乱。同时，通货膨胀增加了投资风险，减少储蓄，最终不利于经济增长。在开放经济中，国内价格上涨还会引起国际收支失衡。二战后，许多国家的通货膨胀，给经济、社会发展带来了恶果。因此，消除通货膨胀，维持物价稳定一定是经济稳定目标的一个基本内容。

（3）国际收支平衡。全球经济的一体化成为当代人类社会发展的一大趋势。一国国际收支状况对国内经济的稳定有相当的影响。从长期看，国际收支的盈余或赤字都对经济的稳定不利，也会引起国际经济关系的紧张。国际收支的盈余会使一国的汇率上升，进口增加，失业增加；国际收支赤字会使一国汇率下降，货币贬值，通膨胀加剧。各国为维持国际收支均衡往往采取贸易保护主义，从而引起国际贸易战。因此，在国际收支不平衡的条件下，国内经济难以稳定。在开放经济的条件下，维持国际收支平衡就成为经济稳定目标的一项内容。

4. 公平（equality）

分配的公平是一个基本的经济政策目标，它指的是收入与财富的分配的平等问题，涉及个人、团体的经济利益的调整。人们一般认为，市场机制能较好地解决效率问题，而不能解决收入和财富的分配不公问题。较之效率问题，公平问题更受到人们的注意。在当代，公平问题成为一个争论的焦点，备受社会各界的重视。公平标准在相当大的程度上依赖于价值判断，因为不同的个人、团体和阶层或阶级的价值尺度不同，所以在作为基本政策目标的问题上就很难达成一致。

分配不公可以说是市场经济的必然产物。在市场机制调节经济时，分配是按照对经济贡献的大小进行的，那些社会中的弱者和机遇不佳者，由于贡献小而收入肯定低；而那些强者或幸运者由于贡献大而收入肯定高。在私有制条件下，富者更富、穷者更穷的现象，即贫富对立问题更加突出。由于不平等所引发的社会问题引起了广泛的关注，这正是公平问题日益受重视的原因。

人们对于公平标准有三种不同的理解，或者说，有三种不同的公平标准：一是贡献标准，即按每个人的能力及努力程度所做出的贡献大小进行分配，通过市场机制而进行的分配所依据的正是这个标准（这种通过市场进行的分配被称为功能性分配）。二是需求标准，即根据生存水平的必要性进行分配，并通过社会保障的形式来实现。这种标准可以纠正贡献标准所引起的问题，减少收入差异，保证每个人的基本生存条件。三是机会均等标准，这是一个分配准则公平与否的问题，而不是指分配公平本身，提出这一标准是出于能否公平地确立分配方式这样一种考虑。一般而言，实现公平的分配应综合这三个标准，而不是以其中之一作为唯一的标准。但在现实中，各国对公平标准的侧重有所不同，有些国家（如瑞典）更重视需求标准；有些国家（如美国、日本）则更重视贡献标准。

应该指出，增长、效率、稳定和公平四大政策目标之间，并不是各自独立、彼此互不相关的，而是相互依存、相互联系的。如果我们把经济政策的最终目标确定为社会经济福利的最大化，那么，这些基本政策目标也都具有手段的性质。在特定的条件下，这些目标可能是能够协调一致的，可以同时达成的；但是在另一些特定条件下，这些基本目标又可能是相互矛盾的、对立的，难以同时达成的。

在这个问题上，经济学界以及经济政策学者有两种不同的理论：取舍理论（trade-off theory）和协调理论（harmonization theory）。取舍理论认为，采取一项政策或追求一个目标，在资源固定的条件下，必须舍弃或牺牲其他的目标，即各种目标不可能同时达成，它们是彼此冲突、不可调和的关系。例如，经济增长与公平分配之间，经济增长与经济稳定之间，在稳定这一基本目标内的物价稳定与充分就业之间，就存在着这样一种冲突或此消彼长的关系。正统的经济学家一般持这种取舍理论。协调理论批评取舍论者采用孤立、片面、静止的观点看问题，认为从联系、动态的观点看问题，则各种基本政策目标之间并不是一种彼此冲突、取舍的关系，而是一种协调的、可以同时达成的关系。协调理论的一个要点是用增加生产的办法去增加资源，从而打破固定资源的束缚，使各种目标能够同时达成；另一个要点是改变不同目标的相互关系，使它们之间相互冲突矛盾的关系变成相互依赖、相互支持的关系。协调论者还强调政府在决策时应避免采取冲突、对立而不能调和的多种政策。①

4.1.3 澄清和确定目标的困难

目标的认定在政策分析中非常重要，然而却十分困难。这些困难主要来自于目标所隐含的价值因素、决策者政治上的考虑和目标的重要性及冲突三个方面。

1. 价值因素

政策目标以特定的价值判断作为先决条件，这种对价值因素的蕴涵使得目标的认定相当困难。公共政策是国家或政府对社会政治经济生活的干预措施，这种干预要达到什么样的状态（即政策目标应该是什么），关键取决于社会以及社会成员个人的价值判断或价值观。按照《简明帕氏新经济学辞典》的解释，“价值判断可以定义为对所认定的客观效力的赞成或不赞成的判断”，即对社会现象、事实好坏、满意不满意、善恶等的一种判断。价值因素成为政策目标不可或缺的前提条件。在政策分析中，往往需要把某种现实的状况与理想的境界（或期望的状态）加以比较，这就需要确定理想境界的尺度或指标，这些尺度或指标不可能具有相同的权重，必须排列出优先顺序，而顺序的排列取决于价值判断。这种理想状态的指标的总和就是政策目标。因此，价值判断就成为政策目标的一个重要组成部分。

价值观或价值判断取决于个人或集团在社会中的经济和政治地位、利益、伦理道德、传统与历史等因素，因而主要是一种主观判断。不同的个人、集团、阶层或阶级具有不同的或根本对立的价值观。阿罗的不可能定理认为，不可能从个人的偏好顺序中推导出社会的偏好顺序，因而实际上不存在每个个人都认可的、统一的社会价值判断，而仅仅存在部分人或某些利益集团的价值判断。价值观的

① 参见伍启元：《公共政策》，113～116 页。

冲突实际上是不同的个人、集团、阶层或阶级利益的冲突。政府在确定政策目标时，所依据的实际上总是部分人的价值判断，有时这种价值判断代表多数人的看法，有时则只是少数人的观点。例如，有的经济学者认为，在各国经济发展的早期，往往把效率放在首位，而不太注意公平问题，这一目标的确定所依据的是从经济增长中获利最多的富人的价值判断，而不是广大劳动人民的价值判断。

在独裁或专制制度下，统治阶级的价值观被当作全社会的价值观；在民主制度下，不同的价值观相对地受到重视。由于代议民主制并不能完全代表人民的意志，通过民主程序所确定的政策目标，往往只代表某些利益集团的价值观或是对不同利益集团价值观的折中。当然，民主体制下决策所依据的价值判断更能反映大多数人的看法。

正因为社会上的个人、团体、阶层或阶级存在着不同的甚至是冲突的价值观，并引起大政策目标上的冲突与争论，这就使得确定政策目标出现困难。在实际政策分析中，如何确定某个目标所依据的价值判断也相当复杂。

2. 政治原因

目标认定的困难部分地来自于政治上的原因。公共政策目标是政治过程的产品，而不是个人决定的产品，因此，政治上的考虑是一种不容忽视的因素。以往人们往往假定决策者是大公无私的，以追求公共利益或以社会福利最大化为原则。但是，正如公共选择学派所指出的，决策者与其他社会成员一样是自利的，他们也以个人利益的最大化作为行动原则，因而在确定政策目标时，他们不能不考虑自身的政治利益。例如，为了获得更多的选民支持，他会倾向于选择一些不一定对社会福利最大化有利的政策目标，为了迎合低收入选民而把公平放在首位，牺牲效率换取公平；或在稳定这个目标中，以高通货膨胀率来换取充分就业。决策者出于政治上的考虑，往往也会把目标故意弄得模糊或不明确陈述出目标，也许他不想让自己受明确的目标的限制；也许他想取得更多人的支持；也许是他在政治上犹豫不决或为减少争议尽快行动（因为在采取一个行动上达成一致比在关于这个行动最终要取得什么样的目标上达成一致要容易得多）。决策者政治上的考虑造成了认定目标上的一些困难。

同时，利益团体的存在及其对公共决策所施加的影响也增加了目标认定的困难。每个社会都有不同的利益集团，它们都有自己的特殊利益，各种利益集团既有暂时的一致，也有无法消除的对立。各种利益集团都会想方设法通过各种途径去影响决策者。决策者在确定政策目标时要受不同的利益集团的影响甚至操纵。现实政治过程中利益集团的存在及其对公共决策施加的影响，必然使政策目标的确定出现困难。

3. 目标的多重性及冲突

政策目标的多重性及冲突是目标认定困难的一个方面的原因。现实的公共决策目标往往是多重的，而不是单一的。正如韦达夫斯基所指出的：政策目标总是具有这样突出的性质——多元的、相互冲突的和含糊的。在这些目标中，既有主要的，又有次要的；既有长期的，又有近期的；有的目标可能是相互补充的，有的则可能是相互冲突的；有些目标是定性的、不能量化的，有的则是可以量化的。这种多目标及目标冲突，使得确定目标十分复杂和困难。例如，如果我们把现阶段国家的经济政策总目标确定为社会福利的最大化，那么，增长、效率、稳定和公平这些目标就是分目标或子目标。在特定的条件下，这些子目标是对立或冲突而不能同时达成的。因此，每个子目标的达成未必都能带来社会福利的最大化，为了使社会福利的损失最小化，确立这些分目标及其综合平衡是十分必要的，但这又是一件困难的工作。

4.1.4 澄清和确定目标的途径及方法

目标的认定面临着诸多困难，这是否意味着政策分析无所作为呢？答案应该是否定的。尽管目前政策分析仍没有发展出成熟的方法和技术用于认定目标，但仍有一些基本原则、途径或帮助性的手段可以用来确定目标。正如政策分析学家希契（Hitch）所说：除了严格的、定量的分析之外，没有什么东西能够告诉我们特定的目标是否有意义，无论是它是否可行，还是它的成本有多少；除了这种分析之外，没有什么东西能够揭示目标之间的冲突；除了创造性和天才的分析之外，没有什么东西能够揭示手段及其引起的相关目标的系统，或它在一个广泛不同系统中的功能或满足对高层目标持有不同观点的有影响力的人或组织。他很好地说明了为什么要靠分析手段来澄清和确定目标的理由：如果不知道大量关于所要达成目标的可行性和成本的情况，那么就不可能界定恰当的目标。这方面的知识必须从分析中推导出来。

1. 价值分析和政治分析

如前所述，价值判断构成政策目标的基本前提或依据，政治因素也在目标形成中起着重要作用。因此，要认定政策目标必须考虑价值因素和政治因素，即价值分析和政治分析。

价值分析是政策分析的一个重要层面，不仅适应于认定目标这个阶段。按照克朗的观点，价值研究所做的分析工作，旨在确认某种目标或目的是否值得争取，争取的手段能否被接受以及取得的结果是否“好”。它要回答的问题是：为什么？为了什么目的？为谁？许诺什么？有多大风险？应优先考虑什么？等等。

价值研究通过价值的确认与分析使隐含着的价值问题清晰起来；它的假定是价值观是人类行为或行动的一个主要决定因素。

价值（观）是由复杂的历史、地理、心理、文化和社会经济因素所决定的超理性或非理性的既成的东西，而不是合于理性的思考结果（尽管理性思维、时间的流逝和环境变化有可能使之改变）；生活环境、家庭、学校、生活小圈子、文化、职业范围、社会联系等是价值观形成的土壤。从价值分析的角度来讲，价值原表征是这些土壤所产生的基本信念，加上系统选择、资源分配优先顺序、目标、系统意向、领导和管理风格，以往的政策、广告宣传、观察到一定的领导偏差等等。

价值分析中主要涉及的东西是：政策及其目标的价值含义、价值的一致性，绝对价值和相对价值；对明确价值观的可行性限制；价值组合、价值冲突、价值观的加强和改变以及进一步假定的价值内容。

为澄清目标而作价值分析，主要解决目标反映谁的价值观，目标相关群体的利益等问题，因此，要着重考虑决策者及其他政策参与者的价值判断。政策目标往往是少数人的价值观的体现，因而价值分析首先要问：谁的价值观在起作用，谁的偏好、利益得到了反映。例如，在基本目标的选择上，富者一般更倾向于增长如效率标准，而穷人一般更倾向于公平和社会福利。

价值观主要是一种超理性的东西，因而不能作理性的分析或定量研究。目前可以利用的最好方法有：对上述提到的各种价值表征进行人为研究；对作为规范性的价值系统即社会政治意识形态进行分析；决策分析（包括不同价值的敏感性进行分析）；预测分析（资源分配是价值观的最突出的表征之一）；面谈；利用德尔菲法进行详细调查；识别出目标群体及个人价值观的基本含义和范围等。

同时，必须考虑影响政策目标的政治因素尤其是决策者的政治立场和政治需要以及各种利益团体对政策目标的影响。政治家或决策者本身是与政策目标密切相关的因素，不能假定他们是超脱于各党派、集团利益之上的中介者或调停者，必须弄清他们的政治立场、政治需要和政治观点，评估这些立场需要和观点是如何影响相关的政治目标的。例如，为了显示政绩、谋求晋升和连任，某些决策者将追求能带来急功近利的政策目标，而不惜以牺牲长远利益为代价；为了坚持某种政治立场（如所在政党的立场），或出于意识形态方面的考虑，某些决策者可能会追求某些特定的目标，而不是其他目标。在政治分析中，还应考虑利益团体的政治影响，这种影响有时甚至左右政府的政策目标。在代议制民主社会中，许多决策者是利益团体的代言人，受利益集团影响的政策目标不一定能实现社会福利的最大化或真正反映公共利益。例如，在垄断集团影响下把增长作为首要的政策目标有损于公平，在工会集团影响下把充分就业作为首要政策目标会加剧通货膨胀而不利于稳定。

2. 处理多重的和冲突的目标

处理多重的和冲突的目标是确定目标的一个基本而又困难的任务。在这方面，学者们提出了一些分析系统及方法。在这里，我们着重介绍奎德在《公共决策分析》中提出的处理办法。

奎德认为，如果在政策目标问题上存在着争论，即人们不能在目标问题上达成一致或无法确定目标，那么就应努力寻找一个能取得共识的更高一级或更一般性的目标。寻求这种更高目标的一个方法是看看高一级的组织层次，通过更高层次的目标分析或通过原初目标的一致性检验，也许人们可以做出选择。如果这种达成单一目标的努力失败，我们可以采取两种另外的程序或途径，即最优化途径和“满意”途径来确定一个偏好的目标。

寻求最优化途径是一个由如下三步组成的分析程序：（1）在目标之间确立一个相对价值和交易的系统；（2）确定目标的偏好顺序和优化序列；（3）除最重要的目标外，在最低限度上的目标达成共识的基础上，将其他目标转变为约束或限制。

下面对这一程序作一些进一步的说明。首先必须注意，政策分析很少表现为一个寻求最优化的过程，充其量我们只能是发现在某些情况下最有希望和令人满意的备选方案。完全的最优化要求考虑所有资源在所在备选方案上的配置，考虑各种外在事件的影响及结果。世界过于复杂，要考虑所有的事件和所有的备选方案是不可能的。

为了用一个目标去交换另一个目标，必须在可以接受的要放弃东西的多少问题上达成共识。也就是说，放弃某些目标以获得特定目标在量上的增加。通过这种办法，可以减少多重的目标。通过某些表示目标的尺度或指标，权衡那个作为目标汇集之和的总的目标量。为了得到这样一个一致的系统，可以采用的方法只能是决策分析，一系列的概念和数学程序使分析者计算出交易并达成与决策者的偏好相一致的妥协。例如，可以间接地使用成本—收益分析方法。在这里，所提出的成本和利益都是合格的，并由货币（如美元）的术语来表达，然后以货币单位提供一个权重系统。这样，目标就变成了最大的货币（美元）回报系统的目标。当然，困难在于怎样才能成功地用货币术语来表示有关的因素。

假如我们不能在一系列相对权重上获得一致时，或许可以采取某种偏好的顺序来排列各种目标。在目标排列完毕之后，优化的解决办法依次是第一个目标、第二个目标、第三个目标……在这里，假定在最优化第一个目标之后，仍有寻找第二个最优化目标的余地，若不存在这种余地，则可以采取这样的灵活措施即引入对第一个目标的偏离，这就变成了另一种交易过程，即“为了降低1 000万美元的成本，准备牺牲多少英里的速度?”一类的问题，变成了“从一个最优化成本的偏离，准备支付多少成本”的问题。

通过确定某种可以接受的回报的最低绩效水平，并将这种水平看作约束，就可能为其他目标找到一个优化的解决方法。至少这一程序可以保证这些目标不被随便忽视。

第二种途径是所谓的“令人满意”的途径。它是赫伯特·西蒙 1964 年提出的。如果不能调和目标之间的冲突的话，那么另一个为结果放弃找到“最好的”解决方案是确定各种目标的最低约束，若在这些目标上能达成共识的话，那么，将是“足够好的”。然后，寻找一种至少能超过这些约束的解决方案。在这里，是否“足够好”的问题在很大程度上要由个人、团体或组织的判断来予以回答。

“令人满意”途径不寻求最优化的解决办法，不必考虑目标应如何排列或目标冲突应如何加以解决，采用这种途径者（“满意者”）不必为这种事情担忧——因绩效标准过于“严密”而找不到可能的解决办法。与“最优化者”力求在特定的场合找到问题的最好的解决办法不同，“满意者”认为，在现实世界的问题中，存在着太多的不确定性和价值冲突，不要去指望获得任何“最优化”东西，最可能的是找出“足够好的”东西。为做到这一点，“满意者”根据自己的判断来确定界限并寻求可行的解决办法。

按照西蒙的观点，“约束”在很大程度上是可以与目标互换的，他说：“是否决策一般地指向一个目标这一点是值得怀疑的，将决策看作涉及发现满足一系列约束的行动过程更容易和更清楚。最准确地被当作行动目标的是整个一系列的约束，而不是其中之一”；“如果我们为某一特殊的焦点而选择任一约束，这是因为：（1）它与决策者动机的关系，或（2）它与设计出的行动过程的关系。有时，那些促动决策者的约束和那些指导他搜寻行动方案的约束，比那些对他所能考虑的行动的约束或那些被用来检验他所设计出的潜在行动过程是否令人满意的约束更可能被人们当作‘似目标的’东西。我们对称地将所有的约束当作目标看待，或将一些约束对称地称为目标，这在很大程度上是一件语义学上或分析方便上的事情。”① 如果说目标和约束之间存在一种绝对的约束，而目标可以在不同的程度上取得。换言之，一旦决策者确定了一个约束，那么它就会在分析过程中

① H. A. Simon，“On the Concept of Organizational Goal”. *Administrative Science Quarterly*，1964，9（1）.

被保持。约束的作用还在于，指出什么事情不能做，可能与决定该做什么事情以及在坚实基础上能做什么事情同样重要。

韦默和维宁在《政策分析：理论与实践》一书中对目标之间的权衡问题作出说明。① 他们认为，在政策分析实践中，目标之间的权衡困难且容易引起争议。说明目标并在目标之间进行适当的权衡是政策分析的重要产出。然而，以目标作为重要产出不是唯一的方式，解释目标和政策之间关系的过程本身会改变目标的选择。

他们用图 4—1 说明有两种目标的情况，它们是效率和公平，分别由纵轴和横轴代表。假设决策制定者要求更大的公平和更高的效率，但是每一额外单位的价值都小于能够达到的较高水平。他或她拥有如图中 I_A 的无差异曲线。设想这个决策者限于在曲线 F_1E_1 表示的可行的政策边界之内进行政策结果的选择，因此在无差异曲线 I_A 上的点 X_1 处达到最高效用。在点 X_1 上，公平和效率之间的边际替代率等于 ac 线的斜率，它是无差异曲线和政策边界在点 X_1 处的相切线。

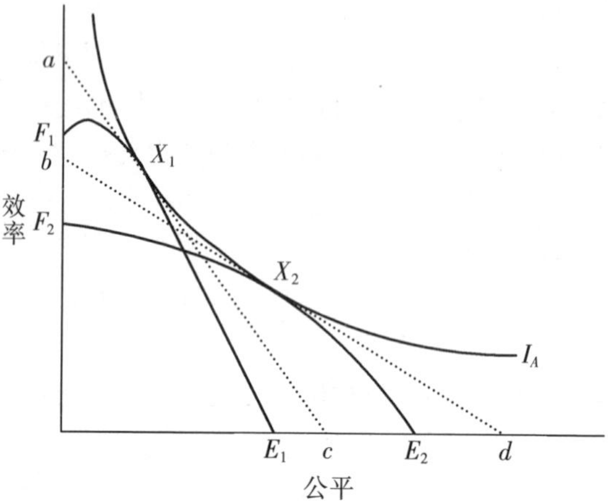

图 4—1　目标权衡和政策可行性

在大多数分析的情况中，政策边界的实际位置要到已经作出大量分析后才能知道。例如，在信息收集和分析之后，可能发现政策边界是 F_2E_2 而不是 F_1E_1。如果 F_2E_2 是政策边界，决策者可能会在 I_A 上选择 X_2，这意味着公平和效率之间的边际替代率由 bd 线给定。因此，政策边界有赖于可行政策集的识别，它的信息决定了公平和效率之间可能的边际平衡。大量公共政策研究和分析把焦点集

① 参见［美］戴维·L·韦默、［加］艾丹·R·维宁：《政策分析：理论与实践》，257～259 页。

中在阐明这种权衡上。例如，在福利政策领域，一种重要的考虑就是受益水平和受益者努力之间的权衡。注意偏好本身不能通过提供这样的信息而改变（决策制定者的偏好仍然由无差异曲线表示），但是公平和效率水平的选择是变化的，随着决策者愿意使它们之间进行边际交换的比率而改变。

教训是可行政策集决定目标之间合意的权衡，而这种政策集通常必须由分析家识别。因此，可以说，目标的权重更一般的是政策分析的产出而不是投入。

3. 目标最优化的方法及技术

多目标的最优化问题实质上是在各种目标和各种限制条件（约束）之间寻求一个合理的妥协问题。在一般决策分析以及公共决策分析中，人们提出了种种方法及技术来解决多目标决策问题。早在1896年，帕累托就提出这个问题，他把许多本质上不可比较的目标化成一个单一的目标；1951年，库普查尔斯和库珀提出目标规划，不仅使一些目标最优，且尽量与原定目标值靠近；1963年，托德从控制论的角度提出多目标问题；20世纪70年代以后又提出了许多新的方法。

陈湛匀在《现代决策分析概论》一书中讨论了目前常用的几种多目标决策分析的方法和技术及其应用①。

（1）化多为少法。由于直接解决多目标问题最优化比较困难，于是人们想办法把它们化解为容易解决的单目标问题。

（2）重排次序法。这种方法先把多目标决策问题的劣解（指从各个目标分量上考虑，它比不上另外的可行解）去掉，留下的是非劣解（指劣解之外的可行解）集。然后另外制定一些规划，使这些非劣解有可能重新排列次序。通过使用这一方法，一些原来无法比较的方案变成可比的。

（3）分层列序法。由于同时处理K个目标较麻烦，可以采用分层序列法。其要点是把目标按重要性次序选排一个队，即分最重要目标、次重要目标等，如果已排好的顺序为$F_1(X)$，…，$F_K(X)$，下面就逐一求最优化。

（4）直接求非劣解法。这一方法是尽可能先把非劣解都找出来，然后让决策者自己进一步挑选。此方法有多种形式。

（5）层次分析法。该法是美国数学家萨蒂20世纪70年代提出的。其要点是：首先根据问题的性质和要求达到总目标，将问题按层次分解成不同因素，同一层次L内各个不同因素的权重，可以通过它们之间进行成对判断比较而得到。下一层次$L+1$的因素的重要程度，既要考虑本层次，又要考虑上一层次的权因

① 参见陈湛匀：《现代决策分析概论》，79～93页，上海，科学技术文献出版社，1991。

子。因此，一般要列组合权重并一层一层列下去直到最后一层，由于它们的相对重要性都列出来了，所以，哪个方案及目标更重要就很清楚了。该方法有五个步骤：明确问题，划分和选定有关因素；建立分层结构；同层次求单权重；同层次求组合权重；一般性检验，分析定结论。

多目标决策方法于70年代末被引进和应用于我国的实际决策中，目前已被应用于决策的各个领域之中。例如，在水资源领域中，考虑节约用水，选择供水方案是一个典型问题，如北京地区水资源利用。北京市中心区永定河水渠水质规划将整个区间分为五个子区，每个子区水源分成地表水、地下水和区外供水三种；污水经过不同处理或回收，或排入河中等。考虑保证用水的约束条件，要使地下水开采量和环境污染这两个目标达到最小，要使净收益目标达到最大，采用约束法求出一组非劣解。

在人口政策领域，采用功效系数法和满意度方法确定我国2000年总人口，要涉及土地、水、空气、能源、粮食平均亩产、经济发展、人均食品需求、生育率、老年系数等20多个目标，提出6种方案，并确定7亿到10亿人口是比较合理的目标。

在教育政策领域，教育规划是一个非常典型的问题。要考虑的目标有文盲人数、在校学生人数、小学和初中文化程度、中等技术人力、科研人员人数、教育事业经费、投资规模等目标，将它们按优先等级分成四组目标，并按年考虑直到规划年限，采用目标规划法，求出满意的教育规划。

在能源政策领域，天津大学采用层次分析法研究天津的能源供应问题。把目标分成两类：一类是效益，其中包括节能、环境、社会效益；另一类是代价目标，包括投资、设备用量、社会代价等。最后用费效比作为最后综合评判目标，对不同供应方案给出优先次序，结果煤制品得到最优先的次序。

此外，在环境政策（治理污染措施）、国防政策（武器系统设计和评价）、农业规划、交通规划、企业管理和行政管理等领域都有应用多目标决策方法解决问题的实例。例如，在行政管理领域，采用综合评分法对人员进行考评和解决分房标准问题，后者考虑的目标因素有职称（职务）、工龄、年龄、家庭人口数、工作业绩等。

4.2　政策指标

政策指标和评估标准（或绩效标准）是政策分析过程尤其是目标确立和方案

评估的两种重要的工具。政策指标是政策目标的具体化，又是绩效标准的基本依据，它与目标和标准存在着较为密切的关系。因此，在讨论评估标准之前，有必要对政策指标问题作一些简要的说明。

4.2.1　政策指标的含义

政策指标是衡量政策目标的量或质的尺度（如指数、数字或其他的质的尺度），它是对政策目标的具体说明。

每个重要的或基本的经济社会政策，通常都有若干个具体的指标作为衡量政策目标的尺度，具体的经济社会政策有更具体的单个或多个指标。政策指标可以是量化的指标，也可以是质的指标，而且许多政策往往只能用非量化的或质的指标来衡量。但是，在政策分析中，量化的指标更重要和有用。所谓的量化指标，是指用数量或指数表示某一社会现象、社会变化和社会发展。如果一项政策是具有明确的目标取向的，并且这个目标是可以量化的，那么，我们就能够用单一或多个量化的指标来刻画该目标，以帮助政策分析和决策。例如，在政策规划中，通过将目标具体化为定量指标，决策者就可以采取计算机手段包括使用数学公式的电脑程序，求出目标的最大化，从而在有关的备选方案中做出抉择。又如，在政策执行及监测中可以用这样的指标的进度，增加率（或减少率）作为行政管理和监测及评估的尺度。

指标是客观的、抑或是主观的？或者说指标是否包含价值判断？对于这个问题，人们存在不同的看法。费景汉认为："指标为一包括价值判断而描写社会现象的指数"，也就是说指标有三个内涵：（1）它是一个主观的价值判断；（2）它是一个指数；（3）它描述某一社会现象。显然，费景汉强调主观价值判断作为指标的基础。另一位学者伍启元不同意这种看法，他认为指标所显示的数字，是统计学的数字，代表一种事实，本身是价值中立的。

我们认为，指标是包含价值因素的，因为指标是政策目标的具体化，而目标是决策者认为应该值得追求的东西，是以决策者的价值判断为基础；指标的选择和确定也受价值因素的影响，特别是一些评价性指标即涉及好坏、善恶问题的指标，则是明确以价值为取向的。但是，对于许多指标尤其是描述性指标而言，它反映的是社会事实，是统计学的指标，因而价值因素是不明显的。

4.2.2　经济指标

根据指标所要衡量的政策领域的不同，我们可以将政策指标粗略地划分为经济指标、社会指标和政治指标。

经济指标，顾名思义，就是衡量经济政策目标的指标，或者衡量各种经济政策目标的具体尺度。我们着重说明几种基本经济政策目标的指标。

1. 经济增长的指标

经济增长作为各国政府追求的一个基本目标，有一系列衡量它的指标，包括国民生产、国民所得或国民收入、国民消费与储蓄以及人均国民生产总值和人均国民收入等。例如，国民生产的统计是指一定时期内（通常为一年）一国经济所生产的最终产品的纯价值统计（不包括中间产品，即企业相互之间的交易额，也不包括市场以外的生产，如家庭主妇的劳动，家庭的自用菜园的产品等）。国民生产指标又可分为国民生产总值和国民生产净值，前者包括折旧填补额，后者不包括。也就是说，国民生产总值等于国民生产净值加上折旧填补额。

目前，世界上的大多数国家，都对国民生产或国民收入按年编制绝对数目和指数。许多国家所采用编制方法是联合国所确定的标准，以便国与国之间相互比较。在国民收入统计的数字中，可以找到各种代表产出的数字，如国民生产总值、总供给、总需求、国民收入以及国民生产总值和人均国民收入等。

2. 经济稳定的指标

主要包括四种指标：

（1）维持物价稳定的指标。国民收入的指数，通常包括：1）按当年币值的指数；2）按当年或前一年币值的指数或“实质指数”。为了使1）转变为2），即平减按当年价格计算的数列或指数，以求得固定价格计算的数列或指数；国民收入统计的编制人员利用各种已有的物价指数，分别运用于各项收入部分，使之能适合国民收入统计的目的，而产生一种综合物价指数，以此衡量物价变动情况。

（2）维持对外经济稳定的指标。尽管至今仍没有综合指数或数字可以用作基本指标，但是一系列更相关的统计数据，如国际贸易（进出口）、资本的输入输出、服务项目的输入输出、外汇等方面的统计数据可以用来衡量对外经济是否稳定。

（3）维持经济安定与繁荣的指标。现在还没有一个完善的综合数列或指数可以表示一国经济的繁荣与衰退。但国民收入统计中的国民生产指数、总供给指数和总需求指数等都可以作为衡量经济是否景气的指标。

（4）充分就业的指标。衡量充分就业是一种反指标——失业的数目。经济统计的失业是指在现存的工资水平上，能够并愿意参加工作，但找不到适合专业训练的工作情况。这种非自愿性的失业，就是经济统计上的失业数字。充分就业是指失业人数不超过自然失业人数，这就是充分就业的指标。西方国家对充分就业所允许存在的自然失业率在第二次世界大战前为3%～4%，现在已提高到5%～6%。

3. 分配公平指标

当代各国大都重视国民收入统计，而不重视国富的统计，所以难以找到适合分配公平的一般性指标。对于土地所有权及若干其他财产所有权的分配，统计资料是可以找到的，但一国的国富总分配的资料则难以找到。目前对收入分配的资料比较容易搜集，但如何由统计数字去表示收入分配及公平否，则是一件困难的事情。通常的做法是根据统计资料使用洛伦兹曲线和基尼不平均系数。

洛伦兹曲线是用一个正方形图来表示的（见图4—2）。①

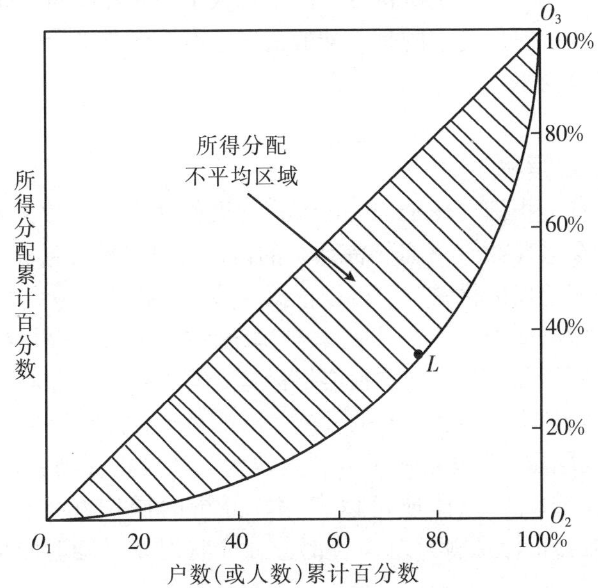

图4—2

横轴（由左至右）表示全国家庭或个人依所得由低到高分成几个等级的累计分数；纵轴表示所得分配累计百分数。如所得分配绝对平均，则洛伦兹曲线变成一条对角线由正方形的左下角与右上角相连的一条直线。这条对角线的任何一点，都代表户数（或人数），则洛伦兹曲线变成由下横轴与右纵轴相连的90°曲线。这条曲线代表99.8%的累积户数或人数的所得为零，而极少数（不到0.1%）的户数或人数则获取了全部所得。在通常情况下，所得分配既不是绝对不平均，也非绝对平均，则洛伦兹曲线是一条O_1LO_3的曲线。

统计学者基尼进一步从洛伦兹曲线中求出一种衡量平均程度或不平均程度的

① 参见伍启元：《公共政策》，135页。

系数，作为衡量所得分配的指标，即基尼系数。该系数用 1 代表绝对平均分配（即 O_1O_2 线），用零代表绝对不平均分配（即 O_1O_2 直线，一条对角线）；而用 1～0 之间的一条 O_1LO_2 线代表分配的不平均程度。通过几何计算，可以得出如下等式：

$$基尼系数=\frac{所得分配不平均区域}{O_1O_3\ 对角线下三角区域}=\frac{O_1LO_3\ 面积}{O_1O_2O_3\ 面积}$$

基尼系数是各国用来衡量所得分配的平均或不平均程度的指标，它不是公平分配的指标。各国政府所追求的是分配的公平标准，而非平等标准。但是，对于什么样的分配才算公平，至今仍没有确定的答案。

4.2.3 社会指标

关于什么是社会指标（social indicator），人们并没有一致的理解。第 16 届国际社会福利大会（1972 年 8 月·海牙）的讨论总结将社会指标定义为："衡量某一社会发展程度的指标材料"，"可以依据这些社会指标订立一个准据来对社会政策的影响后果做出适当的检查。"① 联合国统计处印发的《社会和人口统计体系》（1975）一书所下的定义是："社会指标是观察资料，通常是一定的观察资料构成的产物"，"它表示我们所关心的社会生活的某个方面或社会生活中正在变化的某些情况。"② 英国学者迈克尔·卡利则认为，社会指标是替代物，它将抽象的难以测量的社会概念翻译成可以考察、分析的操作性术语。美国学者兰德的定义是："社会指标是衡量总体各部分社会状况及其随时间变化的统计量。这里的社会状况是指在一个既定社会里人类存在的外在的（社会和自然的）以及内在的（主观和感觉的）的环境。"③

归纳起来，对社会指标的解释主要有如下几种：一是把它理解为一种尺度，用来衡量一个国家或地区所选定的社会目标的实现程度，或衡量政府的社会政策目标达成的程度或数量标准（如用人口失业率来衡量计划生育政策目标的实现程度）；二是把社会指标看成分析社会现象或社会发展的一种量化工具，或把社会指标看作一种衡量社会发展中社会变迁的一种时间序列的统计；三是不仅将社会指数当作一种衡量标准，而且看作一种社会运动，看作一种社会改革的手段，强

① 参见刘修如：《社会福利行政》（上册），304 页，台北，"国立"翻译馆，1984。

② 联合国经济和社会事务部统计处编：《社会和人口统计体系》，Ⅰ页，北京，中国财经出版社，1985。

③ 转引自［美］威廉·邓恩：《公共政策分析导论》，373 页。

调政府政策不能单纯追求统计增长，而必须注意各种社会目标，进行各种社会改革（美国在 20 世纪 60 年代曾兴起一场社会指标运动）。在这里，我们把社会指标主要理解为衡量社会政策目标的尺度。

社会指标的研究及应用起源于美国。据说“社会指标”一词最早见之于美国学者布鲁斯·特西的《世界政治与社会指标手册》（1964）一书。而真正标志社会指标及某运动形成的是鲍尔等人的《社会指标》（1966）一书。他给社会指标所作的界定是：用来评定“社会价值与目标”和“评估特定的计划及测量其所产生效果之影响”的统计数值或序列。美国太空总署在 1966 年也出版了《社会指标研究报告》，提出了编制社会指标的具体建议；1967 年美国国会通过法案，拨款支持社会指标的研究及应用；1969 年美国总统约翰逊在社会报告中首次使用社会指标；美国商务部自 1973 年起每 3～4 年都出版《社会指标》。1980 年版的《社会指标》把美国社会指标分成 11 个主题，即（1）人口与家庭；（2）健康与营养；（3）住宅与环境；（4）交通运输；（5）公共安全；（6）教育与培训；（7）工作；（8）社会安全与福利；（9）收入与生产力；（10）社会参与；（11）文化休闲与时间利用。

20 世纪 70 年代初，社会指标运动从美国走向世界，并得到迅速发展。自 70 年代以后，不管是发达国家还是发展中国家纷纷建立各自的社会指标体系。70 年代初，已有 30 多个国家建立了社会指标体系；到 80 年代初，这个数字已经扩大为 80 余个。同时，不少世界性和区域性的国际组织（如联合国、经合组织、欧洲共同体、世界银行）也积极从事社会指标的研究应用以及社会指标体系的建立、改进和推广工作。上面提及的联合国统计处编印的《社会和人口统计体系》一书被公认为社会指标运动中最有代表性的文献之一。联合国设在日内瓦的社会发展研究所则为综合社会指标的编制做了大量工作。

20 世纪 80 年代初，我国开始了社会指标的研究和应用。1983 年国家统计局社会司起草了《社会统计指标体系（草稿）》，经过两年调查，于 1985 年 8 月正式出版了《中国社会统计资料》一书，全书共有 15 个大类，1 000 多个指标，比较全面地反映了我国社会发展面貌。自 80 年代中后期开始，国家统计局、北京、上海等地的研究机构组织人力对社会指标的理论及应用进行了一系列研究，取得了可喜的成果，使我国的社会指标的研究和应用开始起步。代表作有郑杭生等人的《社会指标理论研究》（中国人民大学出版社，1989）、朱庆芳的《社会指标的应用》（国家社会科学“七五”重点课题成果，中国统计出版社，1992）等。

根据邓恩在《公共政策分析导论》一书中的论述，社会指标既可以是客观的又可以是主观的，因为它既可以用于监测如城市化程度等客观状况，又可以用于监测对市政服务的满意程度等主观状况，还可以用于监测社会变化的特殊领域，如污染、医疗保健及工作生活的质量等方面。他将一些典型的社会指标列成下表（见表 4—1）。

表 4—1

研究领域	指标
健康和疾病	州精神病院的人数
公共安全	害怕夜间单独行走的人数
教育	25 岁及以上的高中毕业生
就业	妇女就业比率
收入	处于贫困线下的人口百分比
住房	住房条件低于法定标准的家庭数
休闲和娱乐	制造业职工年均带薪假期
人口	计划人口数和实际人口数
政府和政治	公共管理的质量
公众价值取向和态度	对生活的总的满意度和陌生感
社会流动性	父辈职业的变迁
自然环境	空气污染指数
科学和技术	科学发现

邓恩认为，社会指标的使用有其优点和局限性。优点在于：一是开发适宜监测政策结果的社会指标的努力可以提醒我们注意那些信息不充分的领域（如市政服务的信息）；二是当社会指标提供关于政策对目标群体影响方面可靠的信息的时候，对政策和计划进行修正就成为可能；三是社会指标还提供有助于构造政策问题以及修改现有政策的信息。局限性在于：一是选择某些指标（如贫困线下的家庭百分比）反映了特定的社会价值观念，并可能带着分析者的政治偏见；二是大部分社会指标以可获得的关于客观社会状况的数据为基础，但对主观状况的监测与对客观状况的监测却同样重要；三是社会指标很少提供关于政策投入如何转化为政策产出的各种途径方面的信息。①

4.2.4 政治指标

政治指标指的是衡量一个国家或地区的政治政策（政党、阶级、法制、人事、民族、外交、国防等方面的政策）目标的具体尺度。与经济指标和社会指标相比，政治指标的量化更困难，除了少数的指标（如可以参加选举和投票的人数

① 参见［美］威廉·邓恩：《公共政策分析导论》，373～376 页。

在成年公民中的百分比来衡量一个国家或地区的民主化程度）之外，政治指标大都是非量化或质的指标，保持国家的独立自主与完全、加强法制、扩大民主、自由、维护国内的安定团结等政治政策目标都是难以量化的，往往只能用质的指标。

20 世纪 80 年代中后期以来，在西方尤其是美国有一种将政治指标量化的努力。第一种做法是编制政治量化指标，耶鲁大学所编的《政治指标和社会指标手册》是这种尝试的典型，但该书除经济和社会指标外，所列出的政治指标（如教育经费、军费支出、言论自由、选民参加选举程度、政府权力转移、政治安全与动乱等）大都不能真正代表政治发展程度。第二种做法是用民意调查的方法，确定人民对各项政策或项目的满意程度，例如“愉快”虽不可以衡量和加减，但可以用民意调查的方式，看主观上人民感觉到愉快的程度，求得主观指标。显然，这种替代的客观性成分以及能否反映政治政策目标都是成问题的。第三种做法是全国编制量化的综合政治发展指标，即用一个简单的指标去代表整个政治发展的趋向。例如美国的谊斯就以 1～100 的指数来衡量各国的政治自由程度，用以表示各国的政治发展水平。这种方法也有明显的缺点，如用西方的“政治自由”观念为基础，数字的代表性和可比性也成问题。

4.2.5　综合指标

上面分别讨论了经济、社会和政治三种指标，还可以将各种指标统一起来，形成综合指标，用以表明一个国家或地区的总的发展情况。这在国内外已有大量的研究成果，特别是体现在现代化、社会发展和小康社会的指标研究上。

1966 年，美国学者布莱克提出有关现代化的 10 项标准，即人均国民生产总值、人均能源消费、劳动力就业比例、经济结构比例、经济支出比例、城市化率、教育普及率、健康状况、信息交流和收入分配。20 世纪 70 年代，美国社会学家阿列克斯·英克尔斯提出衡量现代化水平的如下 10 项标准：（1）人均国民生产总值（3 000 美元以上）；（2）农业产值占国民生产总值比例（低于 12%～15%）；（3）服务业产值占国民生产总值的比例（45%以上）；（4）非农业劳动力占总劳动力的比重（70%以上）；（5）识字人口的比例（80%以上）；（6）大学入学率（10%～15%以上）；（7）每名医生服务人数（1 000 人以下）；（8）平均寿命（70 岁以上）；（9）城市人口占总人口的比例（50%以上）；（10）人口自然增长率（10‰以下）。

20 世纪 80 年代后期，我国学者也开始研究现代化指标体系。例如，国家计划委员会宏观经济研究院在研究“十五”计划和 2010 年长远目标时提出了一个现代化指标体系，包括：（1）经济发展指标：人均 GDP 9 000 美元、农业产值占 GDP 的比重 10%以下、第三产业占 GDP 比重 60%以上；(2) 社会进步指标：非农业劳动力占总劳动力比重 80%以上、城市人口占总人口比重 75%、人均收入42 000元、基尼系数 0.25、信息化综合指数 60%；(3) 人口素质和生活水平指标：人口自然增长率 7‰、识字人口比重 90%、适龄人口中大学生比重 20%、平均预期寿命 75 岁、每名医护人员服务的人数 500 人、恩格尔系数 40%、环境质量综合指数 80%。近几年，一些省、市（如广东）也提出本地实现现代化的指标体系。

90 年代初，国内开始研究小康社会的指标体系。1991 年，中国社会科学院社会学研究所陆学艺研究员主持完成《2000 年中国的小康社会》课题，设计制定了“全国小康社会指标体系”及“城市小康社会指标体系”和“农村小康社会指标体系”。全国小康社会指标体系由如下六个子系统（60 项指标）构成：(1) 社会结构，包括反映城市化、现代化、社会化、智力结构等重要方面的发展要求的 6 个指标；(2) 人口素质，包括反映身体素质、文化素质、科技素质等内容的 14 个指标；(3) 经济效益，包括能综合反映人类生产活动的 5 个指标；(4) 生活质量，涉及收入、消费、吃、穿、用、住、行、文化生活等方面的 23 个指标；(5) 社会分配，包括城乡收入差距、贫富差距、脑体收入和地区收入差距等 4 项指标；(6) 社会稳定，包括生活稳定和社会秩序稳定两个方面的指标：生活稳定指标有社会保障覆盖面、城镇待业率、贫困人口比例和得到救济的比例及通货膨胀率等 5 项；社会秩序稳定指标有刑事案件发案率、每万人口拥有警察数，每 10 万人口交通事故死亡率等 3 项。

党的十六大报告提出了全面建设小康社会的奋斗目标后，国内学术界及研究机构开始研究全面小康社会的指标体系。例如，2003 年，国家统计局副局长贺铿领导的课题组提出了一个全面小康社会评价指标体系，该体系包括如下三个子系统：(1) 经济发展子系统，包括人均 GDP、出口商品中机械及运输设备的比重、人均可支配收入、居住条件、营养结构和社会信息化程度等指标；(2) 文教卫生发展子系统，包括每百万人拥有科技人员数、全员劳动生产率、每千人口病床数、每千人口医生数、大学粗入学率、高等教育人口比例增长率、高中教育普及率等指标；(3) 社会发展子系统，包括城市化率、收入分配公平度、公众对政府的满意程度、财政供养人数、可持续发展指数、社会保障覆盖率等指标。

厦门大学李文溥教授领导的课题组也建立了一个“全面建设小康社会评估指标体系”，它由经济水平、生活质量、人口素质、环境状况以及安全保障五个部分组成（见图 4—3）。

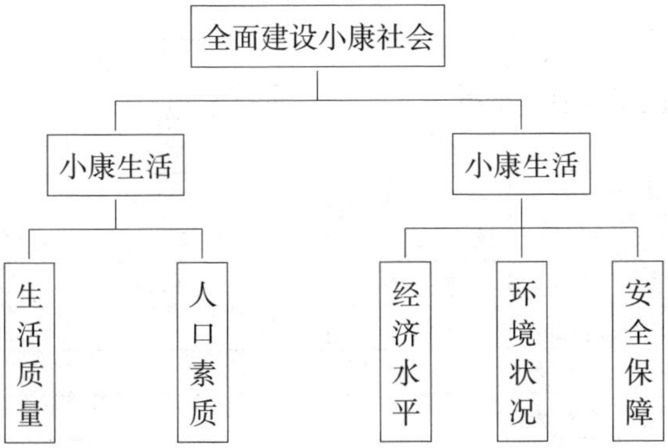

图 4—3　全面建设小康社会评价指标体系的构成

该课题组还以上述的理论分析框架为基础，进行实证分析，采用一套较为简略的替代指标体系，评价全国和福建省全面建设小康社会进程和状况（见表 4—2）。

表 4—2　　全面建设小康社会评估指标体系

基本指标体系			2000 年水平		2020 年目标值
模块	指标项目和计量单位	序号	全国	福建省	
经济水平	人均 GDP（元）★	1	7 078	11 601	36 500
	非农产业劳动者占全部就业者比重（%）	2	50	53.1	70
	第三产业增加值比重（%）★	3	33.2	40.01	50
	R & D 经费占 GDP 比重（%）★	4	1	0.54	2
	城镇人均可支配收入（元）★	5	6 280.0	7 432	23 100
	农村人均纯收入（元）☆	6	2 253.4	3 230	9 800
	基尼系数（%）★☆	7		31	30
生活质量	城镇人均住房使用面积（平米）★	8	10.25	15.3	28
	农村人均合格住房使用面积（平米）☆	9	19.8	23.6	43
	恩格尔系数（%）★☆	10	39.2	44.7	35
	文教娱乐支出比重（%）★☆	11	11.9	10.5	20
	人均蛋白质日摄入量（克）★☆	12			75
	农村人均年衣着支出（元）☆	13	95.95	116.99	500
	农村家庭人均用电度数（度）☆	14		230.8	850
	城镇百户家庭拥有电脑数（台）★	15	15.9	11.47	80
	城镇百人拥有电话数（台）★	16	24		50
人口素质	万人拥有高等学校学生数（人）★	17	273	385	400
	农村劳动力平均受教育年限（年）☆	18	7.7	7.8	9
	千人拥有医生人数（人）★☆	19	1.64	1.25	2.5
	婴儿死亡率（‰）★☆	20	2.9		2

续前表

基本指标体系			2000 年水平		2020 年目标值
模块	指标项目和计量单位	序号	全国	福建省	
环境状况	森林覆盖率（%）	21	16.55	60.5	60
	城镇人均园林绿地面积（平方米）★	22	18.9	12.5	60
	工业三废综合处理率（%）★	23	76.3	78.0	95
	城市人均铺装道路面积（平方米）★	24	9.09	10.56	20
	农村已通公路行政村比重（%）☆	25		98	100
安全保障	社会保障覆盖率（%）★☆	26			100
	万人拥有律师数（人）★	27	0.93		1.2
	万人刑事案件立案数（件）★☆	28	28.8	46.4	20
	万人发生火灾数（次）★	29	1.49	1.1	5
	万人交通事故死亡人数（人）★	30	0.74	1.11	0.52

说明：本指标体系（城乡综合）包括经济水平、生活质量、人口素质、环境状况和安全保障五大部分，共 30 项指标。其中，带"★"号者构成"城镇全面建设小康社会评估指标子体系"，共 22 项指标；带"☆"号者构成"农村全面建设小康社会评估指标子体系"，共 14 项指标；两个子体系存在部分交叉（共有 8 项相同指标）。

4.3 评估标准

评估标准也称绩效标准或决策标准，它为政策目标的实现程度提供定量的或定性衡量尺度，既可用于政策目标的某一方面或整个目标的测量，也可以用于各种目标组合的测量。政策目标本身往往包含评估的规则或标准。但是，要将一般性的目标分解成可操作的标准，并不是一件轻而易举的事，有时甚至是不可能的。基本或长远的政策目标是如此模糊，以至于把它变成可操作性的术语就可能引起误解。因此，确立评估标准也是一件困难的任务。

4.3.1 评估标准的概念

评估标准是我们用来比较各种备选方案的尺度，即用来指导我们决策的东西，因而也可以称为决策标准。这些标准可以是尺度、规则和水准，即那些由特定的决策者用来判断一个特定的决策情景的性质、目的和目标的东西。我们一旦认定了政策目标，就可以开始寻找取得这些目标的备选方案，然后，对每个备选方案可能出现的各种结果加以预测、评估和比较，标准就是我们用来比较各种备选方案的尺度。

奎德在《公共决策分析》中将标准定义为使用有关效果的信息，依照偏好顺序排列备选方案的水准。在他看来，标准是这样一种尺度，在它之上，我们可以预测备选方案对政策目标将要发生影响的程度。标准作为衡量政策目标实现程度的水准或尺度，实际上是将表示政策目标的概念翻译或转变成具体的、可操作性的术语。

目标、目的、标准和尺度是几个相近的、但又有层次区别的概念。帕顿和沙维奇等人在《政策分析和计划的初步方法》一书中对它们做出了如下的界定和区别：

(1) 目标 (goals)：一项政策方案远期所要取得东西的正式的和广泛的语言陈述。

(2) 目的 (objectives)：关于目标状态的更集中、更具体的语词陈述，通常有时间向度和一群特殊的当事人。

(3) 标准 (criteria)：关于那些被用来评估备选方案或项目的目标诸方面的明确陈述，主要包括成本、利益、有效性、政治可行性、管理可行性、风险性、不确定性、公平和时序等等。

(4) 尺度 (measures)：关于标准的有形的或是量化的操作定义，每个标准都有几个与之相联系的尺度。尺度应可以比较地用于同一问题的不同时间、不同空间，比较同一问题的不同方面，以便最后比较各种备选方案是如何满足相关的标准的。

他们用一个例子来说明这几个概念的区别。假设某市政府要治理穿越市区河段的河水污染问题，那么，所要达到的目标可以是“清洁河水，使其安全和可用”(这通常是政府官员陈述出来的)，目的之一是使这一河段的水能够养鱼；一组处理这个目的的标准将与有效性相关：这项方案实际上能使养鱼成为可能吗？河水水质的改变、流量大小的变化、河水的其他用途以及堤岸的情况都可能是相关的因素。最后，改变水质的一个有效性的尺度可能是这个河段水中的含氧量。

4.3.2　确定评估标准的活动及其困难

按照帕顿和奎德等人的说法，对于政策分析者来说，设计出一系列的评估标准，并确定它们的相对重要性，这仅仅是确定评估标准活动的一个部分，而不是全部。评估标准的确定必须考虑决策者或决策团体的情况，并在他们的参与之下来进行。分析者的作用是帮助决策者澄清他们所追求的东西和界定目的，以便于设计备选方案。如果决策者的目的没有得到恰当的说明，那么设计出来的备选方案显然也是不理想的，被推荐的备选方案也就不能真正地解决问题。

然而，在实际的决策及分析过程中，决策者并不总是愿意确定明确的评估标准，他们也许不让分析者预测相关的政策方案或项目将会减少多少失业人数，或确定两个竞争者的方案（项目）的利害关系。理由是显而易见的：政治家或决策者要为各种利益团体或不同阶层的人民服务，他们一般不会冒这样的险，即为支持某个团体所主张的方案而疏远或失去其他一些团体的支持。政治的经验告诉他们，政策方案（项目）很少按照原初设计的那样被不折不扣地加以执行，政策结果也很少像原初预测的那样出现，政治家要保持主动，随时间、地点、情况以及选民需要的变化而采取灵活的态度或相应的措施。

确定评估标准的困难主要来自于如下三个方面：一是政治过程的本性使得决策者不愿明确陈述出相关的政策目标（譬如一个五年规划中，他们可能会将“进一步促进经济的发展”作为目标的陈述，而不愿意说出经济发展速度要达到多少），而目标不明确，也就难以有准确的评估标准。二是被提出的每个政策方案或项目往往都不是单一目标，而是有多个目标。每个目标一般有几个相关的评估标准，每个标准也可以有几个相关的尺度，这就使得评估标准问题复杂化。三是政策分析者本人也可能被公共部门尤其是政府部门雇用来为不同的团体做分析工作，他（们）也许不愿意放弃多重、冲突的目标及评估标准。

既然确立评估标准会遇到上述种种困难，那么，这是否意味着政策分析对于这项工作无能为力、无所帮助呢？当然不是。决策者不愿意确立清楚明确的评估标准，并不等于说他们要随时改变政策目标；相反，他们沿着一个大致的方向前进，为实现特定的目标而奋斗，只不过是他们想使用不同的方法或手段来达到目的而已。在分析过程刚刚开始的时候，分析者对于评估标准是什么东西是模糊的，但随着分析过程的展开，就可以澄清备选方案的细节，使评估标准逐渐地明晰起来。

分析者是如何发现评估标准的？应该考虑什么类型的标准？什么时候可以判断标准已经找到？这没有固定不变的公式。评估标准是在分析过程中的艰苦的劳动中发现的，要靠与决策者（当事人）的交流，靠认真细致的分析等途径来确定评估标准。决策者（当事人）本身是一个重要的关于目标和标准的来源。不过他们往往需要分析者的帮助，才能明确地表述出有关的目标和标准，即使在决策者陈述出明确目标和标准的地方，分析者也往往感到必须引入附加的目标及标准，或必须修正原有的目标和标准。至于何时可以判定标准已被发现，这要靠分析经验。但是，有几种基本的评估标准类型可以运用于分析的过程中，以有助于标准的确立。这是我们下面要讨论的问题。

4.3.3　评估标准的基本类型

评估标准依赖于政策问题的性质、被评估的备选方案及其目标的不同而有所不同，可以为某一种目标确定几个评估标准。归纳起来，可以有几种基本的评估类型。政策分析学者已作了诸多的论述。

威廉·邓恩在《公共政策分析导论》一书中讨论了用来支持政策问题的解决方法的具体决策标准（评估标准）问题。① 在他看来，决策标准的含义是，构成行动建议基础的明确陈述的价值观，它有六个主要类型：效益、效率、充分性、公正性、回应性和适当性。

（1）效益是指某一特定方案能否实现所期望的行动结果，即目标。效益与技术理性密切相关，常常按产品或服务的数量或它们的货币价值来计量。如果核电站比太阳能设置产生更多的能量，前者就被认为是更有效，因为它产生了更多的有价值的结果。同理，假设优质的卫生保健是目标的话，那么，一项有效的卫生政策就是为更多的人提供更好的优质服务的政策。

（2）效率是指为产生特定水平的效益所要付出努力的数量。它与经济理性同义，是指效益与努力之间的关系，后者通常用货币成本计量。效率的计量方法有单位产品和服务的成本（如每加仑灌溉水的成本或每次医疗检查的成本），或者单位成本能提供的产品和服务的数量（如花费 1 美元能提供 10 加仑灌溉水，或花费 100 美元可做 50 次医疗检查）。用最低成本实现最大效益的政策被称为最有效率。

（3）充分性是指特定的效益满足引起问题的需要、价值或机会的程度。它明确了对政策方案和有价值的结果之间关系强度的期望。

（4）公正性指效果与努力在社会不同群体中分配的公正程度，它与法律和社会理性密切相关。公平的政策是指效果（如服务的数量或货币化的收益）或者努力（如货币成本）被公平或公正地分配。通常，设计对收入、教育机会或公共服务进行重新分配的政策根据就是公平标准。

（5）回应性指政策满足特定群体的需要、偏好或价值观的程度。这个标准的重要之处在于，分析人员可能满足其他所有的标准——效益、效率、充分性、平等——却仍然不能对可能从政策中获益的某个群体（如老年人）的实际需要做出回应。一项娱乐方案可能实现了设施的公平分配，但是对特定群体（例如，老年人）的需要却没有回应性。实际上，回应性标准提出了一个现实问题：效益、效率、充分性和平等标准是否真的反映了特定的群体的需要、偏好和价值观。

---

①　详见［美］威廉·邓恩：《公共政策分析导论》，306～313 页。

(6) 适当性是指一项计划的目标的价值和支持这些目标的前提是否站得住脚。虽然所有其他标准都将所定目标视为理所当然——例如，无论是效率还是平等标准，它们的价值都没有受到过质疑——而适当性标准却提出这些目标对社会是否适宜的问题。

帕顿和沙维奇在《政策分析和规划的初步方法》中根据巴达克（Bardach）的类型学将常用的评估标准分为如下几种基本类型①：(1) 技术可行性（technical feasibility）标准将衡量政策或规划的产出是否达到了预期目的；(2) 经济与财政可能性（economic and financial possibility）标准首先衡量的是规划成本的大小，其次衡量的是规划产生的收益的多少；(3) 政治可行性（political viability）标准根据政策或规划对诸如决策者、立法者、政府管理人员、公民联合体、地区集团、工会和其他政治联盟等权力集团的影响来衡量政策或规划的成效；(4) 行政可操作性（administrative operability）标准衡量在特定政治、社会，尤为重要的是在特定的行政环境中实际实施既定的政策或规划到底有多大的可能性。

在第 7 章，我们将根据巴达克、帕顿的类型学，论述政策方案比较中这几个标准的应用问题。

案例

西部山乡的教育试验

中英项目：1.5 亿元投入

1998 年英国国际发展大臣克莱尔·肖特女士访问甘肃，这里极度缺水，恶劣的自然环境和落后的思想观念，坚定了她支援山区发展乡村基础教育的信心。支援的目标就是最贫穷、基础教育最薄弱的临夏回族自治州的四个县：东乡、康乐、和政县和积石山。英国政府投入这一项目的全部经费：确定为 1 120 万英镑（合人民币 1.5 亿元，实施期 5 年，后来项目周期被扩展到 6 年，另增加 6 000 万元预算），英国国际发展部委托英国剑桥教育咨询公司全面指导和监督，甘肃省教育厅具体实施。项目整体负责人、英国剑桥教育咨询公司中国区总裁安迪说到这一项目的实施不仅仅是建立一套有机运作的基础教育体系，更是要实现教育公平。

为了让更多穷孩子入学，项目组一开始就推出了助学金计划，人均年收入少

① 详见［美］卡尔·帕顿、大卫·沙维奇：《政策分析和规划的初步方法》，205～215 页。

于300元或日均食粮少于300克的家庭，被定义为贫困，有机会获得每年100元～150元的助学金。实施4年来，近5万人次得到了资助。如果没有这些助学金，一半以上的孩子有失学的危险。

项目组着力解决的另一个问题是，如何让有限的资源发挥最大的效果？康乐县170多所小学，每4间房子中就有一间濒临倒塌。中英项目组经过调查发现：这以前，用于建校舍的钱不少，占了教育投入的绝大部分，然而效果却不理想的原因有两点：一是建筑质量问题——监督缺位加上乡村基建技术落后。二是选址和设计的科学性问题——不能有效覆盖周围区域，使一些孩子失学。中英项目共投入了800多万元，改扩建了42所学校。中英项目不仅留意选址，还特别做了人性化设计，比如加强房屋保温，客观上便减少了家庭支出——因为当地一些学校向学生收取燃料成本，有的还要求学生从家中带煤块。

给女童更多机会

这里重男轻女思想，使得劝女童入学成为一项极其艰难的工作。为此，项目组除采取宣传、说服工作外，还采用了经济手段。他们在奖学金计划中，采用加权打分制，女童、少数民族、单亲家庭、残疾父母、孤儿都可得到较高的加权分。事后的统计也表明，70%的资助给了女童。另一项计划是对初中女生给予寄宿补助，使她们不至于因为居住偏远，担心安全而不能继续上学。青年女教师也被鼓励进入偏远山区，希望她们给那些不愿意送女孩子上学的地区带去“女孩子受教育会带来经济收益”的示范效应。去年，项目组又选送120名民办女教师进兰州师范学校培训，两年后将输送回山乡充实教师队伍。这一切带来的效果是，女童入学率比项目实施初期增长了22%。和政县新集小学的马海霞在刚刚结束的升学考试中得了第一名，她的父亲决定到拉萨贩卖药材，供她上完高中甚至是大学。

要改变孩子先改变老师

羞怯、寡言、自我封闭是山里教师普遍的性格特征，而不能让他们又把这样的性格传给孩子们。项目组的一项重要任务，就是在试点县推行“参与式”教学改革。大约70名教授和教育部门官员到英国访问了一个月，编写了一套14本“参与式教学丛书”，回国后对当地老师进行轮流培训。参与式教学，学生可自由发言。和政县新集小学校长首先设计一套“平等参与式教学模式”，那些成绩不太好的孩子也被鼓励发言——让更多差生大胆说话，也是教育公平的一部分。校长何龙认为贫困地区的孩子并不比其他地方的孩子笨，给他们好的启迪和平等教育机会，他们会发出耀眼的光彩。

“换脑工程”

中英甘肃基础教育项目的实施带来了两个变化：一是主管教育的官员们对女

性尊重、重视的意识已经树立起来了。另一变化是学校和社区的关系的加强。社区代表也在学校事务上有了发言权。一些社会资源也被动员起来支持学校的发展。康乐县教育局局长黎成悟自称“观念保守”，但中英项目实施4年来，给他触动很多。当时项目组在康乐县盖校舍，修到厕所时，英国专家坚持返工，把厕所下方的土基换成钢筋水泥结构——为了环保。专家专门为残疾人设计了一个蹲位，有供他们方便的扶手和坐便器。厕所外放了一个保温桶，让孩子们上完厕所后洗手用，以养成讲卫生的习惯。仅一个厕所，就让他产生三个观念变化：环保、公平、卫生。

如何继续?

现在摆在四个县教育部门面前的问题是，项目还有两年就停止了，到时候，专家撤走，资金完结，目前这个系统又该如何后续？康乐县教育局局长黎成悟认为现在教育要办好，一是政府鼓励农村教育，把农村和城市一样看待；二是确要有一帮有思想水平，彻底为农村教育卖命的班子，有“安心、扎根、卖命”的精神，合心、合手、合力，农村教育就有希望。

[链接]

西部教育，最大问题还是贫困

《南方周末》记者：中英甘肃基础教育项目实施4年以来，你对西部教育有什么感受?

安迪·布罗克（中英甘肃基础教育项目英方主管）：衡量一个国家发展程度的标准，要取决于你对弱势群体受教育的支持情况，国家越发达，越会花更多精力去照顾弱势群体。在西部地区，教育有很大的发展空间。比如贫困是西部一个主要问题，那是不是教育免费就能解决所有问题？也不是，还取决于当地人的思想、文化和态度，总的来说这是综合复杂的问题。当然，我们不得不说，最大问题还是贫困问题。

记者：你对西部教育有什么建议?

安迪：我认为在西部教育问题上，一是资金投入不足，二是资金投向不妥。发达地区教育就好，不发达地方就出问题，应该有更好的管理方式去解决这些问题。

关于如何实现可持续发展，目前的当地的教育拨款仅够维持现有教师工资，根本没有钱去支持整个系统的发展。中英项目要求地方政府做出两个承诺，即公用经费和贫困学生助学金的每年增长，但真正实施起来非常困难。

这是一个财政问题，实际上也是一个政治问题，取决于决策者持什么态度。

诚然，你可以把钱投在教育上，也可以投在卫生上，还可以投在很多部门，每件事都很重要，就看你如何选择。

另外就是资金投向缺乏针对性。我认为更穷的地方应该投入更多的钱，更弱势的群体需要花更多力气扶持，比如女童，如果采取的不是重点扶持而是平均主义态度，这对全面提高基础教育体系水平并不会有太多益处。

记者：你认为项目让当地发生改变了吗?

安迪：在学校里面发生了一些变化，同时在实施的官员身上也发生了变化，主要在态度上。现在，官员的思想观念变得更加开放，同时他们也在思考，想出了一些新的方式方法来推进工作。

再要强调的是，学校和社区，学校和教育局的关系，发生了很多重要的变化。学校意识到社区能够帮助他们解决问题，而教育局以前不敢授权校长们作决定，担心他们出问题，但现在学会了慢慢放权，他们意识到校长有能力去解决问题，不需要行政机关去决定每一件事。

记者：你认为参与式教学适合在教育基础薄弱的地区推广吗?

安迪：参与式教学让孩子们的眼睛更明亮了，彼此之间讨论交流更多，性格也趋于开朗活泼。能充分调动孩子们积极性的就是好事。不论英国还是中国，孩子们的天性如此，这不是哪个国家的专利。

资料来源：《南方周末》，2004-10-07。

思考题

1. 解释政策目标、政策指标和评估标准概念。
2. 简述澄清目标政策分析中的地位与作用。
3. 什么是基本的政策目标?
4. 澄清和确定目标有哪些途径及方法?
5. 举例说明经济指标、社会指标和政治指标。
6. 评估标准有哪些基本类型? 试举例说明。
7. 分析上述“西部山乡的教育试验”案例，说明该项目的目标及其成效。

第5章

备选方案

重点问题

- 备选方案的必要性
- 备选方案的来源
- 备选方案的搜寻与发现
- 备选方案的设计与创造
- 备选方案的初步筛选
- 若干应注意的事项

在政策分析过程中，备选方案的搜寻或拟定是继问题界定和目标确立之后的又一个功能活动或环节。政策分析有助于决策者或当事人做出合理的选择或决策，而这种合理的决策以寻找到足够多的备选方案或行动过程作为前提条件。因此，政策分析者的一个基本任务是努力揭示一系列解决政策问题的备选方案，以便决策者做出最终的抉择。在这一章中，我们将讨论搜寻或拟定备选方案的基本方法。

5.1　备选方案的必要性与来源

正如我们在第 2 章中所指出的，备选方案是决策者解决政策问题的行动过程的选择，或是达成政策目标的可供利用的手段、措施或办法。依政策问题性质的不同，备选方案可以表现为政策、策略或各种行动过程。备选方案的搜寻或拟定在政策分析过程中的地位和作用如何？我们从何处得到备选方案？这是本节所要讨论的两个主要问题。

5.1.1　备选方案的必要性

政策分析过程从大的方面来看，可以划分为三大步骤：(1) 界定问题并提出决策目标；(2) 搜寻或拟定各种可能的备选方案；(3) 对各种备选方案加以比较并做出抉择。西蒙把这三个步骤分别称为情报活动、设计活动和抉择活动。政策分析无非就是由这三种活动所构成的一个过程。

从选择程序上看，备选方案的搜寻或设计构成了政策分析过程中的一个中介环节，一旦界定了问题的性质与边界，并确立了政策的目标及评估标准，我们就开始拟定各种解决问题的方案或办法，为方案的比较及抉择做好准备。因而方案的拟定构成必不可少的中介环节。从现实的政策决策的实践看，备选方案设计的重要性也是不言而喻的。找到尽可能多的备选方案，是合理决策、提高公共政策制定质量的一个重要条件。只有找到足够多的解决问题的可能性，才有可能做充分的比较和择优。按照国外学者的说法，公共决策失误的一个重要情形是在做出决策时，所提出的可供选择的方案太少。在我国的政策实践中，许多政策失败往往也是由于没有进行多方案的比较择优所引起的。

然而，在政策分析或政策研究中，备选方案拟定的这个环节却往往被人们所忽视。有些政策分析者已表示出对这种状况的不满和担忧，他们认为必须加强政策分析过程的这一薄弱环节。备选方案的搜寻和创造之所以不受重视，一个重要的原因是相当部分的政策分析者和决策者假定，解决政策问题的方案或办法是现成的，一旦你弄清政策问题的性质和原因，解决这个问题的办法就自然出现，至多就是稍微思考、找一找而已；要做的事情在于对各种解决办法或方案加以比较评估，而不必劳心费力去设计或创造备选方案。

然而，政策分析的实践表明，这种假定往往是错误的。根据帕顿和沙维奇在《政策分析和规划的初步方法》中的论述，亚历山大（Ernest Alexander）通过对美国对越南的政策、伦敦第三机场选址和威斯康星大学预算的削减三个案例中备选方案产生过程的分析，得出这样的结论：政策方案的产生是一个创造性的过程，这个创造性过程显然是发明和发现（或采纳）的混合，其比例随问题的性质和决策环境的变化而变化。按照他的观点，有效的政策方案的设计过程必须将高层次的创造性与搜寻相结合。当然，应该承认，在许多场合，大部分的备选方案可能是从别处或别人的经验中发现、修改和重新模式化的，而不是被设计或创造出来的。因此，在讨论政策方案产生的方法时，我们既要注意那些发现或寻找方案的方法，又要注意那些设计或创造方案的方法。

在政策分析的这个阶段，分析者应帮助决策者发现或发明、创造尽可能多的解决问题的备选方案。尽管在下一个阶段能被比较、评估的方案的数量总是有限的（有的学者认为一般为三四个，不会超过七八个），但从一开始能考虑到越多，解决问题可能性就越好。潜在的备选方案往往被目光短浅或急于求成者所忽略，因为这些方案似乎在政治上不可行，太昂贵，或太新颖以至于没有人认为它是可以接受的。

按照理性主义模式的要求，最理想的做法是考虑所有的备选方案，但这在现实的政策分析中做不到。我们只能退而求其次，寻求产生足够多的备选方案，以便最终在几个较好的方案中做出抉择。在政策分析的这个阶段，应该尽可能考虑更多的备选方案包括那些边际方案，因为不可能的方案有时成功的可能性反而大一些（譬如它在政治上所遇到的阻力较小）；收益较低的方案很可能其成本也低。一些著名政策分析家反复强调这一点。小麦克雷和怀特（Ducan MacRae，Jr. and James A. Wilde）指出：最初应考虑不同的备选方案，以便减少分析者忽视重要备选方案的可能性；并且在妥协阶段中，当政策建议或方案要达成政治上的可行性时，应有更多可以利用的备选方案。① 创造性思维研究专家奥斯本（Alex Osborn）也认为，应该尽可能多地发现或创造出解决问题的备选方案，要引用大量的被不同的发明者和问题解决者所检查过的大量的备选方案；考虑越多的主意，就越可能出现好的主意。他认为，最好的解决问题的方法很少是从一开始就出现的，因此必须不断地搜索，“为了发现或发明，我们必须不停地调转探照灯，我们所发现的备选方案越多，就越有可能发现我们所要探求的东西——而且往往是在明显的东西中发现的。”②

---

① Ducan MacRae，Jr. and James A. Wilde，*Policy Analysis for public Decision*. North Seituate，MA：Duxbury Press，1979，p. 97.

② Alex Osborn，*Your Creative Power*：*How to Use Imagination*，New York：Charles Scribner's Sons，1949，pp. 50－51.

备选方案的形成是一种创造性的工作，不应该消极等待它们的浮现，也不能单纯靠寻找，还必须靠设计和综合。正因为没有看到这一点，没有将备选方案的产生当作一种创造性活动或挑战来对待，所以许多分析者在政策分析过程的这一步上栽了跟头。

5.1.2　备选方案的来源

政策分析者和决策者的备选方案来自于何处？或者说，这些备选方案是如何被派生、发现和创造的？这是政策分析过程的这一阶段首先必须弄清楚的问题。让我们来看看政策分析文献上对这个问题是如何论述的。

邓恩在《公共政策分析导论》中认为备选方案与目标、目的是紧密相关的，目标、目的中隐含着备选方案，备选方案也隐含着目标和目的；并且我们可以回到问题构造的程序中发现备选方案的线索。他列举了备选方案的八个来源[①]：

（1）权威。在搜寻解决问题的备选方案中，分析者可以向专家请教。例如关于暴力的原因和预防的总统委员会将是枪支控制政策问题备选方案的一个来源。

（2）洞察力。分析者可以诉诸对相关政策问题特别有见地的个人的直觉、判断和见识。这些不是通常意义上的专家的人士的洞察力是政策备选方案的一个重要来源。例如，来自教育部儿童发展办公室的各种参与者就曾经被当作关于儿童福利领域的政策方案、目标和目的的有见地判断的一个来源。

（3）方法。备选方案的搜寻可能从创新性的分析方法中获益匪浅。例如，系统分析的新技术对于查明排列多重冲突的目标和备选方案可能是很有帮助的。

（4）科学理论。自然科学和社会科学所产生的解释可以作为备选方案的一个来源。例如，社会心理学中的学习理论就曾被当作早期儿童教育项目方案的一个来源。

（5）动机。参与者的信念、动机和需要也是政策备选方案的一个来源。备选方案可以派生于特殊的职业团体的目标和目的。例如那些改变信念、价值和需要的工人创造了一种要求休闲和灵活的工作时间的“职业伦理”。

（6）相似案例。其他国家、州（省）、市处理相同政策问题的经验是政策方案的一个重要来源。纽约和加州的金融改革的经验就成为了其他州金融政策的一个来源。

---

① William N. Dunn, *Public Policy Analysis: An Introduction*, Englewood Cliffs Nj: Prentice-Hall, 1994, pp. 196－197.

(7) 类比。不同种类问题的相似性是政策备选方案的一个来源。增加妇女平等就业机会的立法是建立在与保护少数民族权利政策采纳的类比基础上的。

(8) 伦理体系。政策备选方案的另一个重要来源是伦理体系。哲学家和其他社会思想家们所提出的社会正义理论构成了不同政策问题领域备选方案的一个来源。

艾西 (Thomas H. Athey) 从系统分析的角度讨论了备选方案的四个来源: (1) 保留现有的系统; (2) 修改现有的系统; (3) 使用先前被包装过的系统设计; (4) 创造一个新的系统设计。[①] 按照他的框架，首先，现有的系统作为一个基点、一种对现状了解的方法、新的备选方案的线索和了解现存系统捍卫者对问题反应的来源而加以分析；其次，对现有的政策加以改变或修改也许可以消除现有系统的某些弊端，从而满足人们的某种需要（这里的假定是，改变现有的系统结构总是一件困难的事，渐进的变化容易做到）；再次，使用以前被包装过的系统设计是指这样的方法：从一个组织中购买现成的解决问题的办法，以别人的解决办法作为出发点，从专家那里获得解决问题的建议等；最后，新系统的设计包括理想化设计、类似情形和形态学途径。理想化途径 (idealized approach) 从假定没有任何条件限制开始，然后加上条件限制，看看每一限制在多大程度上降低了理想方案的有效性；类似情形 (parallel situation) 途径是在其他领域寻找类似的解决办法；形态学途径 (morphological approach) 即查明子系统的基本构成因素，并决定这些基本构成因素的可能的组合。

布莱特曼 (Harvey J. Brightman) 在《问题解决》这一论著中，提出了另一种关于备选方案来源的观点。他认为，有一些备选方案要靠人们去发现，而另一些备选方案则要靠人们去设计。在他看来，发现或搜寻现有的备选方案可以通过如下三种途径: (1) 被动的途径 (passive approach)——在这种途径中，我们等待所要解决问题的备选方案或解决办法的出现; (2) 搜寻—派生途径 (Search-generation approach)——在这种途径中，我们设法让别人知道我们正在搜寻备选方案; (3) 触类旁通途径 (neighborhood approach)—— 在此途径中，我们检验渐进的变化，历史地和类比地搜寻类似问题的解决方案。[②] 他提出设计新的备选方案的两种途径：一是修改现有的备选方案；二是从目标的陈述或对限制的考虑中派生备选方案。他注意到这样一个事实，即我们对政策问题的观点以及对

---

① See Thomas H. Athey, *System Approach*, Englewood Cliff, Nj: Prentice-Hall Inc., 1982, pp. 69-79.

② See Harvey J. Brightman, *Problem Solving: A Logical and Creative Approach*. Atlanta: Georgia State University, College of Business Administration, 1980, pp. 185-186.

备选方案的检验往往囿于我们所受的学科或专业训练。他认为，一旦我们在某一领域受到较深入的专业化教育之后，就会开始有选择地集中注意问题的某些特定的方面，而忽视了另一些方面。为了消除这种专业化训练所产生的弊端，他建议从别人的角度来看问题，重新界定问题和思考已经做出的假定。①

林德布洛姆在《决策的策略》等论著中认为解决问题的备选方案仅仅是在渐进和边际修改的范围里。所应考虑的是那些只有渐进变化的备选方案，全新的或根本不同的方案往往是在政治上不相关的，并且分析者和决策者也没有时间、精力和知识去评估这些全新的方案。依照他的渐进主义观点，现有政策构成新的备选方案的基础。

奎德在《公共决策分析》一书中则强调说，备选方案的产生与决策者的目标紧密相关，备选方案的好坏是由它力求取得的东西所决定的。它远远不止是对所有可能的结合和排列的检查。备选方案的产生无论如何都是一种创造性的活动，在其中，模型的建构有很大的帮助，因为它提供了一个完备定义了的脉络和一个刺激想象力的具体情景。

综合上述政策分析学家的看法，我们可以看到，备选方案的主要来源有：由政策问题的性质以及政策目标所派生；现有的政策（它本身是一个应考虑的方案，也是许多新的方案产生的基础）；从别人或别处处理相同问题的经验中得到借鉴；某些特殊政策案例的启示；从类似的问题中加以类比或推广；向专家请教；根据权威的要求；从政策参与者的价值观及信念、法律的规定和科技知识中进行推导……等等。

5.2　备选方案产生的步骤与方法

备选方案的产生可以看作一个由三个步骤所构成的过程。首先，分析者力求查明备选方案的广泛范围，这属于搜寻与发现的工作；其次，对新发现的备选方案加以提炼、修改、组合、重构或模式化，这属于设计与创造的工作；最后，对于创造或设计出的备选方案加以初步的检验、评估，只保留数个可供进一步分析、预测和评估的备选方案，这一步属于筛选工作。下面分别对这三个步骤及其方法加以讨论。

---

①　See Harvey J. Brightman, *Problem Solving: A Logical and Creative Approach*. Atlanta: Georgia State University, College of Business Administration, 1980, pp. 74-83.

5.2.1 搜寻与发现

在备选方案产生的这个阶段，我们要尽可能地在上一节提到的来源中弄清备选方案的可能范围、种类，能够产生越多的解决办法或备选方案当然就越好。按照帕顿和萨维奇在《政策分析和规划的初步方法》一书中的论述，有各种查明潜在备选方案的方法。有时，可以通过“研究”方法来产生备选方案，即经过正式系统的研究以确定解决问题的基本方案，这需要较长的时间和精力。但在许多情况下，我们必须迅速查明备选方案。这就要求我们采用正式研究途径以外的其他方法。这些方法包括：不作为的分析、文献评论、快速的调查、类比的使用、头脑风暴法、与理想的比较等。不作为的分析考察现状，以判断随着时间的推移，问题能否消失或缓解，并为新方案的产生和测量提供基点；文献评论可以显示别人或别处的成功解决办法；快速的调查可以产生类似的信息；用类比方法可发现类似问题和它的解决办法以帮助查明备选方案；头脑风暴法可以产生真知灼见，产生一些隐蔽的思想和解决办法；与理想的比较，让我们更好地确定备选可能性的范围，并引起更广泛的思考。下面介绍帕顿和萨维奇对这些方法的讨论。

1. 不作为（保持现状）的分析（no-action analysis）

备选方案是用来解决政策问题的。当人们感到某种状况成为问题，并且采取某种行动将解决或缓解这一问题时，人们就会开始寻找解决问题的各种办法。为了在各种方案中做出抉择，必须弄清每一种备选方案改变现状的有效性程度；而首先需要弄清采取的一项行动会出现什么情况，不采取这项行动又会出现什么情况。为了做出这种判断，必须对不作为（保持现状）方案下功夫加以分析研究。发展出一个详细的不作为或不采取行动的方案并预测它的结果为测量所有的备选方案提供了一个基点。然而，在实践中，人们很少愿意花时间进行这方面的分析；反之，不作为这一方案仅仅被描述为明显地不可接受的现状。

为其他备选方案提供一个基点仅仅是不作为方案分析的一个理由，这种分析还有其他的理由：首先，潜在的预算削减和预算的重新分配要求对不采取任何行动（保持现状）这一方案进行认真的分析；其次，不采取任何行动的分析有助于澄清项目或政策的目标；再次，它可以突出采取行动的必要性（或非必要性）；最后，接受不采取任何行动可以是最好的解决办法的可能性，承认问题界定的内在困难以及存在着问题没有最优解决办法的可能性。

当然，不作为的备选方案并不意味着绝对不做任何事情，因此，说这种方案没有任何成本的观点是难以成立的。运输计划中就有比较清楚的不作为的概念，即最低限度的维持。运输计划中的无所作为方案不能增加交通能力或提高服务等级，而且也包含着要完成现有的工程，以及将现行的运输政策继续执行下去。尽管这种合理的维持可以有效地应用运输以外的实质的或功能的政策领域，但还存在一些问题。不作为、有限行动和维持现状的分界线是不清楚的，偏离这一分界线可能导致不作为方案作为基点的作用丧失，并引起评估上的困难。

一项方案或计划在执行前必须加以评估，这种评估的一个重要方面就是：什么样的变化将是采取这个行动方案的直接结果？这种结果可以定义为采取了这项行动方案之后的未来状况与基准参照状况之间的差别。有下列四种备选方案的参照状况：(1) 采取行动之前存在的原始状况（现状或现有条件）；(2) 没有项目或计划时进化的状况（不作为方案）；(3) 某些目标或目的状况；(4) 理想化状况。为其他行动方案提供基点的应是第二种状况。因为除了缺少采取必要的行动外，它的其他方面与行动备选方案是相同的。

2. 快速的调查（quick surveys）

从实践的观点看，让别的分析者和你的朋友知道你正在为一个政策问题寻找新的方案是一件好事情。因为他们可能有不少关于备选方案的好的建议，并让你时刻注意各种有益的意见。分析者应有一个交往的网络，与你的同事、同学、朋友或其他人士保持接触，通过交谈、拜访或电话联系，征询交往网络中的人员的意见，尤其是注意其他政策分析者、专家和从事相关领域的政策执行或制定官员的意见；这种快速调查的范围也包括记录、分类和整理在各种会议上人们提出的解决相关问题的建议等。这种快速调查可能会产生大量的备选方案的建议，使你获得解决问题的一些思路。

3. 文献评论（literature review）

在备选方案的搜寻中，忽视文献评论将是一个错误。公共政策或研究的文献（杂志和书籍）可能记载着解决相关政策问题的备选方案或案例分析；问题所在的实质领域（如住房、教育、环保等）的文献也可能记载其他地方解决相同或相似问题的尝试。总之，文献评论是获得政策备选方案的一个来源。

4. 实践经验的比较（comparison of real world experience）

通过快速调查和文献评论，分析者既获得政策方案的思想，又获得真实世界的经验。因而，有必要将这些真实世界的经验单独分离出来，加以分析比较。备选方案本身可能是一个有价值的思想。但是，如果我们能够掌握它为什么会被采纳、别的方案为何被抛弃，它在执行过程中是否被修改过，谁支持、谁反对，它的进展如何等信息，那么它的相对价值就会更大。实践经验比较的目的不是找出一个最优的备选方案，而是发现一系列由经验表明为是可行的备选方案。

5. 被动的收集和分类（passive collection and classification）

政策分析中的备选方案的搜寻不仅要靠积极、主动的追求，而且有时也要靠消极或被动的等待。当政策分析发展到一定的阶段，有些备选方案可能会自动出现。梅尔兹纳在对联邦政府的政策分析者的研究中指出，个人偏好在分析之前是经常存在的，分析者并不总是自由考虑所有的备选方案或设计新的备选方案。有时，当时机成熟时，他们就会抓住一个已经发展起来的关于备选方案的思想。这些建议或方案来自于当事人或上级，来自于具有不同立场的辩护者，来自于各种组织和利益群体。因此，除了积极地寻找备选方案之外，分析者对于其他人所提出的备选方案应加以系统的记录和分类。这些备选方案也许其本来形式就是适用的，或者必须加以修改。

6. 类型学的发展（development of typologies）

如果问题可以归类，那么其内在联系或类似性就会变得更加清楚。考察被一项潜在政策所影响的个人、团体或组织的类型有助于查明备选方案。例如，在分析海洛因问题时，穆尔（Mark Moore）为了解该问题的性质以及可能的解决办法，发展出海洛因使用者的类型学。这一方法的基本程序是：先查明被影响的团体；然后查明他们对每一种备选方案的可能反应；最后提出有前景的备选方案即对这些团体或个人而言比较能被接受的特殊手段。

7. 类比（analogy）

类比、比喻和综摄法既被用于界定问题，也被用于查明问题的解决办法。通过检查以前被解决问题与现有问题之间存在的类似性，我们可以发现一些解决问题的办法，这正是类比方法的依据。这类方法的倡导者们认为，人们往往不能为问题找到有效的解决办法，那是因为他们并没有意识到，表面上看起来是新的问题实际上是一个老问题，在寻找可能的解决办法时，应首先弄清问题的各种性质，然后查明性质的类似性。这里所包含的假定是：我们能够将已知道的一个问题及其解决办法与其他问题及其解决办法联系起来。类比既可以来自性质相同的问题领域，也可以来自于一个问题性质很不相同的领域，它的目的是使分析者或决策者对解决问题的可能性有更全面的认识。正如我们在第 3 章“问题界定”中所论述的，类比的方法有个人类比、直接类比、符号类比和幻想类比等多种形式。

8. 头脑风暴法（brain storming）

作为一种产生创造性思想的方法，头脑风暴法在政策分析的活动中有相当广泛的应用，它是一种会议技术，经常被用查明问题的解决办法。其范围涉及从非正式的、快速的、为特定问题工作的职员会议到更正式的职员、专家和咨询者的会议。头脑风暴法的支持者们认为，恰当使用这种方法能够在相当短的时间里，产生大量的关于问题解决办法的好主意。

9. 与理想的比较（comparison with an ideal）

许多政策分析者强调说，必须对政策问题加以广泛定义，以便我们不会忽视一些较为遥远的解决问题的可能性，尤其是在寻求创新和问题的解决办法不太清晰的场合更应该这样做。在这些场合，提出一个理想化的备选方案是有用的，哪怕这个方案是可望而不可即的。我们先提出一个理想化方案，然后加上一些约束或限制性条件，看看是否可以接受的备选方案仍然存在着，这对于我们设计通向理想的备选方案和更好地界定偏好是有益的。通过检查与理想方案的距离，分析者可以找到解决问题的较好方案。

5.2.2 设计与创造

通过搜寻活动，我们发现了一系列由别人提出的，在不同地方使用过的或由头脑风暴法所派生的一系列备选方案，下一步的工作必须对这些方案加以综合，提炼或修改，以便能够把它用于实际的政策问题的解决中，并反映政策限制。这个阶段的工作可以称为备选方案的创造与设计。应该说，这是产生备选方案的一个不容忽视程序或功能活动。不幸的是，现有的政策分析文献对这个问题研究不够，大部分文献除了强调这是一项创造性工作之外，并没有提供多少关于如何创造与设计备选方案的具体指导；在现实的政策分析中；大部分的方案显然是从其他背景中采纳的而不是创造和设计出来的。现根据可以得到的少量文献，介绍创造与设计备选方案的几种途径及方法。

1. 分析—综合途径

亚历山大提出了一种解决非常规或复杂问题的形式化程序或方法（他称之为分析—综合或分解—结合途径），要点是先将问题分解成其构成因素，分析这些构成因 素的相互作用方式，再将这些部分重新组合起来而构成的一个解决方案。这种研究方法以计算机为基础，它被用来帮助设计者系统地构造物理设计问题，并被实际运用于高速公路的路线、办公室的分布和组织设计等问题的解决之中。

2. 形态结构途径

形态结构途径（the morphological approach）也称形态分析方法。它是由瑞士天文学家兹维基（Friz Zwieky）所提出的一种以形式和结构的科学为基础的方法，被用于设计多目标复杂问题的备选方案和趋势预测（因而它不仅是一种方案设计方法，也是一种常用的结果预测方法）。形态结构途径关心基本方法的发展和应用，这些基本方法使我们能够发现和分析客观事物、现象和概念之间在结构或形态上的相互关系，也使我们能够搜索为建设一个美好世界可能得到的结果。

依照这种方法，对于具有系统结构的社会经济技术问题而言，其系统的每个元件都具有特定的功能，这些元件是系统的关键参数，每个元件的特定功能可以用许多手段或方案来实现，这些不同的手段或方案具有不同的特点及要求，一个社会经济系统就是由这些代表系统每一个元件的不同手段或方案的组合，每一种组合都构成了系统的一个形态。显然，有的组合是现实中已存在的，有的组合则是在未来可以产生的。而这些将要产生的组合便是我们所要分析的对象，对它们的分析，便可得到某些新的解决问题的方案及预测出其可能的结果。这个方法的要点是先界定系统的每个构成要素（元件），然后查明系统所能呈现的形态；并从各种可能的方法中组合各种子系统的形态，以确定潜在完整系统的设计。

具体说，形态结构途径的分析过程由五步构成：(1) 明确提出问题，并以公式表达；(2) 对能进入解中的全部参数加以鉴别，并说明其特性；(3) 由第二步鉴别过的全部参数构成一个多维矩阵（形态矩阵），该矩阵包含所有可能的问题；(4) 检验形态矩阵所有解的可行性，并对解能达到目标的可能性进行分析评价；(5) 对策三步鉴别出的最佳解，依照它们的可行性和所有的手段和方法，用另外的形态结构分析方法加以分析。

形态结构途径因它以系统的方法计算出全部组合的可能性，并能够识别出某些不易察觉的解决问题的办法或备选方案，因而是设计或创造备选方案的一个有用的方法。不过，要查明系统的各个构成要素及各个子系统组合的形态仍然是一个十分困难的任务。查明构成因素及可能备选方案的另一通常做法是研究可比较的情形。

3. 可行性的处理

梅（Peter May）提出了一种类似于上述两种途径的创造与设备选方案的方法，即可行性的处理方法（feasible manipulation）。他认为，可以对处理政策问题的各个方面进行一种较早的“可行性处理”检验，将这些可处理的变项结合成一个首尾一致的策略（strategies）而设计出备选方案；并且随着问题的重新界定和评估标准的修改，进一步修正这些策略。梅提出的这种途径依据于他的如下假定，即分析者能够确定可处理问题的各个变项，并要求对能做什么事情与应该做什么事情这两者有所认识。分析者在解决了什么样的变项是可以处理的以及每个变项能在多大程度处理问题之后，可能采取的行动可以安排为各种竞争的策略系列，梅用“策略”一词而不用“备选方案”一词，因为在他看来，前者更好地体现着这样一种含义，即竞争着的政策包含了对同一系列的政策变项的处理，他强调将不同政策变项水平的不同结合加以组合，以便根据大量的相关标准获得可以接受的策略。他用监狱看守警官减少囚犯的闲散时间以抑制其暴乱动机的例子来说明这一过程。

帕顿在加州大学系统提前退休案例的分析中，采用了类似的途径来构造备选方案。作为一个只有七天期限、要求做出损益评估的案例，他首先将问题界定为一个缺少预算资金的问题，然后检查在工商业部门中的经验，查明在这些背景中可加处理的政策变项，计算出每个这样的变项在大学的背景中可以在多大程度上被处理，并将这些可处理的变项组合成竞争着的备选方案或策略。

4. 修改现有的解决办法

创造与设计备选方案的另一个可选择的途径是对现有的解决办法加以修改，而形成新的备选方案。奥斯本在对创造性思维的研究中，提出了不少关于如何修改现有的解决办法，以产生新的备选方案的方法，如放大、缩小、替换、结合、重组等。

放大——变大、变高、变宽、变长，增加资源，更经常应用，复制，多面化，夸大，加上新的构成因素等；

缩小——变小，变低，变窄，变短，缩略，省略，消除，分开，部分表述等。

替换——替换构成因素，更换次序，使用不同的材料，变更地点，改变发起人等；

结合——两种途径的混合，单位的结合，目的或目标的结合，发起人的联合等；

重组——逆向，转变，改变序列，加快，减慢，随机化，置于模式之中等。

现有的备选方案不仅通过上述这些途径弄得更大或更小，或被结合、取代和重排，而且可以置放在不同的地点，改变其时间、资金和组织：

地点——单一对多个的地点，分散的地点，点的线性安排，永久对暂时，流动，轮换，密集化，稀疏化，混合或分开，分层或并置，地上地下等；

时间——加速、推迟、交错、序列，同时发生，短时间内完成，在最长时间内的扩展，时间分配等；

资金——税收或费用，边际的和平均的成本定价，依支付能力或派生利益而变化，共同支付，部分或完全的资助等；

组织——集权或分权，一般目标，特殊目的，命令，调节，个人决策的诱因，加强或削弱等。

我们还可以通过考虑如何执行来修改潜在的备选方案，即通过改变决策点、影响点和风险管理，揭示潜在的备选方案：

决策点——原有的组织或个人，新的组织或个人，选举的或任命的，技术的或政治的，咨询的或有约束力的，可投诉的或不可投诉的等。

影响点——来自于使用者，提供者和中介人的压力，其他的受益者、受损者等。

风险管理——抵押、保险或事后的补救等。

上面我们已经讨论了搜寻或发现备选方案的方法和设计或创造备选方案的方法。然而，必须指出，这两种方法的界限并不总是清楚的，往往是模糊的。例如，头脑风暴法可能导致发现一个在别处已试过、且在现在的背景上起作用的备选方案的广泛范围，也可能导致一个新的备选方案的创造。也就是说，在政策分析过程中，搜寻或发现与设计或创造之间往往是交叉的，将这两种程序分开更多地是逻辑上的，而不是实践或历史上的。

5.2.3 筛选

通过发现或创造，我们可能获得了相当数量的备选方案或获得备选方案的广泛的范围。然而，在政策分析的下面的阶段（结果预测和比较择优），分析者和决策者所能处理的备选方案是有限的。因此，在搜寻方案的这一阶段，必须对已获得的备选方案进行初步的筛选，找出数个较有前途的方案，以供进一步的分析研究。

奎德在《公共决策分析》一书中指出，甚至对于小规模的问题，可以详细考察的备选方案的数目必须减少到可以操作和处理的地步。所幸的是，大量的备选方案因其显而易见的缺陷而可以较快地加以排除，这一般不会造成危害。然而，也会出现这样的状况，某个优于被分析者最终发现的那个方案可能被忽略了。因此，尽管在分析的这一步应力求减少备选方案的数量，但这应通过初步的分析评估，而不是靠分析者的个人偏好或武断的判决来减少；同时这种限制或减少必须保持一定的灵活性或弹性，必须为后来分析的循环往复留有余地。因此，在备选方案的初步筛选的过程中保守一点为好，宁可错在保留了太多的备选方案，也不要错在留下了太少的备选方案。

显然，评估标准及尺度的选择对于备选方案的评估来说是一个关键问题，例如在公共水利工程领域中，假设我们要在某条河流上建一条大坝，而不是让河水放任自流，并且已知建坝的收益明显地超出了成本，建坝是一件划得来的事情。在这里，成本、收益是一个重要的评估标准。然而在做出最终的判决以前，必须考虑建一条什么样的坝，是大型的、中型的，还是小型的。这几个备选方案的成本肯定是不同的，所能带来的收益可能也是不同的。我们要做出抉择，依赖于我们追求最大的利益与目标，还是以较低的成本为目标，依赖于我们所具备的其他方面的实际条件。

方案的初步筛选不是进行全面认真的分析、评价，但仍然需要快速运用某些分析方法，如经验分析——总结以往政策方案执行的经验教训，特别注意与目前方案有关的政策的效果，以此判定已取得的某些方案是否可以保留；比较分析——对各方案之间的技术、经济和政治的可行性作大致的比较，舍弃明显不可行的一些方案；抽象分析——抽取方案中的某些关键因素以及它们之间的联系作粗略的分析，以初步判断方案的优劣，并加以取舍。

方案的初步筛选所考虑的因素包括成本、收益、实施条件、方案的敏感性等。为此，方案的实际筛选也可以说是对成本、收益、条件、敏感性行粗略、快速的分析或估计。成本也就是方案的实施将要耗费的人力、物力和资源；收益则是该方案实施后所能带来的经济、社会以及生态方案的效益；条件指的是政策执行所必备的主客观条件尤其是资源、组织条件；敏感性指的是方案在遇到条件变化尤其是意外的反常情况出现时，方案的应变性程度。

备选方案的搜集或拟定并不是一个单一阶段的作业，而是一个重复性的过程。初步筛选的工作有可能揭示各种备选方案的缺陷或不足，这可以通过对方案的修改或补充来加以完善，也可以提出新的方案来取代旧的。在拟订方案的开头，我们往往缺乏想象力来完成任务，而随着分析的深入和重复，我们获得更多的信息或情况，于是能够对备选方案进行进一步修改、完善，或创造出新的备选方案。

5.2.4　若干应注意的事项

在搜寻、发现或创造备选方案的过程中，没有一致公认的规则可以保证我们找到合适的或理想的备选方案，但是了解这一过程可能出现的陷阱，提出一些应注意的事项或分析的基本要求，无疑可以增加我们找到合适的备选方案的机会。

我们在讨论发现和创造备选方案的程序及方法时，已经提及了一些一般的要求，如产生足够多的备选方案的必要性，推迟对偏好备选方案的选择，对可能的备选方案不断地进行探索等等。备选方案和界定问题哪一个更困难？这是一个很难有定论的问题。两者都是困难而重要的任务，其中的哪一个没有处理好，都不可能解决好政策问题，就搜寻备选方案的这一阶段说，必须保证具有技术、经济和政治的可行性的备选方案包括在被评估的备选方案之中，否则整个分析过程将徒劳无功。

参考帕顿和萨维奇在《政策分析和规划的初步方法》一书中的论述，在发现和创造备选方案过程中，应注意的下列事项：

1. 不要过分依赖于过去的经验

为了解决政策问题，分析者力求辨别出与过去问题相类似的部分，搜集在别处或被别人所使用过的解决办法，这是产生备选方案的一个来源。然而，过分地依赖于过去的经验却是危险的。它可能使我们不正确地对问题加以分类，因为我们形成了一种使别的经验适应于现在情况的心灵模式或思维定式；让我们使用以前使用过的解决办法，只是因为我们熟悉它们，而非对现在是相关的；让我们放弃寻找新的解决办法，因为它限制了我们的创造性思维，缩小了我们的视野。必须记住，别人或别处的经验只能借鉴而已，决不能提供现成的药方，不能照搬照抄。

2. 不要急于批评别人的意见，不让好主意溜掉

在采取头脑风暴法一类的方法时，不要急于批评别人提出的观点，因为批评将妨碍新观念、新办法的提出，使参与者放弃了提出一些潜在地有用、但不成熟的想法。因此，应尽量避免过早地对参与者提出的方案评头论足，这可以增加具有创新性的解决办法被发现的机会。同时，在头脑风暴会议中，思想往往迅速出现，应及时记录下所有的观点和思想，特别是其中的某些似乎与现在的情况特别不相关的想法；有时可能是因为记录不方便或我们以为事后可以回忆起来而没有记下有关的思想。因此，这里的基本要求是：随时记下各种思想和观点，不要过分相信你的记忆力，哪怕写下只言片语也好，这可以避免失去这些思想。

3. 避免过早锁定问题定义

我们在第3章“问题界定”中表明，问题界定是一个重复的过程，在分析过程的后面的各个阶段，因为发现新的情况，掌握更多的信息，使得对问题的认识更全面、更深刻，因而有必要对问题作新的界定或对原有的界定加以修改，很少有问题从一开始的环节就被完全界定清楚的。如果我们过早地断言，问题的原因和性质已经查明，那么，我们很可能漏掉了问题的某些重要方面，因而也就找不到相关的、可能是最优化的备选方案。因此，在分析过程中，要尽力避免过早锁定问题定义，以便找到更合理、全面的解决问题的办法。

4. 避免过早形成偏好

所有的分析者和决策者在备选方案的搜寻、比较和抉择中都会偏向于某种类型的解决方案。例如，偏好一种市场的解决方法而非政府管制的解决办法，偏好一种集权的体制而非分权的体制。个人的爱好、价值观、文化素养、所接受意识形态观念都会导致偏好的形成。然而，在备选方案的搜寻过程中，如果我们过早地形成偏好，只注意所喜欢的一类解决办法，那么就可能排除或不考虑其他类型的备选方案，导致好的或较好的解决办法被发现机会的大大减少，这是方案搜寻

中应尽力避免的一个陷阱。

5. 防止未经评估而排除备选方案

有时，某些备选方案在未被正式评估（初步评估）就被消除，原因是它们不符合参与者的信念；由于文化、意识形态等方面的限制，它们往往不被当作应考虑的一系列备选方案的组成部分；或者分析者害怕选择这些方案会引起批评而不考虑它们。这是一种未经分析评估（哪怕是初步的）就排除备选方案的做法，它排除了许多实际有效的备选方案被进一步考虑的可能性。在我国过去政策实践中，那种不管政策的实际内容和作用，而是一开始就争论姓资姓社的性质问题（一旦被认定姓资的方案就会遭否决）所犯的正是这种错误。

6. 注意在条件发生变化时，重新考虑以前被排除了的备选方案

备选方案的搜寻、发现或创造也是一个反复的过程，某些方案因当时当地的条件显得不适应而被排除。但是随着时间的推移，某些实际的条件可能发生变化，或者分析者发现更多的情况，这时，以前被排除了的备选方案可能变得相关或适用了。因此，在条件发生变化时，应该考虑这些以前被排除的方案。记住：昨天不可能的东西在今天或明天也许就是可能的东西。

我们已经讨论了备选方案搜寻的必要性，备选方案的来源、发现或创造备选方案的程序和方法以及应注意的事项等问题。我们得出的基本结论是：备选方案的搜寻、发现或创造是政策分析过程中不可忽视的一个重要环节，有如某些政策分析者所指出的，最后被选定的政策（方案）往往是由备选方案搜寻的过程所决定的，而不是由备选方案评估的过程所决定的；政策分析者应从事系统、全面的备选方案的搜寻工作，使用各种有用的程序和方法，产生足够多的备选方案，为方案比较、评估和抉择奠定可靠的基础。

案例

古巴导弹危机

——为什么美国以封锁应对导弹部署？

美国对苏联在古巴部署导弹的反应，在战略上，可被理解为单纯追求价值最大化的升级行动。美国拥有可以摧毁苏联核力量的核优势。苏联用核武器作为对美国低烈度使用武力的反应将是极为不理智的，因为这将意味着苏联共产主义政权和俄罗斯民族的毁灭。在加勒比地区，美国的优势是压倒性的：它可以先采取

低烈度的武力行动，同时威胁将不受核门槛的限制逐步进行升级；这种威胁将有很高的可信度。而这些只要求美国运用其在战略上和在地区上所拥有的优势，显示其要求这些导弹撤走的坚定决心，同时又留给莫斯科体面撤退的时间和余地。海上封锁（为了规避国际法上的一些限制而被委婉地称为“隔离”）正符合了这样的要求。

美国已考虑到苏联可能做出的反制行动，特别是在柏林问题上美国通过不进攻古巴，也避免了在柏林遭到进攻。肯尼迪总统否决了封锁范围应扩大到古巴的生活必需品的建议，考虑到这样做也许会使苏联对柏林进行同样的封锁的可能性变得更小，升级到战争的危险也会减小。苏联对柏林进行核武器和核材料的封锁也将没有意义，因为美国并未打算将这样的武器运入柏林。

美国政府选择封锁方案的过程，正体现了这样的逻辑。得知古巴境内有苏联的核导弹后，总统召集了他最信任的助手。这个后来被命名为国家安全委员会执行委员会的小组的主要成员包括司法部长罗伯特·肯尼迪、国务卿腊斯克、国防部长麦克纳马拉、参谋长联席会议主席泰勒将军、中央情报局局长麦康、财政部长道格拉斯·狄龙、国家安全事务助理邦迪、特别顾问西奥多·索伦森、国务卿帮办（腊斯克助手）乔治·鲍尔、国防部副部长罗斯韦尔·吉尔帕特里克、副国务卿帮办U·亚列克西斯·约翰逊、负责苏联事务的无任所大使汤普森、助理国务卿埃德温·马丁和国务院政策办公室主任沃尔特·罗斯托，以及国防部长助理保罗·尼采。副总统林登·约翰逊也几乎出席了在白宫召开的所有关键性会议。驻联合国大使、前总统候选人阿德莱·史蒂文森也返回华盛顿，参加了在白宫召开的一些会议。前国防部长罗伯特·洛维特也参加了一些会议。前国务卿迪安·艾奇逊向肯尼迪提出了私人的建议，并参加了在国务院召开的一些会议，但未参加在白宫召开的执行委员会的会议。在发现苏联那些导弹之后的五天里，各种可能的选择方案得到了讨论，并被做了相互对比。在最后做出综合了几个方案内容的决策之前，主要考虑了六大类的行动。

方案1：不采取任何行动

美国对苏联导弹的脆弱性，并不是什么新东西。因为美国早已生活在苏联境内的导弹的威胁之下，苏联从古巴打击美国的能力实质上也就不值得大惊小怪了。更大的危险是美国也许会对苏联的行为反应过度，使苏联对柏林采取具有爆炸性的反制措施。如果美国对苏联这个行动轻描淡写，就可以使赫鲁晓夫无法从这些导弹上获得任何政治资本。

肯尼迪的助手中，除了邦迪，没有一个人建议不采取任何行动。邦迪也只是在［1962年］10月18日提出了这种看法。第二天他就改变了观点，开始赞成实行空中打击。邦迪在10月18日的看法是，如肯尼迪所概括的："苏联将不可避免地在柏林进行报复，这将使我们的同盟分裂，并由我们承担责任。他认为我们最好能密切关注那些导弹而又按兵不动，等待柏林问题紧要关头的到来，而不玩他所认为的由苏联设定的游戏。"

肯尼迪回忆说："其他每个人都感到，我们不作出反应将使人对我们在柏林作出反应的意志产生怀疑，将使我们的同盟和国家陷入分裂。[他们感到]我们将在两三个月后在柏林面临一场决斗，而到时苏联将在西半球拥有庞大的导弹武库，这将削弱我们在本半球的总体地位。而在柏林，我们无论如何仍要面临同样的问题。"

尽管麦克纳马拉并不看重苏联部署行动的军事意义，但他仍认为从政治上考虑，仍需采取某种行动。正如他在第一天所说的："我们所面临的不是一个军事问题，而是一个政治问题，是一个保持联盟团结的问题，是为了我们将来的行动而适当地规约赫鲁晓夫的问题。"麦克纳马拉还间接提到了美国的任何行动或不采取行动都将对国内政治产生的影响。

国内政治肯定是肯尼迪考虑的一个因素。在共和党对肯尼迪对古巴问题的处理进行猛烈批评的情况下，肯尼迪确信不采取行动的国内后果将是难以被容忍的。他感受到了当时的紧张气氛，当只有他和他的弟弟两个人时，他说："这真卑鄙，不是吗？但，另一个方面，却又没有任何办法。如果他[赫鲁晓夫]正是要达到这个目的，我们……毫无办法。我认为没有任何的选择。"

罗伯特·肯尼迪表示同意，"对，没有任何选择。我想，你将……你将遭到弹劾。"肯尼迪回答道："对，我认为我可能遭到弹劾……因为我说他们不会那样做[在古巴部署导弹]，和……"他没有把话说完。即使考虑到这些话在当时有夸张的成分，但也表明不采取行动并不是总统认真考虑的方案。

方案2：施加外交压力

两种基本的外交施压方式得到了讨论。两位前驻苏联大使查尔斯·波伦和汤普森建议以秘密备忘录形式，要求赫鲁晓夫撤出那些导弹，并给他一个接受这些要求的机会，避免公开的对抗或军事对抗。

另一种由阿德莱·史蒂文森提出的外交行动，是要求联合国或美洲国家组织对古巴进行检查，双方并就撤走那些导弹进行谈判——可举行最高级会晤。最终的安排可以是古巴的中立化，同时美国撤出关塔那摩基地，或从土耳其或从意大利或从两国一起撤出"朱庇特"导弹。

这两种外交方式都有特定的缺陷。向赫鲁晓夫派出密使要求撤走那些导弹，将产生无法接受的结果。一方面，这将使赫鲁晓夫掌握外交上的主动权，可能使其宣布如果弱小的古巴遭到进攻，将进行战略报复，同时等着美国的国内外舆论迫使美国参加类似于张伯伦与希特勒在慕尼黑举行的那种会议。另一方面，美国将会不断软化其最后通牒，因为任何一个大国对此都不可能不提出反建议就加以接受。最高会晤上与赫鲁晓夫的对抗，就需要美国进行退让，并且，美国在土耳其部署导弹与苏联在古巴部署导弹之间表面上的相似之处不可能被忽视掉。苏联能在联合国否决任何决议。而当外交官还在争论不休时，那些导弹将已变成可以发射的了。

但为什么不拿在土耳其和意大利的“朱庇特”导弹交换在古巴的那些导弹呢？几乎没有人认为这些导弹有任何的价值。美国在1961年春曾要求土耳其放弃部署，但土耳其坚持继续部署，美国也就默许了。而且，美国已制定了替换这些导弹的计划，代之以用美国的核弹道导弹潜艇保卫土耳其的，至少是象征性的承诺。但肯尼迪认为，现在“不是退让的时候，退让将使欧洲人证实他们的怀疑，认为我们将为了在与他们无关的地区保护我们的利益而牺牲他们的安全；而这将导致同盟破裂。我们应该控告苏联的欺骗行为和其对世界和平的威胁，而不是采取外交上的守势”。肯尼迪认为此类行动在当前时刻“将向世界表明，我们在恐吓之下放弃了我们的立场”。美国可以在某个时间表示愿意撤走这些导弹，但这只能是在将来的某个时候。

方案3：与卡斯特罗秘密接触

通过让卡斯特罗面临“决裂或倒台”的抉择，此次危机提供了把古巴从苏联共产主义阵营中分裂出来的机会。腊斯克在介绍这个主意时认为这“只有百分之一的可能性”，但“如果卡斯特罗了解其所面临的致命危险”，也很可能就会与莫斯科断绝关系。但执行委员会并不认为卡斯特罗会接受这种建议。这种建议反而可能就美国的意图事先发出预警，并且会与向赫鲁晓夫发出最后通牒的做法产生一些相同的外交纠葛。最后，那些苏联导弹肯定将会被苏联牢牢地控制住。

方案4：入侵

美国通过这种行动，将不仅能消除那些导弹，而且可以除掉卡斯特罗。入侵的紧急计划早已制定好，并得到了演练。在危机第一天的讨论中，肯尼迪说，在古巴的那些导弹“表明猪湾行动［1961年以古巴流亡分子对古巴发动的进攻］事实上是正确的。我们做得对。那是一种在越来越好与越来越坏之间的［抉择］”。泰勒将军回答说，“总统先生，对此我是个悲观主义者。我们现已为你制定了一个战争计划。攻占那个小岛将需要25万名美国士兵、海军陆战队员和航空兵。一年半之前，我们是用1 800名古巴人进攻它。我们已改变我们的估计。那么……”，他的声音逐渐减弱。

入侵被认为是最后的手段。它将是代价高昂的大规模行动，会使美国陷入泰勒所说的古巴的“深深泥潭”之中。它将迫使美国军队与苏联的地面部队进行两个超级大国之间在冷战中的第一次直接战争。这种边缘状态将有导致核灾难的危险，并可能导致苏联对柏林采取同样的行动。

方案 5：空中打击

通过迅速地常规空中打击摧毁那些导弹发射场，将比入侵来得干净利落得多。这也是对欺骗企图进行的其应得的有效坚定反击。这种打击可以在那些导弹能向美国发射核弹头之前就将之清除。直接进行打击，还可以消除苏联因察觉美国已发现那些导弹而先采取行动的危险；苏联不仅可以发动外交、军事上的反制措施，而且可能隐藏那些导弹，使对它们的打击变得非常困难。空中打击拥有军事上的突然性优势。肯尼迪可以在飞机接近目标时，向全国和苏联发表公开声明，阐述其理由，并警告苏联不要采取报复行动。

肯尼迪在一开始就倾向于这种选择方案，这种方案一直在吸引着他。但是，下列的四种困难给这种方案蒙上了阴影：

第一，打击能保持在小规模和严格限定的范围内进行吗？即使那些导弹场地被摧毁，苏联的米格－21 飞机和伊尔－28 轰炸机仍能攻击美国东南部地区。泰勒不断提请肯尼迪注意这个问题，以及参谋长联席会议刚刚得出的结论：这部分地区的防空处于令人悲哀的脆弱状态。如果佛罗里达的城市遭到轰炸，而军方又未曾试图摧毁那些米格飞机和伊尔飞机及它们的机场，美国人将会无比地愤怒。而把这些加入打击目标之内，则将大大增加打击的规模。而且，任何一名负责任的空军指挥官在没有清除敌方可能会使其飞行员送命的防空力量之前，都不会同意进行大规模的打击。到 10 月 18 日，肯尼迪的助手们开始形成了大致一致的看法。他们开始相信，唯一可行的空中打击方案就是要包括这些防空基地和轰炸机，这将需要几百架飞机对古巴全境内的目标进行打击。而这又可能导致混乱和卡斯特罗政权的崩溃，从而把美国卷入入侵的旋涡之中。

与这种观点相对应的是，邦迪和艾奇逊坚持范围更窄的外科手术式的空中打击方案。10 月 20 日，在作出封锁决定的关键性那天，摆在总统面前的实际上有两种空中打击方案：小规模版本和大规模版本。肯尼迪明显倾向于小规模版本的方案，但这两种方案都存在反对意见。

第二，突然的空中打击将击毙那些导弹场地上的苏联人——如果打击规模更大，还将包括在其他地方的苏联人。攻击一个大国的军队和公民不可能被看作是小事一桩。肯尼迪担心那些导弹会向美国发射，因此命令实行前所未有的大城市防御和人员疏散的紧急民防计划。而苏联在面临着要进行报复的巨大压力下，极可能进攻柏林或土耳其。肯尼迪把这种情况推演到底。如果他们开进柏林，美国军队就会被击溃。那么有人会问：我们怎么办？鲍尔的答案是："打全面战争。"邦迪表示同意，"那将是全面战争。"肯尼迪问："你们是指相互扔核武器吗？"其他人表示同意。一分钟后，肯尼迪强调说："问题的实质是我们将采取什么行动减少核战争的危险，爆发核战争明显是个最大的失败——这一点对我们来说非常清楚，同时又能在一定程度上保持我们盟国的团结。"

第三，预先警告的问题。突然袭击，鲍尔在执行委员会上说，"就像偷袭珍珠港行动一样。人们认为苏联也许会做这种事，却不期望美国也会这么做。"没有解决预先警告的方法。不警告就发动进攻似乎是一种非常令人憎恶的行为。腊斯克称这是"使你余生都将在脑门上带着可耻印记的事"。

第四，空中打击并不能清除古巴境内所有的导弹，也不能保证苏联在将来不会再部署。参谋长联席会议一开始就建议进行入侵，部分就是因为这样可以彻底解决问题。泰勒不同意，但当情报显示部署的不仅有中程弹道导弹，还有中远程弹道导弹时，他就加入了其参谋长联席会议的同事行列之中，开始赞同为了彻底解决苏联部署问题，空中打击和入侵都是必需的。而这正是波伦在具有重要影响的、反对无预先警告就进行空中打击的看法中，专门指出的升级之链。波伦认为"这将迅速导致与古巴的战争，而不是如所认为的那样，干净利落地干掉他们的基地。而且，我很有理由地肯定，盟国的反应将对我们极为不利，特别是如果苏联（在土耳其或意大利或柏林地区）采取报复……我强烈地感到，任何相信行动将是有限、快速的看法都是个幻觉，并将一步步导致我们与古巴的大规模战争，从而大大增加全面战争的可能性。"

方案 6：封锁

由麦克纳马拉在 10 月 16 日首先提出的、采取某种封锁形式的间接军事行动，对在仔细研究其他方案的总统和其助手来说，变得越来越有吸引力。但是，由海军执行封锁，对古巴实行军事禁运，本身并不是不存在问题。

第一，甚至"封锁"一词本身就意味着巨大的困难。大部分总统助手强调，封锁是一种敌对行动，因此将不得不同时意味着向古巴宣战。尽管到 10 月 19 日，国务院和司法部的法律专家认为，宣战是可以避免的；另一个合法理由乃是基于有关西半球防御的《里约热内卢条约》，但这需要经美洲国家组织 2/3 成员同意，投票通过一个决议才能成立。

第二，美国的封锁不会导致苏联在柏林采取以牙还牙的报复吗？双方一起封锁可能会导致双方一起解除封锁，这将使美国回到问题的起点处，苏联却将获得完成那些导弹部署的时间。

第三，封锁方案潜在的结局与空中打击方案有类似的缺陷。如果苏联船只并不停下，美国将被迫开第一枪从而招致报复。并且，卡斯特罗可能会攻击封锁古巴的美国船只。这种可能性，以及苏联报复的可能性，使肯尼迪在10月22日告诉国会领导人，即使采取的是封锁，“我们在未来24小时内仍可能面临着战争。”

最后，封锁对那些早已在古巴岛上并一天天正接近可以发射的导弹有什么作用呢？封锁使苏联可以采取许多拖延战术而获得时间完成导弹部署。“这只是个非常缓慢的死法罢了”，罗伯特·肯尼迪抱怨说。“在几个月内，导弹不断地增加，而在此期间内，你早已把所有人吓得又惊又叫的。”

汤普森在10月18日白宫会议上力陈这个主意后，肯尼迪立即抓住了封锁方案的这个主要问题。肯尼迪问：“我们怎样对付那些早已在那儿的武器呢？”

汤普森的回答同样简洁：“要求必须将它们拆除，并宣布我们将继续进行侦察，如果它们被装配起来，我们就会把它们除掉。这样也许就行了。”他继续说道，“我认为我们不应有任何幻想，那个方案的最终结果可能是一样的[进行打击]。但我们采取完全不同的姿态和处于完全不同的背景下，爆发大的战争的危险就要小得多。”

汤普森的回答突出了封锁的两种不同主要形式，这与上面已讨论过的外交途径的两种方式相对应。汤普森与前财政部长道格拉斯·狄龙两人首先提议将封锁与波伦建议的最后通牒结合起来。这种也得到了麦康和罗伯特·肯尼迪支持的方法，需要一上来就进行封锁，拒绝进行谈判，要求撤走那些导弹，并威胁要采取进一步的军事行动。

但支持进行封锁的其他人则建议首先进行谈判。根据麦克纳马拉、史蒂文森和索伦森支持的这种方法，美国将只寻求冻结现状，而不要求撤走那些已存在的导弹；同时进行谈判，包括提议进行最高级会晤，以进行交易。这种交易可以是用在古巴的关塔那摩基地或在土耳其与意大利的“朱庇特”导弹方面的让步，换取撤走古巴境内的那些导弹。这两种封锁方案在10月20日被呈交给了肯尼迪。

不论是哪种形式，封锁都有几个优点：(1) 它是一条介于不行动与打击两者之间的中间路线，既具有足以表现坚定意图的进攻性，又不像打击那样危险；(2) 它将球踢到了赫鲁晓夫那边，他可以让他的船离得远远的而避免直接的军事冲突；(3) 对美国来说，可能不存在比在加勒比地区进行海战更为有利的军事对抗了，在家门口，我们的海上封锁将是不可战胜的；(4) 封锁使美国能够威胁采取进一步的常规军事行动，在这些军事行动中美国将拥有巨大的地区优势。

但直到10月20—21日，在意见最终集中于封锁和发出最后通牒后，封锁方案才被选定。也就是说，在封锁的同时要求撤出那些导弹。将不进行最高级会谈或直接谈判，以避免造成对中心问题解决的拖延或敷衍。封锁中所采取的军事行动，将传达出问题的紧迫性和对抗即将来临的气氛。

因此，封锁将仅仅是第一步，是一种鸣枪警告。尽管对古巴的直接军事行动将延后，但仍要威胁将采取这样的行动，而且，形势仍十分危急。肯尼迪在10月18日就开始倾向于封锁方案，但在10月22日，他向国家安全委员会解释说，“从一开始，快速打击的主意就很吸引人，我确实直到昨天晚上才放弃这个主意…… ［它］似乎与珍珠港偷袭相似，会给我们带来很多的麻烦，而且也不能解决问题。只有入侵才能解决问题。”肯尼迪知道仍可能需要进行入侵。

资料来源：Graham Allison Philip D. Zelikow，Essence of Decision：Explaining the Cuban Missile Crisis（2nd），Addison-Wesley Educational Publishers Inc.，1999，pp. 109－120.

思考题

1. 备选方案为何重要？
2. 备选方案有哪些主要来源？
3. 结合实际，说明如何搜寻与发现备选方案。
4. 举例说明如何设计与创造备选方案。
5. 如何对备选方案做初步的筛选？
6. 拟订备选方案应注意哪些事项？
7. 在上述案例中，肯尼迪政府是如何拟订应对古巴导弹危机的备选方案的？

第 6 章

未来预测

重点问题

- 预测的概念、种类与意义
- 预测的过程或程序
- 预测的方法论基础及其逻辑依据
- 外推预测的技术及其应用
- 理论预测的技术及其应用
- 直觉预测的技术及其应用

政策未来或政策结果的预测是政策分析过程的另一个关键环节，它构成政策方案的评估、比较与抉择的基础。对政策的未来或结果的预测能力及水平的高低直接影响政策分析能否成功以及政策执行能否取得预期结果。通过预测，我们可以获得有关政策方案的前景及结果的信息，加深对政策问题、目标和方案的认识。但是，预测毕竟是在政策执行前、在行动的进程及结果发生以前进行的，社会行动是一个复杂的过程，其中存在着各种各样的难以预料的事件或情况，加上预测的理论、假定、措施、方法和技术也远非是尽善尽美的。因而政策前景的预测是一项困难而又易错的工作。在本章中，在概述政策分析中预测的一般问题之后，我们将着重讨论政策前景预测的基本方法及技术。

6.1 未来预测概述

随着预测学、未来学等学科的形成和发展，一般的预测理论和方法日趋成熟。这为政策分析中政策前景的预测提供了坚实的理论与方法论基础。不过，公共决策及政策分析的过程有其特殊性，因而政策分析中预测的理论、方法、程序及技术应有其自身的特点。在这一节中，我们将根据有关的文献尤其是邓恩在《公共政策分析导论》一书的观点，简述政策未来或前景预测的基本理论和方法。

6.1.1 预测的概念、类型与意义

1. 什么是预测？

在预测学的文献中，预测一般被界定为对所研究的事件的未来前景做出估计或推测，即由过去、现在推断未来。《韦伯斯特辞典》将预测定义为："通常以现有相应资料的理论研究和分析的成果来计算或预报未来的某些事件或状况"。政策分析中的预测则是"一种以先前获得的政策问题信息为基础而产生关于未来的社会状况实际信息的程序"①。因此，我们可以将政策分析中的预测定义为一种程序或方法，它依据先前政策分析的各阶段所掌握的关于政策问题、目标和方案的信息或知识，对政策（方案）的未来前景做出估计、推测或判断。

2. 预测的类型

预测可以从不同的侧面或根据（标准）出发而划分为不同的类型。国内外学者提出了各种不同的分类方法。美国学者马克里达基斯（Markridakis）等人在《预测方法及其应用》一书中将预测方法划分为技术方法和定量方法；沙利文和克莱康贝（W. G. Sullivan and W. W. Claycombe）把预测方法分为定性方法、时间序列方法和因果模型三类；琼斯和特维斯（H. Jones and B. Twiss）在《计划决策中的技术预测》一书根据预测要素将预测分为定性预测、定量预测、定时预测和概率预测四种；杨奇（R. Jantsch）在《愿景中的技术预测》一书中则把预测分为在直观性预测、探索性预测、目标预测和反馈预测四类。苏联学者秋耶夫

① William N. Dunn，*Public Policy Analysis：An Introduction*. Englewood Cliff，New Jersey：Prentice-Hall，1994，p. 190.

等人在《过程的定量特性预测》一书中把预测分为启发式预测（专家预测）和数学模型预测两种；多布洛夫在《科学技术预测》一书中，把预测方法归为三类，即专家评估、趋势外推和模型。①

在我国，有学者认为，预测可以按不同的根据划分为如下八类：(1) 根据预测期限的长短，分为短期、中期和长期三种预测；(2) 根据预测对象范围的大小，分为宏观预测和微观预测；(3) 根据预测目的的不同，分为定性预测和定量预测；(4) 根据预测结果的不同，分为点预测和段预测（区间预测）；(5) 根据预测变量的确定性程度，分为有条件预测和无条件预测；(6) 根据事件发生时间的不同，分为事前预测和事后预测；(7) 根据预测对象的多少，分为单式预测和复式预测；(8) 根据预测技术的不同，分为定性预测、定量预测、定时预测和定比预测。②

邓恩在《公共政策分析导论》中将政策分析中的预测分为三种类型（形式），即推断、预言和猜测三种形式：(1) 推断是一种把现在和历史的趋势扩展到未来的预测形式，它根据来自于方法和类似情况的论证而得出明确的结论。在这里，关于特定方法的有效性（如时间序列分析）和情况的类似性（如过去的和未来的政策问题之间的类似性）被用来确定论断的说服力；推断可以由来自于权威（如专家的意见）和因果解释（如经济学和政治学的理论）来加以补充。(2) 预言是一种建立在明确的理论假定基础上的预测形式，这些假定可以采取理论定律（如货币效用递减）、理论命题（如“社会秩序混乱是由于期望与能力之间的鸿沟所引起的”）或类比（如政府增长与生物有机体生长之间的类比）等形式；预言的本质特征是揭示发生源（原因）和后果（结果）、类似的过程或关系，它可以由权威的论证（如灵通的判断）和方法（如计量经济学模型）来补充。(3) 猜测是一种依据专家判断而对社会状况的未来作出判断的预测形式。这些专家判断既可以采取直觉论证的形式——在这里，政策参与者（如政策专家）的洞察力、创造性思维和见识被用来支持关于未来的明确论断；也可以采用动机论证的形式来表达——在这里，现在或未来的目标、价值和倾向被用于确定论证的似真性。例如，关于未来全社会的价值偏好（如休闲）被用作有关“未来 20 年内每周工作时间将缩短为 30 小时”这一论断的根据。猜测可由来自于权威、方法和原因的论证来加以补充。

邓恩认为，政策预测的上述三种形式可以用来估计政策的未来前景（即未来的社会状况）。他进而区分了三种类型的未来：潜在的未来（potential future）、可能的未来（plausible future）和规范的未来（normative future）。潜在的未来是指各种可

① 参见孙明玺编著：《预测学概论》，18～19 页，杭州，浙江教育出版社，1989。

② 参见陈宪主编：《经济学方法通览》，478 页，北京，中国经济出版社，1995。

能发生的未来社会状况，与那些实际上发生的社会状况有别；一种未来状况在其实际出现以前是决不能肯定的，因此，有许多潜在的未来。可能的未来是一些以自然和社会中的因果关系作为基础的未来状况，假如政策制定者不是人为地干预事件的进程的话，那么，这种未来社会状况就会出现。相反，规范的未来则是一些潜在和可能的未来，它们与分析者对未来的需要、价值和机会的概念相一致。明确规范的未来可以缩小潜在和可能的未来的范围，从而将预测与政策的目标及目的联系起来。①

3. 预测的意义

政策未来预测在政策分析过程中具有重要的意义，它不仅是政策分析的后来阶段（方案的评价、比较与抉择）的前提，而且是政策手段更好实现指导和控制社会过程的一个条件。邓恩认为，政策预测有如下几个重要目的：

首先，预测提供关于政策的未来变化及结果的信息，这是最重要的一点。就寻求理解并控制人类和自然环境而言，预测与自然科学、社会科学研究的目的是相似的；然而，预测政策未来与社会控制特别相关，人们力图规划和确立政策，以便在由未来所提供的各种可能中做出行动过程的最佳选择。

其次，预测使我们更好地了解以前的政策及其结果（预测必须在充分掌握过去及现在信息的基础上进行），这同样可以提高我们对未来社会状况的控制能力。这里所包含的假定是：未来是由过去和现在所决定的。但是，预测也使我们能够以一种更积极的态度去塑造未来，而不管以前发生过什么事。在这个方面，以未来取向的政策分析者必须提出这样一个问题，即什么样的价值（观）能够并且就应该指导未来的行动？这立即引出一个更困难的问题——分析者如何评价对一个特定未来状态的预期？

最后，由于关注未来，政策预测可能作为传统的社会科学各学科的一种有益的补充（后者的预测是以过去和现在的价值作为基础的）。尽管过去和现在的价值可以决定未来，但这只有在政策参与者的智力反思并不导致他们改变其价值（观）和行为，或仅当出乎意料的因素并不干预乃至改变社会变迁时，情况才是如此。

但是，预测又是一件十分困难的工作，难以做到准确。预测的准确性受许多因素的制约，如问题的性质、资料或数据的充分和可靠性、预测的时限、脉络背景、体制、预测的方法、技术、模型及其包含的假定等。在当代，社会或政策问题越来越复杂多变和相互联结，这更使得预测的准确性更成问题。例如，东欧剧变出乎许多人的意料，有关控制全球气候变暖问题也充满了不确定性。按照邓恩

① William N. Dunn，Public Policy Analysis：An Introduction. Englewood Cliff，New Jersey：Prentice-Hall，1994，pp. 194-195.

等人的说法，最近的几十年，预测的准确性程度在降低，误差加大，尽管预测的方法和技术更成熟；同时，各种机构做出的预测的准确性程度也不同，非营利研究机构所做出的预测的准确性程度高一些，政府机构和商业部门所做出的预测的准确性程度低一些。此外，预测的准确性并不与技术或方法的定量化程度成正比，专家的直觉预测有时比技术成熟的复杂模型所做出的预测还要准确。

6.1.2　预测的过程或程序

预测的具体过程因预测问题的性质、目的的不同而有异，但从这些千差万别的预测场合中，可以概括出一些基本的功能活动或环节（逻辑程序）。按有些学者的概括，一般来说，预测的过程或程序包括如下几个基本环节：

1. 预测目标，分析其所处的环境

这首先是确定要预测什么的问题。一般而言，政策预测的目标无非有这样几个方面：(1) 现有政策的结果，即估计在没有采取新的行动情况下可能出现的变化。在这里，现状（即不做任何事情）是一种现有的政策；(2) 新政策的结果，即估计新政策被采纳情况下可能出现的社会变化；(3) 新政策的内容，即估计新政策内容的变化；(4) 政策参与者的行为。预测可以用来估计新出台政策的可能支持（或反对）率。在确定好预测目标之后，要对它所处的环境及背景作分析，即研究有关的政治、经济、文化等各种因素对预测对象所能产生的影响。

2. 搜集与整理数据，编制假想脚本

数据的获取是预测的前提，必须对预测对象及其所处的环境的各个方面的数据进行较全面地收集、整理和分析。例如，我们要对有关的技术政策的前景做出预测，要收集的数据包括：标准、技术条件、许可证、专利文献、科技论文、专家队伍、管理人员、行业发展、产品开发、生产能力数据以及现行的政策等方面。在充分估计预测对象发展的基础上，对于预测参数的增长规律作定性研究，并编写出假想脚本。在脚本中应尽可能地考虑各种因素及其他对象的影响，目的是认识预测过程及其环境。

3. 选择预测方法，建构预测模型

在掌握充分数据，并做出定性分析的基础上，我们可以选择合适的预测方法。预测方法选择的重要根据是预测对象、占有资料、准确度要求、预测费用、预测者能力和辅助条件以及所预测的事物的过程特点；同时必须建立预测模型。无论是定性分析，还是定量分析，都必须根据有关的理论与变量之间的关系建立模型，以抽象地描述各种变量之间的关系。应尽量以简单明了的方法及模型来刻画预测对象，描述其发展趋势，说明它与相关因素的联系、依存、变化或运动关系。

4. 总结预测结果，编写预测报告

在预测的这个最后阶段，要以报告的形式将结果提交给决策者或委托人，预测报告的内容涉及预测的结果，预测对象的过去与现在，对预测对象的未来有重要影响的各种因素和条件，预测对象及相关因素在预测期限间的发展趋势，取得预测目标的有效途径及资源等。

有的学者则认为，预测的基本步骤是：确定预测目标；明确预测对象、范围和时间；搜集、分析相关信息；选择预测方法，建立预测模型，求解模型参数；给自变量赋值并进行预测；评价预测结果，分析误差，改进模型；撰写预测分析报告。

6.1.3 预测的方法论基础及其逻辑依据

邓恩认为，预测的方法论根据是一系列用来建立对现有的或新的政策、新政策的内容和政策参与者行为的似真性假定数据。预测方法论的主要基础是，趋势外推、理论假设和灵通判断三种，它们分别与上述的推断、预言和猜测三种预测方式相联系。

1. 趋势外推（trend extrapolation）

趋势外推把过去观察到的趋势扩展到未来。它假定，过去发生的事情在未来也将会发生，只要没有新的政策或出乎意料的事件的干预而改变了事件的进程。趋势外推的根据是归纳推理，即一种从特殊的观察陈述（如时间序列数据）到一般结论的推理过程。在趋势外推中，我们通常是从一系列时间的序列数据开始，把过去的趋势推断到未来，然后寻求有助于证明这种推断的规则和假设的帮助。趋势外推的逻辑可用图 6—1 来表示。

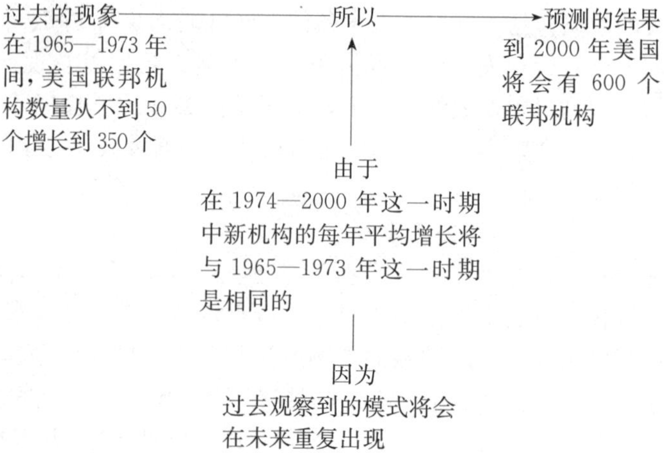

图 6—1 外推的逻辑——归纳推理

2. 理论假设（theoretical assumption）

理论假设是系统地建构了的经验上可以检验的系列定律和命题——它们基于另一个（些）事件而做出一个事件出现的预测。理论假设在形式上是因果性的，其特别作用是解释和预言；它们以演绎逻辑为基础，即一种从一般的陈述、命题或定理推出一系列的信息或结论的推理过程。例如，关于“在后工业社会中政策分析者的知识是一种稀缺的资源——这加强他们的权力”的命题，可以从关于政府中职业化的政策分析的成长的知识推出政策分析在未来的年代将比政策制定者具有更多的权力这一预测性的论断。其逻辑过程如图 6—2 所示。

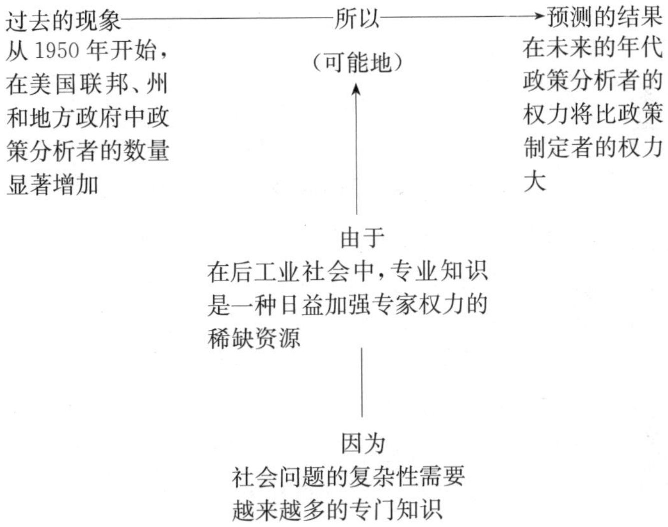

图 6—2　理论预测的逻辑——演绎推理

3. 灵通判断（informed judgments）

灵通的知识指经验、见识、灵感、直觉一类的知识，而不是靠归纳推理或演绎推理得来的知识。这种判断通常是由专家或有识之士所表达的，并被用于理论或经验数据缺乏或不充分的场合。专家判断，通常以回溯逻辑（retroduction logic）作为基础，这是一种从关于未来的论断开始，然后向后追溯而推出支持论断的必要信息和假设的推理过程。一个关于以灵通判断为基础的预测的典型例子是使用科学家和有识之士来推测未来的技术变化。借助回溯逻辑，专家们可以建构一个脚本——它断言在 2000 年将会出现一种适应于装有自动驾驶仪的汽车行驶的自动化高速公路。专家们然后用后溯推理推出确定这一论断的似真性的信息和假设。其逻辑过程如图 6—3 所示。

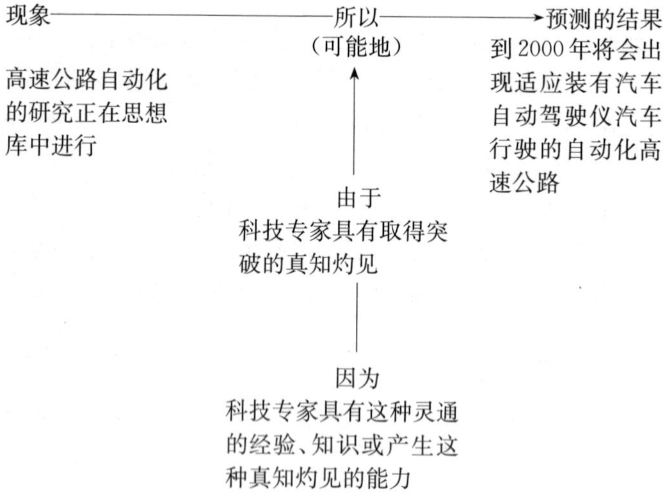

图 6—3　灵通判断的逻辑——回溯推理

应当指出，归纳推理与演绎推理在政策分析实践中的界限并不是分明的，往往是模糊的。回溯推理通常是一种创造性的方法，可以用来探索那些现在正在成长的潜在未来的各个方面；归纳与演绎两种推理产生了导致有关未来状况论断的信息和理论。然而，归纳与演绎潜在地是保守的，因为对于过去事件的信息的使用或已确立起来的科学理论的应用可能限制了对潜在的未来的发现。①

在下面三节，我们将根据邓恩所提供的关于预测的三种类型的基本框架，分别介绍外推预测、理论预测和判断预测的方法和技术。

6.2　外推预测

借助于外推预测的方法及技术，政策分析者可以根据现在和历史的数据，做出关于未来社会状况的推断，即把现在的发展趋势外推到未来。外推预测方法及技术已被广泛运用于经济增长、人口衰减、能量消费、生活质量和公共机构工作量等方面的趋势推断上。邓恩认为，外推预测依赖于如下三个基本假定：(1) 持久性，即过去观察到的模型在未来将继续存在；(2) 规律性，即在被观察到的趋势中，以前的各个变项在未来将有规律地重现；(3) 数据的可靠性和有效性，

① William N. Dunn, *Public Policy Analysis: An Introduction*. pp. 198-201, 203.

即趋势的测量是可靠的（相对准确和外在一致性）和有效的。当满足这三项假定时，外推预测可以产生关于变化动因的真知灼见或对潜在的未来社会状况有更好的了解；当违反其中的一个假定，则外推预测将产生不准确或错误的结果。①

外推预测的方法及技术主要来自于统计学，尤其是以时间序列（或称时间数列）分析、回归分析为基础。邓恩在《公共政策分析学论》介绍了六种外推预测方法或技术，即古典时间序列分析，线性趋势估计，非线性时间序列，指数加权，数据变形，突变方法论。参考有关的统计学教科书，我们着重介绍如下两类外推预测方法。

6.2.1　古典时间序列分析方法

古典时间序列分析方法的要点，是将预测目标的历史数据按照时间的顺序排列成为时间序列，然后分析它随时间的变化趋势，外推预测目标的未来值。因而，影响预测目标变化的一切因素都由"时间"综合起来描述了。

时间序列实际上是指某种统计指标的数值，按照时间先后顺序排列起来的数列，在这种方法中，时间序列有如下四种基本因素或变动形式：长期趋势（T）、季节变化（S）、周期性波动（C）和不规则运动（I）。

1. 长期趋势（secular trend）

这是时间序列中的一种基本形式。它是指各个时期由于某种根本性因素的影响，时间序列较长时间中向一定的方向上升或下降，以及停留在某一水平上的倾向。保持这种趋势可长可短，短则数年，长至数十年、数百年不等。所以，邓恩将长期趋势定义为时间序列中的一种平滑的长期增长或衰落。例如，在当代技术加速进步的情况下，一个国家或地区的经济会呈现增长趋势；一个油田的储量是不变的，因而总的趋势是储油量减少的趋势。

2. 季节变化（seasonal variation）

季节变化是指时间序列受季节性的影响而发生的变化。其特点是，随季节的更迭，按一定的时间间隔，使现象呈周期性重复变化。这种变化的最典型的例子是，随气候条件和节假日不同所引起的生产和销售的上下变化，社会福利、保健和公用事业机构的工作量也往往出现这种季节性的变化。

3. 周期性波动（cyclical fluctuation）

也称循环变动。它是指时间序列中发生周期较长的涨落起伏的变动，是一种

① William N. Dunn, Public Policy Analysis: An Introduction. p. 190.

数年或更长时间的周期性变化。这种周期性波动也是定期出现的。它与长期趋势不同，不是单一方向持续发展，而是波浪式起伏变动；它与季节性变化也不同，它的波动时间较长。周期性波动是难以理解的，因为每一轮新的波动可能是某些未知因素的结果。最典型的例子是资本主义经济危机的出现。

4. 不规则变动（irregular movement）

它是指由各种偶然性因素引起的无周期变动。邓恩将不规则变动定义为在一个没有遵循规律性模式的时间序列中所出现的不可预测的变化。不规则变动可分为突然变动和随机变动：前者指诸如战争、自然灾害、意外事故、罢工、政府更迭、政策的改变所引起的变动；后者指由于大量随机因素所引起的变动。非周期性、非趋势化的随机变动是无法预知的。

时间序列的上述四种形式或类型，被人们称为时间序列的古典模式。对于这四种变动形式的结合，可以有两种假设，即乘法模式和加法模式。当这四种变动的因素是相互影响关系时，时间序列是各个因素相乘的积。它们之间的关系为：

$$Y=T\cdot S\cdot C\cdot I$$

这是一种乘法模式，其中，Y、T 是总量指标，而 S、C、I 则为比率，用百分数来表示。当四种变化因素是相互独立的关系时，时间序列是各种因素相加的总和，它们之间的关系为：

$$Y=T+S+C+I$$

这是一种加法模式，其中 Y、T 是总量指标，S、C、I 不是比率，而是周期波动、季节变化和不规则变动等对趋势值所产生的偏差。

时间序列分析的任务是采用有关的方法、技术及模式尤其是乘法模式，将受各个因素影响的变动分别测定出来，预测政策未来，为最终的决策提供依据。①

邓恩用两个例子来图示长期趋势和周期波动预测［用图来表示；时间序列的变量置于纵坐标（y 轴）上，年份置于横坐标（x 轴上）］。②

6.2.2 回归分析方法

趋势外推的一个标准方法或技术是回归分析（regression analysis）。回归分析是对具有相关关系的变量进行估计或预测的一种分析方法。由回归分析求出的关系式称为回归模型或回归方程。

---

① 参见钱伯海、黄文主编：《统计学》（修订本），285 页，成都，四川人民出版社，1992。

② William N. Dunn, *Public Policy Analysis: An Introduction*. pp. 204-205.

回归模型可以从不同的角度或侧面来加以分类。常见的分类方法有：(1) 根据回归模型中的变量的多少，可以将回归模型分为一元回归模型和多元回归模型。前者只包含一个自变量；后者包含两个或两个以上的自变量。(2) 根据回归模型是否为线性，将它划分为线性回归模型和非线性回归模型。在前者中，因变量与自变量的关系呈直线型；在后者中，因变量与自变量的关系呈曲线形。(3) 根据回归模型中是否包含虚拟变量，可以将它分为普通的回归模型和带虚拟变量回归模型。前者的自变量都是数量变量；而后者既有数量变量，也有非数量（质）变量。(4) 根据回归模型是否用滞后的因变量作自变量，可以将它分为无自回归现象的回归模型和自回归模型。在这里，我们简要地介绍线性回归分析和非线性回归分析方法。

1. 线性回归分析

线性回归分析有简单线性回归分析和多元线性回归分析（我们着重介绍前一种方法）。邓恩在《公共政策分析导论》中所讲的线性趋势估计实际上就是线性回归分析方法。

用回归方程表明两个变量（一个因变量和一个自变量）之间关系的方程式（其表现形式是直线），称为简单线性回归方程或模型，这种分析方法称为单线性回归分析方法。这种方法具有如下三个特点：(1) 它包含两个变量，必须根据预测的目标或目的，确定哪个是自变量，哪个是因变量。自变量用 x 表示，因变量用 Y 表示，回归方程是：$Y=a+bx$（式中的自变量 x 一般是可控制的非随机变量，而因变量 Y 除受 x 影响外，还有其他因素的影响，所以是随机变量）。Y 与 x 的对应关系是一种平均意义的数量关系；式中的 a 和 b 叫做待定系数或参数。(2) 回归方程 $Y=a+bx$ 的主要作用是给出自变量的数值，以估计因变量的可能值或理论值。由于自变量 x 一般是非随机变量，所以，建立起来的回归方程是不可逆转的，即只能由 x 推算 Y，而不能由 Y 推算 x。计算结果表明变量之间的因果对应关系。(3) 在直线回归方程中，自变量的系数 b 称为回归系数，表明 Y 对 x 的回归关系。回归系数符号与相关系数的符号一致，正号表示正相关，负号表示负相关。

线性回归分析具有下列两个重要性质：

(1) 离差消除。在一个时间序列中观察到的值与处于一计算出的在直线趋势（称为回归线）的值的总和等于零。因此，对于时间序列的所有年份来说，如果趋势值（Y_t）从相应观察到的值（Y）中减去的话，那么这些离差的总和（称为偏离数）将等于零。当观察到的一个特定年份的值处于回归线下面时，偏离数（$Y-Y_t$）总是负的；相反，当观察到的一个特定年份的值处于回归线上面时，偏离数（$Y-Y_t$）总是正的。这些正值和负值相互取消，即 $\sum(Y-Y_t)=0$。

（2）离差平方和最小。如果我们将每个偏离数加以乘方（即每个偏离数与自身相乘），并将它们相加，那么离差平方和最小。这意味着线性回归使回归线和所有在时间序列中所观察到的 Y 的值之间的差距最小化。换言之，它是一种画出通过各个观察到数据点的趋势线的最有效办法（数学证明：符合“离差平方和最小”的直线是最合适的。在这条线上，据以推算的理论值，与实际值离差的平方和，比其他任何直线推算的数值都小。这种决定直线方程的方法，称为“最小二乘法”）。

按照简单直线回归分析方法的原理，求得直线回归的函数方程 $Y=a+bx$，有两种公式。第一种称为直接法，即

$$a=\bar{y}-b\bar{x}$$

$$b=\frac{\sum xy-N\overline{xy}}{\sum x^2-Nx^2}$$

第二种为间接法，即

$$a=\bar{y}-b\bar{x}$$

$$b=\frac{\sum xy}{\sum x^2}$$

其中，

$$\sum xy=\sum xy-N\overline{xy};\sum x^2=\sum x^2-N\bar{x}^2$$

下面是美国 1981—1986 年全国国民收入统计中个人收入额与个人消费支出额之间的直线回归分析的例子（见表 6—1）。①

表 6—1　　回归分析计算表

年代	个人收入（x）（10 亿美元）	个人消费支出（y）（10 亿美元）	xy	x^2	y^2	bx	Y_t（$bx+0.4$）
1981	25	19	475	625	361	19.125	19.5
1982	27	20	540	729	400	20.655	21.1
1983	28	22	616	784	484	21.420	21.8
1984	31	24	744	961	576	23.715	24.1
1985	33	26	858	1 089	676	25.245	25.6
1986	35	28	980	1 225	784	26.775	27.2
总计	179	139	4 213	5 413	3 281	—	139.3

① 参见戴世光：《应用经济统计学》，227～228 页，北京，中国人民大学出版社，1994。

先列出表 6—1 中各项数字的计算如下：

$$\bar{x}=\frac{179}{6}=29.8;\bar{y}=\frac{139}{6}=23.2;$$

$$\overline{xy}=29.8\times 23.2=691.4$$

$$\sum x^2=\sum x^2-N\bar{x}^2=5\ 413-6\times(29.8)^2=84.8$$

$$\sum y^2=\sum y^2-N\bar{y}^2=3\ 281-6\times(23.2)^2=51.6$$

$$\sum xy=\sum xy-N\,\overline{xy}=4\ 213-6\times 691.36=64.8$$

继而 $b=\dfrac{\sum xy}{\sum x^2}=\dfrac{64.8}{84.8}=0.764$

$$a=\bar{y}-b\bar{x}=23.2-0.764\times 29.8=0.4$$

最后就可以得直线回归方程式

$$y=0.+0.765\ 4x$$

下面图示原有的观察值和配合的回归线（见图 6—4）。

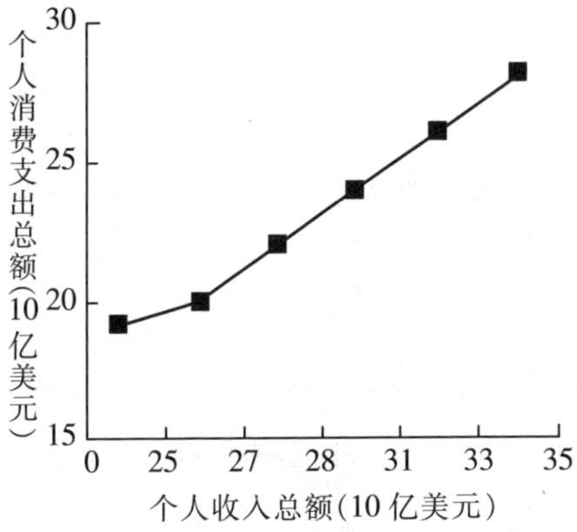

图 6—4　回归线图

图 6—4 表明，美国 1981—1986 年全国国民收入统计中的个人收入总额与个人消费支出额之间的直线回归方程式所描述的经济数量关系。在每一年度的国民收入中，个人收入总额越大，个人消费支出总额也就越多。居民收入制约着居民消费。这种性质的数量关系属于平均数量关系，也就是说，属于必然性的数量关系。至于每个年度实际的居民收入总额与居民支出总额在图中所体现的，实际观察值有的年度居民消费总额大于回归方程式线所体现的收支比例，有的年度则小

于回归方程所体现的收支比例，这一情况属于偶然性的。

除了外推趋势中的准确性问题之外，简单线性回归分析还受其他几个条件的限制：一是时间序列必须是线性的，即沿趋势线上的值呈现一种恒常的增加或减少；如果观察模式是非线性的（即在这里，没有恒常的增加或减少），那么就必须用其他的方法或技术，如非线性时间序列分析。二是必须提出似真的或可信的论证，以表明历史的模式将持续下去，即在未来岁月，相同的模式将继续。三是模式应是有规则性的，即不出现周期性的波动或急剧的中断；除非满足这些条件，否则线性回归不能用来外推趋势。此外，还必须注意，仅仅运用回归分析，并不能测定两个变量之间的数量关系的强度，所以，在测定直线回归方程的同时，还往往需要计算概率配合直线回归方程式强度的相关系数（关于这方面的计算方法可以参见有关的统计学教科书，如戴世光的《应用经济统计学》）。

上述的简单线回归分析是就一个因变量 Y 由一个自变量 x 来推算的，因而也称为一元回归分析。但是，在实际的政策问题中，影响因变量的因素往往不止一个，而是多个。因此，在许多情况下，需要用到两个、三个或更多自变量的回归方法，对一个因变量与新自变量的数量关系进行推算，以获得比较满意的回归模型。这就是多元线性回归分析，它研究在线性相关条件下，一个因变量与两个或两个以上的自变量的数量变化关系，表现这个数量变化关系的数学公式，称为多元线性回归模型。

多元线性回归模型是一元线性回归模型的扩展，尽管它在计算上比较复杂，但其基本原理与一元线性回归模型类似，它的一般表达方式为：

$$Y=b_0+b_1x_1+b_2x_2+\cdots+b_nx_n$$

为了便于说明，我们假定，若在多个自变量中，我们确定两个有较大影响的自变量 x_1 和 x_2，则我们得到一个二元线性回归模型的方程式：

$$Y=b_0+b_1x_1+b_2x_2$$

其中，Y 是二元回归的因变量，b_0 为常数项，b_1 和 b_2 分别为 Y 对 x_1 和 x_2 回归系数。b_1 表示在自变量 x_2 为一定值时，由于自变量 x_1 变化 1 个单位而使 Y 改变的平均值；b_2 则表示在自变量 x_1 为一定值时，由于自变量 x_2 变化的 1 个单位而使 Y 改变的值。因此，b_1 和 b_2 一般称为偏回归系数。

根据最小二乘法原理，Y、x_1 和 x_2 的数字资料，其主要问题是求参数 b_0、b_1 和 b_2 的估计值或理论值，其能使平方和 $\sum(Y-Y_t)^2$ 具有最小值；那么，求解方法仍用最小二乘法，即分别对 b_0、b_1、b_2 求偏导数，并令函数的一阶导数等于零，即可以得到如下三个标准方程式①：

$$nb_0 + b_1\sum x_1 + b_2\sum x_2 = \sum Y$$

$$b_0\sum x_1 + b_1\sum x_1^2 + b_2\sum x_1x_2 = \sum x_1Y$$

$$b_0\sum x_2 + b_1\sum x_1x_2 + b_2\sum x_2^2 = \sum x_2Y$$

2. 非线性回归分析

在未来趋势呈线性变化的情况下，采用线性分析方法非常直观方便。但是，在现实过程中，各种变量之间的关系相当复杂，并不一定为线性关系，而是呈现为非线性关系。这时，我们进行非线性回归分析，邓恩称之为非线性时间序列分析，他将不具备线性、持久性和规律性的时间序列（即非线性序列）分成如下五种类型（见图 6—5）②：

（1）振动。在这种非线性时间序列中，存在着对直线趋势的偏离，但这种偏离仅仅存在于年、季、月和日中。振动可以是持久的和有规律性的（如大部分警察的搜捕行动发生在整年的晚上 11 点至凌晨 2 点之间），但在观察时期内并不显示一种恒常的增加或减少（见图 6—5a）。在数年内出现的振动可能与这些年份之间的长期趋势有联系。例如：失业的季节性变化，公共机构工作的每月变化，污染物水平的每日变化等。

（2）周期。周期是那些出现在年份或更长时期中的非线性波动。它可能是难以预测的，或者它以持久性和规律性出现。尽管周期的总模式总是非线性的，但周期中的某个阶段可以是直线或曲线（见图 6—5b）。例子有商业周期和学术领域，科学出版物和文明的“生命周期”。

（3）增长曲线。对直线趋势的偏离出现在年份、十年或其他时间单位之间。增长曲线或者表现为时间序列中增长率的累积增加、增长率的累积的减少；或者显现为这两者的结合——在这种情况下，增长曲线是 S 形，称为逻辑曲线或 Sigmoid 曲线（见图 6—5c）。增长曲线是从对生物有机体的研究中提出的，它已被广泛应用于工业、城市区域、人口和科技等领域的增长的预测中。尽管增长曲线不是线性的，但它是持久的和有规律性的。

（4）衰变曲线。在这里，对于直线趋势的偏离出现在年、十年或更长的时期

① 参见钱伯海、黄良文主编：《统计学》，203～205 页。

② William N. Dunn, Public Policy Analysis: An Introduction. pp. 212～214.

中。它是增长曲线的配对物，只不过是表现为时间序列中的衰退率的累积增加或减少（见图 6—5d）。衰退率的增加或减少可以结合起来构成具有不同形状的曲线。衰退模式有时被用作各种有关文明、社会和城市衰落的动力学或“生命周期”观点的基础。衰退曲线是非线性的，但它是有规则和持久的。

(5)“突变”。“突变”时间序列的主要特征在于：它展现出突然和急剧的中断。突变变动的分析——一个由法国数学家汤姆（Rene Thom）所创立的领域——不仅包括随时间推移的非线性变动，而且也包括那些中间的模式（见图 6—5e)。例子有政府政策的突然改变（如投降或撤退)，经济危机爆发期间股票交易的崩溃，以及水达到沸点时的突然变化等。

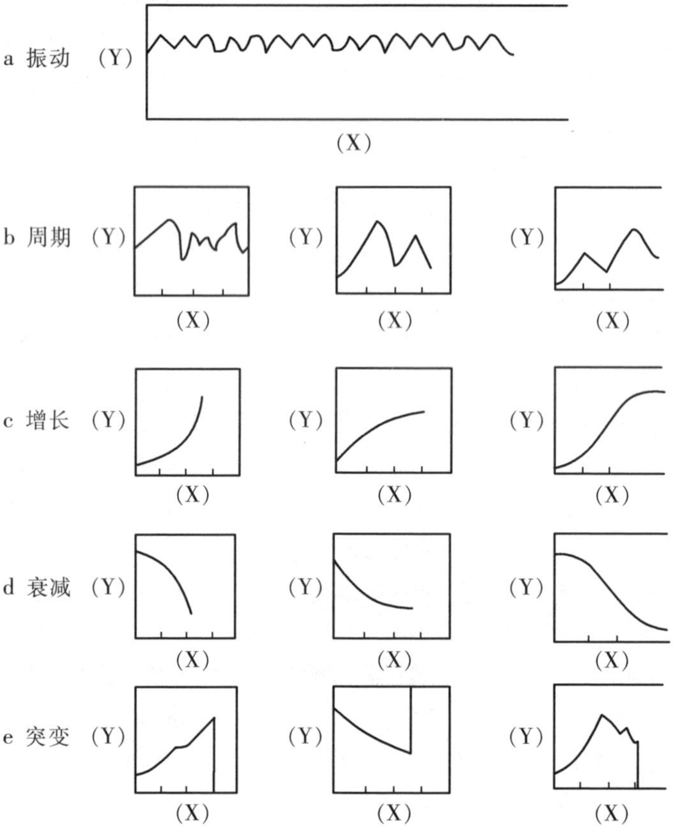

图 6—5　五种非线性时间序列

由图 6—5 所图示的增长或衰退曲线不能用直线趋势来加以刻画，其模型仅仅表现出轻微的或甚至没有周期性的波动。这种趋势最好描述为指数增长或衰退，即那种以一种增长率增长或衰退的某些平方值的增长或衰退。

建立增长或衰落过程曲线的技术比那些用来估计长期趋势的技术更复杂。但实际上，非线性回归分析的计量方法是将曲线方程化为线性方程，然后采用最小二乘法进行回归分析，其步骤与线性趋势估计相同，即先根据因变量和自变量之间的关系，确定选用何种类型的方程式；然后估计方程中的参数，基本方法是将非线性方程转化为线性方程。

6.3　理论预测

我们知道，科学理论具有两个基本的功能：一是用来解释或说明相关的现象或过程；二是用来对未来的事件做出预测。例如，从有关的天文学理论中，我们可推断出某一彗星将在何年何月何日何时出现；从牛顿力学尤其是万有引力定律可以知道一物体从40层高楼顶层下落，会在什么时候到达地面。科学理论可以用于解释和预测，原因在于它们揭示事物或现象及其过程的因果关系。理论预测根据理论假定以及现在和历史的数据对未来社会状况做出判断。与外推预测不同——它的假定是过去出现的东西将在未来重现或可能在未来发生，理论预测根据各种理论中所包含的因果关系进行预测。与政策分析的其他阶段以及其他预测技术相比，理论预测更多地依赖于模式建构。

外推预测的逻辑在本质上归纳的，而理论预测的逻辑在本质上是演绎的，它主要采用了演绎推理的形式，即从一般的陈述（公理、定律、命题）推出特殊的陈述。在政策分析中，人们经常通过演绎推理来做出“如果一个事件（x）出现，那么另一个事件（y）也会随着出现”一类的论证。尽管理论预测的显著特征是一种从理论假设推出未来事件的预测，但必须强调指出的是，演绎和归纳的相互联系。如果从理论假设做出的预言，不时地可从经验研究中观察到，那么这个演绎论证的说服力就会大大增强；同样，如果一个孤立的经验概括以理论假设为根据，那么，它就会具有更大的说服力。

邓恩在《公共政策分析导论》中介绍了几种常见的理论预测技术，即理论图示、因果模式、回归分析、区间估计和相关分析等。下面根据他的论述，简要介绍前三种方法。

6.3.1　理论图示

理论图示是一种用于帮助分析者查明和安排一个理论或因果论证中的关键假

设的技术。它可以有助于揭示下列四种因果论证：收敛的、发散的、系列的和循环的论证。收敛论证是指两个或两个以上的关于因果关系的假设被用来支持一个结论或论断的论证；发散的论证是指一个单独的假设支持一个以上的结论或论断的论证。反之，系列论证是指一个结论或论证被用作一个假设去支持一系列进一步的结论或论断；循环论证是这样一种系列论证，在其中，系列论证的最后结论与该系列中的第一个结论密切相关。这四种论证可以用图 6—6 表示。①

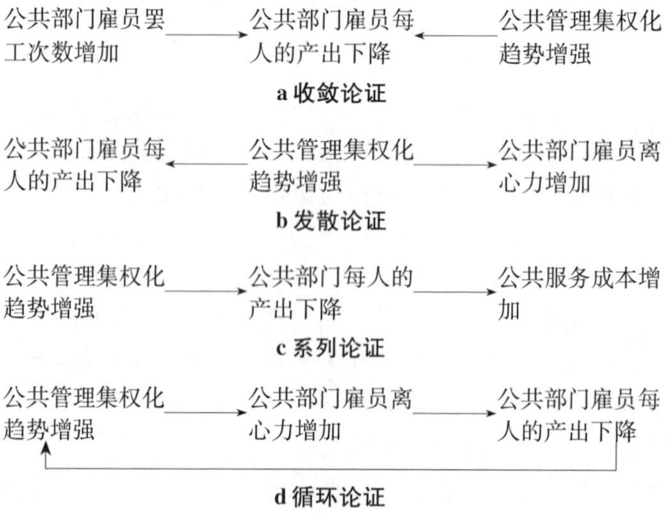

图 6—6 因果论证的四种类型

（1）收敛论证。公共部门雇员罢工人数日益增加→公共组织中雇员的人均产出日益减少→公共部门管理日趋集中。

（2）发散论证。公共部门雇员的异化日益加剧→公共部门管理的日趋集中→公共组织中职员的人均产出日益减少。

（3）系列论证。公共部门管理日趋集中→公共组织中的每位雇员的人均产出日益减少→公共服务的成本日益增加。

（4）循环论证。公共部门管理日趋集中→公共部门的职员的异化日益加剧→公共组织中雇员的产出日益减少。

一个理论可能包含着这四种论证的混合。有一种程序可以用来揭示一个理论

① William N. Dunn, *Public Policy Analysis: An Introduction*. p. 224.

或论证的一般逻辑结构，它由如下四步所组成：第一步，分开并计数每个假定（命题，定理或公理）；第二步，划出表示结论的词语（如“所以”、“因此”、“因而”等）和表示支持论断或结论的假设的词语（如“因为”、“由于”、“既然”等）；第三步，当这些逻辑指示词被省略，但明显地是隐含着的时候，用方括号将这些逻辑指示词补齐；第四步，用一个因果关系图表（用箭头表示）安排已被序号化了的各个假定。

可以用公共选择学派关于政府无效率论证的例子来说明，例子来自于奥斯特洛姆（Vicent Ostrom）的《美国公共行政的智力危机》。作为当代公共管理的一个理论基础公共选择理论力图表明，不同的制度安排将产生不同的管理结果，特别是民主的管理体制将会更有效率，它也指出了美国政府管理中存在的一些主要问题，如无效率、不平等、不负责任等，而这种弊端多少与公共行政学这半个多世纪以来过分强调集权、科层制和管理权力巩固的学科的教学结果有关。下面是奥斯特洛姆在该书的一段话，它力求解释政府体制的无效率。

> “戈登·图洛克在《官僚政治》(1965) 中指出，[假设] 在一个大型的公共官僚机构中，理性的个人追求最大化战略会产生什么样的后果。[因此] 图洛克的‘经济人’是一个野心勃勃的雇员，他在官僚机构内常常寻求增加职业晋升的机会。因为他的晋升有赖于他的上级的有力推举，所以一个职业化的公共雇员将以取悦于顶头上司的方式行事。[所以] 他将传递于己有利的信息，扣压于己不利的信息。[因为] 信息的歪曲使官僚组织的控制力削弱，并产生出背离组织行为本意的前景。因此，规模庞大的官僚机构在适应迅速变化的环境条件方面将变得易错和笨重。[因为] 用加强控制的方法来纠正官僚机构的失灵只会放大这种错误。[因此] 唯一的期望是缩小组织的规模。[因为] 组织规模越大，它的活动与产出的比值就越小，而消耗在管理上的精力就越大。”①

在这段引述中，我们可以看出，这个论证从一个关于人的本性的假定（即“经济人”假设）开始。它如此基本，以致可以称为公理。公理是真的和不证自明的，即它们不需要作任何证明。这段引述是一个复杂的论证，靠一般的阅读是难以把握它的逻辑结构的。

我们可以进而使用理论图示法的程序（1）和（4），让这个论证的结构更完

① Vincent Ostrom, The Intellectual Crisis in American Public Administration, Rev. ed, University. Al: The University of Alabama Press, 1974, p. 60.（中译本《美国行政管理危机》，54页，北京，北京工业大学出版社，1994。）

整地描述出来。先应用程序（1），将每个论断分开，并标上序号，修改某些术语，以使原有的论证更清晰。

［因为］1. 在大型公共机构工作的每个公共雇员都是理性的、自利的个人，他们追求利益最大化战略（“经济人”假说）。

［并且］2. 职业晋升的期望是理性自利者的一种结果。

［所以］3. 公共雇员为增进他们的职业晋升机会而奋斗。

［因为］4. 职业晋升机会的增加是顶头上司有力推举的结果。

［并且］5. 顶头上司的有力推举是从下属获得有利信息的结果。

［所以］6. 为职业晋升的下属将传递有利的信息而扣压不利的信息。

［因为］7. 扣压不利的信息将导致管理上出现错误，降低组织适应迅速变化着的环境条件的灵活性。

［并且］8. 扣压不利的信息削弱了管理的控制。

［所以］9. 管理者试图通过加强控制来弥补损失，补救性的加强控制的努力加剧对不利信息的扣压（6）和管理上的错误的放大（7），控制的损失进一步产生了加强控制的努力（8）。

［并且］10. 补救性的加强控制是公共官僚机构规模的结果。

［因为］11. 补救性的加强控制必须有更多的管理活动上的精力的消耗，却带来更小的产出。

［所以］12. 公共机构的规模越大，机构扩张部分的管理活动的产出就越小，对机构规模的回报率就越小。

通过将每个论断和假设分开，并将它们标上序号，我们揭示出了这个论证的逻辑结构。我们看到，在这个关于政府无效率理论中，有几种类型的因果论证。上面这段引文的前半部分包含了一个系列论证——强调公共雇员动机对信息错误和管理控制的影响；引文的后半部分也包含了一个系列论证，但它是一个强调公共机构规模重要性的论证，此外，还有一个周期论证（错误的放大）和几个收敛的论证和发散的论证。

最后，我们应用程序（4），划出一个箭头图表（见图6—7），以便更清楚地描述这个论证的因果结构。图6—7显示：首先有两个系列论证（①②③）和（⑤④③）。第二个系列论证（⑤④③）是自足的，不需要第一个系列论证（①②③）的支持；第一个系列论证完全是由“经济人”假说（公理）推导出来的。其次，有一个发散的论证（⑤④⑥），它表明某些因素⑤有多方面的结果。最后，还有三个收敛的论证，即（④②③），（③⑤⑥）和（⑧⑨⑩），它们表明，在每一场合，有两种因素（原因）可以解释同一事件的出现。

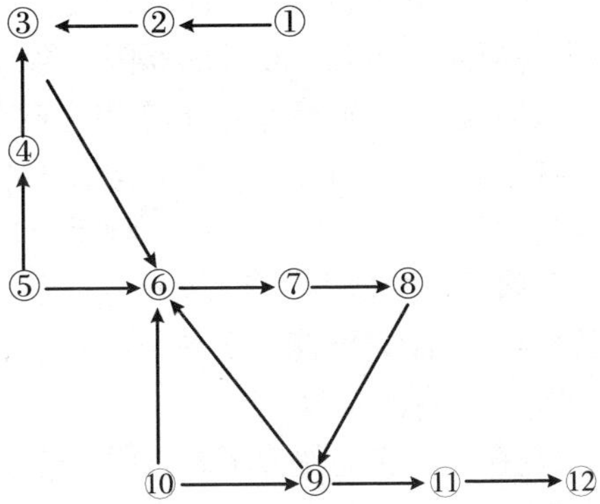

图 6—7　政府无效率论证的因果关系箭头图解

说明：这里，①理性的自利者；②职业晋升的愿望；③为增加职业晋升的机会而奋斗；④顶头上司的有力推举；⑤来自于下属有利的信息；⑥不利信息的扣压；⑦管理上的错误；⑧管理控制的丧失；⑨更紧密的控制；⑩公共官僚机构的规模；⑪管理开支；⑫规模的回报。

图 6—7 也表明了该论证的基本特征，它使一种重要的潜在的关系明确化，即由⑩和⑥之间所表示的关系——说明公共机构的规模可以单独影响传递或扣压信息的趋势。同时，这个图示还帮助我们弄清一个周期性论证，即（⑥⑦⑧⑨）。它表明，我们可以预料到管理错误在最近的累积增加过程，这是作为信息扣压之间自身强化关系⑥、管理错误⑦、管理控制的丧失⑧、补救性的严密控制⑨以及后来对信息扣压的进一步鼓励等的结果。这种周期性论证也称为反馈回路。它表明，以公共选择理论为基础所做出的任何预测都将产生关于管理错误和政府无效率增加的曲线模型。

6.3.2　因果模式

理论模式化表示构造简化的理论表达式（模式）的广泛范围。模式是理论预测的一个本质因素，因为分析者很少直接从理论作出预测，尽管分析者可以直接从理论开始，但他们必须发展出理论模式之后，才能预测出未来事件出现的可能性。理论模式（化）之所以重要，其原因在于理论通常过于复杂，因而它们被用于政策问题之前必须加以简化，而且由分析数据的过程到评估一个理论的似真性包含着构造和检验理论的模式，这些模式并不是理论本身。

大部分理论模式可以用符号来表达，即以数学符号和方程式表示出来。例如，前面的回归分析中的 $Yx=a+b(x)$ 就是符号化的模式。在公共政策分析中，有大量标准化的符号模式，因果模式、微观经济学模式和系统动力学模式是常见的几种理论模式的类型。这里我们仅介绍因果模式。

因果模式是一些力求解释和预测公共政策的原因和结果的简化了的理论表达式。因果模式的基本假定是：在两个或两个以上变项之间的共同变化——例如，在一国或地区中，那种与福利开支增加相联系的人均收入增加的共变现象——是基本的派生力（原因）和它们的结果（效果）的一种反映。例如，在前面公共选择理论的例子中，“投入管理活动的精力比率是由公共组织的规模所决定的”是一个理论命题。这个命题的一个模式可能是 $Y=a+b(x)$。在这里，a 和 b 是常项，x 是不同规模的公共组织雇员的总数。

因果模式的优点及力量在于，它促使分析者将因果假定加以明确化；局限性在于分析者往往倾向于将统计分析所发现的共同变化与因果论证混为一谈。因果推理总是来自于一个模式的外部，即来自于某些理论中的定律、命题和假定。用作为因果模式早期先驱者之一的莱特（S. Wright）的话来说，因果模式程序并不打算去完成这样一项不可能实现的任务，即从相关系数的值中推出因果关系。

因果模式被广泛地应用于交通、卫生、教育和福利等公共政策问题领域，以弄清这些领域公共政策的决定性的因素。基于因果模式研究所得出的一个结论是：政治结构的差别（如一党制对多党制）并不直接影响诸如教育和福利开支一类政策的输出；相反，社会经济发展（收入、工业化、城市化等）水平的不同决定着政治结构——它影响到教育福利开支——上的差别。这个结论是有争议的，因为它与人们通常所持如下的假定相矛盾，即公共政策的内容是由包括选举、代议制机构和政党竞争在的政治结构及政治过程所决定的。

因果模式建构中的一个重要统计性程序是路径分析（path analysis），它是一种应用多个自变量的线性回归的特殊途径。在应用路径分析法时，我们希望查清这些自变项（如收入），它们是唯一的并且与其他变项（如政治参与），决定因变项（如福利开支）中的变化。一个自变项被认为是一个因变项的原因（因变项则被当作结果），因果估计则称为路径系数——表示在自变项和因变项之间关系中单向因果关系。

用来刻画因果关系的一个标准化的方法是路径图，它看起来与前面构造公共选择理论的箭头图相似，差别只在于它包含了对自变项和因变项的影响力的估计。下面图 6—8 是一个路径图，它被用来模式化公共选择理论的部分。路径分析和因果模式的优点是，它们做出那些建立在有关因果关系的明确假定的预测，其缺陷在于，它们并不是为完成如下的不可能实现的任务而设计的，即从各种变项之间关系的估计中推出原因。只有理论才允许我们做出因果推论，进而做出预言。

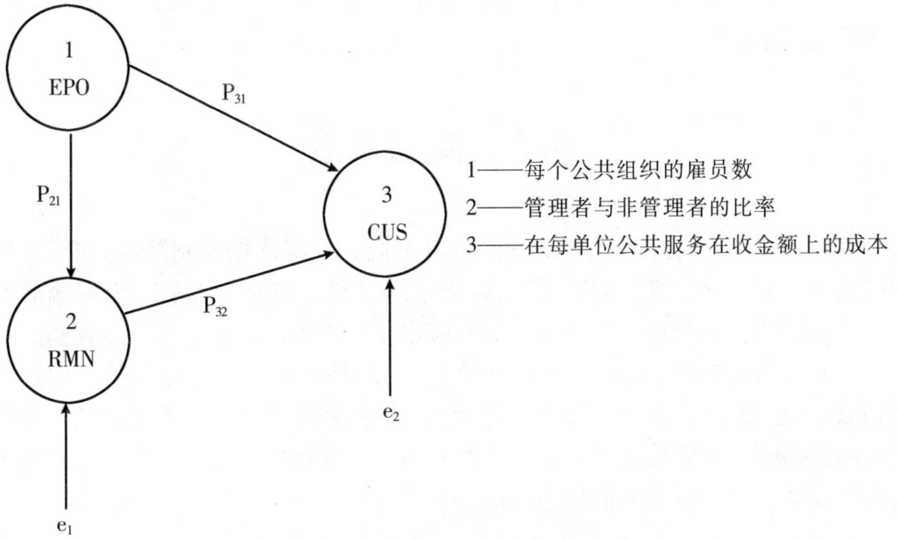

图 6—8　说明公共选择理论模式的路径图

说明：符号 P 表示一个因果路径，下标表明因果关系的方向；P_{31}意味着变项 3 是由变项 1 所引起的。那些没有前导原因的变项称为外生变项（即它们的原因是外在于系统的），而其他原因变项叫做内生变项（即它们的原因是内在于系统的），符号 E（有时记作 u）是一个错误的事项，它被定义为在一个内生变项中的变化，错误的事项应彼此不相干并与其他变项不相干。

6.3.3　回归分析在理论预测中的应用算

作为一种一般性的统计学程序，回归分析不仅用于趋势估计，而且也应用于理论预测。在理论预测中，回归分析能够产生关于自变项和因变项关系的模式和量度的准确的估计。

回归分析在理论模式化中特别有用，它提供了因变项与自变项之间关系模式的概要性测量。这些概要性的测量包括一条回归线——只要知道自变项的值，由该线即可估计因变项的值，以及一个关于观察到的离开回归线垂直距离的总的测量。通过这些距离的概要性测量可以计算出一个预测中所出现的差错量。

除了在趋势估计中的优点外，回归分析的一个显著的优点是迫使分析者确定两个或两个以上的变项中，哪一个是原因（即弄清自变项），哪一个是结果（因变项）。然而，为了确定原因和结果，分析者必须掌握某个理论，以便说明为什么其中一个是另一个的原因。尽管回归分析特别适合于由原因预测结果的问题，但它所能做的最好的事情是提供关于由一个理论所预测出的关系的精确的估计，当然做出预测的是理论或理论的简化的表达式，而不是回归分析。回归分析只能提供变项之间关系的估计。正由于这个原因，分析者在使用回归分析之前，必须使用理论图示程序。

6.4 直觉预测

直觉预测技术与外推、理论预测技术不同，它所依据的判断、直觉、灵感、洞察力（即创造性思维），其过程是回溯推理过程，即分析者从一个猜测的事态出发，然后寻找支持这一猜测的数据和假定。尽管外推、理论和直觉预测的逻辑基础不同（前两者依据的归纳和演绎推理），但是归纳、演绎和回溯三种推理是密切联系的。因此，直觉预测仍然必须以外推预测和理论预测程序及其产生的数据和假定作为必要的补充。下面，我们介绍三种常用的直觉预测方法，即德尔菲技术、交叉影响分析法和情景描述法。

6.4.1 德尔菲技术

德尔菲技术（The Delphi Technique）是一种获得、交换和发展关于未来事件的灵通信息的直觉预测程序，其过程是“利用一系列简明扼要的问卷和对所获得意见的有控制的反馈，从而取得一组专家的最可靠的统一意见”。这种技术是第二次世界大战后（1948 年）由兰德公司发展起来的，它以希腊阿波罗神所在地德尔菲命名。德尔菲法最初被应用于军事战略问题，后来逐步扩展到教育、科技、市场、住房、预算、交通运输、医疗卫生、生活质量、信息处理、研究与开发、空间探索等领域。该技术的初期使用强调的是通过专家来证实建立在经验数据基础上的预测，20 世纪 60 年代以后也被应用于价值问题的预测。现在，德尔菲成为人们最常用的预测方法之一。也有人说，它是 120 余种预测方法中使用率最高的一种。

德尔菲技术的早期应用是由对委员会、专家小组和其他团体过程明显的无效性的关注所引发的，这种技术被设计用来克服在团体中所发现的交流上的种种扭曲，如由一个人或几个人对团体的支配、形成单一团体意见的压力、人格差别和人际关系冲突等。为了避免这些问题，德尔菲法的应用强调如下五个基本原则：（1）匿名性——所有专家分别以个人作答，他们的匿名性得以严格保密；（2）循环反复——个人的判断被汇集加总，并在一个系列的过程（两轮或两轮以上）中发回给每个参与的专家，因此，允许社会学习和修改先前的判断；（3）有控制的反馈——汇集起来的判断的交流以对问卷作答的总结性测量的形式出现；（4）统计性的小组答案——个人的应答用向心趋势（中位数）、中趋势（dispersion）和频率分布的形式加以表述；（5）专家共识——宗旨是创造特定的条件，让专家在这些条件下能达成某种共识，作为问卷调查的最后和最重要的产品。

德尔菲法的本质是利用专家的知识、经验和智慧，它通过通信方式进行信息交换，以取得一致的意见，达到预测的目的。它的基本程序如图6—9所示。①

让我们对这一程序作一些简要的说明。一般而言，德尔菲技术的使用往往需要成立管理小组。人数多少随问题的大小而定（从2～20人不等），管理小组应该对德尔菲技术的本质及过程有正确的了解，具备必要的专业知识和统计学及数据处理方面的方法素养，了解相关领域的专家情况；管理小组在对利用德尔菲法进行预测的过程有一个大致的统计之后，要选出一个应答小组（通常管理小组掌握着一份可供选择的专家名单），人数多少随着问题的大小而定（可以十几个到上百人），应答组的成员要有相关课题的领域的专家，也要有其他领域的专家，最好有跨学科研究的专家以及喜欢争论的人。拟邀请的专家应事先征得同意，以保证较高的问卷回收率。

德尔菲法的征询过程一般由四个步骤构成：（1）指示讨论的问题，专家们提出各种附加的意见、项目和方案等；（2）指示专家组对所预测问题的理解和看法（例如对相对重要性、可行性和合理化是否存在严重分歧）；（3）信息的多次反馈，以求得专家意见的收敛；（4）作出最终评价，即取得较为一致的预测结果。

在第一轮的问卷表中，最好的做法是给出一张空白的预测问题表，让专家自由发挥填写应该预测的技术问题，这可排除先入之见，但这种做法常常过于分散，难以归纳。所以，一般的做法是由管理小组先拟订一个预测事件的一览表，直接让专家评价，同时允许他们做修改和补充。鉴于所预测问题涉及大量的社会、政治、经济与技术等方面的背景情况，专家们不可能全面掌握，因此，在第一轮应提供必要的背景资料，并要求专家们做出补充和评价。在德尔菲技术的应用过程中，最重要而又困难的工作是对问卷的设计和处理。在设计问卷时，就必须设计好问卷回收信息处理的方法。应答小组对问卷给出各种答案，必须对这些答案进行分析处理，才能获得有用的信息，并反馈和开始新一轮的征询。常用的统计方法有中位值法、比重数据处理法、简单排序法、选择评价法、评分排队法以及专家意见的集中和协调程度的处理方法等。

---

① 参见陈宪主编：《经济学方法通览》，492页。

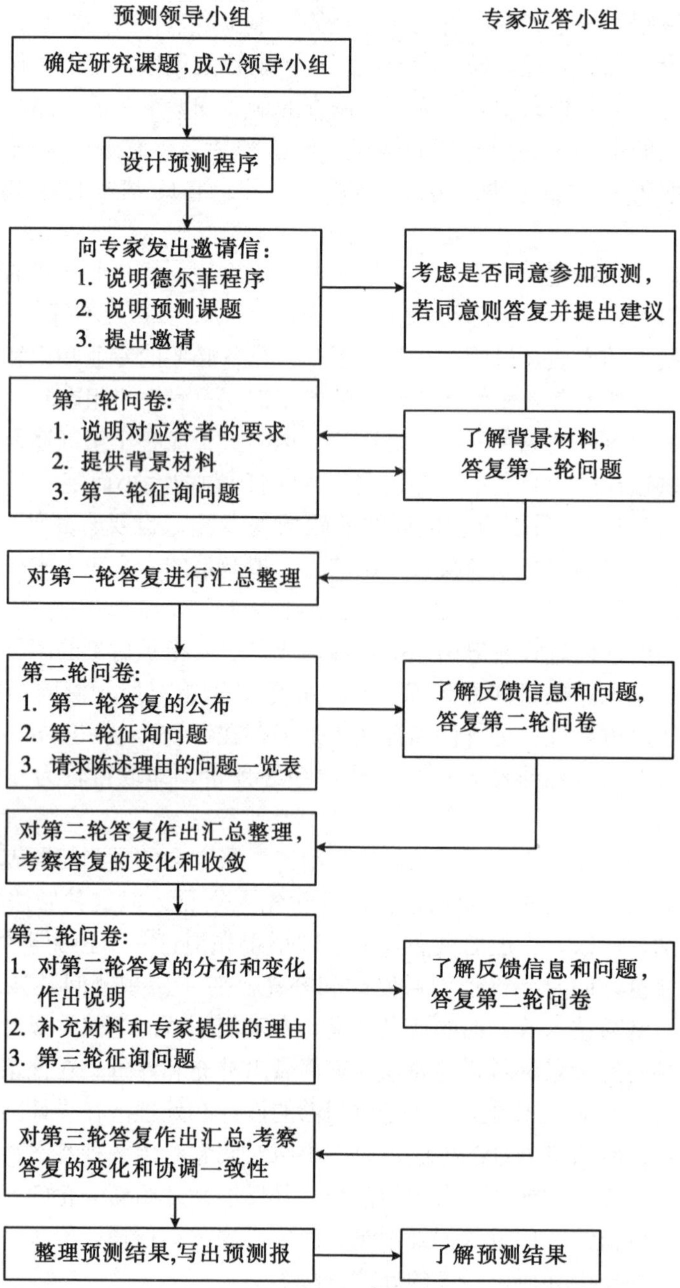

图 6—9　德尔菲法预测程序

应用德尔菲方法应注意如下事项：(1) 必须根据应答所提出的建议，随时灵活地设计问卷，整理汇总工作应当程序化；(2) 提出的问题必须清楚明确，不能有歧义或多种理解，不要使用模糊词汇，措辞在整个问询过程中不要随意改变；(3) 问题应有内在联系，构成整体，不要分散，数量也不能过多，另外一般应给应答者付报酬；(4) 在征询之前，应向专家说明预测过程的安排和要求，说明他们相信这一预测过程的意见；(5) 每一轮的征询都应留出空间让应答者提出个人意见、理由、建议、疑问；(6) 除了书面问卷外，可以辅以直接接触的方式，如开小型座谈会、会见等。

德尔菲法应用中经常出现的问题有：一是成见或条条框框的束缚，即把某种成见、条条框框或管理小组自己的观点强加于应答者，不让专家有自由发挥的余地；二是滥用，即对德尔菲法缺乏理解，不看是否合适而滥用该程序；三是缺乏汇总与反馈技巧，所提问题让应答者无法了解，导致信息失真；四是忽视分歧意见，不加以进一步讨论，使持不同看法者失望而退出；五是低估这一程序的作用及困难，没有给应答者付费等等。

在本章末，我们将通过一个兰德案例来说明德尔菲技术的应用。

6.4.2　交互影响分析

交互影响分析（cross-impact analysis），或称交互影响矩阵法（cross-impact matrix method），是又一种广泛应用的直觉预测技术。它通过考虑事件的相互作用来预测事件发生的概率；或者说，它根据相关事件出现或不出现来作出未来事件出现概率的直觉判断。交互影响分析的目的是查明那些将促成或制约其他相关事件出现的事件，它所依据的是条件概率原则。条件概率指的是一个事件出现的概率依赖于另一个事件的出现，也就是说，两个事件都不是独立的，它可以用“$P(E_1/E_2)$”这一式子来表示，这个式子读作“给定第二个事件 E_2，第一个事件 E_1 的概率”。

交互影响分析法与德尔菲技术存在着密切的联系。实际上，它是作为德尔菲技术应用的补充而出现的。这种方法也是兰德公司研究人员开发出来的。作为交互影响分析法的创立者，兰德公司研究员戈尔顿和海华德（T. J. Gordon and H. Hayward）在《未来》杂志1968年第2期发表了《预测的交互影响矩阵法的最初实验》一文，介绍了这种方法及其应用［而“交互影响”(cross-impact) 一词最早是由海默尔（Helmer）提出的］。在谈到这种方法的要旨时，戈尔顿和海华德指出：德尔菲技术和其他许多预测方法的缺点是，被预测的事件之间的关系往往可能被忽视，预测也很可能包含相互强化或相互排斥的事项，交互影响分析力图发展出一种新方法，通过它，在一个预测集之中的一个事件的概率可以根据与被预测的事件之间的潜在的相互作用相关的判断而加以调整。①

从系统论的观点看，在潜在的事件集之中，总是存在紧密而复杂的相互联系和相互作用。从现在看来，未来有可能发生的事件之间，有些是相互促进的，有些是相互制约的，而有些是相互没有多大影响的；有些未来事件之间有直接、明显的相互影响；有些未来事件之间还有间接的、通过中介来实现的相互影响。这些复杂的相互作用影响着未来事件的发生，交叉影响分析正是用来分析未来事件的相互影响而设计的，它的预测程序是：

(1) 利用专家的主观判断和估计（如德尔菲技术）应该考虑事件及其概率，并且确定事件之间的相互作用。

(2) 用矩阵的形式描述各种事件之间的逻辑关系，用概率的变化表示各事件相互影响的强度，并分析各事件之间相互发生作用的时间。

(3) 根据各事件之间相互影响的结果，修正各事件发生的概率，并作出最后预测。

我们用相关教科书的一个假设的例子来说明交互影响分析的过程。假设在1990年8月伊拉克入侵科威特之后，海湾国家风云突变，局势紧张。某国在考虑今后15年的能源政策时列出三种可能的能源政策方案后（即相互关联事件A_1、A_2、A_3），利用交互影响法，估计每项政策方案的概率（P_1，P_2，P_3）。设A_1代表使用各种煤炭代替石油消耗，其概率$P_1=0.8$；A_2代表降低国内石油价格，其概率为$P_2=0.4$；A_3代表控制环境污染，其概率$P_3=0.3$。确定交互影响矩阵如下（见表6—2）：

表6—2　　三个政策方案相互影响矩阵表

事件	发生概率	事件间的相互影响		
		A_1	A_2	A_3
A_1	P_1	—	↑	↑
A_2	P_2	↓	—	—
A_3	P_3	↓	↓	—

这里，向上的箭头表示正的影响，说明一事件发生增进另一事件发生的概率；向下的箭头表示负的影响，说明一事件的发生将降低或消除相关事件发生的概率；“—”表示无关或无影响。

① See T. J. Gordon and H. Hayward, "Initial Experiment with the Cross-Impact Method of Forecasting", *Futures*, 1. No. 2 (1968), p. 100.

最后，还必须根据概率计算方式，求出正、负影响的程度数值修正这三种事件发生的概率。

6.4.3　情景描述法

情景描述法也称脚本写作法。我们在第 3 章中已涉及这种方法如何应用于问题的界定之中。这种方法同样被广泛地应用于政策未来的预测之中。它把研究对象分为主题和环境，通过对环境的研究，识别影响主题发展的外部因素，模拟外部因素可能发生的各种交叉情景，以预测主题发展的各种可能前景。情景描述表现为着重研究偶发事情及决策要点的一系列假设事件。

根据徐国祥等人在《经济预测和决策》中的论述，情景描述先构造一个“无突变”的情景 A，即在假定当前的环境不发生重大变化的条件下研究对象的未来情景；然后分析情景 A 的环境因素，就各因素的不同取值而对 A 造成不同的影响，由此产生了情景 B 和情景 C，进而可以得到 A、B、C、AB、AC、BC 六种情景；同时还可以假设有突发事件 D，它对情景 A、B、C 又有不同程度的影响，从而又产生了 AD、BD、CD、ABD、ACD、BCD 六种情景。作为一种预测手段，情景预测有三种表现形式，即未来分析法、目标展开法和间隙分析法。

未来分析立足于现在，着眼于未来，它通常将未来分为三种情景——无突变情景、悲观情景和乐观情景。这种方法首先假定目前的状况将持续发展，预测出这种发展的未来的情景，即无突变的情景；然后，找出对未来情景有影响的多种环境因素，让它们出现不同程度的变化，从而得到有利和不利的环境；最后，分析在有利环境与不利环境下可以分别得出什么样的乐观情景和悲观情景。例如，根据历史和现实的情况，我们可以预测在不久的将来，我国将消除贫困，人民生活水平将进一步提高这一种情景。而该情景因素有国家政策、国际环境、自然条件、社会政治经济制度、观念和文化传统等方面。假设国内外条件均有利于我国经济的发展，自然条件也对农业生产有利，那么，在这一有利的环境下可以得到乐观情景：国民经济加速发展，人民生活大幅度提高，提前进入小康社会。再假设国际环境对我国经济发展形成一定阻碍，又碰上天灾，扶贫工作遇到不少困难，因而不利于国民经济的发展，导致悲观情景的出现：国民经济发展速度降低，人民生活水平提高的速度减缓。

目标展开法立足于未来，分析现在，即先确定好目标，然后分析如何达成目标。在分析过程中，可以根据总目标设计出各子目标，再分析实现这些目标必须满足的条件或环境，并从中找出实现目标的理想途径。例如，若今年经济增长率为 8%，要对这一目标如何实现进行分析。经济增长受资金、劳动力、科技进步等因素的影响。这三者对经济增长的不同贡献率的组合均可实现这一目标。我们可以根据现实状况设置不同的组合，如三者贡献率依次为30%、30%、40%；50%、10%、40%；或30%、10%、60%等等。根据不同的组合分析它们的可行性，从中选取理想的实现途径。

间隙分析法立足于现在和未来，寻找中间途径。它先根据目前状况，预测照此发展下去的话，结果将会怎样；再根据两者的状况，决定中间路线如何走。这与目标展开法有某些相似之处，但间隙分析更强调阶段性，如分别考虑5年、7年、10年这些不同阶段中应做什么。

情景描述预测的过程包括如下几个基本步骤：(1) 确定预测主题；(2) 根据预测主题，寻找资料；(3) 寻找影响主题的环境因素；(4) 分析在不同影响领域主题实现的可能性以及突发事件的影响；(5) 对各种可能出现的主题状态进行预测。

案例

美国铁合金工业的预测

1970年春，兰德公司作出了美国铁合金工业发展前景的预测。考虑到在以后一二十年内某些关键的战略材料可能出现短缺，用德尔菲法来确定铁合金消费趋势的技术上的变化，这样的预测可作为长期规划的指导并影响钢铁生产和其他合金生产中铁合金的使用。

德尔菲咨询的程序和应答者的选择

该程序包括三轮，每一轮的问题和答复都可以分为三个部分：第一部分，钢；第二部分，合金；第三部分，关键性的发展。第一和第二部分一般是要求应答者预测延伸的趋势曲线以及延伸的理由，第三部分是应答者认为在今后20年内对钢铁或铁合金工业有着潜在作用的技术发展。

应答者的名单是从工业、政府、大学、研究所和商界的各个部门仔细挑选出来的。在钢铁业专家的指导下选出100人作为应答者候选人，他们每人收到了一封参加德尔菲预测的邀请信，一张用于回寄给管理小组表明自己是否愿意参加的明信片和一份第一轮征询表。在100人中，42人答复愿意参加，33人对第一轮问题作出答复。参加咨询都是义务的，不付给报酬，这是因为应答者来自工业界的比例很高，他们作为参与规划的人员，可以将参加预测看作工作的一部分，而来自大学的比例较小的一些人或许将其视作不付酬的咨询研究。

参加德尔菲预测的应答者的专业构成是：铁合金生产业 6 人，有色合金生产业 1 人，特种金属业 2 人，粉末冶金业 2 人，特种钢制造业 4 人，钢生产业 4 人，聚合物业 3 人，研究所 4 人，大学 4 人，技术杂志 2 人，顾问 1 人；共 34 人。

这次德尔菲咨询聘用了两个专业人员（一个高级专家和一个助手）和一些做誊抄秘书工作的临时助手。全部工作周期性进行：一两个月等待上一轮的答复结果并做好处理准备；一两个月处理这些答复并整理成适当形式以备下一轮使用。临时秘书工作也是周期性的，在将结果统计整理成表格反馈时有一周左右的繁忙。

在整个预测过程中，信息流动如图 6—10 所示：

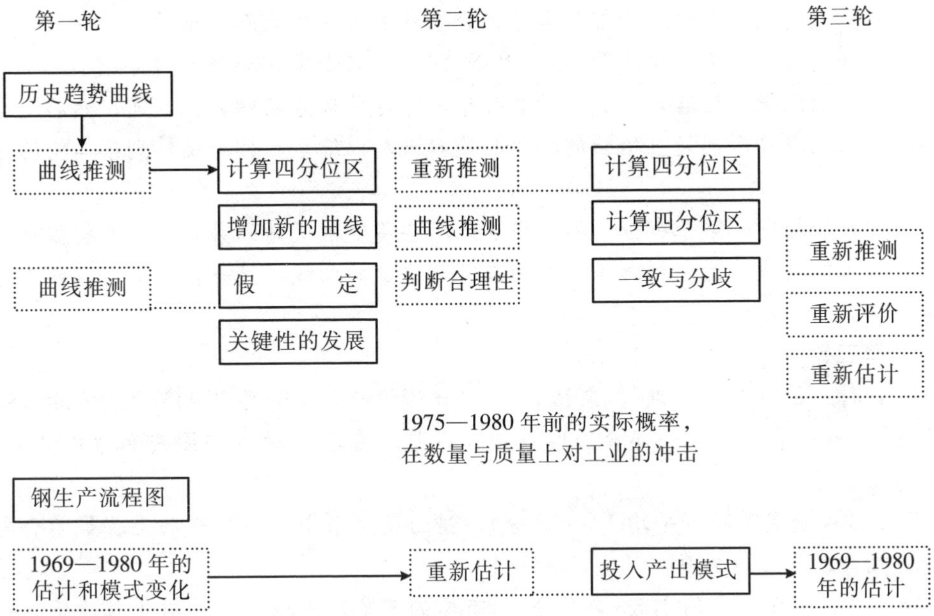

图 6—10　预测过程中的信息流动图

注：实线框为管理小组应答者的信息，虚线框为应答者给出的信息。

第一轮

设计：第一轮分成三个部分。第一部分标以“钢”，给出了钢铁工业各方面情况的曲线图像，如钢的发运总量，发运量与产量之比等等。提供的曲线是从 1960 年到 1969 年的，要求应答者将曲线延伸到 1985 年，对每一图像提出三个问题。

- 应答者认为他的曲线延伸可靠性如何?
- 应答者在作出他的曲线延伸时，假设产生了什么关键性的技术发展?
- 在这条曲线上，别的技术发展怎样导致较大的改变?

第一部分末还给出了钢铁制造过程流图，数据都是1969年的，要求应答者提供1980年的相应数据。

第二部分标以“合金”。像第一部分一样给出一些曲线图像，涉及铁合金工业的各方面，如美国铬消费量、钨消费量等等，以及这些材料的进出口量。征询之所以分为“铁”和“合金”这两部分，是因为应答者专业多可以分为这两部分。

第三部分标以“补充变量和关键性发展的建议”，给的是空白的图像纸的发展表格，让应答者自由填写。

征询表的设计是管理小组听取了铁合金业专家的建议而作出的。

结果的处理：第一轮1970年6月寄给了42名专家，33名作了答复。

答复的结果的处理，首先是计算每个图像延伸部分的四分位区间，然后是将图像纸上问题2和问题3给出的评论收集起来加以综合，作为反馈到第二轮的信息。

在第一轮中，第三部分的答复很少，有些答复被反馈到第二轮，有些被剔除了。在第二轮中，为它增加了三条由应答者提出的曲线。第一轮的汇总整理工作量相当大。

第二轮

设计：第一部分“钢”，包括36项“预测设想”，36项“经济的或国际性的考虑”，以及第一轮第一部分的所有图像，要求应答者对这些设想和考虑评分，评分标准是：

1分：确定无疑（平均1～1.5分）：错的风险很小，在此基础上决策不会失误，由此而得推论为真。

2分：可靠（平均1.6～2.5分）：有错的风险，可以在此基础上作决策，但有可能失误，可能作出不正确的推论。

3分：不确定（平均2.6～3.5分）：对任何专家与决策者来说评价此断言的信息与知识尚不够。

4分：风险（平均3.6～4.5分）：有较大的错误风险，不能仅仅在此基础上决策，否则将得到许多不正确的推论。

5分：不可靠（平均4.6～5分）；有很高风险，作为决策基础无价值。

6分：不成立：此断言没有什么意义。

对于所有原始趋势曲线，都给出了它的延伸部分的四分位区间。要求应答者在了解了四分位区间以后重新作出自己对这些曲线的延伸，并且说明自己的估计是可靠的、或像任何人的一样好，或是有风险的。上一轮中应答者为曲线延伸所给出的理由经整理反馈回来，共 116 条，请应答者评分（按前述 1～6 分）。

第二部分“合金”，设计上与第一部分相同。预测设想部分有 69 项有关合金生产的设想和 17 项一般考虑，请专家评分。第一轮中的曲线图像及其延伸的四分位区间和 128 条预测理由也给了出来，请专家评分。

第三部分是“关键性发展与补充曲线”，给出了 36 项关键性的技术发展，请应答者就 1975 年以前实现的可能评分，并且，若某项技术实现的话，对钢铁工业的影响如何。另外还给出三条新的曲线，请应答者加以延伸和说明。

结果的处理：第二轮征询表送给 52 位专家，回收 34 份答复。这一轮中增加了代表聚合工业的专家，他们虽然没有参加第一轮征询，但为了增加有关塑料替代物的信息而被引入。

第二轮结果处理分为三个独立部分：

——曲线图像的新的四分位区间。

——设想、图像和关键性发展的说明的整理归纳。

——数值性的结论，即评分的计算列表。

在处理时需要作一些统计计算，如平均值、标准差、答复的分布等等。这些计算工作量较大，为此编制了计算机程序。统计结果的样本如表 6—3 和表 6—4 所示。

表 6—3　　统计结果样本

问题序号	平均值	标准差
1	3.4	1.0
2	2.6	0.9
3	3.0	1.2

表 6—4　　统计结果样本

问题序号	分数答复的分布						答复人数
	1 分	2 分	3 分	4 分	5 分	6 分	
A	0.25		0.25	0.25		0.25	24
B		0.33	0.63		0.33		15
C	0.20	0.20	3	0.20	20		

上一轮预测的理由如下，请评分；如果愿意的话，请补充理由。

选择评分因为国外产品成本较低，半成品进口必剧增。

由于加拿大进口半成品加工后出口，目前的出口增加。

由于加拿大变为自足，从加拿大的再出口将减少。

在2～3年内。外国不锈钢生产设备将与美国产品竞争。

美国低镍不锈钢将保持竞争性地位。

铬的短缺将使进口量大增。

利用高纯度合金改进质量将降低进口。

300系列（铬—镍）钢的进口将增加。

第三轮

设计：第三轮还是包括三个主要部分：

第一部分，第二轮第一部分的总结，钢；

第二部分，第二轮第二部分的总结，合金；

第三部分，关键性的发展补充曲线。

第一和第二部分作为总结而提供的，不再需要应答者输入新意见。对每一个问题都列出了从第二轮的结果计算出来的平均值和标准离差。

第三部分中有一些新的设想，以及前一轮中标准离差较大（即分歧较大）的设想，要求应答者重新评价。

第三部分的第一段，给出了第二轮中关于可能性和潜在的关键性发展的影响的分数的百分比分布，每一项发展都有它的平均分数及有关评论。要求应答者重新表明自己的倾向和每一潜在发展的影响。

第三部分的第二段是第二轮中已给出的三条曲线以及应答者们为延伸而列出的理由。要求应答者在读了这些理由以后重新作曲线延伸并且评定自己估计的可靠性，还要求用前述1～6分对这些理由选择评分。

第三部分的第三段包括第一、第二部分中出现较大分歧的所有设想，要求应答者重新评价。还补充了几个新的设想，要求选择一个分数。

管理小组还提出一些问题以简单了解应答者对德尔菲咨询的态度，例如他是否认为参加德尔菲咨询所花的时间是值得的，等等。

结果的处理：第三轮征询表于1970年11月10日送交38位专家，有33位作了回答。

编写了一个计算机程序来计算平均值，标准离差，百分比分布，矩阵等等。然后由管理小组的高级专家检验结果，剔除了得第6分（不成立）占20%以上的条目，剩下的每一条曲线的所有设想和理由重新按照分数的平均值顺次排列。

德尔菲法预测与专家集团研究的比较

兰德公司顾问局指定了一定独立的专家集团，以传统的方式研究同一个问题。传统的研究与德尔菲法同时进行，但一直到两者都结束后才比较研究结果。

在专家集团中，来自铁合金业的各个专家检查了他们十分熟悉的问题。研究报告题为："美国钢铁工业铁合金使用趋势"。在一定程度上，它的预测是精确的。它的结论和建议表明了专家集团的一致，没有暴露出分歧的地方，这是典型的"内行"研究结果。在仔细挑选专家们的专业范围内，这份报告是已知情报与现行研究和发展的可靠综述。与此相反，德尔菲法研究是为了提供一个能指出有关课题的疑点和分歧的机会，它给出了每一条见解的集体评价，但并不保证与众不同的意见是错的。集体的意见比起任何个人见解有较大的正确概率，但是，迄今为止极大地影响了工业的那些技术发展并未被绝大多数专家预料到，所以，不可盲目地从德尔菲法去推测事实。

德尔菲法探索钢铁和铁合金工业的专家们的思想，它所涉及的范围更广阔，它可以使每个人把自己的看法与集体的判断作比较，它并不打算得到像专家集团那样明确的结论或建议。

德尔菲法与专家集团的预测结果相当一致，表6—5指出了两种方法预测的钢和高级合金消费量。另外，举例说，专家集团预测今后十年碳钢发运量将增长22%，德尔菲法预测曲线表明增长率为22%～23%。专家集团预测高强度低合金钢是钢铁工业增长最快的一个品种，德尔菲法预测它是两种增长最快的品种之一。

表6—5　　1980年钢和高级合金消费量预测（吨）

	专家集团预测	德尔菲法预测
铬	339 260	250 000～303 000
钴	2 732	3 000～4 000
铝	1 977	1 300～1 850
锰	1 011 235	1 100 000～1 250 000
钼	21 540	17 400～21 000
镍	124 200	90 000～115 000
钨	1 850	1 550～2 600
钒	5 796	5 000～6 200

专家集团的报告没有指出分歧的地方，而德尔菲法在正确性分数中的3分（不确定）中，既反映了整个应答小组无力确定该设想的正确性，也反映了有关该设想的种种相反意见旗鼓相当。在分数在这个范围的135条意见中，有73条出现较大的标准离差，表明了应答者之间众说纷纭。有57项设想由于评得"风险"或"不可靠"而被放弃。在总共667条设想中，有30%被集体评为其正确性低于"可靠"。而对于决策者来说，考察被抛弃的设想是有很大价值的，所以

应在报告中按正确性高低列出全部设想。

资料来源：乔迪编著：《兰德决策：机遇预测与商业决策》，259～267页，成都，天地出版社，1998。

思考题

1. 什么是预测？政策未来预测的意义何在？
2. 简述预测的过程及程序。
3. 简述外推预测、理论预测和直觉预测的方法论基础。
4. 举例说明古典时间序列分析方法、回归分析方法在外推预测中的应用。
5. 在理论预测中的如何应用理论图示法和因果模式？
6. 举例说明交互影响分析和情景描述法在直觉预测中的应用。
7. 在上述案例中，兰德公司是如何应用德尔菲技术进行预测的？

第 7 章

方案比较与择优

重点问题

- 技术可行性的比较
- 经济可行性的比较
- 政治可行性的比较
- 行政可行性的比较
- 成本—效益分析
- 成本—效能分析
- 风险—效益分析
- 方案抉择中的决策方式

在政策未来作出预测之后，要根据预测的结果，对备选方案加以比较分析，即对备选方案技术可行性、经济可行性和政治—行政可行性方案加以比较），并作出抉择。这可以说是政策决策的阶段。

7.1 方案比较的内容

我们在第 4 章中已提及方案比较中的绩效标准（也称决策标准）的基本类型，最常见的有技术可行性、经济可行性、政治可行性和行政（管理）可行性四种。下面，我们根据巴达克、帕顿等人的论述，介绍方案比较的内容。

7.1.1 技术可行性的比较

技术可行性（technical feasibility）标准测量备选方案或项目的结果能否达成预期的目标。用帕顿和沙维奇的话来说："技术可行性标准将衡量政策或规划的产出是否达到了他们的预期目的。这些标准从技术的角度直接针对方案是否会正常运行这一基本问题"①。这一标准包含两层含义：一是现有的技术或方法能否使得目标的实现成为可能；二是备选方案（在技术上）能够在多大程度上实现政策目标。它所涉及的是这样一些问题：被处理过的污水达到所提出的质量要求没有？这座桥梁建成之后是否满足了繁忙的交通需要？这种新车型能否达到设计所要求的耗油量？技术可行性标准比较直截了当，而且往往可以量化处理。但在实际分析过程中，技术可行性的评估仍然是一个相当复杂的事情。凡是在涉及人类行为的地方，都不能绝对保证有关的方案或项目能取得预期的效果。

技术可行性的一个主要标准是有效性或效能（effectiveness）。有效性标准的焦点是被提出的方案或项目能否取得预期的效果，它所关心的主要问题是：提出的方案或将要采取的行动将在何种程度上实现预期的目标？真实世界出现的变化是这项政策或行动所引起的，抑或是其他因素所引起的后果？有时一项政策方案的有效性是合理而又具体的，对它的测量是容易进行的。例如，城市环卫管理中的垃圾收集服务的有效性是可以直接加以测量的。美国城市研究所的分析人员将这种服务的有效性测量的尺度分成 15 个方面，可以归纳为"美观、整洁、健康和安全、方便市民、市民满意"五种类型。另一个例子是住房补贴需求实验的有效性评估。为了判断该项目是否实现增加的可负担得起的住房供应这一主要目标，分析人员设计了一个复杂的实验：将两个城市的贫困户的抽样归入 24 种类型（其中包括一个控制群体），给他们提供不同的计划，给他们住房补贴，

① ［美］卡尔·帕顿、大卫·沙维奇：《政策分析和规划的初步方法》，205 页。

在连续四年中定期检查他们的住房情况并与他们交谈，以此测量目标的实现程度。①

帕顿和沙维奇认为，有效性或效力标准还包括这样几个重要的问题：政策或项目的影响是直接还是间接的、长期还是短期的、可量化还是不可量化的，以及是充分的还是不充分的。如果一项政策或项目的影响致力于一个明确的项目目标的实现，那么就可以说它是直接的；反之，如果政策或项目产生的影响与既定的目标没什么联系，那么它就是间接的。因此，如果建设一个市区滨河散步广场的目标是为了给市区的上班族提供消遣休闲的机会，而且这一项目带来的另一个结果是其邻近的地产升值了。那么，这后一种结果就被视为项目的间接影响。如果上述两种影响都被确定为政策目标，那么这两者都可被看作是直接影响。实际上直接影响与间接影响两者之间的分界是不明显的。②

对于大部分备选方案或项目来说，有效性的测量是相当困难的。首先我们遇到的是找一种可靠测量方法上的困难。假设一项国防政策（如研制一种新型战略导弹）的目标是威慑。而威慑只是敌人的心理上的表现，因此，没有直接衡量标准或尺度可以用来直接测量这项政策所要达成的目标（威慑）的有效性。我们必须用间接的方法，即用别的东西作为替代者，如这种新型导弹所能造成的死亡率，它所能攻击的市区的面积的大小等。即使我们使用这两种替代尺度的比较表明，一种类型的导弹造成了 50％以上的伤亡，另一种类型的导弹毁坏 50％以上的市区面积，我们仍然不能断定，造成更大伤亡的导弹系统更具威慑力。由此可见，有效性的测量碰到很大障碍，这种测量往往是不充分的。

每项公共政策或公共项目的背后，都有一些关于这项政策或项目是好的或有助于实现公共福利的观点。在力求测量这些政策或项目的有效性时，重要的事情是首先解决我们所要测量的是什么的问题，而不要受目前的测量能力方面的信息所限制，即不要受当前实践中什么东西能测量和什么东西不能测量问题的限制，测量的方法是可以改善的。我们仍有许多工作可做，数据上的实质上的改善是可能的；有些途径（如社会指标运动）能够为我们考虑社会因素时提供帮助；我们可以使用某些数学或定量分析手段。当然，有效性测量的第一步是弄清楚并确定我们所要测量的东西；分析的目的是要帮助决策者取得目标，良好的有效性测量必须密切反映目标，选取的尺度或替代者应与政策目标紧密相关。

---

① 参见［美］卡尔·帕顿、大卫·沙维奇：《政策分析和规划的初步方法》，206 页。

② 参见上书，207 页。

7.1.2 经济可行性的比较

公共政策大都具有经济上的效果或需要经济上的投入，因而经济可行性的评估就构成一个重要的评估标准，而经济学之所以历来是政策分析的一个主要途径，原因也就在于此。经济可行性既指一项政策方案的执行能获得财经资源的充分支持，又指方案或项目的执行能取得令人满意的经济效益或效率，它主要测量方案或项目的成本和收益（效益）。

从经济可行性方面来考虑，某一项政策方案或项目，只有利益超过成本或至少利益等于成本时，才是经济上可行的。或者说，只有一个方案或项目的利益的值等于成本的值时，才是经济上可行的。换言之，当 B（成本）$\geqslant C$（收益）时，方案是可行的；当 B（成本）$<C$（收益）时，方案是不可行的。

按照伍启元在《公共政策》一书中的说法，经济可行性的具体标准有投入产出之比（O/I）、生产力（productivity）或效率（efficiency）、盈利率或获利性（profitability），这几个标准有时又被当作同一个东西。经典的经济学重视投入与产出之比，它们假定投入或资源（I）是固定的。若资源（I）固定，则增加产出（O）的唯一办法是增加 O/I。这些 O/I 是指生产力或效率。也就是说，生产力和经济效率在理论上是相同的，但在实际使用中可以有所区别，即生产力表示一种生产要素的产出率，如劳动生产率、资本生产率，而经济效率是指金钱上的效率（pecuniary efficiency）、货币收入与货币成本的比率，也即盈利率。效率概念与有效性（效能）相关，但两者有区别，不能混淆。最大化的效率不一定是在最大的有效性的点上采得的，它可以更高或更低。例如，假设要为 500 人每天提供午餐盒饭，任何能做这件事的饭馆供应者都是有效的。一个供应者可能会以每盒要低得多的价格提供，但只有每天至少买 1 000 盒时才有可能，这后一个备选方案是更有效率的（单位价格更低），但却不是有效的。因为它不能满足你的需要。效率和有效性的区别还在于：前者是两分式的，而后者则是一个连续统。一个方案或者是有效的，或者是无效的。在这种情况下，人们能够寻找最便宜有效的备选方案，但最有效率的备选方案可能全然不同。效率是以每单位输出（利益）的成本（钱）来测量的，如生产每能量单位的成本或处理每吨污水的成本。

帕顿和沙维奇认为，在任何关于经济评估标准的讨论中，下列三对概念是非常重要的：有形与无形标准、可货币化与不可货币化的标准以及直接与间接的成本—收益标准。有形成本与收益是指那些能以某种方式进行计算的成本与收益。自从可以通过某一种方式判断货币的市值以来，可货币化的成本与收益涵盖的范围就进一步扩大，因为它们能以货币（如美元）价格进行结算。如果一项政策的所有成本和收益都可货币化（很少出现的情况），那么，就可进行以下几种不同类型的评估。首先，可以对政策进行单独的经济可行性评估。决策者使用一些诸如收益率的度量标准来决定接受该方案的决定是否可取。其次，可以将该政策与其他完全实现了货币化的政策对照评估，并通过运用货币化收益与成本之间的差异，或者二者的比率，来选定最有利的政策。第二种可货币化的评估类型再分为涉及目标相同（比如，增加对以单亲家庭为出租对象的房屋的供给）的计划和政策评估和涉及目标各异（如，大炮对黄油）的计划或政策评估。一项政策的成本和收益的另一个特性是它们是直接的还是间接的。

政策收益是直接还是间接的问题一般可以从立法意向，即决策者的思想中找到答案。提出多目标的政策建议，然后以其中的一些目标衡量直接收益是可行的。同理，拟议中的方案、规划、计划或政策都可能存在直接或间接成本。直接成本包括项目所有者（通常都是政府部门）的费用支出，这些成本可能是一次性的或多次性的投资成本以及经营成本和维持成本。然而，工程项目也有政府、公民及在野党都会认识到的诸如消极影响的间接成本（比如建大坝的农业用地损失）。另一种备受关注的成本是机会成本——指用于议定项目中的商品和服务的价值与它们用于其他最优替代途径时的价值差异（例如，市政当局拥有的一块能拍卖 700 000 美元的土地反而被定为一个公园的园址，在这一实例中，这一块土地的机会成本就是 700 000 美元）。①

评估经济可行性有两个基本方法，即成本—效益分析（成本—效益分析）和成本—效能分析（我们将在下一节加以讨论）。

7.1.3　政治可行性的比较

公共政策是在政治领域中发展起来的，它们是政治过程的产品，因此，一个政策方案或项目必须具有政治上的可行性或政治生命力。如果一项政策方案或项目得不到立法者、政府官员、政治利益团体以及民众的支持，那么它就很少有被采纳的机会；即使被采纳了，执行成功的机会也很小。这就使得政治可行性成为一个重要的评估标准。

那么，什么是政治可行性（economic feasibility）？政策分析家们可以说是见仁见智，缺乏精确、一致的定义。美国学者惠特（Ralph Huitt）在《政治可行性》一文中认为，如果政治学有如人们常说的那样是一门“可能的艺术”（即研究“谁得到什么，什么时候得到和如何得到问题的学科”）的话，那么，政治可

---

①　参见［美］卡尔·帕顿、大卫·沙维奇：《政策分析和规划的初步方法》，208～209 页。

行性就构成政治学的核心主题，正是政治的这种性质使得给政治可行性下系统准确的定义，它是一个艺术的词语，依个人的经验而定。①

邓恩、帕顿和沙维奇等人则将政治可行性细分为可接受性、适当性、回应性、合法性和公正性等方面：

(1) 可接受性（acceptability）既指确定一项政策是否可以被政治过程中的行为者接受，又指明确委托人和其他行为者是否乐于接受新政策。

(2) 适当性（appropriateness）与可接受性紧密相连，因为它要回答的问题是政策目标与共同体或社会的价值观是否相协调。我们应当始终追随既定的目标吗？这个问题实质上是一个道德问题，并牵涉人类价值、权利、再分配以及类似要考虑的问题。

(3) 回应性（responsiveness）与可接受性和适当性有关，并涉及目标集团对政策或规划是否会符合其需求的认识。计划的实施在一定程度上是对公民需求的反应吗？一项政策或许是实用有效的，但并非对象总体需求、希望的政策。

(4) 合法性（legal）标准可以放在政治标准的类别中予以考虑，因为政治行为能够制定、修改法律。在分析开始时我们就要调查现行法律、规则和章程将对方案设计工作产生的影响。

(5) 公正性（equity）标准涉及政策收益在利益相关集团中是如何分配的，这些利益相关集团及其他集团又是如何负担成本的一类的问题。有时候人们将公正定义为收入的再分配、得到最低限度服务的权利，或者按支付能力购买服务和商品。

美国学者马杰（G. Majone）在《论政治可行性概念》一文中，则力图给这个概念下一个分析性的、易于操作的定义。②

马杰认为，一个政策方案或建议是可行的，仅当它满足所有相关的约束或限制。经济可行性和技术可行性可以通过指出相关的约束而加以澄清，但“政治可行性”一般被用在更不精确的意义上，缺乏严格地限制在分析有用性上的概念精确性。然而，无论如何，分析者都应该根据在所考虑问题中起作用的特殊的政治约束做出政治可行或不可行的判断。在马杰看来，仅当一项政策满足它力求解决问题的约束时，才是可行的。在这里，约束是指任何能够影响政策结果和不在政

① Ralph Huitt, *Political Feasibility*. in Austin Ranney, ed., *Political Sciences and Public Policy*. Chicago: Markham, 1968, pp. 263-275.

② 参见［美］卡尔·帕顿、大卫·沙维奇：《政策分析和规划的初步方法》，211～214页。

策制定者控制之下的环境特征。根据可行性的这一定义，一项政策在政治上是不可行的是指缺乏政治资源、体制的可驾驭性和分析的考虑，出现程度上的障碍或其他有类似特征的限制性因素，因而妨碍所提出的行动过程的实现。他把政治约束归纳为三类：第一类是来自于可利用的政治资源的约束；第二类是与政策的利益和成本所允许的分配相关的约束；第三类是制度或体制所强加的约束。

（1）政治约束（political constraints）。政治约束指的是政治资源的约束，它是由政治资源可利用性所引起的对政策可能性的限制，包括对所提出政策（方案）的政治支持程度、政治和行政技巧的熟练程度等。政治约束有如企业家受由财政、技术和组织手段的稀缺性所受到的经济上的约束。一个给定政策能够动员的政治上的支持水平可以设想为类似于经济学家的“预算约束”。一项政策方案可能由于不受国会、行政机构、目标群体及利益团体的支持而被否决。政治资源的限制如此显而易见地重要，以至于它是界定或表明政治可行性最首要的事情。然而，片刻的思考也会表明，政策制定者的自由选择也受制于其他不能概括为“预算约束”的政治因素（如体制约束）。

（2）分配约束（distributional constraints）。分配约束表示在受政策影响的个人和群体中分配利益和成本时所必须考虑的限制，它反映的是当事人或团体的相互依赖关系。公共部门的决策除了要满足通常的技术的、经济的和法律的约束之外，还必须满足这种分配上的约束，分配约束通常被人们表述为帕累托可适性（Pareto admissibility）条件。一个影响许多人的决策是帕累托可适的，仅当没有任何被一个或更多的人所偏好的可行决策，且没有人认为这个决策是次优的。经验研究有力地表明，各种主体包括所谓的利益团体事实上是根据帕累托可适性行事的。公平的社会规范和其他被决策团体的成员所自发接受的“游戏规则”也可以解释为分配约束。尽管它们的影响不能被精确地评估，有如许多场合必须处理“模糊约束”那样。但政策结果无疑受到这些限制的明显影响。违反这些规范或规则的后果依其介入社区政治文化的深度以及卷入其中的人们对所分配的利益和成本的权重程度。

（3）制度约束（institutional constraints）。正如公共选择理论奠基者布坎南（J. M. Buchanan）在《公共物品的供求》（1968）一书中所指出的，公共选择（或选择的经济学理论）关心一时一地的决策，通常的最优化条件只是在决策者在其一系列的备选方案之中作重新选择时才产生的。但是，公共决策（公共物品和服务的供求决定）是通过政治过程——这种过程在很大程度上是制度化的——来进行的。因此，政策制定者的选择自由总是受一系列政治制度和决策规范的限制。即使是一项制度改革的政策也只是指向一个制度框架的某些特殊的方面，而其余部门大多未被触动。公共政策很少表现为对一个社会问题的明确、完全的解决办法。正如林德布洛姆所说，典型的政策决策只是个连续渐进变化的链条中的一个片段而已。在这里，政策制定者的选择自由进一步受到先前决策的承诺、权利、期望和制度的僵化所限制；官僚体制本身的特征也构成了对可取得政策目标水平的一个附加的限制。制度的约束还可以通过对可接受的集体运动手段的限制而影响一项政策。并不是所有的理论上可应用于政策问题的社会技术都必然与既定的制度框架以及人们一般所接受的信念和价值相容。有政治学家说：民主政体假如不把政治决策范围扩大得足够远的话，则它就不能成功地起作用。①

那么，在实际的政策分析中，我们用什么样的方法来澄清政治约束并确定政治可行性呢？有各种不同的途径可供使用：首先，我们可以使用专家意见的重复抽样、调查和面谈等方法来评估可利用的政治支持水平；其次，在正式的分析中，我们可以用各种建立在帕累托可适性基础上的方法作为检验分配约束的最有用的工具；最后，公共选择理论所发展起来的某些方法，如塔洛克-道恩斯（Tullock-Downs）的官僚体制经济模式、韦达夫斯基等人对预算和计划等政治决策过程的经验研究等可以作为我们评估体制约束的可供参考的途径。

7.1.4 行政可行性的比较

行政可行性（administrative feasibility）也称行政或管理的可操作性，它作为一种基本评估标准类型的意义和重要性可以从这一点上予以很好的说明：假如一项政策方案或项目在技术、经济和政治上都是可行的，但却不能加以贯彻执行或难以贯彻执行，那么，这项方案或项目的优点就大打折扣，甚至是毫无用处的。因为政策方案最终是要用来解决实际问题，难以执行和管理的方案是达不到政策目标的。有学者认为：政策制定者常常假定，只要他们能规划好一项政策，也就自然有人能够将这付诸执行并妥善管理；许多公共政策是在没有考虑执行的方面而被采纳的。这说明行政可行性问题曾一度未被人们所重视。

行政可行性涉及的问题主要有：行政管理系统能否将一个政策方案或项目加以转变或具体化？执行者有多大的授权及控制力？目标群体的配合程度如何？有没有相关的人力物力以保证政策的执行？有没有备选的执行方法？……等等。行政可行性标准可以细分为权威、制度承诺、执行人员的能力、目标群体的

① See Giandomenico Majone, “On the Nation of Political Feasibility”. in Stuart S. Nagel (ed.), *Policy Studies Review Annual*, Val. 1 (1977).

支持、财政资源等方面。

具体来说，要把一项政策转变成具体的项目或行动过程，权威通常是一个重要的方面，执行机构是否有足够的权威去转变方案，要求其他团体的合作和决定优先性，这是行政可行性首先必须回答的。其次，一项方案要在行政上可行，必须有来自上面和下面的制度或体制承诺，即不仅高层管理者，而且一般的职员都应对政策执行做出承诺，在许多情况下，甚至要求执行人员的行为方面做出调整。再次，一项政策方案要在行政上可行，还要求执行者具备足够的领导或管理能力、经验和技巧，具备必要的财政资源（物力和财力）的支持。最后，方案可行与否还与它能否取得其他组织的配合以及目标群体是否配合或服从。此外，是否拥有足够的财力、物力资源也是行政可行性的一个重要方面。

7.1.5　方案抉择应注意的事项

根据韦默、维宁在《政策分析：理论与实践》一书中的论述，备选方案的抉择应注意下列事项①：

1. 不要期望找到一种绝对优势的或完美的政策备选方案。政策分析一般处理复杂的问题，最重要的是，它处理多目标问题。不大可能有某种政策对所有情况都是最理想的。最好的政策也很少是一个完全占优势的政策。

2. 不要把一项偏好的政策和一些“虚拟的”或“稻草人”式的备选方案对立起来。制定了一项备选政策，出于某些理由你喜欢它，把它与不具吸引力的备选方案进行比较，让它看上去更具吸引力，几乎每个人看上去都是好的。这种方法通常行不通，原因是，即使是相当没有经验的客户通常也明白利益集团提出的政策议案；如果客户意识到这些备选方案是伪造的，你的信誉就要受到严重的损失。此外，它会错过政策分析非常重要的点，因为这种方法假设分析的关键部分是被推荐的备选方案。

3. 在你根据所有目标评价完所有的备选方案之前，不要有一个“特别喜欢的”备选方案。这是如此明白无疑，以至于无需讲出来。但还是有许多新手分析家在他们正式评价之前会用他们已经接受或拒绝一个政策备选方案的暗示点缀他们的分析。把你的自我和智力主要投入到分析中，而不要放在具体建议上。

4. 确保你的备选方案互相排斥。如果你能够合并备选方案 A 的所有特征和备选方案 B 的所有特征，并且提出备选方案 C，那么很明显这样的备选方案不是

① 参见［美］戴维·L·韦默、［加］艾丹·R·维宁：《政策分析：理论与实践》，269～271 页。

互相排斥的。在这种情况中 A 和 B 可能太狭窄了，也许应该从备选方案集中排除。例如，设想为某个公共设施的不同阶层使用者确定费用的一系列备选方案。如果所采纳的政策很可能是对所有阶层收费，那么或许把这些收费集组合为一个单一的备选方案更为合适，这个备选方案就可以与其他也对所有阶层的使用者收费的组合相比。

5. 备选方案应当提供真正的选择。你几乎总是面对无数潜在的政策备选方案。如果你的备选方案之一是建造 10 000 套低收入住宅，相互排斥的备选方案包括建造 9 999 套或是建造 10 001 套。无数的政策备选方案的确显得多了。考虑到客户有限的注意范围（和分析家有限的时间），在 3～7 个备选政策之间的某一点一般是合理的数目。记住备选方案之一应当是现在的政策，否则在政策的改变中你就引入了一种偏见。在被检查的备选方案中提供一个合理的对比是可取的。除非存在重大的中断，否则制作 3 个备选方案（9 999 套住宅，10 000 套住宅和 10 001 套住宅）就是一种分析上的浪费。备选方案应当提供真正的选择。

6. 应当避免“厨房水池”式的备选方案——也就是“做每一件事情”的备选方案。这样的备选方案常常是不可理解的和不可行的。如果你发现你自己正在计划一个厨房水池备选方案，那么请关注你客户面临的所有约束。你的客户具有备选方案要求的预算上的、管理上的和政治上的资源吗？如果没有，那么这可能不是一个正当的备选方案。你没有认识到这一点，是因为你漏掉了包括这些约束的工具性目标。

7. 备选方案应当与可获得的资源，包括司法权和可控变量一致。如果你的客户是一位市长，提议一项要求新的联邦资源的备选政策通常就显得不得要领。如果你认为这样一种备选方案是应当阐明的，那么你就必须把它重塑为一项动员、协调或者游说的呼吁。换句话说，工作的方向必须围绕着使你的客户获得适当的联邦行动的一组步骤来进行。

8. 记住政策备选方案是具体的行动集（提醒你自己目标和政策之间的区别）。一般化的政策解决方案是抽象的叙述。因此，虽然从分析的目的讲，把一个给定的备选方案考虑为“需求方补贴的备选方案”是有用的，但这种抽象在你的政策分析中应当转换成具体的建议（例如，住宅凭证价值 X，目标人口）。除非你提供关于你的备选方案的清楚和详细的说明，否则你无法预测结果。备选方案应当被一系列说明集清楚地说明，以使客户确切知道他或她选择的是什么，以及备选方案如何实施。为了准备这些说明，你必须确定在执行阶段将会需要什么资源，以及这些资源怎样从控制它们的人手中可靠地得到。

7.2　方案比较的方法

方案比较（主要是经济可行性的比较）最常见方法是成本—效益分析（成本—效益分析）、成本—效能分析（或称成本—有效性分析）和风险—效益分析。下面加以简要介绍。

7.2.1　成本—效益分析

成本—效益分析方法以技术上合理决策的概念为基础，以货币价值为测量标准。进行成本—效益分析的目的在于根据经济价值来确定政策方案是否可行，或者说决定对某个项目的投资从经济的角度来讲是否有利可图，以及辨别该项政策目标是否有利于整个社会大众。

假定政府正在考虑一个公共项目，例如修一条新的高速公路。为了判断修这条公路在经济上是否可行，要不要修这条公路，政府必须比较所有使用这条公路的人的总利益和修该公路所有的成本。为了做出这个决策，政府就会请有关专家，进行成本—效益分析，它的目标是核算该项目相对作为一个整体而言的社会总成本和总利益。

按照费希尔在《公共政策评估》一书中的说法，成本—效益分析首先判断完成一个特定项目的输入因素需要多少钱，然后把货币价值分配到与项目相联系的估算结果或者实际结果之中，最后计算出项目的效率，即所花的费用与所产生的效益的比例。效率高的项目是效益大于费用的项目；而效率不高的项目是费用大于效益的项目。①

1. 政策分析中的成本和效益概念

要了解成本—效益分析方法，必须先了解成本和效益（利益、收益）的含义。成本是商品经济的价值范畴，人们进行生产经营活动或达到一定目的，就必须耗费一定的资源，其所费资源的货币表现及其对象化称之为成本。② 随着商品经济的不断发展，成本概念的内涵和外延都处于不断的变化之中。美国会计学会与标准准则委员会对成本作了如下定义：成本是为了一定目的而付出的（或可能付出的）用货币测定的价值牺牲。从这个定义的外延看相当广泛，它可包括：劳

① 参见［美］弗兰克·费希尔：《公共政策评估》，37页。

② 参见葛家澍主编：《成本会计》，1页，沈阳，辽宁人民出版社，2000。

务成本、工程成本、开发成本、资产成本、资金成本、质量成本、环保成本等。

从经济学的一般意义上讲，效益就是人们在有目的的实践活动中所费与所得的对比关系。所费，即活劳动与物化劳动的消耗和占用；所得，即由上述实践活动带来的有用的结果。人们研究效益问题的根本目的在于以尽量少的劳动耗费与占用，取得尽可能多的有用的结果。

成本—效益分析被广泛地应用于私人企业和公共部门的决策分析中。收益与成本两个概念的含义随决策主体的不同而不同。如果主体是私人企业，它是以营利性即追求利润为基本目标。因而，其成本与收益的识别是以利润减少或增加为原则，识别的基本方法是追踪项目的货币流动：凡是流入项目之内的货币视作收益即现金流入（如销售收入）；凡是流出项目的货币视作支出即现金流出（如投资、经营成本、税金等）。由于这些财务收支仅是流入或流出项目的货币，且都可以借助价格系统进行货币计算，所以其识别与计量就相对简单和容易。而公共政策的项目或方案，它是以政府为主体，为满足社会公共需要而进行的分配活动。其目的是追求最大的社会福利，政府不能只像一般的微观经济主体那样单纯考虑直接、有形、物质的所费与所得的对比关系。还必须站在宏观的角度考虑整个社会和发展的整体效益，而这些收益与成本又往往缺乏市场价格而难以用货币计量，这都使其成本与收益的识别和计量相对复杂和困难。因而正确归集和分配成本、收益是做出准确分析的基础。

2. 成本与收益的不同类型

（1）直接收益与成本、间接收益与成本。直接收益与成本是指与特定成本对象相关的能够经济而又方便进行追踪的成本。如公路建设项目可以直接提高运输能力；某一灌溉项目旨在提高某片土地的肥力，直接收益为一定时期内获得灌溉的那片土地农产品产量的净增长。间接收益与成本是指直接收益与成本以外的收益与成本。它与特定成本对象相关，但不能经济而又方便地追溯到各个成本对象的成本。间接收益与成本是由直接收益与成本引发生成的。如公路建设项目除提高运输能力外，还能带动沿公路带的经济发展；对于灌溉项目而言，间接收益可能包括毗邻土地肥力的增长。毗邻土地实际并未获得灌溉，但由于地下水位升高，该片土地也从中受益。

（2）内部收益与成本、外部收益与成本。内部收益是由项目投资经营主体获得的收益。内部成本是由项目投资经营主体承担的成本。一个污水处理项目，项目投资与经营成本由企业自身承担，减少污染的收益由附近地区的居民获得。外部收益与外部成本是指项目以外的收益与成本。例如，一个免费通行的公路项目，通行者从通行中获得的收益是项目的外部收益；政府投资建设的学校，学生从免费就读中获得的收益是外部收益。而机动车辆在公路上行驶产生的噪音对附近地区的居民带来的损失是一种外部成本；一个正在施工的市区道路项目带给行人的不便所造成的损失也是一种外部损失。

需要指出的是，公共项目的直接收益（或成本）并不一定等同于内部收益（或成本)，间接收益（或成本）也不一定等同于外部收益（或成本)，尽管它们之间在有些情况下可能重合，但并非所有项目都能重合，二者之间在概念上的差异不能混淆。例如，一个公共消防项目，它所提供的减少或消除火灾损害的服务，具有公共物品的免费服务特性，由它所获得的减少财产损失和人员伤亡的收益是一种直接收益，但这种收益却不是项目的内部收益而是消防部门以外的外部收益。一般而言，间接收益与成本包含在外部收益与成本之内，内部收益与成本包含在直接收益与成本之内。当然，必须谨防对某一项目的收益进行重复计算。例如，某一灌溉项目可能使农用土地的价值增加。然而，这种增值仅仅反映了土地产出的增长能力。同时计算土地价值的增加和农产品增加的价值将导致对项目收益的重复计算。不幸的是那些从事成本—收益的人并不总是能够理解这一点，重复计算的确会偶尔出现。

(3) 有形收益与成本、无形收益与成本。有形收益与成本是指可以采用货币计量单位或实物计量单位予以计量的收益与成本。由于公共项目的成本—效益分析是用经济分析方法对项目的经济效益和社会效益状况进行评价，所以，应尽可能把项目收益与成本货币化，使收益与成本具有可比性，这就需要寻求项目产出物和投入物的价格，以便计算它们各自的货币价值。一般而言，公共项目投入物的货币价值容易计算，如投资和经营支出等，而其产出收益则常常缺乏市场价格而不易计量其货币价值。在对无市场价格的产出收益的货币化计量方面，通常有两种可供选择的方法：第一种方法是把可以获得同样的替代项目方案的最小成本费用作为该项目方案的收益；第二种方法是把消费者愿意支付意愿作为收益的估价，而对项目产出所带来的外部损失，则可以用被损害者愿意接受的最低补偿收入作为外部成本或负收益价值的估价。在上述方法难以实行的情况下，有必要采用实物计量的方法来计量项目的有形收益和成本。无形收益与成本是一些既不存在市场价格又难以采用其他计量单位的收益与成本。例如，因交通项目产生的时间节约所导致的收益，由保健支出带来的生命延续和疾病的减少，以及由飞机场的噪声污染而产生的成本等，这些都是难以用货币或其他计量单位加以度量的，有的公共项目，其无形收益与成本可能并不重要，可以对其忽略不计，但是有的项目无形收益很可能是其根本性收益，就不能对其忽略不计。但是，通常其货币价值无法从市场上取得，而必须从其他渠道获取，通常是间接地参考来自别处的市场行为。如果无法货币化，也无法采用其他方法计量，则应采用图片、音像、文字等各种形式予以描述和解释。

3. 成本—效益分析的步骤

一般地说，成本—效益分析的过程由如下四步构成①：

第一步：首先必须规定谁将为政策或项目投资，谁将从中受益。投资方和受益方或许是一个社会团体、居民区、城市、州或者整个社会。在大多数情况下，这是由研究的政策类型来决定的。通常，政策的受益方局限于那些直接参与项目的人，例如，那些完成了职业培训项目的人。然而，与此相反，旨在减少全球性变暖的环境政策的受益方可以包括全国人民，甚至许多国家的人民。

第二步：目标组确定之后，必须把输入和输出冠以货币价值。在大多数的研究中，费用是用预算即政府拨出的实际经费来定义的。预算开支的两个主要范畴是物质费用（设备、建筑物等）和管理费用（工资、健康补助等）。除了这些费用，还一定要规定“机会成本”，即利用某种资源做其他事情的收益。例如，在测量大学教育费用时，我们不仅要包括物质方面的直接开销，还要包括假若学生一直在打工挣钱而不是学习的机会成本。效益也用货币来衡量。一些典型的效益包括税收、更高的生产率以及创造出来的更多的就业机会。除了这些直接的效益，一定还要计算不能直接测量的效益。美景和人生就是两个经典的例子。必须为这些效益决定“影子价格”。正如邓恩所指出的那样：“是一个当市场价格不可靠或者不可及的时候主观判断效益和费用的货币价值的过程”。影子价格的得出常常是在相似的环境下建立效益和费用的价值，或者对一段时间后效益和费用的预测。对人生的简单测量可以估计一个人活到寿终正寝所能挣到的钱的数目。

第三步：大多数的成本—效益分析不得不对一段时间之后的费用和效益“打折扣”。设备和建筑物变旧，价值就会降低，而其他的也随着时间的推移则会变得更有价值。折扣率是用百分比或者美元数来表示的，通常以恒定的美元为基础。比如说，假定折扣率规定为5美元，假设有人得到承诺可以从明年的一个项目中得到100美元的效益，他就可以算出，今天的100美元一年之后就只值95.24美元。确定折扣率有几个不同的来源——由银行或政府机构决定的市场利率、公司折扣率和个人折扣率。

第四步：成本—效益分析的最后一步是计算成本—效益率。成本—效益率提供了总体费用和效益之间关系的单一的数字价值。比率小于1.0意味着费用超过

① 参见［美］弗兰克·费希尔：《公共政策评估》，37～38页。

效益，比率大于 1.0 意味着效益超过费用。在报告中，这些比率跟各项费用和效益一起，通常用总结列表的形式出现，并且用描述性的方法进行讨论。

邓恩将用下表概括成本—效益分析任务与过程（见表 7—1）。①

表 7—1　　成本—效益分析任务与过程

任　务	说　明
问题构建	通过确定目的、目标、备选方案、标准、目标群体、成本和收益来阐述问题
明确目标	把一般目的（目标）转换成既具体又可衡量的目的（目标）
明确备选方案	从问题阶段确定的多个潜在方案中选出少量最重要方案
信息的搜索、分析和解释	找到、分析并解释所需信息以预计具体方案的结果
明确目标群体和受益人	列出作为行动目标的所有群体（利益相关者）
估计成本和收益	估计备选方案中每一类成本和收益的货币价值
成本和收益折现	把货币成本收益根据具体折现率转换成目前的价值
估计风险和不确定性	使用敏感性分析等方法估计未来要发生的收益、成本的概率
选择决策标准	在下面标准中选择：帕累托改进、净效率改进、分配性改进、内部回报率
建议	选择最合理的方案，考虑对立的道德或因果的假设

4. 成本—效益分析的技术

成本—效益分析有许多种具体方法或技术，可以分为贴现的方法和非贴现的方法两种情况来讨论，我们着重介绍贴现法。

贴现法是指考虑货币时间价值的分析评价方法，亦被称为贴现现金流量分析技术。在现实生活中，许多项目的建设周期都不会限于一个年份，这样一来，任何一个项目的收益和成本不可以直接相加，必须将“货币时间价值考虑”在内，将不同时点的成本、收益按一定的贴现率换算成同一时点的成本、收益，进行计算。

（1）净现值法（用 *NPV* 表示）。净现值法是指特定方案未来现金流入的现值与未来现金流出的现值之间的差额。在该方法下，未来现金流入和流出都要按照预定的贴现率折算为它们的现值，然后再计算它们的差额。其算式是：

$$NPV=\frac{A_1}{(1+i)}+\frac{A_2}{(1+i)^2}+\cdots+\frac{A_n}{(1+i)^n}-A_v$$
$$=\sum_{K=1}^{n}\frac{A_k}{(1+i)^k}-A_v \text{②}$$

① 参见［美］威廉·邓恩：《公共政策分析导论》，322～323 页。

② 参见葛家澍主编：《管理会计》，330 页。

假设方案A，第一年年初投入100 000元，设$I=10\%$，以后五年内的回收情况见表7—2。

表7—2

第一年末	第二年末	第三年末	第四年末	第五年末
25 000	20 000	25 000	40 000	45 000

方案A的净现值$NPV(\mathrm{A})$

$$=(25\ 000\times 0.909+20\ 000\times 0.826+25\ 000\times 0.751+40\ 000\times 0.683+45\ 000\times 0.621)-100\ 000$$

$$=13\ 285\text{ 元}$$

计算的结果如得到的净现值为正数，说明该方案可实现的收益率大于所用的贴现率；反之，如得到的净现值为负值，说明该方案可实现的收益率小于所用的贴现率。从上述计算可知，方案A的收益率大于所用的贴现率，该方案可取。其贴现率是个关键，如果选择不当，就可能导致错误的分析，例如较高的贴现率，对使用年限较短的支出项目有利。

净现值率法。净现值率和净现值的不同，在于它不是简单的计算投资方案未来的现金流入的现值同它的原投资额之间的差额，而是计算前者对后者之比。仍采用上例：

$$NPVR(\mathrm{A})=\frac{129\ 055}{100\ 000}=1.29$$

若指数大于1，说明其收益超过成本，即报酬率大于预定贴现率。它可以看成是1元原始投资可望获得的现值净收益，它是一个相对数指标，反映投资的效率；而净现值是绝对数指标，反映投资的效益。净现值和净现值率这两个指标之间有着如下关系：

净现值>0　　净现值率>1

净现值=0　　净现值率=1

净现值<0　　净现值率<1

（2）内部收益率法。上述净现值、净现值率的计算虽然考虑了“货币时间价值”，但有一个共同的特点，就是不能据以了解各个投资方案本身可以达到的具体的投资收益率是多少。内部收益率的计算可以做到这一点，是考察项目盈利能力的主要动态评价指标。它是投资方案在建设和生产经营年限内，各年净现金流量的现值累计等于0时的折现率，也就是下式中的r：

$$NPV = \frac{A_1}{1+i} + \frac{A_2}{(1+i)^2} + \cdots + \frac{A_n}{(1+i)^n} - A_v$$
$$= \sum_{K=1}^{n} \frac{A_k}{(1+i)^k} - A_v$$

从上述数量关系可以看到，内部收益率有以下一些特性：

$$\sum_{k=1}^{n} \frac{A_k}{(1+r)k} = A_v$$

$$\sum_{k=1}^{n} A_k = A_v \qquad r = 0$$

$$\sum_{k=1}^{n} A_k < A_v \qquad r < 0$$

$$\sum_{k=1}^{n} A_k > A_v \qquad r > 0$$

第一种情况意味着决策方案未来的现金流入量的总和刚好同原投资额相等，没有带来任何盈利，说明所作的投资没有取得相应的收益，即其内部收益率为0；第二种情况说明资金投入以后，不仅没有盈利，而且还使原投资额亏蚀了一部分而收不回来，因而其内部收益率就表现为负数；第三种情况是意味除收回原投资额外，还取得一定的利润，说明所作的投资取得了相应的收益，据以确定的内部收益率为正值，取得的盈利越多，r 越大；同样的利润额，取得的时间越早，r 越大。

这里有两个需要讨论的概念：第一是贴现率的采用，在公共决策中常采用"预算资金的社会机会成本"作为确定贴现率的依据。"预算资金的社会机会成本"是指在同样一笔资金若不用于公共支出项目，而投入私人部门所能创造的社会效益。如果一笔资金投入到私人部门创造出更高社会效益，就不应该将这笔资金从私人部门转到公共部门，由政府支配使用。预算资金成本通常可以用资金市场上的利率来表示。但在使用时必须注意两点：一是市场利率应是完全竞争资本市场上的利率，在不存在完全竞争市场的情况下，就必须利用"影子利率"来衡量了；二是市场利率往往含有税收的因素，在使用时必须对其加以排除。如在所得税税率为10%的条件下，市场利率为20%，排除税收的因素，其实际的市场利率，也就是纳税人实际可以获得的资金收益率只有10%，很显然，资金的机会成本以后者为准，而不可以建立在前者的基础上。决定贴现率的理想方法应确定被政府活动挤代的私人支出类型并使用被挤代支出的平均回报率。

第二个需要探讨的是影子价格（也称为最优计划价格）概念。其名称是从线性规划来的，也就是说影子价格是求资源最优分配的线性规划的对偶解的价格。① 投入产品和产出产品存在市场价格，这些价格无法确切反映边际社会收益和成本，如果市场存在税收扭曲、配额或者法规条例，市场价格可能无法表现社会价值。而公共部门进行成本—效益分析应以真实的社会成本及收益为基础，为此，经济学家引入“影子价格”这一分析工具。即针对无价可循或有价不当的商品或劳务所规定的较合理的替代价格。理想的“影子价格”应为不存在社会失灵时的帕累托效率均衡价格，它是一种真正的社会价格。②

非贴现方法不考虑时间价值，把不同时间的货币收支看成是等效的。这些方法在选择方案时起辅助作用。例如：回收期法。它代表收回投资所需要的年限，主要用来测定方案的流动性而非营利性。

5. 成本—效益分析的作用和局限性

虽然成本—效益分析可以作为预算决策经济分析的一个重要手段，但经济学家对成本—效益分析的评价不是很高。在他们看来，这种方法的适用范围是很有限的。它是一项艰难的工作。因为以货币为尺度并不能对许多政府领域的效益进行适当地分析，如对国防、太空研究、对外援助、公安和司法裁决等方面的效益用货币这个尺度来表示是很困难的，而教育、住宅建设和公路建设，虽然被认为可以提供巨大的货币效益，但迄今为止也没有可靠的测量方法。它们的效益扩散得很广泛，而且有一部分是属于非经济性质。就高速公路来说，所有的人都可以免费使用高速公路，没有判断高速公路价值的价格。简单地问人们，他们对于高速公路的评价多少是不可靠的。那些要使用高速公路的人为了修这条路有夸大他们所得到的利益的激励。那些受高速公路伤害的人为了阻止修这条路有夸大其成本的激励。因此，有效率地提供公共物品在本质上比有效率提供私人物品更困难。私人物品由市场提供。私人物品的买者通过他们愿意支付的价格反映他们对该物品的评价。卖者通过他们愿意接受的价格反映出他们的成本。与此相比，当评价政府是否应该提供一种公共物品时，成本—效益分析并没有提供任何价格信号。关于公共决策的成本和效益的结论充其量是近似而已。③ 因此，成本—效益分析对于那些如防洪、电力生产、邮政、某些运输和娱乐设施等，也就是说对主要是经济性质的、有形的、可以用货币测量的公共政策更为适用。

然而，对于公共政策的经济分析来说，成本—效益的作用是十分重要的，在

---

① 参见杨汉宏主编：《工程经济学》，202页，北京，煤炭工业出版社，2002。

② 参见樊勇明编著：《公共经济学》，168页，上海，复旦大学出版社，2001。

③ 参见［美］曼昆：《经济学原理》，237页，北京，三联书店，2001。

经济学家们看来，它至少可以纠正两个广泛存在而又肯定会带来不良后果的倾向：一是它有助于纠正那些只顾需要，不顾成本的倾向。在某些情况下，有些决策的项目确实是需要的，但是考虑到其成本情况，却是不值得的，因此必须予以放弃。因为预算资金有限，同样的资金可能在别的项目上获得更大的收益，要在一些项目和方案之间进行稳妥的选择，过分强调需要则无助于使决策的效益达到最优。二是它也有助于纠正那种只考虑成本，而不管效益如何的倾向。在某些情况下，即使有些公共决策的项目相当庞大，但是其效益更大，从经济角度分析，这种项目就是可行的，应该选定，不应该因为成本过大就予以放弃。①

成本—效益分析是一种有用的工具，可以分析政府投资项目的净收益和社会回报。在实践中，与其说成本—效益分析是一门科学倒不如说是一种艺术。为了计算项目产品的收益，必须做出许多简化后的假设。此外，当项目涉及外部负效应时，专家们对如何评价外部负效率通常存在巨大分歧。在列举和评估成本与收益时，经济学家们可以设计一些指导原则。在实践中，实际的列举和评估工作要求科学家、工程师和其他专家通力合作。

7.2.2　成本—效能分析

1. 什么是成本—效能分析

成本—效能分析起源于20世纪50年代初美国国防部的工作（而成本—效益分析源于福利经济学）。它是由兰德公司开发出来的，最初用于设计评价不同的军事战略和武器系统的方案，也被用于国防部的项目预算问题，20世纪60年代被美国的其他政府机构广泛地加以应用。

成本—效能分析的要点是根据方案或项目的预期结果的成本与效能，来评估每种方案或项目的效果。许多公共政策大都需要成本（而成本往往可以计算），但无法计算利益。如果无法计算利益，则无法进行上述的成本—效益分析，也就无法以效率作为衡量绩效的标准。在这种情况下，可以采用成本—效能分析方法来衡量方案成达目标的有效性程度。一个国家的有些公共政策（尤其是处理危机问题的政策）往往可以不计成本（如二战时期，美国为了赶在纳粹德国之前制定出原子弹的政策方案就是一例），但是，一个国家或地区资源总是有限的，因此，即使是事关国家存亡的政策方案也不能完全忽略成本。这从一个侧面说明成本—效能分析的必要性。

公共部门的成本—效能分析有如下明显特征：（1）由于它避开了用货币形式

① 参见高培勇编著：《公共部门经济学》，142页，北京，中国人民大学出版社，2001。

来计量收益的问题，因而比成本—效益分析更容易应用；(2) 集中体现了技术理性，因为它试图在不把政策的结果与全面经济效率或社会总体福利相联系起来的情况下，决定政策方案的效用；(3) 由于很少依靠市场价格，它因此很少依赖私营部门利润最大化的逻辑（例如，它很少考虑收益是否大于成本或在私人部门的不同投资是否能得到更多利润等问题）；(4) 特别适于分析外部性和无形的成本或收益，因为这些影响都很难用货币来衡量：(5) 通常用来解决固定成本或固定效能问题，而成本—效益分析通常解决变动—成本—变动—效能问题。①

成本—效能分析法与成本—效益分析法的主要区别在于，在根据方案或项目预期的成本与效能，来评估每个方案或项目的效果时，不用货币单位来计算备选方案的社会效益，只需计算每个备选项的有形成本，并以成本最低为择优的标准。

2. 成本—效能分析的步骤和形式

成本—效能分析的步骤与成本—效益分析大致相同，由于免去了计算支出效益与无形成本的麻烦，分析的内容要简单得多。首先，确定决策目标，例如，假设我们决定，在下一个十年内我们每年平均将死于疾病或事故的人数减少 5 000 人，我们可以提出多种备选方案进行选择，每项方案均有助于减少死亡人数。我们可以利用税收资金提供更多的有关吸烟、饮用酒精危害的资料；我们可以要求使用建筑物必须安装烟雾探测器，向低收入地区免费提供，由于其住房质量差以至于由于住宅失火而死亡的人数非常多；我们可以提供补贴，改进国内医院的治疗设施等等。其次，以货币为统一尺度，分别计算出各备选方案的各种有形费用并予以加总。在计算费用的过程中，如果遇到需要多年的项目，也要用贴现法计算出“费用流”的现值，以保证备选方案的可比性。最后，还要按照费用的高低顺序排序，以供决策者选择。

在政策分析的实践中，成本—效能分析有多种形式：一是分析者可以计算要达到完全有效性（100%实现方案目标）程度需要多少成本。假设制造原子弹有三个方案：第一个方案要花 100 亿美元，第二个要花 120 亿美元，第三个要花 140 亿美元，三种方案的成功率可能相似，那么，分析者或决策者理所当然要选择第一种方案。二是分析者只计算达到某一有效程度的成本。假设政府减少空气污染，官员们知道不能 100%加以消除，只想减少空气污染的 70%，那么，在这种情况下，分析者将计算和比较消除空气污染 70%的各种不同方案的成本，而选择较优方案。三是分析者可以分析在不同有效性程度情况下成本的差异。假设政府农业部决定消灭某种危及农作物的害虫，消灭干净（100%的有效性）当然

① 参见［美］威廉·邓恩：《公共政策分析导论》，318～319 页。

是最好的，但它们的成本要花 100 万元；如果只消灭 4/5（有效性程度 80%），则成本只需要 50 万元。这就产生了是要消灭干净还是只消灭 4/5 的选择问题。四是分析者在成本固定的情况下，比较具有各种有效性程度的方案。假设政府决定改善城市的交通状况，但立法机关在预算中只批准一定数量的资金，在这种情况下，政府的成本（费用）是固定的。若进行成本—效能分析，则只分析固定成本条件下各种不同有效性程度的方案。

3. 成本—效能分析法的作用与局限性

成本—效能分析法使得政策制定者可以通过为具有类似任务的结构共同编制预算而发现各项计划之间的协调性。政府通过这种方法可以降低实现某些目标的成本，例如促进健康或减少因交通堵塞而导致的延误。① 该方法多被用在军事、政治、文化、卫生等公共项目的决策上。运用成本—效能法来确定最佳方案，在技术上并不困难，困难之处在于备选方案的确定。因为，这里提出的备选方案应能无差别地实现用一个目标，要做到这一点，可能并不容易。

成本—效能分析特别适用于这样的问题，即为了实现不能用收入表示的目标，最有效地使用资源的问题。它已用于在司法、人力资源培训、交通、健康、国防和其他领域提供政策建议。其优势在于易于应用，它善于处理集体或准集体物品（它们都很难用市场价格来估计），而且适于分析外部性和无形成本。主要局限性在于提出的建议不容易与社会总体福利问题挂钩。不同于成本—效益分析，它对成本—效能的衡量局限于特定的项目、区域或目标群体，也不能用来衡量社区成员感受的总体满意度以计算净收入收益。②

7.2.3　风险—效益分析

风险—效益分析是成本—效益分析方法的另一个变种。它是“一种成本—效益分析，项目的消极结果以对个人或团体的风险的种类和大小来衡量，而不是以货币单位来衡量”。与成本—效益分析一样，在形式和方法论上的决策过程瞄准的是选择最好的政策方案的最后目标。在风险—效益分析的标准框架之内，更准确的描述应该是“风险—成本效益”分析，基本目的是选择一种方案，把相关社区的受影响的人群期待中的效益的总量减去风险的总量和水平后得到最高的数量价值。

---

①　参见［美］大卫·N·海曼：《公共财政——现代理论在政策中的应用》（第 6 版），205 页，北京，中国财政经济出版社，2001。

②　参见［美］威廉·邓恩：《公共政策分析导论》，326～327 页。

风险—效益分析的方法基本上把风险评估和成本—效益分析两种方法融合在一起，第一种方法即风险评估，被用于评估由有害的技术和对健康有害的威胁带来的风险。尽管原则相同，但评估的应用有些不同，视其重点为技术还是健康而定。风险评估的目标在于在危害出现之前或者在其存在之后准确地预测对健康的影响，并且建立有效的安全标准来保护暴露于其中的人口。

这种方法主要分为四个互相关联的步骤：(1) 辨认危害的过程（例如，废物焚化炉排放的是二氧化碳还是重金属）；(2) 有毒物质泄漏对人体影响的评估（例如，是否能找出有毒物质危害人体的途径）；(3) 对剂量反应的模型设计（例如，在调查之中的化学物质中的泄漏程度和副作用影响的频率之间的实证关系如何）；(4) 对整体风险的特征概括（例如，数据作为整体怎样为毒素对人体健康潜在的影响——通常以癌症为例——提供全面的评估）。

风险—效益分析的第二个阶段是成本—效益分析。这里的目标是把有害行动产生的效益和带来的风险进行明确的对比。然而，费用是用风险的特定程度而不是货币价值来限定的。因此，这种方法实际计算一个项目的效益（针对常规的费用，例如工厂建设和维护费用进行调整），比较风险率和效益率，把得出来的数字乘以受影响的总人数。①

7.3 方案抉择

如果说，方案的比较和展示主要是政策分析者的工作的话，那么，方案的抉择主要就是政策制定者的工作了。在这一节，我们仅仅讨论方案抉择中决策方式（投票规则）的选择问题。

7.3.1 决策方式

1. 全体一致规则

所谓全体一致规则（unanimity rule），是指所有投票人都对某项表决的方案投赞成票，一致同意的规则。在现实中，我们不难见到全体一致规则的例子，如联合国安理会常任理事国形成决议时，一个基本条件就是要中、美、俄、英、法五国一致同意。

全体一致规则主要有以下特征：(1) 一票否决。决策人形式上都平等地享有

① 参见［美］弗兰克·费希尔：《公共政策评估》，39～41页。

决策权，任何一个否决行动，对决策方案能否最终通过都具有决定性的意义；(2)“帕累托最优”。全体一致规则是肯定导向“帕累托最优”的唯一投票准则。[①] 所有决策人都能通过自己的投票行为而获益，或者说，决策人中至少没有人因此而利益受损。

全体一致规则的尽管蕴涵着导向“帕累托最优”的诱人之处，但这并不是应用最为广泛的方式，因为全体一致规则具有以下明显的两个缺点：

(1) 决策成本过高。要求社会成员寻求共同的满意选择，需要耗费大量时间，这在人们的偏好各异的大社会中尤其如此。[②] 为寻找出一个符合“帕累托最优”的决策结果，社会成员在时间上的损失也许远超过他们从中获得的收益。[③] 这一弱点与参与决策的人数成正比，如果人数足够庞大，按全体一致规则不可能达成集体决策。所以，在不能肯定集体决策的结果是否能给自己带来损失的前提下，人们很可能更愿意接受其他投票规则而不愿为达到充分的全体一致去耗费时间。因此，这一规则仅仅在较小范围内的集体行动中才是可能被采用。

(2) 鼓励“策略行为”。在全体一致规则的条件下，每位决策参与者都享有决策的否决权，因此，这一规则会鼓励人们运用“策略行为”来争取自己所偏好的方案的胜出。其中，较为常见的是以下两种形式：

第一，讨价还价。现实中人们的兴趣爱好、利益预期是多种多样的，人们为了达到某一个大家都满意、互不损害对方利益的“最优”方案，不得不进行再三的讨价还价，一次性协商极少能解决问题。我们假定，甲、乙两人在全体一致条件下通过了A政策，各自获得收益为 M_1 和 M_2，此时 $M_1=M_2$，M_1、M_2 皆大于0。但是，由于甲是一个理性的自利者，他可能为了使 $M_1>M_2>0$，从而以否决A（即让甲、乙皆无所收益）来迫使乙让步，并对政策A做出了有利于甲的修改。反之，乙也可能为使 $M_2>M_1>0$，做出与甲类似的举动。这样，双方将会把精力放在试探对方虚实上，不断进行讨价还价，最终的选择结果就取决于两人讨价还价能力的强弱。[④]

第二，弃权。在这里，需要纠正一个普遍的错觉——全体一致规则至少有一个优点，可以避免“搭便车”现象。“搭便车”一般是指不承担公共活动的成本，却享受公共活动收益的行为。有人认为，在全体一致条件下，由于每位决策参与者都清楚他人也平等享有对决策的否决权，任何“搭便车”行为都可能招致他人反对而使公共决策方案告吹。因此，每个人在为方案讨价还价时都会顾及他人利

①② 参见[美] 丹尼斯·缪勒：《公共选择》，25页，北京，商务印书馆，1992。

③④ 参见上书，26页。

益。但是，上述分析显然排斥了这样一种可能性：即决策者可能根据自己对政策结果的预期，“冒险”认定政策结果合乎自己的要求，采取诸如“弃权”这样不明显阻挠决策的行为，从而避免应承担的公共活动成本，而享受公共活动收益。这种情况在多人决策中尤为常见。显然，这也是一种策略行为，它表明全体一致规则并不能真实反映投票人的意愿。

2. 过半数规则

所谓过半数规则（majority rule），是指对一项表决方案，需要超过二分之一的投票人赞同方能通过的规则。

过半数规则在现代社会中是应用最广泛的决策方式。既然全体一致规则因众人偏好的差异而难以普遍应用，那么只能退而求其次，采用多数票制以最大限度地照顾公众利益。多数票制一般可分为简单多数和过半数两种方式。简单多数指在多项方案中，哪一个方案获取的赞同票多，哪一项就通过。由于简单多数只能反映“小多数人”的意愿，因此人们在实践中，逐渐选择能反映“大多数”人意愿的过半数方式。过半数规则的例子在我们身边举不胜举，在此不加赘言。

与全体一致规则相比，过半数规则的特征是：(1) 决策效率高。决策过程中无需人人都投赞成票，只要有超过半数的赞成票，决策方案就能通过；(2)“少数服从多数”。“按过半数投票规则进行集体选择过程的本质，即少数投票者被迫参与他们不能阻止也不能对其所引起的损害要求补偿的那些活动。”① 过半数规则要求公共行动方案对全体参与者都具有强制性，即占少数的反对者必须服从占多数的支持者所做出的抉择。

过半数规则在现实中应用广泛，但究竟过半数的人在全体成员的百分之多少才是最恰当的，是51%还是60%、70%、80%？人们根据不同实际需要，制定了多种规则，如2/3票制、3/5票制等等。标准的多样化也说明，过半数规则本身还存在一些缺陷，须在实践中加以修正。

(1)“多数剥削少数”。② 按多数规则选择出的每一项集体行动方案都具有内在的强制性。因为最终的集体决策是按多数人的意愿决定的，而决策的结果又要求全体成员服从，这就意味着多数人把自己意愿强加给少数人。最终集体决策结果所体现的是多数人的利益，属于少数人的利益被忽略了。这种不公平和对民主制原则的违反，并不因为受害的是少数，罪恶就少一些。因为在社会上每个人如不和其他

① [美]布坎南、塔洛克：《同意的计算——立宪民主的逻辑基础》，95页，北京，中国社会科学出版社，2002。

② [美]曼瑟尔·奥尔斯：《集体行动的逻辑》，29页，上海，上海三联书店、上海人民出版社，1999。

人同等重要就不存在平等的选举权。① 显然，在多数规则下，少数没有权利。而从经济学的视角分析，“少数服从多数”还要冒“净收益<净损失”的风险。

（2）决策结果未必可靠。最著名的例子是，乌克兰在1991年3月的全民公决中，70.2%赞成维持苏联联邦体制，不赞成独立；同年12月的全民公决，90.3%的人却转过来支持乌克兰的独立。布坎南分析：“在集体选择上，个人可能知道他自己偏好的选择对象是什么，但是他不知道其他一些人将怎样进行选择，从而不知道他们会怎样投票的。”② 在多数票规则下，“个人行为与结果之间并不存在联系，而各备选方案的机会成本的估计又必然很困难，因此集体决策基本上是不负责任的。”③ 由于单个参与者的选择行为在多数票规则中无足轻重，从而无形中助长选民不重视选举权的行为，甚至轻易放弃表决权。当这种倾向为多数人所有时，压力集团（利益集团）便应运而生。压力集团以较小的代价（如花费一定金钱）收买一些可能弃权的选民，让他们按压力集团的意愿来投票，结果是政策取向更加偏离大众的利益。

（3）投票悖论。在对过半数规则研究的过程中，学者们发现了一个非常重要的现象，即采用过半数规则时，投票过程的次序至关重要，不同的次序会产生不同的选择结果，各种政策方案，都有可能被通过，这种现象叫做“循环”（cycling）或投票悖论（the paradox of voting）。这表明即使按多数规则进行投票而选择出来的集体决策，也可能对多数不利。

多年来，学者们一直为投票悖论所困扰，希望能够寻求到一个打破悖论的途径。然而，成功的可能性被阿罗悖论彻底地消灭了。

7.3.2　投票悖论

尽管过半数规则是现代社会中应用最为广泛的决策方式，但至今仍有两大悖论人们无法打破。

1. 孔多塞悖论

在只存在两个备选方案时，多数票规则是有效的；而当面对三个或更多个的备选方案时，多数票规则便会显得不那么有效，通常会出现循环投票现象。即在多数票规则下，可能没有稳定一致的均衡结果，而是在各种选择中循环。这种现象被称作孔多塞悖论（condorcet's paradox）或投票悖论。

① 参见［英］J.S.密尔：《代议制政府》，103页，北京，商务印书馆，1982。

② ［美］布坎南：《自由、市场和国家》，239页，北京，经济学院出版社，1988。

③ 同上书，240页。

我们用下面的例子来说明投票悖论。

假定有三个投票者（甲、乙、丙）在三种备选方案（A、B、C）中进行选择。三人对方案的偏好如下：

甲：A>B>C

乙：B>C>A

丙：C>A>B（符号“>”表示“偏好大于”）

按照过半数规则，三人中只要有两人以上选择某方案，该方案就能通过。如果我们确定的投票次序为先从A、B中选择出一个方案，再与C作比较，最后再来确定谁通过，那么，就先比较A、B而言，偏好可简化为：

甲：A>B

乙：B>A

丙：A>B

结果肯定是A被选中，再将A与C相比，此时偏好表示为：

甲：A>C

乙：C>A

丙：C>A

因而，最终的结果是C被选中。

如果我们改变投票次序，先在A与C中选，再与B进行比较，那么，结果肯定是B被选中。如果先在B和C中选，再与A进行比较，那么，结果是A被选中。

三种不同的选择次序导致了三种不同的集体选择结果，集体对三个方案的偏好最后可表示为：

A>B>C>A

“对立的投票能够导致一种无止境的循环。过半数规则在非武断方式下不能选择出获胜一方。”[①]这样，确定投票程序的权力常常就是决定投票结果的权力：由“循环”带来的选择结果不确定性，成为潜伏在过半数公共选择中的一种危险因素。

“循环”能否消除？公共选择的一个重要发现是：当投票者的偏好都是“单峰值性偏好”（single-peaked preference）时，“循环”就会消失。所谓“单峰值”，顾名思义就是偏好只有一个峰值，在峰顶（最优偏好）的两边，对其他备

① 转引自［美］丹尼斯·缪勒：《公共选择》，40页，北京，商务印书馆，1992。

选方案的偏好持续下降。如果我们将前述甲、乙、丙三人的偏好用图形表示出来，就会发现甲、乙的偏好图形只有一个“峰顶”，是“单峰值偏好”，而丙有两个“峰顶”，就成为“双峰值偏好”，如图7—1所示：

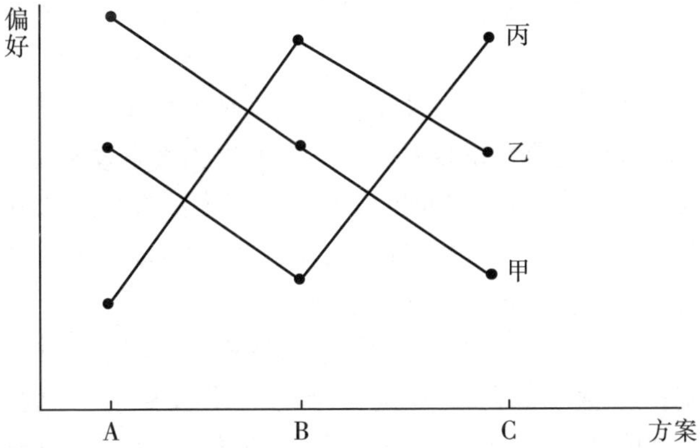

图7—1　双峰值偏好

如果丙的偏好也变成“单峰值”，即C>B>A，那么，根据我们前述的推论逻辑，结果始终都是B，“循环”消失了。人们研究进一步发现，在投票人偏好皆为“单峰值”的条件下，过半数规则会产生一个均衡的结果，像前面的例子中结果始终是B。此时，均衡点正是中间投票者的峰值偏好。也就是说，在公共选择中，中间投票者的偏好是决定因素。我们可以根据丙为单峰值偏好的条件对图7—1进行修正，会发现对甲、乙而言，B为次好的方案，而对丙而言是最好的方案，最终结果是甲、乙、丙都选择B，乙就是起关键作用的“中间投票者”。如图7—2所示：

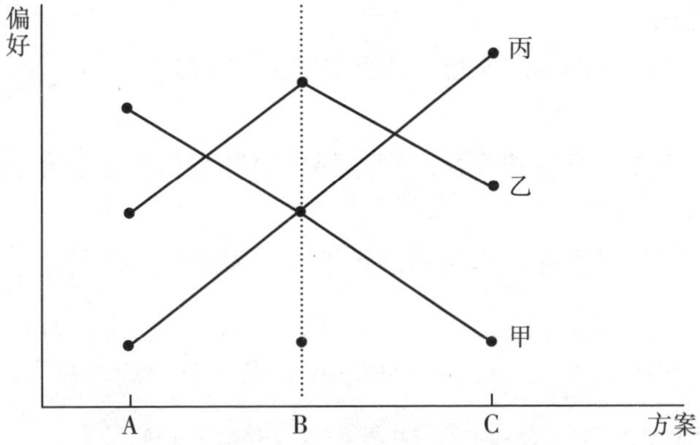

图7—2　单峰值偏好

因此，当选民的偏好存在多峰偏好时，选民可以通过改变自己的偏好来操纵投票结果。这也是公共选择学者们所关注的“中位选民（中间投票者）”

如果说布莱克的发现导致了限制投票者偏好的话，那么阿罗不可能定理无疑给民主决策体制以致命的一击。

2. 阿罗悖论

既然多数票规则往往导致投票悖论，那么，是否存在一种政治机制或社会决策规则，能够消除这种投票悖论现象呢？美国斯坦福大学教授肯尼斯·阿罗对此进行了研究，他得出的结论是：“如果我们排除了人际效用的可比性，而且在一个相当广的范围内对任何个人偏好排序集合都有定义，那么把个人偏好总合为社会偏好的最理想的方法，要么是强加的，要么是独裁的。”①

阿罗的意思是说，不可能存在一种社会选择机制，能够使个人偏好通过多数票规则转换为成社会偏好。阿罗的这个结论后来被称为“阿罗不可能定理”（Arrow's impossible theorem），又称作“阿罗悖论”（Arrow paradox）。

阿罗的结论建立在社会选择的两个公理与民主决策方式所需满足的五个条件之上。

阿罗提出的社会选择的两个公理是：

公理Ⅰ　连贯性（connectedness）

对于任意的备选方案 X、Y，必有 X⩾Y 或 Y⩾X。

公理Ⅱ　传递性（transitivity）

对于任意的备选方案 X、Y、Z，如果 X⩾Y 且 Y⩾Z，则 X⩾Z。②

阿罗还认为，民主决策方式必须满足下列五个条件：

条件 1　选择的非限制性。即在进行集体选择时，所有可能的个人偏好的组合都应被考虑进去。

条件 2　集体选择的非反常性。即集体选择一致地、不偏不倚地反映个人选择。

条件 3　不相关方案的独立性。即选择应限制在独立于其他方案的某一套方案中。

条件 4　公民的至上性。即集体决策不能局限于精英决策。

---

① K. J. Arrow, *Social Chioce and Individual Values*. New Haven , CT: Yale University Press. 1963, p. 59.

② 参见［美］肯尼斯·约瑟夫·阿罗：《社会选择：个性与多准则》，25～26 页，北京，首都经济贸易大学出版社，2000。

条件5　非独裁性。即个人和团体都不能将他们的偏好强加于他人，从而决定集体决策的结果。[①]

阿罗认为，任何投票规则和选择程序必须同时满足上述两个公理和五个条件，才能把个人偏好次序转换成社会偏好次序或集体偏好次序；但是事实上，它们不可能同时得到满足。因此，不存在一种可能把个人偏好总合为理想的社会偏好的政治机制或集体决策体制。

阿罗把他的结论表述为"一般可能性定理"："如果存在至少三个备选方案，社会成员可以自由地按任何方式对它们进行排序，那么满足条件2和条件3的社会福利函数以及由此产生的满足公理Ⅰ和公理Ⅱ的社会排序一定是强加的或者是独裁的。"

一般可能性定理说明了，"如果关于个人排序的特性事先不作任何假设，那么没有一种投票方式能够解决前一部分所讨论的投票悖论。不管是复数投票，还是比例代表制投票，也不管投票的方法多么复杂，同样都不能解决投票悖论。类似的，市场机制也不能产生合理的社会选择。"[②] 面对投票悖论，民主瘫痪了。

为了摆脱投票悖论并使得多数票规则在多个方案的情况下仍然适用，学者找到的方法就是修改阿罗的假设条件，不再遵循"无限制区域"，对选民的偏好（多峰偏好）进行限制。一旦这种对偏好的限制付诸实施，投票悖论隐含的意义就暴露无遗：限制投票偏好，运用多数投票规则，得出一个均衡的结果，实质上是多数人对少数人的暴政，是民主的暴政。对少数人而言，他们的投票自由受到限制，投票意愿不是为了选择他们认为的最佳方案，投票变成了为了产生一个投票结果而进行的活动。

7.3.3　过半数规则的变异形式

过半数规则作为应用最为广泛的规则，受到人们的重视，多年来，人们提出了一些过半数规则的变异形式。[③]

我们先来假定，需要从一张 M 个候选人组成的名单中选出一个人（$M>3$）。那么，较为简单的过半数规则及其变异形式有如下一些：

过半数规则：选出得到超过半数票的第一位候选人。

占多数规则：选出得票数最多的一位候选人。

---

① 参见［美］威廉·N·邓恩：《公共政策分析导论》，303页。

② K. J. Arrow, Social Chioce and Individual Values, New Haven CT: Yale University Press, 1963, p. 58.

③ 参见［美］丹尼斯·缪勒：《公共选择》，58～65页。

孔多塞标准（Conderct criterion）：选出在运用过半数规则的成对比较选择中击败所有人的候选人。

博尔达计数（Borda rule）：按照投票者的偏好秩序的排序来给 M 个提案中的每一个打分，分值从 1 到 M，即被投票者列为第一位的提案得到 M 分，列第二名的提案得 $M-1$ 分，被投票者列为最后一位的提案得 1 分。将所有投票者的每个提案的分数分别加起来，宣布得最高分的提案为获胜者。

淘汰投票（exhaustive voting）：要求每一个投票者标明在 M 个候选人组成的名单中他认为最差的候选人，把被最多投票者认为最差的候选人从名单上删掉，再要求每个投票者标明在剩下的候选人组成的名单中他认为最差的候选人，从名单中删掉。重复这个过程直至只剩下一个候选人，这个候选人便是获胜者。

赞成投票（approval voting）：在由 M 个组成的候选人名单中，每个投票者对所有他赞同的候选人投一票，得票数最多的候选人为获胜者。

过半数规则的变异形式还有一些较为复杂的形式，我们在下面加以讨论。

7.3.4 决策方式的改进

现有的决策方式或投票方式是有缺陷的，如何改进这些政治或民主的技术？西方学者就这一问题做了不少探讨。在这里，我们先介绍公共选择学者提出的建议，再探讨我国的民主集中制这种决策方式的改进。

1. 公共选择学者论投票方式的改进

布坎南与另一位著名公共选择理论家塔洛克（R. D. Tullock）在他们 1962 年合著的《同意的计算》（*The Calculus of Consent*）中认为，在公共选择中，由于他人的行为而使选择结果偏离了单个投票者的预期，而集体选择的内在强制性又迫使投票者接受这个结果，结果与预期的差就是这个投票者必须承担的外部成本。对单个投票者而言，如果他认为某项方案合乎自己的利益，他可能会为了这项方案最终可以通过而去说服他人，直至得到所需的同意人数规模，那么他在这当中所耗费的时间、精力等，就构成他的决策成本。因此，当人们选择投票方式和规则时，它就会选择那种给自己带来的外部成本与决策成本都最小的方式和规则，以实现自身利益的最大化。

围绕个人效用最大化这个主题，公共选择学者们设计了多种决策方式，这些模式被认为更能准确显示投票者的偏好，有利于克服“策略行为”造成的外部成本与决策成本过高的缺点，这里着重介绍需求显示过程和投否决票两种。

（1）需求显示过程（demand-revealing process）。需求显示过程的实质是通过对个人征收某种税收的方法来促使个人真实显示他对公共物品的需求，从而确定给投票者带来好处最多的方案。这一方案的实施从 20 世纪 70 年代中期开始，引起了人们浓厚的兴趣。

我们用一个例子来说明需求显示过程是如何进行的。①

假定现在有 A、B、C 三人要对两个方案进行选择。首先，要求三位投票者将他们预期从偏好的方案中得到好处用货币量表示出来。假设 A 偏好 P，并将从 P 中获取 30 美元的收益；C 也偏好 P，他可以得到 20 美元的收益；B 偏好 S，并且 S 获胜他将获得 40 美元的收益，见表 7—3。

表 7—3　　**需求显示法例证表**　　单位：美元

方案 投票者	P	S	税收
A	30		20
B		40	0
C	20		10
总额	50	40	30

列出收益表后，再将这些量化的收益相加，看哪一个方案代表的价值量最多，哪个方案就通过。P 因为总价值最多（为 50 美元）而被选中。

但是，这样做我们尚不能保证 A、B、C 三人所公布的预期值是真实的，还必须加以税收的约束。计算税收的方法是：先算出只有其他人参与时各方案的价值总额，找出当选的方案，然后再加进投票者自己表示的货币量，看集体选择结构是否因此发生变化。如果不会，他就不用交税；如果会，他就相当于没有他参与投票时另一个方案获胜的预期净收益的税额。

例如，假设 A 没参加投票，那么 S 的总额是 40 美元，P 是 20 美元，S 当选。A 应缴纳的税额就为 S 获胜时净收益 40－20＝20 美元。B 的投票行为不影响结果，因而不用交税。C 的投票行为也会改变选择结果，C 的税额为 40－30＝10 美元。

实行税收制度后，A 所表示的从 P 中得到了收益值等于或大 21 美元时，将使集体选择结果为 P，那么他的税收值不变。如果他表示的收益小于 20 美元，S 将当选，A 此时可以不付税。但他预期从中得到的 30 美元收益也将同时化为乌有。在这种机制下，投票者产生了真实显示其偏好的动力，他不愿过高显示他的偏好，因为这样一来他就得冒税收大于实际收益的风险；他也不愿过低显示其偏好，因为这样一来他就得冒得不到任何好处的风险。

① 参见［美］丹尼斯·缪勒：《公共选择》，70～81 页。

由此可见，需求显示过程的最大优点就是鼓励投票者正式表达自己的偏好，从而避免人为增加决策成本，提高了决策效率。

(2) 投否决票（voting by veto)。投否决票就是让所有投票者都提出自己认可的方案，然后汇总，在随机地将这些方案排序，让投票者按从全部方案中否决一个的方式进行，最后剩下的方案当选。

投否决票方式特别针对全体一致的方式的某些缺点加以改进。由于参与者有机会表达自己的偏好，又有权力否决自己不喜欢的方案，因此，参与者提出方案时需积极考虑到他人利益，以避免自己所偏好方案遭受被否决的命运。在这种方式下，投票人之间的“策略行为”相对会少得多，自己意愿表达更真实。

投否决票方式实施起来会受到一定限制，这就是投票者的意愿、旨趣的方向必须大体一致，否则可能所有方案都遭否决。例如，数名投票者对将某笔资金用于改善生活条件进行表决：如果大家都认为应该用来建造蔬菜基地，以丰富菜篮子，那么至于是建土豆基地，还是青菜基地，或是西红柿基地，或是混合蔬菜基地，通过投否决票最终有望达成某项协议；但是如果有人认为改善生活条件重要的不是菜篮子，而是要有田径场，或是影剧院，或是公园，那么最终可能所有方案都行不通。

2. 作为一种决策方式的民主集中制的完善

在我国现阶段决策方式的改进应主要集中在对民主集中制的坚持、发展与完善上。尽管民主集中制的决策原则和方式在我国公共决策中已经起到了重大作用，但是，随着我国社会主义市场经济的发展，我国公共决策出现一些新变化，如政府公共决策的范围缩小，公共决策对象的各种利益关系更加复杂，公共决策的主体呈多元化趋势，公共决策过程更加错综复杂。因此，生活在社会主义市场经济条件下，必须进一步坚持和完善民主集中制。

首先，必须充分发扬社会主义民主，民主集中制的首要前提是必须充分发扬民主，只有在充分发扬民主的基础上才具有正确的集中。在以往计划经济条件下，我们在处理民主与集中关系问题上存在的明显不足是过分强调集中，而对民主重视不够，这就难以充分调动广大人民群众积极参与公共决策和公共事务管理的积极性，难以在决策子系统中造成一种自由讨论、竞争的气氛。针对这种情况以及市场经济条件下对决策民主化提出的更高要求，要坚持和完善民主集中制这种决策原则及方式，必须首先充分发扬社会主义民主，广开公民参与公共决策渠道，在全社会营造良好的决策气氛；在公共决策的决断子系统中充分发扬民主，形成良好的公共决策小环境；充分发扬民主（体制外）的政策研究咨询组织（智囊团、思想库）的作用。

其次，借鉴现代决策科学的理论及方法，实现民主集中制决策体制及其运作的科学化、现代化。我们党在长期的公共决策实践中积累了按照民主集中制进行决策的丰富经验，如实事求是，调查研究；从广大人民群众的根本利益出发，从群众中来到群众中去；少数服从多数的原则等等。但是，在以往坚持民主集中制决策的实践中，我们的经验成分多，现代科学的理论、方法的运用偏少，未能真正形成科学的公共决策系统，也尚未实现公共决策过程的程序化。针对这种情况，必须将民主集中制的优良传统与现代决策科学的理论和方法有机结合起来，建立健全现代公共决策系统，创造民主集中制原则发生作用的体制条件，改善和优化公共决策系统的运作，实现公共决策过程的程序化。

最后，加强法制建设，建立健全执行民主集中制决策体制及原则的各项规章制度。要保证民主集中制这种决策体制及原则的有效执行，实现公共决策科学化民主化，必须加强法制建设，建立和健全民主集中制相适应的规章制度，以法制的形式规范决策行为。例如，必须完善集体领导和个人分工负责相结合的制度。在公共政策中，凡是涉及本地区（单位和部门）改革开放、经济建设和社会发展带有方向性、全局性、长远性、关键性的重大问题，必须通过集体讨论决策，同时，又必须分工负责，做到分工明确、职责分明、有职有权、领导成员敢于负责，大胆工作，不断创新。

案例

美国战略石油储备规模的争议

《能源政治和储备法案》把战略石油储备量定为1.5亿～10亿桶之间，并坚信战略石油储备足以代替90天的石油进口量（当时约为5亿桶）。虽然由国防分析研究所完成的工作报告显示，规模大得多的石油储备从经济上来说也是合理的，但作为一个回合结果选择的10亿桶这个数字还是大于管理部门在战略性石油储备计划中希望向国会建议的最大数目。较低的1.5亿桶代表联邦能源部对可用于该项目的现有的储备量的估计。确定的5亿桶的标准，是由杰拉德·福特总统作为预算管理局和联邦能源部之间的妥协而作出的选择，这个数字与国家石油委员会的建议一致。预感到后来的斗争，预算管理局主张战略性石油储备的量应再小一些以减少此项目的成本，而联邦能源部则争论说更大的储备量才可提供更大的安全。

1976年12月联邦能源部上交给国会的战略石油储备计划包括了一份支持5亿桶储备量的成本—效益分析。该分析在对进口水平和石油供给中断的乐观推测下，得出结论认为5亿桶或者更大的储备量是成本有效的。然而，赞成5亿桶储量的人并不多。预算管理局的分析家们想把储备量限制到2亿桶，但他们没有获得足够支持来推翻法定的5亿桶方案。绝大多数联邦能源部的分析家认为更大的储量从经济上来说是可行的，但考虑到预算管理局会强烈反对，他们决定不强行扩大储量。

10亿桶的动议

国家能源计划发展署在卡特总统的首席能源顾问詹姆斯·R·施莱辛格的强力控制之下，要求把战略性石油储备扩大到10亿桶。他的工作人员要求有关机构和部门透露有关政策选择信息，但未得到满足。于是人们选择了操作效率而不是“非常花时间的达成共识的过程”。国家能源计划草案在能源部流通供评阅后不久，卡特总统就于1977年4月29日签署了最后的计划版本。结果，预算管理局的有关雇员们，没有来得及说服新领导去要求总统重新考虑国家能源计划中的10亿桶目标。用一句官僚俚语讲，施莱辛格在战略石油储备问题上成功地“摆平”了预算管理局。

预算管理局在1977年秋天为国家的FY1979预算提案做准备期间，找到了削减10亿桶动议的机会。施莱辛格，作为新成立的能源部部长，要求筹资建设另外5亿桶的储备能力。(三期储备达到7.5亿桶，四期到10亿桶)。当预算管理局削减这部分资金时，施莱辛格请求卡特总统的帮助。在一次白宫会见预算管理局主任时，施莱辛格把这个问题呈给总统。预算管理局雇员用活动挂图证明大于5亿桶的储备量是不行的。但是，卡特总统打断了他们，说战略石油储备规模已不是讨论的议题了。他仍坚持把最后的储备量定为10亿桶。真正的议题当时是FYl797计划中第三阶段和第四阶段的开支问题。作为妥协，总统允诺只筹集第三期的计划基金。这次会议可以被看作是施莱辛格的一次完胜，他使总统再次确认10亿桶储备的目标(国会赞同扩大储量目标，在下一年的6月份批准了对战略石油储备工程计划的修正案)。相反，预算管理局的职员们在总统面前却很尴尬，他们会卷入到未来关于战略石油储备的预算斗争之中。这件事可能影响他们对战略石油储备计划的态度。

在这些最初的回合中，施莱辛格手下的分析家们成功地发起了扩大战略储备量的动议。管理预算局的反对暂时被打败了。考虑到国会和总统给予广泛支持，扩大战略石油储备量又多次被证明可行，预算管理局继续进行反对的行为应该怎样解释呢?

预算管理局的分析员们有法律上的理由对更大的战略石油储备量的分析证明提出疑问。战略石油储备计划的分析中测算石油抛售的收益和处理不确定性的方法并不复杂。在应用的分析框架中，有足够的空间对未来条件的假定提出反对。这些假定对未来战略石油储备收益的估计是很重要的。因此，在争论场上，预算管理局的反对在分析的立场上是站得住脚的。

制度因素也对预算管理局的反对有利。预算管理局负责整个预算，涉及在任何可能的地方限制开支。战略石油储备之所以有吸引力是基于以下理由：其一，它的收益是弥散的，没有强大的选区反对预算缩减；它的总收益也许很大，但没有什么政治上的活跃团体会为了从中获得巨大的利益而采取政治行动。其二，战略石油储备就像是保险政策，其成本是确定的，但其全部收益只有在或许不会发生的事件中获得。因为战略石油储备的设施和石油购买的初始成本相对很高，直接负责预算的人也许愿意为缩减赔付而承担更高水平的风险。其三，成本必须今天就承担，但收益在将来某一时间才会产生。负责当年预算的人也许比其他决策者有更高的主观贴现率。因此，预算管理局的制度使命，与战略石油储备弥散的收益和高起点的成本结合，使扩张战略石油储备的动议成为对预算裁减者具有很强吸引力的目标。

分析壕沟福利

第一回合：1978 年

在 1978 年 2 月，预算管理局组织了一个跨机构任务队研究偶然事件计划问题。该任务队包括能源部政策评估办的应变计划办人员，预算管理局自然资源能源和科学专门研究部人员，经济顾问委员会人员等。能源部同意考虑实施这一扩大的储备计划的备选方案，这意味着重新开启了规模问题的讨论之门。

到 4 月中旬，参加者们就测算石油供给中断的宏观经济成本所用的假设达成暂时一致。通过这些假设，能源部和经济委员会的分析家们使用沃顿和数据资源公司宏观经济模型来估算石油进口减少与国民生产总值的季度下降的关系。能源部的分析家们把这个关系用在战略石油储备第四个 2.5 亿桶（第四阶段）的收益—成本分析中。当预算管理局分析家们发现能源部的分析支持了第四阶段的实施时，他们开始攻击所用的假设——包括他们以前同意过的。尽管能源部在假设上作了许多让步，第四阶段仍然显得是合理的。最后，预算管理局在给总统的备忘录中写上了自己反对第四阶段的原因分析。

施莱辛格部长准备在关于 FY1980 年预算的会议上与预算管理局争论这个议题。施莱辛格从他的下属那儿获悉，预算管理局认为，严重的供给中断（波斯湾 6 个月出口大约下降 60%）的概率在 12 年中必须每年为 12%到 25%之间，才能证明第四阶段计划的正当性。获得经济顾问委员会的认同后，施莱辛格提交了能源部的论点，认为年度平均1%的概率已证明第四阶段的正当性。当预算管理局表示同意时（这个数字指整个20年），施莱辛格好像开始搞平衡了。他没有威胁把这个议题报告给总统，而是同意不将第四阶段计划资金强加于FY1980，并建议把最后储量问题交给国家安全委员会。一位参加会谈的预算管理局分析家相信，如果施莱辛格要求举行一次总统参加的会议，并在会议中向国防部长和国务卿发问，要求陈述他们是否愿意假定每年发生重大石油供给中断的概率不到1%，预算管理局是会做出让步的。如果施莱辛格的分析家们没有让他的注意力集中在能源部和预算管理局结论之间的明显分歧上的话，也许他会采纳这种方法。

第二回合：1979年

1979年1月，预算管理局开始给能源部施加压力，要求它参加执行1亿桶目标的经济成本—收益的另一场联合研究。参与过前一次联合研究的能源部分析家们反对参加。他们相信，预算管理局的分析家们对支持战略石油储备扩展的任何分析都不会满意。但联邦官僚政治中的制度关系，使能源部很难拒绝预算管理局的要求。超越在给定预算辩论中的影响，预算管理局必须处理大量预算问题，不合作的成本会扩散到涉及的具体问题上。能源部花了大约20个月的工作时间和大约8万美元来商讨这项计划。

第一项计划任务是在数据资源公司和沃顿宏观模型上完成对供给中断的宏观影响的模拟。尽管最初对所用的假定都已达成协议，但预算管理局和经济顾问委员会继续要求修改假设。对于不得不执行的能源部分析家来说，这是很令人沮丧的，尤其是因为他们明显感到，预算管理局的职员们在坚忍不拔地寻求使供给中断看起来代价不高，从而使战略石油储备计划的价值显得不大的方法。

1979年10月，能源部完成了研究报告的草稿。它假设只有在美国每年损失10亿桶石油供给的情况下，战略石油储备的第一个5.5亿桶才会被抛售。它还假定在石油供给严重中断期间，私人产业会抛售储备1.25亿桶。分析家根据一系列中断场景及其假设的发生概率估计了预期能从战略性石油储备抛售获得的收益。报告最后得出结论说，从经济的角度来说，理想的储备是21亿桶或再大些。

参加研究计划的预算管理局员工非常生气。本来预算管理局不仅反对第四期工程而且反对第三期工程，理由是目前的容量尚未注满。（考虑到首先需要很长时间来建设储备设施，预算管理局似乎认为当时由伊朗生产下降引起的市场紧张形势会延续5～6年）而且，前一年在第一期和第二期工程中遇到的成本超支和工程日期拖延，使得战略石油储备更使人感兴趣，也更易成为预算缩减者攻击的目标。

把精力集中在分析中最不确定（因此，也最易受到攻击）的技术和假设上，预算管理局对报告草案提出四条主要反对意见：第一，对中断场景假设概率的应用是主观的，能源部反击说，尽管是主观的，但该概率是大多数专家讨论后的保守意见。第二，预算管理局要求在更包容的货币财政假定基础上估计国民生产总值损失函数，由此将导致较低的真实国民生产总值的损失，但会产生更高的通货膨胀率。能源部回应说，货币财政政策的假定越极端，宏观经济模型的结果就越会引起怀疑。第三，预算管理局反对把残余价值安排到战略储备石油上，能源部分析家认为在工程结束时剩余资产出售也应算为收益。第四，预算管理局争论说，战略石油储备的抛售不会桶桶对应地代替已失去的进口石油——这一反对意见就是能源部分析家也不得不承认是正确的（注意，抛售的价格效应依赖世界市场上供求的价格弹性，严格地讲，战略石油储备的抛售不会桶桶对应地代替失去的进口石油）。

很清楚，预算管理局正企图从预算中减少第三期工程的资金。明白这一点后，能源部的分析家决定用一套预算管理局不能反击的假定再次进行分析。如果分析成功完成，这样的决议会减少以作更好的分析为借口进一步拖延的机会。这导致了新的研究，它甚至包括武断地假设跨界减少 25% 的收益，来反映战略石油储备应用可能出现的无效性。如果相信中等程度（1 年中每天少于 200 万桶）的石油供给中断出现的概率每年大于 3.5%的话，这项研究发现把战略石油储备扩大到 7.5 亿桶都是可行的。

这一努力毫无成果。不仅预算管理局从 FY1980 补充预算和 FY1981 预算中减少了执行第三期工程的资金，而且能源部的领导也决定不把这项决定提交给总统。在此之前，施莱辛格是能源部领导成员中最强硬的战略石油储备工程的支持者，此时他已不再是能源部部长了。新部长查尔斯·W·邓肯和他的政策评估副部长威廉·路易斯对这个问题不很熟悉。依然在位的领导强调长期的能源政策如能源保护甚于应变计划方案，也就是战略石油储备。因此，没有人反对预算管理局缩减资金。事实上，能源部副部长约翰·多奇同意 1980 年预算管理局和能源部再次联合研究第三期计划的 FY1982 预算决策。

第三回合：1980 年

当应变计划办公室与预算管理局在 1979 年的研究中进行斗争时，石油办公室（也在政策与评估部长助理的领导之下）正在寻找调查获取和抛售石油的最佳时期和容量扩张的最佳时期的方法。在认识到以前研究中所用的处理石油供给中断的不确定性的方法的缺点之后，石油办主任卢西恩·普利亚瑞斯鼓励经济学家托马斯·塔斯伯格来研究这个问题。

塔斯伯格开发了储备问题的随机动态过程的阐述形式。对每年的战略石油储备计划，他的模型决定服从于石油购买或者抛售，技术约束是把预期未来净社会剩余损失的贴现额最小化。通过假设未来时期从一种市场条件向另一种可能的市场条件移动的概率，将不确定性改变为风险性。用这种模型往前看，在某一点储备会大到不再适合增加的某一定量。这个最高水平就是计划最适合的储备量。

1979 年 12 月，格伦·斯韦特纳姆、史蒂文·米尼汉、乔治·霍威奇和石油办的其他成员，用塔斯伯格模型完成了一项购买和抛售石油的重大研究。通过一系列的假定，发现这一最高储量平台在 8 亿到 44 亿桶之间变动。更重要的是，研究表明，大的净收益是与战略石油储备向这个最高平台的快速扩展相联系的。

新的政策评估办部长助理详细审查了石油办的研究，推断出该研究所用的方法比预算管理局和能源部联合研究所用的方法更为适合。他在一份给副部长的备忘录中说，未来与预算管理局的合作研究应建立在改进和扩展塔斯伯格模型的基础上，而不是建立在宏观经济模拟上。

新的模拟技术的引进，为战略石油储备量的斗争增加了一种新鲜因素。一方面，新的技术被广泛认为比以往所用的解决战略石油储备问题的方法更为适合。然而，另一方面，塔斯伯格模型的引进同时也为预算管理局以继续分析为借口的拖延策略创造了机会。

1980 年春天，预算管理局和经济顾问委员会的代表出于多种原因反对使用塔斯伯格模型。尽管有些批评攻击说能源部的分析家无理取闹，但其他大多数问题都能通过改进模型得以处理，而最严肃和基本的反对意见集中到模型中对概率的假定。预算管理局抱怨说，从每个市场条件到另一种市场条件的假定模型“太复杂，太理论化，以至于对于决策者们来说根本没有意义”。能源部分析员们承认塔斯伯格模型看起来确实复杂，但从概念上来说是相当清楚的。他们进一步争论说该模型为处理不确定性问题提供了一个比原方案系统得多的一种方法。

7 月份，负责能源部政策评估的部长助理、预算管理局自然资源能源处的主任助理，和经济顾问委员会的委员举行了会谈，最后达成妥协，同意使用塔斯伯格模型。政策评估部长助理表示能源部在 FY1982 预算要求中也要用塔斯伯格模型进行分析。他表示，他的职员会按照预算管理局的要求修改和运行模型，但不会试图去发现双方都接受的假设。他还调拨了 10 万美元（前任副部长答应拨付 100 万美元以上用于研究）和 4 个人用 4 个月的时间帮助预算管理局和经济顾问委员会用建议的宏观模型进行研究。

能源部分析家们按预算管理局的要求提供了能源规划和其他建议，但他们拒绝卷入对假设的争斗中。只用了很短的时间，很明显，由经济顾问委员会作出的，预算管理局被迫接受的假设产生了比1979年联合研究更为支持战略石油储备扩展的结果。预算管理局和经济顾问委员会永远也不会完成这个建议的宏观经济模拟研究。

同时，能源部修改了塔斯伯格模型，清晰地把注意力集中在第三期问题上，其结果于10月份在预算管理局战略石油储备预算意见听证会上提交。也许因为宏观经济分析结果不能达到他们预期的目的，预算管理局最后对塔斯伯格模型分析表示了兴趣。认识到能源部没必要赞成预算管理局所要求的假定后，分析最后完成了。

总结1980年的争论：1977年把战略石油储备扩展到10亿桶的总量的决定基本上不是以经济分析为基础的。1978年，预算管理局迫使能源部用更为复杂的方法评估了扩大储量的经济收益。尽管分析结果支持了储备扩展，但预算管理局裁减了第四期的计划基金，并使能源部同意在下一个预算回合中重新考虑储备量的问题。1979年期间，预算管理局的分析家们企图迫使能源部同意以前所用的导致不支持战略石油储备扩展结果的宏观经济模拟中的多种假设。即使所用的假设相当保守，结果也还是支持扩展。然而，预算管理局把第三期的资金从FY1980推迟到FY1982。1980年，预算管理局又企图把能源部拖入到关于宏观经济假设的争斗中。以失败告终后，他们不情愿地表达了对能源部打算用以支持FY1982预算要求的随机动态计划模型的兴趣。

资料来源：[美]戴维·L·韦默、[加]艾丹·R·维宁：《政策分析：理论与实践》，421～427页，上海，上海译文出版社，2003。

思考题

1. 什么是技术可行性？如何进行技术可行性比较？
2. 什么是经济可行性？如何进行技术可行性比较？
3. 什么是政治可行性和行政可行性？为什么要作这两种可行性的比较？
4. 举例说明成本—效益分析、成本—效能分析和风险—效益分析方法的应用。
5. 方案抉择中的决策方式有哪几种基本形式？它们各有什么优缺点？
6. 在上述案例中，美国战略石油储备规模是如何最终确定的？

第 8 章

政策执行与监测

重点问题

- 政策执行研究的兴起
- 政策执行的若干理论模式
- 影响政策有效执行的诸因素
- 政策工具的特性与分类
- 政策执行中的工具选择
- 政策监测的含义及种类
- 政策监测的地位和作用
- 政策监测的方式及技术

在政策过程中，政策执行是介于在政策规划和政策评估（结果评估）之间的中间环节，是将政策理想变为现实的过程。政府为了有效地管理国家和社会事务，必须根据社会政治、经济、文化发展的需要和态势，针对现实生活中的重大政策问题，及时、正确地制定政策方案。而正确的政策方案要变成现实，则必须靠有效的政策执行。如果没有政策执行环节，再好的政策方案也只能是纸上谈兵。正是在这个意义上，美国政策学者艾利森才说，在实现政策目标的过程中，方案拟定的作用只占 10%，而其余的 90%取决于有效的执行。在本章中，我们将讨论政策执行及其监测的基本理论与方法问题。

8.1　政策执行的基本理论

什么是政策执行？在普雷斯曼和韦达夫斯基（Jeffrey L. Pressman and Aaron B. Widavsky）看来，执行是在目标的确立与适应于取得这些目标的行动之间的一种相互作用过程。① 琼斯认为，执行是一系列指向使一个项目生效的行动，其中尤以组织（资源、机构和使项目生效的方法的建立或重新安排）、解释（将项目语言转变成可接受和可行的计划和指示）和应用（服务、款项、工具等的日常供应）三种活动为要。② 萨巴蒂尔和马兹曼尼安（Paul A·Sabatier and Daniel A. Mazmanian）则将政策执行视为用法律、上诉法院决定、行政命令，或用议会决定、内阁政令的形式，实施一种基本政策决定的过程。③ 我们认为，政策执行是政策执行者通过建立组织机构，运用各种政策资源，采取解释、宣传、实验、实施、协调与监测等各种行动，将政策观念形态的内容转化为实际效果，从而实现既定政策目标的活动过程。

8.1.1　政策执行研究的兴起

20 世纪七八十年代，西方尤其是美国公共政策研究领域出现了一场研究政策执行的热潮，形成了声势颇大的“执行运动”（implementation movement）。执行研究的学者们写下了大量的论著，提出了各种关于执行研究的途径、理论及模式，拓展了政策科学的研究范围，丰富了政策科学的理论内容。

在政策科学或公共政策研究中，人们习惯上将政策过程划分为政策制定（规划）、政策执行和政策评估等阶段。尽管政策执行构成政策过程的中间环节，是将政策理想或目标转化为政策现实唯一途径，因而具有十分重要的地位，但是，在西方政策科学发展相当长的时期，政策执行并没有引起政策学者们的应有重

① Jeffrey L. Pressman and Aaron B. Widavsky, *Implemetation* (2nd. , ed). Berkeley: University of California Press, 1979. pp. XX－XXI.

② Charles O. Jones. *An Introduction to the Study of Public Policy* (3ed.). Monterey, California: Brooks/Coles Publishing Company, 1984. p. 166.

③ 参见［美］斯图亚特·S·那格尔：《政策研究百科全书》，112 页。

视，政策科学被认为是研究政策制定的学科，政策过程链条上缺少执行这一环节。例如，在德洛尔的政策科学范式中，政策科学被界定为对政策制定的研究，其目标是改善公共政策制定系统，提高政策制定的质量；政策过程相应被分成元政策制定、政策制定和后政策制定（包括政策执行和评估等环节）三个阶段。

政策执行不受重视的主要原因在于，人们往往将政策执行看作政策过程中的一个不重要阶段，认为只要政策一出台，便自然地得到贯彻执行而取得预期目标。米德和霍恩（Van Meter and Van Horn）将政策执行研究被忽视的原因归结为四方面：(1) 一个天真的假定——执行过程是简单且人所共知的，并没有什么值得学者关注的大问题；(2) 以计划—项目—预算（PPB）为焦点——强调权威决策者的作用而排除了“低层次”官员对执行过程负责；(3) 任务的困难——从方法论上看，执行过程涉及严重的边界问题，往往难以界定相关的行动者；(4) 时间和资源的巨大消耗。①

政策执行研究是一种相对新的现象，它的兴起以 1973 年普雷斯曼和韦达夫斯基对美国联邦政府的创造就业机会的政策项目——“奥克兰计划”执行的跟踪研究而写成的报告《执行》一书的出版作为标志。② 尽管在 20 世纪 60 年代，有一些组织理论家（Kaufman，Derthick，Bailey and Mosher）的著作已涉及公共机构如何运作政策的问题，但是真正以政策执行作为主题，并进行全面案例跟踪研究的开创性著作则是《执行》这本书（该书后来成为政策执行领域的经典，是政策科学或政策分析的学者和学生必读之书）。普雷斯曼和韦达夫斯基的研究表明，奥克兰计划并不是按政策制定者所设想的那样被执行的，它并没有取得预定的目标，问题就出在它被执行的方式上尤其是“联合行动”的困难上，他们的工作引发了政策执行的热潮，导致了七八十年代所谓“执行运动”的兴起。

政策执行研究的兴起并不是偶然的，而是有其深刻的理论与实践的原因。从理论上看，在美国 60 年代末 70 年代初政策科学取得突飞猛进的发展，政策科学研究的视野拓宽，要求对政策系统和政策过程的各种因素和环节作全面深入的研究。过去人们偏重于政策制定或规划的研究，而忽视了对政策执行、评估和终结

---

① See D. S. Van Meter and C. E. Van Horn, “The Policy Implementation Process: A Conceptual Framework”, *Administration and Society*, Vol. 4, February, 1975, pp. 450-451.

② T. L. Pressman and A. Wildavsky, *Implementation*, University of California Press, Berkeley, 1973, 1979.

的研究，这制约着政策科学的发展，必须加以纠正。从政策实践上看，60 年代由约翰逊政府所发起的“伟大社会”改革的许多政策项目并没有取得预期的结果，是失败的，这在客观上向人们提出这样一个问题，即为什么好的或比较理想的政策方案及项目也不能取得预期的结果？这促使人们去评估政策，并寻找政策执行方面的原因。正是在理论与实践的双重作用下，政策执行在 70 年代初以后成为美国及西方政策科学研究的一个焦点或热门话题。

西方的“执行运动”持续了近 20 年，政策科学家们写下了大量的论著并做了大量的实证案例分析，提出了种种关于政策执行研究的途径、模式或理论。纵观这一时期的执行研究文献，西方学者们所提出的政策执行研究的途径主要有如下几种：

一是“自上而下”（top-bottom 或 top-down）途径，或称为“以政策为中心的途径”或“政策制定者透视”途径。这种途径假定，政策是由上层规划或制定的，然后，它们被翻译或具体化为各种指示，以便由下层的行政官员或职员执行。依照这种途径，政策过程被看作是一种指挥链条，其中，政治领导人形成政策偏好，而这种偏好随行政层次的降低而不断被具体化，为下层行政官员所执行。萨巴蒂尔和马兹曼尼安在《政策有效执行的条件》一文中将政策看作是处于行政系统“最高层”的决策者的专属权，他们所要解决的主要有以下这些问题：政策的性质、执行结构、避免外来的干预和控制执行主体。[①] 这种途径关注的焦点是政策制定者，要考察他们做什么以及如何将政策付诸实践而生效。普雷斯曼和韦达夫斯基的《执行》一书所采取的正是这种途径。

二是“自下而上”（bottom-top 或 bottom-up）途径。与“自上而下”途径相反，“自下而上”途径以组织中的个人（即参与政策过程的所有行动者）作为出发点，政策链条中的较低及最低层次被当作政策执行的基础；它强调政策或项目的成功与否依赖于参与执行项目的行动者的承诺与技巧。“自下而上途径的倡导者们认为，与自上而下途径相比，自下而上途径没有预先设定的假设，在自下而上途径中，很少有可能暗含着有关因果关系，有关主体和机构之间的层级化的，或者任何其他的结构关系，或者应该在主体和机构之间发生什么的假设”；“它以个人行动作为起点，使行动可以看作是对问题的一种反应，是在各种可供选择的方案之间进行选择”。[②] 这一途径以韦瑟利和利普斯基（R. Weatherley and

① Paul A. Sabatier and Daniel A. Mazmanian, “The conditions of effective implementation : a guide to accomplishing policy objectives”, *Policy Analysis*, (Fall), pp. 481－504.

② ［英］米切尔·黑尧：《现代国家的政策过程》，25～26 页。

M. Lipsky）的《基层官僚与制度创新》一文为代表。①

三是“政策/行动连续统”（ploicy/action continum）途径，该途径或多或少有作为“自上而下”和“自下而上”两种途径综合的意味。按巴雷特和富奇（S. Barrett and C. Fudge）的说法，应该将执行“当作一种政策/行动的连续统”，其中，在那些寻求将政策执行付诸实践者与那些采取行动者之间随时发生相互作用和谈判的过程。② 在这个意义上，这一过程既可以看作“自上而下”，也可以看作“自下而上”，政策制定者将作出限制其他行动者权力的决策，而行动者将做出规避决策者权力的决策。因而这一途径也可以说是以权力作为焦点的。

四是工具选择途径（instrument-choice）。这种途径从这样一个观察开始——政策执行在很大程度上包含了将一个或更多的政府的基本工具应用到政策问题上，这些基本工具被称为政策工具（policy instruments or policy tools）。不管我们是以“自上而下”设计的方式，还是以“自下而上”的更传统的行政管理方式来研究政策过程，给予政策决策的实质或形式的过程总是包含着在可利用的政策工具箱中选择一种或几种工具。③ 这种途径可以回答为什么政府从许多可供利用的工具中选择特定的工具，以及是否可以在政策执行过程中探明工具选择的模式或风格等问题。

“执行运动”的倡导者和追随者们提出了各种的执行理论。较有影响的有如下七种：（1）行动理论——政策执行被视为对某项公共政策所要采取的广泛行动；（2）组织理论——强调组织在政策执行中的地位，认为只有了解组织是怎样工作的，才能理解所要执行的政策以及它在执行中是如何被调整和塑造的；（3）因果理论——将政策看作一种假设，将政策执行看作是引导人们到达目的地的地图，关心政策过程中的因果关系；（4）管理理论——强调政策执行是一个管理过程；（5）交易理论——认为政策执行是一个政治上讨价还价的过程；（6）系统理论——将政策执行理解为政策行动者与环境的相互作用；（7）演化理论——主张在政策执行中重新设计目标和修改方案，政策的制定与执行是一个演化的过程。

---

① R. Weatherley and M. Lipsky, “Street Level Bureaucrats and Institutional Innovation: Implementing Special Ediccation Reform”, *Harvard Educational Review*, Vol. 47, No. 2, May, 1975.

② S. Barrett and C. Fudye (eds.), *Policy and Action*, Methuen, Lodon, 1981. p. 25.

③ Christopher C. Hood, *The Tools of Government*, Chatham: Chatham House, 1986; Stephen H. Linder and B. Guy Peters, “The Logic of Pubilic Policy Design: Linking Policy Actors and Plausible Instruments”, *Knowledye in Society*, 4 (1991), pp. 125–151.

西方的“执行运动”大大地拓展了早期政策科学的研究范围，将长期被人们所忽视的政策执行这一环节或阶段纳入政策科学的视野；政策执行的学者们从不同的途径、不同的方面来探讨政策执行过程，并提出了种种理论，尤其是力图系统地了解影响政策有效执行的各项因素及其相互关系，构造相关的政策执行过程模式，这大大地丰富了政策科学的理论内容。执行研究在某种意义上可以看作是一种力求取代传统公共行政学的新行政管理研究途径，它从传统公共行政学的以机构（官僚体制）为焦点转向以项目及其结果为焦点，即把项目而不是机构作为基本分析单位。然而，由于作为研究对象的执行过程涉及的因素多而复杂，执行实践千差万别而使执行研究显得十分困难，执行运动并没有形成成熟和得到公认的理论及范式；并且，执行研究的倡导者们往往得出消极、悲观的结论，给人描绘出政策或项目很少能起作用或取得预期目标的令人失望的图景。

20 世纪 80 年代末 90 年代初，随着政策科学和公共行政科学的发展，尤其是政策分析与管理合流的趋势以及（新）公共管理（new public management）学派的兴起，作为一种思潮或时髦的执行运动便衰落了。尽管执行运动的理论遗产肯定留给了政策科学、公共行政学以及公共管理学，然而，耐人寻味的是有的公共管理学者如凯特尔（Donald F. Kettl）声称公共管理“拒绝传统的公共行政学和执行研究”，并将此作为公共管理的一个基本特征。[①] 看来，公共管理途径有着不同于执行研究的某些新的东西。

8.1.2　政策执行的若干理论模式

20 世纪 70 年代中期以后，政策学者纷纷从不同的角度来研究影响政策执行的因素，形成了种种政策执行的理论模式，主要有以下六种：

1. 过程模式

史密斯（T. B. Smith）是最早建构影响政策执行因素及其过程模型的学者，他在《政策执行过程》（1973）一文中提出了一个描述政策执行过程的模型（见图 8—1）。

史密斯认为，政策执行过程中所涉及的重大因素有四个方面：第一，理想化的政策，指合理、正确的政策。第二，执行机构，指政府机构中负责政策执行的

① See Donald F. Kettl, *Searching for Clues About Public Management: Slicing The Onion Different Way*, In Barry Boreman (ed), *Public Management: The State of the Art*. San Francisco: Jossey-Bass Publishers, 1993, pp. 55-68.

单位。第三，目标群体，亦即政策对象，政策的直接影响者。第四，环境因素，指政治、经济、文化等环境中那些影响政策执行的和受政策执行影响的因素。"具体地说，政策的形式、类型、渊源、范围及受支持度、社会对政策的印象；执行机关的结构与人员，主管领导的方式和技巧、执行的能力与信心；目标群体的组织或制度化程度、接受领导的情形以及先前的政策经验、文化、社会经济与政策环境的不同，凡此种种均是政策执行过程中影响其成败所需考虑和认定的因素。"①

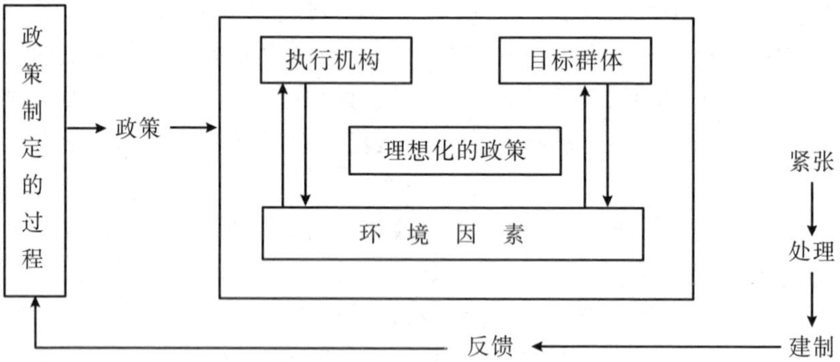

图 8—1　史密斯的政策执行过程模式

2. 互动理论模式

这一理论模式的提倡者是麦克拉夫林（M. McLaughlin），其主要代表作是《互相调适的政策实施》（1976）。麦克拉夫林认为，政策执行过程是执行组织和受影响者之间就目标手段作相互调适的互动过程，政策执行的有效与否取决于二者相互调适的程度。麦克拉夫林的这一理论模式主要包括以下几点：第一，政策执行者与受影响者之间彼此的需要和观点并不一致，基于双方在政策上的利益，彼此必须放弃或修正其立场，寻求一个双方皆可接受的政策执行方式；第二，政策执行者的目标与手段富有弹性，可因环境因素或受影响者需求和观点的改变而变化；第三，这一相互调适的过程是彼此处于平等地位的双向交流过程，并非传统理论者所说的"上令下行"的单向流程；第四，受影响者的利益价值与观点仍将反馈到政策上，以至于左右政策执行者的利益、价值与观点。这种互动关系可用图 8—2 来表示②：

① T. B. Smith, "The Policy Implementation Process", *Policy Sciences*, Vol. 4, No. 2. 1973, pp. 203-205.

② 转引自桑玉成、刘百鸣：《公共政策学导论》，44 页，上海，复旦大学出版社，1991。

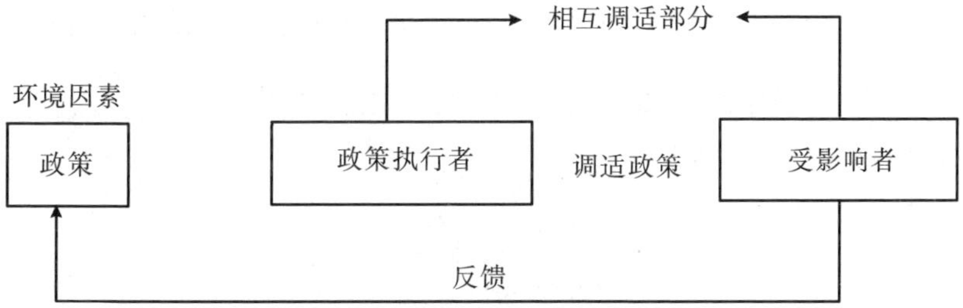

图 8—2 政策执行相互调适过程

3. 博弈模式

这一模式是以近代政治学中“博弈”的概念观察执行过程中相关参与者就政策目标的达成所作的谈判、评价与妥协的互动情形。博弈论认为，在冲突和竞争的情况下，每一参加者都寻求得到最大的收获，并把损失减少到最低限度。美国公共政策学者尤金·巴达克（E. Bardach）是用“博弈”概念来分析政策执行过程的主要代表。他把政策执行过程视为一种赛局，其中包括下列因素：（1）政策执行人员，即竞赛者；（2）利害关系；（3）策略与技术；（4）竞赛的资源；（5）竞赛规范（取胜的条件）；（6）公平竞赛的规则（即不得作弊）；（7）竞赛者之间信息沟通的状况；（8）所得结果的不稳定程度。巴达克认为，政策执行的有效与否，取决于各方参加者的“战略”选择。

4. 循环模式

当代美国公共政策学者马丁·雷恩（M. Rein）和弗朗希·F·拉宾诺维茨（F. F. Rabinovitz）于 1978 年提出了执行循环的理论。他们把政策执行过程分为三个不同阶段：（1）纲领发展阶段；（2）资源分配阶段；（3）监督阶段。他们认为这三个阶段是相互循环的，而非直线单向的过程；同时，循环过程亦必受到环境条件的冲击与影响。他们还强调每一阶段必须奉行如下三项政策执行的原则：（1）合法原则；（2）理性官僚原则；（3）共识原则。如图 8—3 所示。①

政策执行循环理论侧重分析政策执行要素的重复影响力，并强调环境因素对政策执行过程的影响也是具有重复性的。

5. 系统模式

这是米德和霍恩（D. S. Van Meter and C. E. Van Horn）提出的模型。米德和霍恩提供了一个系统模型说明执行过程中影响到政策产生的几个相关因素：（1）政策标准与目标；（2）政策资源；（3）组织间的沟通与强化行动；（4）执行机

① 参见桑玉成、刘百鸣：《公共政策学导论》，46 页。

构的特性；(5) 经济与政治环境；(6) 执行人员的意向。系统模式见图 8—4。①

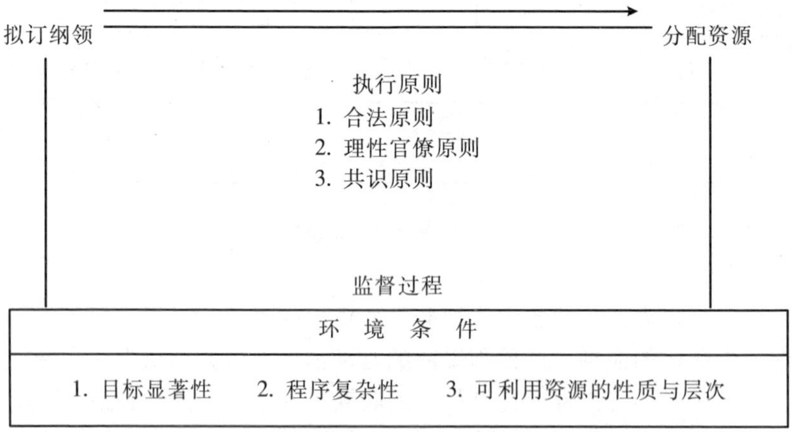

图 8—3　政策执行循环理论模式

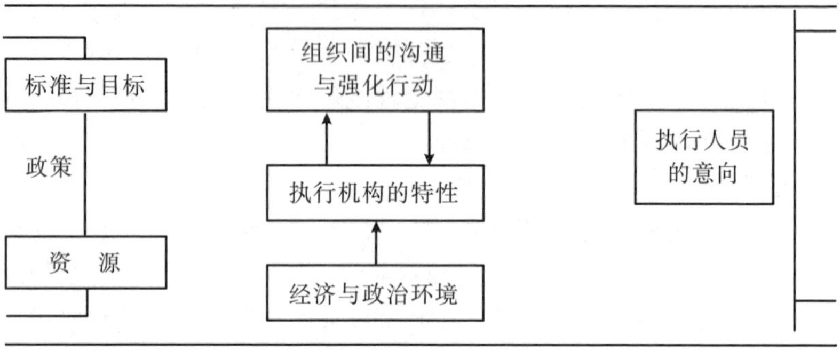

图 8—4　米德和霍恩的政策执行过程模型

6. 综合模式

这是萨巴蒂尔和马兹曼尼安提出的模型。他们建构一个完整的理论模式，姑且称为综合模型。他们认为影响政策执行各个阶段的因素，最主要可分成三大类：(1) 政策问题的可办性，(2) 政策本身的规制能力，(3) 政策本身以外的变数。每一大类又可细分成几个小类，如图 8—5 所示。②

① D. S. Van Meter and C. E. Van Horn, "The Policy Implementation Process: A Conceptual Framework", *Administration and Society*, Vol. 6, No. 4. Feb. 1975, P. 463.

② P. Sabatier and D. Mazmanian, "the Implementation of Public Policy: A Framework of Analysis", *Policy Studies Journal*, Vol. 8, No. 4, 1979—1980, p. 542.

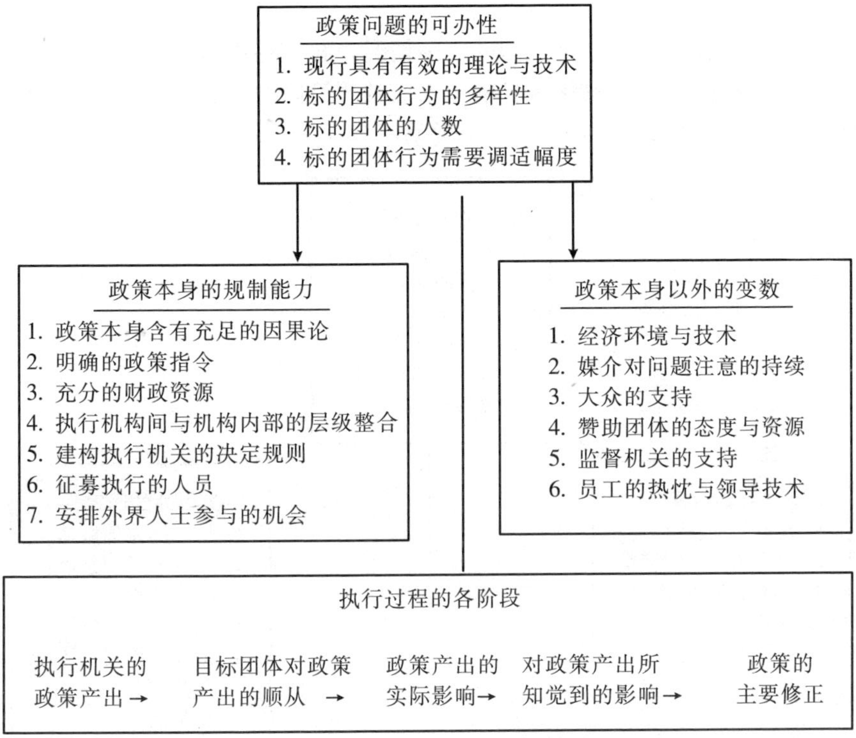

图 8—5　政策执行过程中所涉及的变数

此外，霍格伍德和冈恩提出了实现完美的政策执行所必须具备的 10 个先决条件：(1) 执行机构的外部环境没有对其构成足以使之瘫痪的限制；(2) 拥有足够的时间和资源来执行政策；(3) 不仅不存在总的资源的限制，而且在政策执行过程的每一个阶段，所需要的资源都是足够的；(4) 所要执行的政策建立在一个有效的因果关系理论的基础之上；(5) 因果之间的关系是直接的，中间几乎没有插入任何因素；(6) 只有一个执行机构，它的运作并不受制于任何其他机构；如果必须引入其他机构，这一执行机构对其他机构的依赖程度，无论从数量和重要性来说，都必须达到最小化；(7) 对所要实现的政策目标，必须完全理解和认可，并且在整个政策执行过程中这些条件都存在；(8) 在实现共同认可的政策目标的过程中，有可能对每一个政策执行的参与者所要履行的任务，按照严格的时序，细致地进行分解；(9) 在与政策项目有关的各种要素之间，有着良好的沟通和协调；(10) 那些掌握权威的人可以要求并能够维持良好的服从。这 10 条集中体现了政策执行自上而下模式的主要观点，其主要的目的是为那些身居高位的领导者提供建议，以最大限度地减少执行亏空。①

综合上述各种见解，结合我国的实际情况，我们将影响政策有效执行的因素归纳为政策问题的特性、政策本身的因素以及政策以外的因素三个类别。政策执行过程及其相关因素，可用图 8—6 来说明：

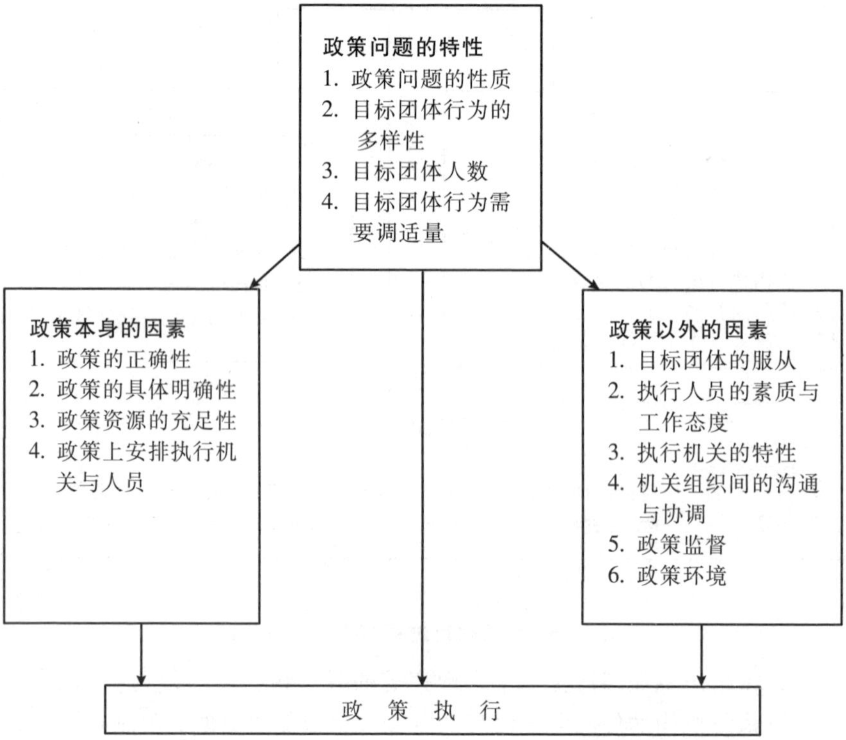

图 8—6　政策执行过程及其构成因素

8.1.3　影响政策有效执行的诸因素

下面，我们具体分析影响政策有效执行的这几种基本因素，即政策问题的特性，政策本身的因素，以及政策以外的因素。

1. 政策问题的特性

政策问题的性质、政策对象行为的多样性、政策对象人数及其行为需要调适量，都直接影响到政策的有效执行。分析这一问题有助于政策执行人员根据不同

① 转引自［英］米切尔·黑尧：《现代国家的政策过程》，112 页。

问题采取不同的措施，做到有的放矢。

政策执行的有效与否，首先是和所要解决的政策问题的类型和性质密切相关的。越复杂的问题，执行的难度越大。如敏感的政治性政策、涉及人们利益分配和调整的经济政策、涉及领域众多的多种综合性政策、创造性较强的改革政策，执行难度较大。政策执行中所触动的权力关系越多，涉及的机构和人员越多，政策目标越宏大，要调整的利益关系幅度越大，规范的技术操作等级越高，政策执行的难度也就越大。一般来说，全面性的政策要比局部性的政策执行难度大；高层级的政策要比低层级的政策执行难度大。而在同一层级，同属于局部性的政策，也可因业务内容的简单与复杂程度的不同，在政策执行的难度上有很大差别。

政策所要规范的目标团体的行为的种类越多，就越难以制定清楚明确的规则，用以约束政策对象的行为。比如，美国 1972 年所通过的《联邦水污染修正案》，难以取得预期政策目标，其原因就在于水污染的类型繁多，全国计有 12 000多种污水的来源。在这种种类繁多的情况下，难以制定正确、统一的规则和标准，作为监督检查的依据，其执行的成效必然会大打折扣。

政策问题所涉及的目标团体人数的多少，也影响着政策执行的效果。一般来说，政策涉及的人数越少、越明确，政策执行就越容易，越有效；反之，政策执行就越困难，越无效。

政策问题需要目标团体行为调适量的大小，也影响到政策执行的效果。人们因历史传统的熏陶，而养成一套行为定向及模式，常习惯于某种成规，倾向于保守持续的状况。要想全面改变人民的思想行为，十分困难。因此，为了实现政策目标，目标团体行为所须调适量越小越好，这样不至于造成人员的抵制，有利于政策的有效执行。我国采用渐进式改革，从某种意义上说，正是基于以上的认识。

2. 政策本身的因素

在公共管理领域，许多政策不能达到预期效果，执行中困难重重，在很大程度上与政策本身的缺陷有关。因此，分析政策本身是如何影响政策执行的，有助于制定更加科学、合理的政策，使政策得以有效执行。

（1）政策的正确性。政策的正确性是政策有效执行的根本前提。正确的政策符合社会发展的客观规律，代表人民的根本利益，能够促进社会发展，给人民带来利益，能被执行者所认同，被政策对象所拥护，因而能得到有效的执行。反之，政策执行必然会在政策执行者，政策对象的消极应付和抵制中搁置。政策的正确性，首先要求的是内容的正确、方向的正确；其次要求政策制定具有科学的理论基础，严密的逻辑关系，科学的规划程序。

（2）政策的具体明确性。政策目标的具体明确性是政策执行有效的关键所在，是政策执行者行动的依据，也是对政策执行进行评估和控制的基础。一项政策要能够顺利执行，从操作和技术上来说，它必须具体明确，即政策方案和目标具体明确，政策措施和行动步骤明确。同时，政策的具体明确性还要求政策目标是切合实际并可以达到的，是可以进行比较和衡量的，政策目标的完成必须是政策执行者职权范围内的事；政策方案应该指出所期待的结果，并要明确规定完成的期限。在实际政策执行中，模棱两可、含糊不清的政策自然令人无法执行，也容易引起政策界限不清和导致政策随意变通。

（3）政策资源的充足性。无论政策制定得多么具体明确，如果负责执行政策的机构和人员缺乏必要的、充足的用于政策执行的资源，那么，执行的结果也不能达到预期的政策目标。因此，政策方案要涉及政策资源的具体规定。一般来说，政策资源主要有经费资源、人力资源、信息资源和权威资源。

必要的经费和人力是政策执行的物质基础，许多政策对此都有相应的规定。俗话说："巧妇难为无米之炊。"任何政策的执行，都需要投入一定的人力、物力和财力。应遵循以最小的投入获得最大的产出为原则，投入多并不一定产出多，因为其中还有许多管理问题需要解决。因此，在政策执行活动中投入的经费和人力资源都要适量，只有这样才能有助于政策的有效执行。

信息是政策执行活动的必要条件。政策方案要保证政策执行者有畅通的信息渠道和足够的信息来源，否则，执行者就无法制定出切实可行的行动计划，也无法对政策执行过程实施必要的控制。实践证明，政策执行中的某些失误或困难，常常是因执行者缺乏必要的信息所造成的。

权威是政策执行的根本保证，是政策有效执行的又一项特殊而重要的资源。政策执行活动的基本特点是，需要很多人的共同活动，而共同的"首要条件也是要有一个能处理一切所管辖问题的起支配作用的意志"①。这个意志就是权威。没有权威，就不可能形成人们这种共同的、相互协作的活动；在各行其是的情况下，是无法实现政策目标的。建立政策的权威，就是要使政策成为国家的意志，迫使每一个执行者服从它，否则，政策就无法执行，或在执行过程中走样。当前，我国政策执行过程中不同程度地存在着"上有政策，下有对策"的现象，就是政策权威性不够的一种表现。

3. 政策以外的因素

影响政策执行的因素，除了政策问题的特性、政策本身以外，还有目标团体、政策执行人员、执行机构间的沟通与协调等因素。

---

① 《马克思恩格斯选集》，2版，第3卷，226页，北京，人民出版社，1995。

（1）目标团体对政策执行的影响。目标团体是指政策直接作用、影响的对象。政策能否达到预期目的，不是政策制定者一厢情愿的事情，也不是政策执行者能够完全决定的事情，而是在很大程度上取决于目标团体的态度。目标团体顺从、接受政策，政策执行就会成功；目标团体不顺从，拒不接受政策，目标团体就会失败；目标团体只部分接受，也会加大政策执行的难度。可见，目标团体对政策顺从和接受的程度是影响政策能否有效执行的关键性因素之一。

政策目标是多种多样的，但它总要表现为对一部分人的利益进行分配和调整，表现为对一部分人的行为进行制约或改变。一般情况下，目标团体对政策的顺从、接受程度既与目标团体衡量政策的成本利益有关，也与政策对目标团体行为的调适量有关。一项政策出台，如果目标团体认为是能够增加自身利益的，或行为的调量较小的，就容易被接受。反之，如果目标团体认为是无益的、甚至是对自身利益的剥夺，或行为的调适量过大，就容易被拒绝。这就要求政策制定必须要符合社会发展的客观规律，要代表人民群众的根本利益，或者政策需要目标团体行为的调适量要适当，以利于人们对政策的服从和接受。

（2）执行人员的素质和工作态度。任何一项政策最终都要靠执行者来实施。执行者对政策的认同、对政策执行行为的投入、创新精神、对工作的负责、较高的政策水平和管理水平是政策得以有效执行的重要条件所在。现实中的政策变形走样，在一定程度上是由于政策执行者的素质不高和思想观念上的错误所导致的。政策执行者缺乏必要的知识和能力，对某项政策理解不透，把握不准其精神实质，就导致政策在传达、宣传、执行中的失真、失当、失误。特别是在社会转型时期，政策执行者拜金主义、功利主义、本位主义思想严重，对国家政策的执行常打折扣，甚至搞出各种各样的“对策”，阻碍政策的顺利实施。当政策执行者兼政策对象和执行者的双重角色时，为了局部或个人利益，钻政策空子，搞“上有政策，下有对策”，对上面政策或是硬顶，或是软拖，或执行起来马马虎虎。另外，政策执行者的政策水平和管理水平直接影响到政策任务的完成。如果执行者尤其是领导者没有对政策实质的把握能力，就很难争取到政策执行所需的种种资源，不能做好政策实施的宣传指导工作和制定正确的实施方案，不能沟通和协调各种关系，从而难以有效地执行政策。可见，提高政策执行者的素养是至关重要的。

（3）执行机构组织间的沟通与协调。沟通是政策执行过程中各级组织人员进行信息交流，传递的过程，是对于政策目标及其相关问题获得统一认识的方法和程序。有效的沟通是政策执行成功的重要条件之一。这是因为，一是从纵向沟通来看，上级机构的政策标准本身是无生命的，它必须通过有效的沟通渠道传播给执行者。而执行者对政策的支持程度也取决于上级机构对政策的解释和执行者对政策的了解，而且上级机构对执行情况的了解也只有通过沟通渠道方可获得。二是从横向沟通来看，由于一项政策的实施常常涉及众多机构和执行人员的分工合作，而在他们的分工合作过程中难免会产生分歧、误会、隔阂以至矛盾冲突，这就需要通过有效的沟通，相互交换意见、看法，以弥合意见分歧，消除误会和隔阂，化解矛盾冲突，进行彼此之间的了解与合作，提高政策执行的效率。三是从执行者与目标团体之间的关系来看，目标团体对政策接受与否以及接受的程度在很大程度上取决于他们之间的沟通。目标团体不可能自发地接受政策。执行者不仅要通过沟通渠道将政策指令传递给目标团体，而且更重要的是执行者应该通过沟通渠道向目标团体说明政策所具有的意义与制定政策的理论依据与时代背景，以及推行政策所要达到的目的，让他们理解和掌握政策，从而积极主动地接受和执行政策。

政策协调是管理组织为了顺利实现政策目标，而谋求自身统一和谐、谋求自身各相关要素匹配调剂、协作分工的一种行为方式。在政策执行过程中，发生矛盾是常有的事。如计划本身不周密、不合实际之处，客观情况变化也会出现一些意想不到的事情。最为普遍的是，各执行机构之间所处地位不同、利益不同，各个执行者人员的知识、智力、经验、性格以及看问题的角度不同，出现意见不同和利益矛盾是很自然的。这些主客观情况都需要通过协调来解决。否则，缺乏协调，将导致本位主义、各自为政，导致资源浪费和效率低下。因此，协调也是保证政策有效执行的条件之一。

政策协调可划分为三个层次：一是执行机构内部的协调。即每个层级执行领导者对所属部门之间以及工作人员间所作的协调。它可采取具体的计划 、工作的分配和对工作进度的检查等办法进行，也可通过提供工作上所需的人力、物力、财力等条件来进行。二是执行机构之间的协调。包括上下级执行机构之间的协调和平级执行机构之间的协调。上下级之间应保持经常的密切联系，下级执行机构有责任向上级执行机构汇报情况，请示工作，上级执行机构要对下级进行工作布置、指导和检查，及时答复下级提出的困难与问题。横向联系是当代管理活动一个十分重要的内容，平行执行机构之间应相互沟通信息、主动配合、协作。三是执行机构与其他机构之间的协调。为了保证国家和政府制定的政策能顺利推进，行政执行机构就必须与社会团体、企事业单位发生密切联系，要求紧密配合、良性互动。

（4）政策环境。任何一项政策的执行都要受所处社会环境的影响和制约。适宜的环境当然有助于政策的有效进行，不适宜的环境必将妨碍政策的顺利实施。影响政策执行的环境因素主要有政治、经济、社会和文化及心理环境等方面。

8.2 政策执行中的工具选择

政策工具（又称政府工具）是政府治理的手段和途径，是政策目标与结果之间的桥梁。在执行政策时，选用何种政策工具以及用哪一种标准来评价该政策工具的效果，对于政府能否达成既定的政策目标具有决定性影响。因此，政策执行中的工具选择问题是十分重要的。

8.2.1 政策工具的研究途径

政策工具（policy instrument）研究并不是一个全新的、突然出现的话题。社会科学的各学科特别是经济学、政治学以及行政学等领域早已关注这一问题。在经济学领域，经济政策工具历来构成经济政策研究的一个重要方面，工资、价格、利率等往往被当作政策工具看待。第二次世界大战后，在西方社会科学领域中，政策工具成为各学科关注的问题。在政治学领域，达尔和林德布洛姆在《政治、经济和福利》（1953）已论及政策工具的基本原理，在此之后，政治学中的政策工具或政策工具的研究沿着两个不同的方向发展——一个是注重对工具的政治属性的研究，它以政治文化及意识形态的研究为基础；另一个发展方向是沿袭结构—功能传统，力求通过对工具的研究来确定公共政策功能。在公共行政学领域，行政工具及行政方法也早已构成一个重要的理论主题，公共行政学为工具途径的产生和发展做出了贡献。在法学领域，法律法规也往往被当作一种社会控制的工具，20世纪初，庞德（Pond）就提出过法律是一种社会控制工具的观点。

政策工具成为20世纪八九十年代西方公共管理学和政策科学研究的一个焦点，并正在成长为一个新的学科分支或主题领域。20世纪80年代以后，在公共管理学及政策科学领域，出现了不少关于政策工具方面的论著。其中，在80年代最有影响的著作可能要算英国学者胡德（C. Hood）的《政策工具》（1983、1986）；在90年代，最有影响的著作可能要算美国学者彼特斯和荷兰学者尼斯潘（B. Guy Peters and Frans K. M. Van Nispen）所主编的《公共政策工具》（1998）一书。最近的新书则是莱斯特·M·萨拉姆（Lester M. Salamon）主编的《政策工具——新治理指南》（牛津大学出版社，2002）一书。① 同时，在关于当代西

① Lester M. Salamon, and Odus V. Elliot, *Tools of Government: A Guide to the New Governance*, Oxford University Press, 2002.

方政府改革的文献中，也有大量论及政府改革工具的内容甚至专著。例如，作者手头有这样一本书，书名叫做《创新工具：管理公共部门组织的创造性策略》，书中讨论了多种公共部门的创新工具及具体应用案例，包括战略规划、流程再造、全面质量管理、标杆管理、绩效管理、团队管理和民营化等。① 此外，与公共管理学和政策科学的其他主题领域的研究有所不同，政策工具研究的兴起及其大本营，并不只是在美国，欧洲大陆尤其是荷兰和德国的政策工具研究的势头也很强劲。

国外政策工具的研究已形成了多种途径，根据前述《公共政策工具》一书的说法，主要有如下四种基本途径：

1. 工具主义

工具主义途径又称古典途径。它认为，人们知道一种特殊的工具，了解其内在的作用机制，这种工具的效果已被证明或具有十分的现实性；人们在大部分可预测的环境中可以期待其产生的效果；并且，恰当的工具可以将政策失败转变为政策成功。因此，政策工具研究应弄清工具的属性与特点，以便辨别、提炼少数具有普遍适用性的工具，扩大其应用范围。工具主义认为工具的属性本身就构造了政策过程，即工具使用及其效果的好坏是由政策工具的特性预先决定了的，政策失败是由于所选择的政策工具存在着缺陷，这是一种工具至上主义的观点。这种途径假定，人们可以通过对各种工具进行逐一的经验研究从而形成对各种工具及其应用的解释；而且经过一定时间的研究，可望形成一整套工具理论以及确定有关工具的各项原则。

2. 过程主义

这种途径的支持者并不承认存在着超出特殊具体问题之外的工具。他们认为，各种工具之间有着重要的差别，没有哪一种或哪一类的工具具有普遍的适应性；恰当的工具并不是抽象计算的产物，而仅仅是一种在动态适应过程中的试探性解决办法；工具的恰当与否是因具体情况而定的。因此，过程主义者所强调的是工具发展的重复性过程，而不是工具的特性。

3. 权变主义

这种途径又称工具—背景研究途径，它所持的是传统的社会计划观点。权变主义者认为，工具选择的根据是：工具的绩效特征是如何满足某种特殊问题背景的需要的。一旦政策的目标或目的明晰化了，那么，直截了当的事情就是要去工

① Steven Cohen and William Eimick, *Tools for Innovators: Creative Strategies for Managing Public Sector Organizations*. San Francisco: Jossey-Bass Publishers, 1998.

具箱中找出最适应的工具。因此，工具的研究既要注意弄清解决问题的特定要求，又要注意选出最适合这种要求的工具。权变主义途径试图通过同时考察工具本身的特性和工具的应用背景来解释工具的应用过程，它与古典途径的区别在于，它认为工具的使用过程极其效果不仅由工具的特性决定，而且由工具应用的环境或背景（包括执行组织、目标团体及其他利益相关者等）所决定。这种途径注意到了工具使用过程中环境因素的作用。在这里，工具至上主义受到了挑战。

4. 建构主义

这种途径比权变主义又前进了一步。它认为，要了解特定工具被采用的脉络背景的特殊性，就必须了解这些工具的主观意义。在这里，主观意义既表示非工具性的方面（如符号的或伦理的内涵），又表示那些其意义和解释被价值和感知所中介的工具性特征。依这种途径，并不存在关于工具及其特征的客观现实；相反，工具代表了一种社会地建构了的实践形式，其意义和合法性被不断地加以建构和再建构。建构主义认为政策工具在政策系统及其运行过程中并不起决定性作用，它只是决定政策系统与政策过程的众多因素之一。在这里，政策工具研究重心发生了转移，人们关心的不再是“工具”，而是政策系统、政策网络、决策系统和执行过程。因而，“工具性”特征几乎完全消失了。

由此可见，政策工具研究似乎是越来越自我否定，从第一个途径到第四个途径的演变使得政策工具的“工具性”特征重要性程度越来越低，似乎工具主义理论不再适用。这在一定程度上反映了政策工具的研究走向及其发展过程中工具主义所面临的威胁。

8.2.2 政策工具的特性

什么是政策工具？它有哪些基本特征？这是政策工具研究最基本的问题，现已形成各种解释及定义。最常见的定义是：“一个行动者能够使用或潜在地加以使用，以便达成一个或更多目的的任何事物。”（A. Hoogerwerf）简单地说，政策工具就是达成政策目标的手段。尽管“内部管理”、“人力资源政策”、“网络管理”、“政策实验”等东西在某种角度上可以看作政策工具，但最好是将政策工具限定在实现政策目标或结果的手段这一特性上。

事实上，政策工具既被界定为一种“客体”（object），也被界定为一种活动（activity）。一方面，工具当作一种客体，胡德认为“工具”概念可以通过将之区分为“客体”和“活动”，从而得到更明晰的理解。[1] 例如，在法律文献中，

① C. Hood，*The Tools of Government*，London：Macmillan，1983.

人们往往将法律和行政命令称为工具。另一方面，工具也被当作是活动过程。里格林（Arthur B. Ringeling）将工具概念描述成为："一系列的显示出相似特征的活动，其焦点是影响和治理社会过程"或"致力于影响和支配社会进步的具有共同特性的政策活动的集合。"① 这种定义扩大了工具的范围，将某些非正式的活动也纳入工具之中，然而，却使"政策"与"工具"的界限更加模糊。另外，欧文·E·休斯在《公共管理导论》一书中将政策工具定义为："政府的行为方式，以及通过某种途径用以调节政府行为的机制"②。

萨拉蒙认为政策工具有如下三个特征：（1）政策工具有一些共同属性，这些共同属性使得这些工具得以识别。此外，每一种具体工具都有其自身区别于其他工具的特性。（2）每一种工具规定行动的结构，它是不是随意的或者临时的，而是一种制度化的行动模式。它规定谁有权操作公共项目，其角色是什么，与他人关系如何。也就是说，它是一组公共行动的权利与义务。（3）这种结构化的行动是一种集体行动，目的是解决公共问题，这表明这种结构化行动不只是政府行动。

有些学者特别注意工具的多样性和动态性特征的研究。在他们看来，政策工具并非一经选定就固定不变，它必须不断地调整以跟上社会经济发展的需要。在使用过程中，它会随着时间推移而发生改变，即使它们本身不变，主体运用它们的方式、策略以及目标团体为了逃避该工具的影响而采取的策略都有可能发生巨大改变。另外，一种模式并不能适应各种不同的情况。因此，需要对工具的多样性和动态性做更多的研究。神经机械学为研究工具的易变性提供了研究框架，另一种有益的研究则是把工具的实施看成是一个学习的过程。

8.2.3 政策工具的分类

分类研究是各种学科研究的基础性工作，政策工具分类的形成被看成是工具研究的最基本的成果之一。在相当长的时间里，政策工具的分类主要依据工具特性来进行。为了形成一种明确的分类，学者们已作出很大的努力。然而，现有的分类都不能令人满意，没有一个分类方法能够穷尽所有政策工具。由于分类所依据的标准不一，研究者们对于工具分类也就自然不同。

荷兰经济学家科臣（E. S. Kirschen）最早试图对政策工具加以分类，他着重

---

① See, B. Guy Peters and Frans K. M. van Nispen (eds.), *Public Policy Instruments*. Northampton: Edward Elgar Publishing. Inc., 1998, p. 14.

② ［澳］欧文·E·休斯：《公共管理导论》，99页，北京，中国人民大学出版社，2001。

研究这样的问题，即是否存在着一系列执行经济政策以获得最优化结果的工具。他整理出 64 种一般化的工具，但并未加以系统化的分类，也没有对这些工具的起源和影响加以理论化探讨。

美国政治学家罗威、达尔和林德布洛姆等人也做过类似的研究，但他们倾向于将这些工具归入一个宽泛的分类框架中，如将工具分为规制性工具和非规制性工具两类（萨拉蒙推进了他们的讨论，增加了开支性工具和非开支性工具两种类型）。

著名政策分析家狄龙（Van der Doelen）将政策工具划分为法律工具、经济工具和交流工具三类，每组工具都有其变种，可以限制和扩展其影响行动者行为的可能性。另一种更新近的三分法是将政策工具分为管制性工具、财政激励工具和信息转移工具。

胡德在《政府工具》中提出了一种系统化的分类框架。他认为，所有政策工具都使用下列四种广泛的“政府资源”之一，即政府通过使用其所拥有的信息、权威、财力和可利用的正式组织来处理公共问题。

麦克唐纳尔和艾莫尔（L. M. McDonell and R. F. Elmore）根据工具所要获得的目标将政策工具分为四类，即命令性工具、激励性工具、能力建设工具、系统变化工具。

英格拉姆（H. M. Ingram）等人也做出了一个类似的分类，将政策工具分为激励、能力建设、符号和规劝、学习四类。

加拿大公共政策学者霍莱特和拉梅什（M. Howlett and M. Ramesh）在《公共政策研究》（1995）一书中根据政策工具的强制性程度来分类，将政策工具分为自愿性工具（非强制性工具）、强制性工具、混合性工具三类。[①] 与其他分类方法相比，他们的分类框架更具解释力、更合理。

欧文・E・休斯在《公共管理导论》一书中认为，绝大多数的政府干预往往可以通过四方面的经济手段得以实现：（1）供应；（2）补贴；（3）生产；（4）管制。[②]

林德和彼得斯认为政策工具是多元的，包括命令条款、财政补助、管制规定、征税、劝诫、权威、契约等。[③]

---

① Michael Howlett and M. Ramesh，*Studying Public Policy*：*Policy Cycles and Policy Subsystems*. Oxford University，1995，p. 85.

② 参见［澳］欧文・E・休斯：《公共管理导论》，98 页。

③ S. Linder，and B. Guy Peters，“The Study of Public Policy Instrument”，*Policy Current*，1992，Vol. 2，No. 2.

E. S. 萨瓦斯在《民营化与公私部门的伙伴关系》一书中将公共服务的提供制度分为政府服务、政府间协议、契约、特许经营、补助、凭单制、市场、自我服务、用户付费、志愿服务等。

萨拉蒙（Lester M. Salamon）等人在《政府工具》一书中将政府常用的工具（公共行动的工具）分为"直接行政、社会管制、经济管制、合同、拨款、直接贷款、贷款担保、保险、税式支出、收费、用者付费、债务法、政府公司、凭单制"。他们列出下表，说明这些工具各自的特征（见表 8—1）。①

表 8—1　　常用的公共行动工具及其特征

政策工具	物品/行动	工具	供给系统
直接行政	物品或服务	直接提供	政府当局
社会管制	禁止	规则	政府当局或管制者
经济管制	公平价格	进入和比率控制	管制委员会
合同	物品或服务	合同和现金给付	商业和非营利组织
拨款	物品或服务	付款或现金支付	下级政府和非营利组织
直接贷款	现金	贷款	政府当局
贷款担保	现金	贷款	商业银行
保险	保护	保险政策	政府当局
税式支出	现金和激励	税收	税收系统
收费，用者付费	财务罚款	税收	税收系统
债务法	社会保护	侵权法	法院系统
政府公司	物品或服务	直接提供或贷款	准公共机构
凭单制	物品或服务	消费补贴	政府当局

迄今为止，对政策工具分类的研究成果可说是丰硕的，但是，可为工具理论奠定基本构架的令人信服的分类似乎并不存在。这些分类方法有着某些难以克服的困难：一是这些分类都不是穷尽的，现有的许多分类都没有看到非正式工具的重要性；二是大多数分类并没有相互区别，相互间并不具有排他性，研究中存在着灰色地带；三是这些分类的另一个障碍就是工具被看成是静态的，主体使用工具就好像是工匠使用锤子，经过一定时间之后就形成了习惯，工具的微小变化被

① Lester M. Salamon, and Odus V. Elliot, *Tools of Government: A Guide to the New Governance*, Oxford University Press, 2002, p. 21.

忽略，对工具的观念却依然一成不变。

我们认为，可以将基本的政府工具分为市场化工具、工商管理技术和社会化手段三类。市场化工具指的是，政府利用市场这一资源有效配置手段，来达到提供公共物品和服务的目的的具体方式，民营化、用者付费、管制与放松管制、合同外包、内部市场等都可以用来帮助政府达成政策目标。作为政策工具，工商管理技术是把企业的管理理念和方式借鉴到公共部门中来，吸取有效经验达成政府的政策目标，它包括战略管理技术、绩效管理技术、顾客导向技术、目标管理技术、全面质量管理技术、标杆管理技术和企业流程再造技术等。社会化手段是指政府更多地利用社会资源，在一种互动的基础上来实现政策目标，如社区治理、个人与家庭、志愿者组织、公私伙伴关系等。

8.2.4　政策工具的选择

在政策执行中，选用何种政策工具或政策工具，用哪一种标准来评价该政策工具的效果等问题对政府能否达成既定目标具有决定性影响。政策工具选择的涉及两个主要问题，即影响工具选择的因素及如何进行工具选择。关于政策工具选择的影响因素，西方学者做出了不同的分析，他们各自强调影响工具选择的某一或某些方面的因素，而忽略其他因素。综合起来，影响工具选择的因素主要有政策目标（或政府目标）、工具的特性、工具应用的背景、以前的工具选择和意识形态五种主要因素。而如何进行工具选择必须结合具体的案例来研究。

1. 政策目标

政策目标是政策制定者希望通过政策实施所达到的效果。政策目标来自政策问题，只有首先对问题进行诊断之后明确目标，才能找到一个全面的解决办法，选择有效的政策工具。政策目标为政策工具规定了方向，为判断政策工具的有效性提供了评判标准。在进行政策工具选择时，关于政策目标要考虑以下几点：

首先，如果目标是单一的，就要明确目标是什么。目标不明确所带来的工具选择失误是政策实践中经常出现的问题。过去我国在执行“林业禁伐政策”时，单纯强调“禁伐”而忽视“林业资源的保护”，没有注意纠正导致不当使用和不可持续地管理天然林的潜在原因。“森林禁伐”是一种管制工具，往往是为了集中解决由于管理不善所造成的一些后果，而这种工具并不能有效地达成“林业资源保护”的目标。

其次，如果目标是多重的，就要明确目标构成。因为政策所要解决的常常是比较复杂的问题，因而政策目标往往不是单一的，而是多重目标的有机结合；有些目标甚至是相互冲突的，反映不同的利益诉求。复杂的目标体系为政策工具选择提出了挑战。例如，有些目标仅具有象征性意义，并不具备实质性后果，不是为了解决问题，而仅在于影响公众的看法、观念或思想意识。这样，所选择的工具并不会达成实质性后果。这种工具只是给行动者一些信号，政府在认真考虑这件事情，准备采取一些行动，而实际上政府在很长一段时间内并没有做什么事情。①

最后，政策工具在执行一段时间后，要考虑政策目标是否已发生转变。如果目标已经转变，就要考虑达成目标的工具是否还有存在的理由，是否需要选择新的工具。实践中经常出现的问题就是，目标已经改变，工具却因其具有惯性而长期存在。人们批评工具主义忽视目标和工具之间的动态联系，目标被认为是一劳永逸的。但是如果目标已经过时，用它来评价工具的有效性是没有意义的。如果在政策变化前后使用的同样的工具，那么政策改变几乎没什么意义。一方面，它会传达错误信息即政策是成功的；另一方面，它会掩盖政策失误这一事实。②

2. 工具的特性

每种工具都有其特征、适用范围及优劣。每种工具的倡导者都想让人们相信他们偏爱的工具是管理者的灵丹妙药。事实上，每种工具都有其适用范围，都有其价值，但不能包治百病。③

每种工具有其自身优缺点。以对污染的治理为例，减少污染有多种手段。过去常见的办法是"管制"，这一工具有直接性和更易见效的优点；但它会扭曲自愿性和私人活动，导致经济上的无效率，不利于革新和技术进步，并无法完全解决经济增长所带来的环境污染问题。现在，一些国家采用"污染许可权交易"这一工具，即某工厂只要能成功地把污染量降低至标准以下，就可以获得"降低污染信用额度"，将其卖给其他工厂，来支付其污染量超过最低标准的部分。这一工具的优点是使一些能够用最低成本来降低污染量的工厂，有经济诱因去降低污染。而大部分降低污染排放的工作，都有执行时最有效率的工厂来完成，整个社会将以最低的社会成本，达成空气品质标准。这即经济学家所谓用人类理性自利的天性来达成公共目标。但这一工具也有缺陷，这一工具强调经济理性，却减弱了某些工厂保护环境的自觉性。所以选择工具时要将其优缺点都考虑在内，以避免工具的滥用。

---

① B. Guy Peters and Frans K. M. van Nispen, *Public Policy Instruments*, Edward Elgar, 1998, p. 210.

② Ibid., p. 61.

③ Steven Cohen and William Eimicke, *Tools for Innovators*, San Francisco: Jossey-Bass Publishers, 1998, p. 6.

同时，不同工具有其不同的适用范围，被用于解决不同问题，运用于不同组织环境。如战略规划最适于处理外部问题；流程再造适合处理大规模的内部问题；全面质量管理适合处理小规模的内部问题。有时，流程再造会成为一种灾难，破坏组织内的功能系统，将组织置换成一个不能运作的系统；有时候政治状况不允许政府组织运用标杆管理；在一个没有实施战略规划的组织，全面质量管理会导致以更有效的方式做错误的事情。[①] 这些都是选择政策工具时应该考虑的因素。

3. 工具应用的背景

工具实施的背景因素包括执行组织、目标团体、其他工具及政策领域的其他因素：

（1）执行组织。某个工具的实施会对执行组织产生正面的或负面的影响，在选择政策工具时，执行组织会考虑这些影响。如果某个政策工具能使执行机构受益，执行机构就会积极支持该项政策工具；如果某种工具的选择会降低执行机构的地位，改变组织结构，影响组织成员的利益，这种工具就会受到抵制。虽然某种工具就实现目标而言是更有效的工具，但执行机构也会抵制它。我国政府在改革过程中就会遇到这样的问题。政府为了更好地实现政策目标，倾向于使用更有效的政策工具。但一些新的政策工具意味着政府向市场和社会放权，对原来执行该工具的政府机构来说，这意味着机构的裁减，权力的丧失。因此，这些工具的选择常常受到政府执行机构的阻挠，但这些工具却会受到私营组织和民间团体的欢迎。

（2）目标团体。目标团体是政策直接作用、影响的对象，因此政策工具的实施对目标团体有直接影响；而不同政策工具会对目标团体产生不同影响。目标团体会抵制对自身不利的政策工具，使其无法开展；同时会通过各种手段使对自身有利的政策工具继续下去。政策主体在进行政策选择时，迫于目标团体的压力，往往会考虑工具的可行性和可接受性，选择具有较少可行性和较高可接受性的工具。

（3）其他工具。工具并不是孤立地发挥作用的，不同工具间会相互关联，相互影响，甚至相互冲突。因此，一些西方学者强调工具的整合研究，以避免单一工具研究的片面性。

（4）政策领域的其他因素。除了上述的环境因素外，政策领域的其他因素也会影响工具选择。例如，近年来不可预知的环境变化越来越多地受到西方学者的

---

① B. Guy Peters and Frans K. M. van Nispen, *Public Polic Policy Instruments*, Edward Elgar, 1998, p. 15.

关注。

4. 以前的工具选择

建构主义对这一影响因素的论述最为充分。建构主义认为，工具选择不仅与工具的有效性相关，而且确立政策工具的“正当过程”在评价政策工具时也发挥重要作用。在这一过程中，工具被赋予了组织的价值。工具被建构的内涵表现在如下三个方面：首先，建构主义把过去也考虑进来，工具在运用一段时间后被内化于组织之中。这意味着政策工具选择不是自由选择，也不是自我利益的较量过程；改变工具不仅要求扩充工具箱，而且需要改变组织的文化。其次，建构主义认为，工具的选择代表一种递增的发展，涉入其中的个体行动者决定和控制它的能力很小。新工具的主要组成部分出现在旧的范式中，这意味着旧的范式依然有影响。旧的范式会破坏新工具的实际意义。最后，行动者在选择政策工具时不仅考虑其效果，而且受传统、路线和特定的思考和行动方式支配。所以，其焦点集中在工具的形成过程，而不是工具的效果。尽管某种政策工具并不被认为是达成既定目标的最有效的工具，但是，这一工具却依然被频繁地使用，因为行动者能够达成一致，使冲突最小化。

政策工具的选择受到先前工具选择的限制。由于某种工具是在过去选择的，要转换成其他工具就会很难（因为已经积累了相关经验，并且目标团体信任它）。这种工具在经过一段时间后已经成了一种路径，背离它会付出额外的努力和代价。从纵向看，这种工具已经内化为组织的执行路线，可选择的其他政策工具根本不被考虑；从横向看，它和其他工具或执行活动交织在一起。① 这种影响在我国政策实践中也有所体现，路径依赖往往限制了对新工具的使用。

5. 意识形态

工具选择还受意识形态的影响。意识形态是一个信仰的体系，它为既存或构想中的社会，解释并辩护为人所喜好的政治秩序，并且为实现其秩序提供策略。② 不同的意识形态倾向于使用不同的政策工具。影响西方国家的政策工具的选择有着明显的意识形态特征。例如，在 20 世纪 80 年代以后西方国家出现的市场化运动强调公共服务的民营化和市场机制，强调放松管制，各种市场化工具的运用都反映了亲市场的意识形态倾向。亲市场而远政府，可以看作是“新公共管理”关于政府治理工具选择主张的基本特征。正是由于这一特征，使得“新公共管理”被戴上了“市场主义”的帽子，成为人们批判的靶子。市场化工具、工商

① B. Guy Peters and Frans K. M. van Nispen, *Public Policy Instruments*, Edward Elgar, 1998, p. 63.

② 参见彭怀恩：《政治学的世界》，43 页，台北，风云论坛出版社，1993。

管理工具和社会化工具这三类工具在我国的应用也会到现有意识形态的制约。我国政府为了更有效地管理公共事务，也在逐步尝试选择多种工具，但是由于意识形态的影响，这些工具在实践运作过程中总是显得很谨慎。所以，需要进行意识形态创新，倡导一种“以人为本”的更切实际的价值观念。

8.3　政策执行中的监测

在政策执行过程中，由于信息不充分、有限理性、既得利益偏好、意外事件等因素，使得政策方案被误解、曲解、滥用政策或执行不力，直接影响到了政策执行结果。因此，必须对政策执行过程加以监测，以保证正确的政策能得到贯彻实施，并及时发现和纠正政策偏差。

8.3.1　政策监测的定义及种类

邓恩在《公共政策分析导论》一书中说：“监测是用来提供公共政策的原因和结果的信息的政策分析程序。由于监测使分析者能够描述政策实施情况与结果之间的关系，它就成了获取政策执行状况信息的首要来源。从某种意义上讲，监测是努力说明和解释公共政策的另外一种说法。照此而言，监测乃是形成关于政策运行历史与现状报告的一种途径。”① 而“政策监测是为衡量不同目标群体和受益者中目标锁定的主客观条件的变化而获取政策相关信息的过程”②。

彼得·罗西等人在《项目评估方法与技术》一书中将项目监测（政策监测）看作一项基本的评估活动（或一种重要而有用的评估形式）。他们认为，作为一种重要而有用的评估形式，项目监测就是要尽力描述一个项目是如何运作的，并评估其预期功能执行得如何。评估的这种形式并不是一种独一无二的评估程序，而是一类方法、概念和将其应用于不同情况和目的的途径。这一评估形式的有限主题侧重于既定项目本身——运作、活动、功能、执行、组成部分、资源等等。对这类评估方法没有广泛接受的标准，由于主要涉及测量和记录项目运作的信息，所以，可以将其称之为项目监测。

彼得·罗西等人所下的定义是：“项目监测就是系统地记录项目绩效的主要方面，包括项目是否按预期的或按照恰当的标准运行。项目监测通常包括服务利

---

① ［美］威廉·邓恩：《公共政策分析导论》，363 页。

② 同上书，371 页。

用领域内的项目绩效、项目组织和/或项目结果。监测服务利用涉及对预期的目标人群接受预期服务程度的检查；监测项目组织需要比较项目应该做的内容，尤其是与提供服务有关的计划和实际已完成的事；监测项目结果需要项目参与状况的调查，并调查项目参与者接受服务之后的状况，以确定结果是否与预期要达到的目标一致。”①

综上所述，政策监测是用来提供公共政策的原因和结果信息的一种分析程序，或者说是测量和记录政策运作信息一类分析方法，其目的在于是说明和解释政策执行情况以及评估其执行效果，以保证政策的有效执行，促进既定政策目标的实现。

2. 政策监测的种类

根据政策监测的不同时态，政策监测可以分为事前监测、事中监测和事后监测三种。

（1）事前监测（即事前评估，帕顿和沙维奇称之为“事前政策分析”）。指在政策实施之前，为保证既定政策目标的实现，尽量减少失误，监控主体未雨绸缪，事先预测未来的政策活动中可能发生的与预定政策目标不一致的各种问题，并采取措施加以预防。

（2）事中监测（即政策执行的监测）。指在政策运行过程中，实施同步监测，记录政策实施的变化，评估执行的效果。一旦发现与原定的政策目标不一致的地方立即采取纠偏措施，提出调整意见，促使政策得到真正的落实。我们主要是在这个意义上来给政策监测下定义的。

（3）事后监测（即事后评估）。指在一种政策行为之后或一项政策活动过程结束之后，把政策活动产生的实际效果与既定的目标、要求和原则等做比较，找出并纠正偏差和失误，避免再犯同样的错误。

8.3.2 政策监测的地位和作用

1. 政策监测的地位

政策监测既是政策分析的一种程序，也是政策过程的一个环节。它在政策过程及政策分析中占有重要地位，用邓恩的话说：“政策监测在政策分析中处于核心地位”②。政策监测的这种重要地位，可以从它与政策过程的其他环节

---

① ［美］彼得·罗西等：《项目评估方法与技术》（第6版），143～144页，北京，华夏出版社，2002。

② ［美］威廉·邓恩：《公共政策分析导论》，369页。

的关系中得到说明。帕顿和沙维奇在《政策分析和规划的初步方法》一书中用下表（见表 8—2）来说明政策监测与政策执行（或政策实施）、政策评估的关系。①

表 8—2　　政策分析—政策评估连续统一体

事前政策分析	问题的定量和定性分析，实施政策的决策指标、选项、优势劣势、预期结果，实施和评价必要的步骤
政策维持	在实施中对政策或计划的分析来确保它按照设计得以实施并在实施过程中不出现无意的改变
政策监测	在政策或计划实施之后对变化的记录
事后政策评估	对政策目标是否完成和政策是否应该继续执行、修改或终止作定量和定性的分析

按照帕顿和沙维奇的解释，事前评估分析涉及认定和澄清政策、确定用于检查选项优势和劣势的指标、认定可能选项的范围、对这些选项的定量和定性分析，以估计这些选项满足指标的情况、比较选项的相对效益和成本，也可能包括对一个合适选项的推荐、确定实施和评价政策的步骤。政策维护包括一系列为确保按照政策或计划实施政策而采取的行动。政策维护的目的不是阻止对政策进行必要的改变，而是阻止有危险的改变发生，并且记录其他故意的改变，以便认识它们并在计划评价时加以考虑。政策监测是在政策或计划实施后记录关键指标的变化过程。政策监测要确定作为政策实施的结果是否导致了一些变化。虽然政策监测看起来相对直截了当，但它要求确定关键变量、设计快速方法来衡量这些变量的变化，以及使这一过程不受计划支持者和反对者的偏见影响。事后政策评估一般来说包括对政策目标完成情况的检查。这要求把政策监测阶段中获得的定量和定性信息与计划目的、目标和指标相联系，并根据政策完成目标的情况来确定政策是否应该继续执行。

2. 政策监测的作用

邓恩在《公共政策分析导论》中认为，政策行为所带来的后果永远无法完全预知，因此，在政策行为开始之后进行跟踪监测至关重要。实际上，政策建议可以看作是对政策行为与政策结果之间关系的一种假设：若在时刻 t_1 出发生行为 A，则在时刻 t_2 产生结果 O。所有假设无疑都是建立在因果关系的经验和假设基础之上的，如果不用随后的结果进行验证，这些至多只是经验推测罢了。因此，从方法论的角度看，监测在政策分析中扮演着不可或缺的重要角色。当我们掌握

① 参见［美］卡尔·帕顿、大卫·沙维奇：《政策分析和规划的初步方法》，358～359 页。

了政策行为的信息，并通过监测转换为政策执行结果方面信息的时候，整个“问题情势”就会完整地呈现在我们面前。同时，通过评价过程我们还可以由政策结果信息得到政策的绩效信息。

邓恩将政策监测的作用概括为如下四个方面：(1) 监察。监测有助于确定项目执行人员、官员以及其他利益相关者是否按照立法者、管理机构和专家组所制定的标准和程序展开行动。例如“环保机构空气质量连续监测计划”所提供的关于污染信息足以帮助有关各产业机构是否违反了联邦空气质量标准。(2) 审计。监测有助于确定原来计划安排用于特定目标群体和受益者（私人，家庭，市政当局，州，行政区域）的资源是否真正各就其位。例如，对联邦分税计划的监测可以确定资金满足地方政府需要的程度。(3) 核算。监测所产生的信息有助于对大范围公共政策和项目的执行所引起的社会和经济的变化进行核算。例如，生活质量的变化可以用诸如平均受教育程序、贫困线以下人口的百分比和平均年薪等社会指标来监测。(4) 解释。监测还可以提供关于公共政策和项目结果出现异变的原因的信息。例如，在犯罪审判、教育水平以及社会福利方面的社会实验可以帮助我们找到最有效的政策和项目，并知道它们怎样发生作用以及为什么最有效。①

我们认为，政策监测的目的是描述政策是如何运作的，记录政策实施之后出现的变化，说明政策实施情况与结果之间的关系，并评估其执行效果。通过对政策执行过程的监测，可以找出政策目标与执行手段之间、预期政策目标与实现政策绩效之间的差距，发现问题之所在，并从中寻找解决问题新办法，如调整政策目标、加大执行力度、重新配置资源等。

政策只有在被采纳并付诸实施之后，才有可能产生实际的作用并达到预期的目标。但是，由于种种原因，如执行者的认识水平、价值取向、个人及其所代表的利益、偏好等，经常使得政策在执行过程之中被误解、曲解、滥用、消极抵制甚至反抗等现象。在此，政策监测的作用就是根据一定的标准对政策的执行活动进行检查、监督，以保证政策达到预期目标，或者发现预期目标与实现效果之间的反差，并找出其中的原因。如果是因为预期目标太高而根本不可能实现，就必须调整目标以适应现实的条件；如果目标是正确的、可行的却没有实现，问题就必然出在执行过程中，如果执行不力，则需要加大执行力度；如果具体方法或步骤有误，则需要作相应的调整等。

同时，客观外部世界总是处于不断的发展变化之中，而人的认识尽管也可能

① 参见［美］威廉·邓恩：《公共政策分析导论》，362～364页。

随之逐渐深化，但总是落后于外部世界的发展变化的。政策作为人的认识的产物，一旦制定出来并付诸实施之后，都要保持相对稳定不变，此即政策的滞后性。它不仅是指政策的变动滞后于人的认识的深化，而且更是指政策的变动滞后于外部世界的发展变化。尽管如此，如果政策的滞后变动超过了一定的限度，就必然是有害的。因此，政策必须随着外部世界的变化和人的认识的深化做出调整，只有这样才能使政策目标、实施步骤、执行手段等与现实相符合，以便产生良好的绩效。在这方面，政策监测的作用就在于敏锐地捕捉外部世界的发展、认识的深化和政策之间的差距，以便帮助及时做出调整，使之不断完善。

8.3.3　政策监测的方式及技术①

关于政策监测有哪些方式，政策分析学者的说法不一。邓恩认为，政策监测有社会系统核算、社会实验、社会审计和综合实例研究四种方式。这些方式可以从控制类型和所需信息类型这两个特征来加以对比，如表 8—3 所示：

表 8—3　　四种监测方式的主要对比

监测方式	控制类型	所需信息类型
社会系统核算	定量	任何可获得的/最新的信息
社会实验	直接控制和定量	最新信息
社会审计	定量和/或定性	最新信息
综合实例研究	定量和/或定性	可获得的信息

罗西等人在《项目评估方法与技术》一书中则认为，项目监测（政策监测）有如下三种主要的形式：过程或执行评估、日常项目监测和管理信息系统、绩效测量和监测。

这里，我们综合邓恩和罗西等人的论述，介绍下列政策监测的几种主要方式。

1. 社会系统核算

社会系统核算是允许分析人员对主观和客观社会状况变化进行监测的一种方式和一套方法。社会系统核算这个词来源于美国国家技术、自动化及经济进步委员会的一篇报告。该委员会的这篇报告建议联邦政府建立一套“社会账户系统”，以与国民经济账户系统配合使用。社会系统核算的主要分析因素是社会指标，即利用社会指标进行分析。社会指标既可以用于监测如城市化程度等客观状况，又

① 参见［美］威廉·邓恩：《公共政策分析导论》，369～418 页；［美］彼得·罗西等：《项目评估方法与技术》（第 6 版），147～151 页。

可以用于监测对市政服务的满意程度等主观状况。社会指标除了可以对州（省）、市一级的变化进行监测外，也可以对全国的变化进行监测，还可以用于监测社会变化的特殊领域，如污染、医疗保健及工作生活的质量等方面。

2. 社会实验

社会实验是系统控制政策行为的过程，它可以获得关于政策结果变化源头问题的近乎准确的答案。社会实验往往要故意放大一个小的精心挑选的项目组内的不同类型政策行为之间的差别，并在向未测试项目作大规模投资之前估计它们的后果。它通过这种方式来寻求解决社会问题的途径，并因此而被提倡和广泛使用。在美国，最著名的社会实验之一是新泽西—宾夕法尼亚分级促进就业实验，它由经济机会局（OEO）提供资金支持，回答围绕着20世纪60年代社会福利制度改革的一系列问题展开。

3. 社会审计

社会系统核算和社会实验的一个共同局限是，它们都忽略了政策执行过程或者将其过于简单化——社会审计可以部分克服这一缺陷。社会审计清楚地监测着投入、过程、产出及影响之间的关系，其目的是试图"跟踪资源投入，从开始投放到资源被接收资源的目标群体感受到为止"。社会审计已经被兰德公司和国家教育研究院的分析人员用于分析教育政策和青少年政策，它可以帮助确定政策结果到底是政策投入不足导致的还是由于资源或服务偏离了预定目标群体或受益者引起的。

4. 综合实例研究

综合实例研究这一监测方式包括对执行公共政策的过去努力的结果进行系统的整理、对比和评价。许多公共政策问题领域（从社会福利、农业和教育到市政服务和科技政策）都用综合实例研究来综合地处理信息。综合实例研究还被用来评价关于政策过程和结果方面的政策研究的质量。与综合实例研究相关的可获得信息的来源主要有两个：政策形成与执行的案例分析、阐述政策行为和结果联系的研究报告。当该方式应用于案例分析时，它可能以案例调查方法为基础。

5. 管理信息系统

通过有规律地提供关于政策或项目执行情况的信息反馈来监测政策或项目过程的重要指标，在政策或项目的管理中是一种有用的工具。这种反馈使管理者在问题出现时采取正确的行动，也能为政策或项目各方提供项目执行状况的有规律的评估。因此，政策或项目监测的一种形式就是整理政策或项目的日常信息系统，以便获得、编辑整理和定期总结回顾相应的资料。这样，政策或项目监测及评估便成为与人类服务项目共存的管理信息系统（MISs）。MISs 经常提供以下信息：客户对所提供服务的意见、员工提供的服务、诊断或项目参与的理由、社会人口资料、治疗和花费、结果状态等等。管理信息系统如此提供的资料，能同时为管理者和评估者使用。

6. 绩效监测系统

结果为本和绩效评估是当代西方公共部门尤其是政府改革的一个基本取向。这特别突出地表现在美国《1993 年政府绩效和结果法案》（the Government Performance and Results Act of 1993，GPRA）上。这个法案要求联邦机构说明项目的目标和报告项目执行的结果，并为所有机构提供了一个七年的执行期限，到 2000 财政年度为止，要求所有机构都要规范报告制度。联邦的许多大型街区项目也要求绩效测量和报告，许多州也立法，对州机构强加了相似的要求。在这样的压力下，许多非营利机构也要启动绩效测量系统。综合各种绩效测量（绩效评估）系统及评估方案可以发现，这些系统与 MISs 系统有共同之处，都包括搜集、报告和解释相关信息，以说明项目绩效某个主要功能，尤其是送达服务的情况。和信息管理系统一样，人们也期望绩效测量成为日常性的和连续性的项目活动，用以促进管理、产生项目完成情况的报告。下面是一个关于家庭危机项目绩效测量的例子：

案例评析

家庭危机项目的绩效监测

美国的许多州都购买了危机干预服务。危机干预服务就是要识别和帮助由于临时性危机使得儿童受到虐待或被的家庭。大约十年前，佛罗里达州在某个地方启动了一个示范性的紧急危机咨询项目（Intensive Crisis Counseling Program，ICCP）。根据合同，专业咨询者要进入到家庭，通过紧张的工作，和家庭成员一起解决临时的危机、消除后续危机或持续的虐待，并将儿童转移到紧急庇护所或营养所。

从一开始，佛罗里达就对 ICCP 使用了结果监测系统。最重要的结果指标就是，最终保持完整的儿童被隔离的、送进庇护所或营养所的那些家庭的数量。总之，这些资料表明，80%或更多的被服务家庭最终保持了完整。示范的成功，是佛罗里达州在几年内逐步扩展 ICCP 项目的因素之一。

ICCP 项目结果监测系统最近开始报告由个体合同提供者提供的资料，并表明，就绩效而言，存在较大差异——由不同的提供者服务的 70%～93%的家庭最终保持完整，更大的差异则是项目在案例结束后的三个月里。

对结果监测系统的一种有效利用就是，管理人员决定对绩效较差的调查服务提供者进行调查。例如，对绩效最差的服务提供者的调查表明，服务提供者仅仅通过电话热线进行 24 小时服务，而不是项目要求的进入家庭服务。

资料来源：[美] 彼得·罗西等：《项目评估方法与技术》（第 6 版），150 页，北京，华夏出版社，2002。

至于监测的技术，邓恩认为，与其他政策分析方法不同，监测并不涉及与各种方法有明显关联的程序。因此，许多方法对社会系统核算、社会审计、社会实验和综合实例研究四种监测方式都适用。他列出了适用于这四种方式的技术，见表 8—4。

表 8—4　适用于四种方式的技术

监测方式	图示法	表格法	指数法	间断时间序列分析	可控时间序列分析	不连续回归分析
社会系统核算	×	×	×	×	×	○
社会审计	×	×	×	×	×	○
社会实验	×	×	×	×	×	×
综合实例研究	×	×	○	○	○	○

注：×表示技巧适用于该方式；○表示技巧不适用于该方式。

案例

“就业率神话”是怎样打造出来的？

来自北京市教委的统计数据显示，截至 2004 年 7 月 2 日，北京地区 2004 届毕业生全员初次就业率为 89.43%，其中研究生为 92.84%，本科生 88.44%，专科生（含高职）的初次就业率达到了 88.45%。从数据看，整体情况好于上年，且已提前超额完成教育部到 8 月份毕业生就业率达到 70%的目标。

但有知情人士向记者透露，不少高校由于各种原因，不惜铤而走险，采取弄虚作假的手法“提高”就业率。同时，记者在各人才市场，也看到很多毕业生仍然徘徊在各单位的招聘展台前。那么，89.43%的“就业率”到底有没有水分呢？

质疑“就业率”统计方法

据记者了解，1999年，国家首次公布高校毕业生就业率。对于统计就业率的原因，教育部高校学生司毕业生就业处给出的解释是“要将市场机制引入招生办学，公布就业率就是对各高校办学质量的督促”。去年，教育部出台的《促进高校毕业生就业工作的若干意见》规定，将学校扩招规模与毕业生就业率挂钩，对就业率明显偏低的地方和高校，将会减少招生，对就业率偏低的专业也要控制招生规模。

“就业率”这个概念最初出现在媒体和公众的视野中时，被认为是大学生就业由国家分配转向市场配置后的新事物。记者了解到，就业率是这样一个概念：就业率（%）＝[（毕业生总人数－待就业毕业生人数）/毕业生总人数]×100%，其中待就业毕业生人数包括截止到该年度8月底仍没有落实就业单位的毕业生人数，和已申请不参加本年度就业的毕业人数。

对于就业率的现行统计方法，北京一高校就业指导中心负责人高先生认为，现行的就业率不能全面科学地反映一个学校就业的量，更反映不出来就业的“质”，从这个数字里看不出学生的就业层次、就业流向和供需比例。

据一位就业指导老师介绍，最初教育部提出对高校学生就业情况进行评估的时候，有一个综合全面的评价体系，这个体系，对于高校加强对就业工作的重视，使就业工作做得更细致、更深入、更科学是很有意义的。但不知为何，现在这个评价体系只剩下就业率了，根本不能涵盖就业的复杂过程。

在采访中，许多人质疑现在的就业统计方法。什么叫就业，什么叫待就业？按照现行的统计办法，被认为是已经就业的，也就是上面公式中的分子包括：有明确接收单位并拿到正式报到证的、攻读研究生的、准备出国并在学校备案的。那些毕业后二次就业、自谋职业、暂不就业和自主创业的都被认为是待就业生，这些隐性就业在就业率中根本反映不出来。他们认为，现在毕业生的就业观念越来越开放，他们不在乎户口、编制以及单位的所有制性质。很多毕业生找到了满意的工作，可是他们的工作单位解决不了他们的户口和人事关系，即使双方签约了，也不能列入学校的就业计划，不能解决报到证，就不能算进就业率。

有专家指出，在计算就业率时，考研究生、出国留学的人也算在内，这显然不能反映“就业”的水平，因为这一部分人并没有进入人才市场。北大教育学院副教授严凤桥在接受媒体记者采访时也认为，一次就业率并不能反映全部情况。一个反映真实完全情况的就业率数据，应当的反映是劳动力市场接纳毕业生的程度。

“我们一方面鼓励学生转变就业观念，不要抱着铁饭碗不放；另一方面，我们的教育管理方式却跟不上实际的发展。”不少专家也发表同样的看法，“目前这种以就业率的方式来考核一个高校的教育质量，并且把它同招生挂钩，也许出于好意，但带来的弊端不容忽视，最直接的表现就是各学校在各种利益的驱使下在‘就业率’上玩‘猫腻’，给高校、社会、学生带来不可忽视的负面影响。”

“虚假就业率”是如何“出笼”的

记者在北京某高校就业指导中心看到两份统计数据，一份是实际已经签了工作单位的学生，有20名；另一份是已经“有着落”的，估计有40人左右，而后者是上报或者公开出去的数字。一名学生说：“我们系去年就业率据说是75%，可实际一个班在统计数字截止时就业率连55%都不到。”

某著名高校2004届本科毕业生小杨向记者透露，他们全班30名学生当中，只有7名与用人单位正式签约，但学校“统计”出的就业率却高达80%，因为大部分学生都能提供一个“就业意向”，这些证明都是通过关系搞的，本人根本没有找到用人单位。“只要能说出意向性的雇主，就算就业了吗？这样的统计，也能反映真实情况？”小杨感到不解。

记者了解到，现在各高校都很重视就业率。“因为每个学校每年都有一个就业率的统计，就业率越高代表学校的教学水平越高，对于招收下届生源就能很好地‘现身说法’。如果其他高校提供了虚假就业率，我们还老实，那就要吃亏了”，有一位高校负责人无奈地对记者说，“一边是招生大战，一边是毕业生就业率比拼。当教育一旦具有了个人消费品性质，市场化竞争便在所难免。”于是，更多的学生在选择报考高校时，高校就业率便成为具最重要的参考指标。为此，高校注重就业率就不足为怪了。

为了提高就业率，有些学校变相将毕业生档案转移到人才中心。记者了解到，为了档案户口等问题，北京有些高校学生不得不提前找工作，甚至大四一年的主要精力不是放在学业，也不是毕业设计，而是考虑就业。一位今年毕业的大学生对记者说：“从大四开始，我们就业的气氛就紧张起来，根本静不下心学习，到处忙找工作，临到毕业考试，和老师通融通触就过了。”

严峻的就业形势让原本“紧绪”的大学生逐渐放下期望值

记者在采访中了解到，有些学校的学生不想考研也不想找工作，有些因为自身有专长想做个自由职业者，有些是家庭条件好想自主创业，但为学校的就业率，学校就暗示学生找个单位“接收”，找个单位给开个假证明，也算是给系里的就业率填了一个数字，让老师可以对学校和社会有个交代。记者在某高校了解到，有一个班30个实签人数中，就有6个是挂靠“接收”的。“这种情况许多学校都有。”一应了解高校就业状况的老师说。

某高校老师说，现在我们的就业率很多都是90%，特别是有些民办高校，对外公布的甚至是100%，这并不正常。就业率能达到85%就足够了，太高的就业率只能说明学生的就业压力太大，不敢冒风险。他认为，学生越是不急于在毕业前找工作，就越说明他的就业机会多，选择余地大，所处的就业环境比较宽松，“这是社会进步的表现”。

“学校如果就业率低，会影响了学校的形象和后续的生源，学校领导也抬不起头来，有些系或专业还有可能被取消或合并。”一位不愿意透露姓名的高校就业指导中心负责人“总结性”地道出一些高校在就业率中掺假的直接原因。

“教育部公布就业率的本意是好的，是为让各校所设专业更接近市场的需求。但遗憾的是在这个过程中，一些高校把‘就业率’当成了‘形象工程’、‘政绩工程’。”北京石油化工学院人文社科学院李明伟教授接受记者采访时说，就业率造假现在已经很普遍。在外部就业环境好，学校专业接近就业市场的前提下，要使就业率真实，相关配套机制也要跟上，比如就业统一口径、鼓励政策等等。我们现在是在宏观调控上出了问题，几年前扩招，根本没有考虑到现在就业市场能不能接纳那么多毕业生，在无法解决这个难题的时候，有关部门有用就业率这种行政手段来解决市场问题，在各种利益驱使下，必然会出现“虚假就业率”。

“虚假就业率”背后的隐忧

在采访中，许多人对“就业率”的统计方法和某些高校在“就业率”上弄虚作假、搞形式主义的做法表示担忧，他们认为最终的受害者不仅是学生，还有我们高校乃至整个社会。

“使招生与就业率挂钩的政策如果在执行过程中走了样儿，那绝不是政策设计者的初衷。”一位不愿透露姓名的毕业生就业工作负责人忧心忡忡地说：“‘虚假就业率’已经成为教育界的‘形象工程’，这个问题已引起有关部门的重视”。记者在调查中，许多人认为“虚假就业率”危害很大：

首先，“虚假就业率”影响了国家对大学生就业政策的宏观调控。对公办高校而言，就业率上不去，自然会或多或少地影响到专业的发展乃至领导的升迁；而对于民办高校来说，虽然没有这么复杂，却直接威胁着其生存——以后招生时没有谁敢报考。出于解决自身危机的需要，许多高校宁肯牺牲毕业生的实际利益，也不惜以造假骗取社会各界。这种造出来的就业率，掩盖了院校就业率的真实性，直接影响了国家对大学生就业政策的宏观调控。

其次，“虚假就业率”侵害了公众的知情权。有专家认为，“虚假就业率”会导致一些人才市场不大的专业反而能吸引大批优秀考生，导致人才市场供大于需的恶性循环。“我孩子今年高考，填报专业时，我们都是查询这个专业的就业率状况才决定的。进来后才知道，这个专业就业率根本没有学校说的那么高。”一位家长对记者说，“如果学校造假就业率，就是在侵害我们的知情权”。

“学校造假就业率对一个家庭或是一个学生来说，伤害非常大。”北京石油化工学院人文社科学院李明伟教授说，教育可以改变人一生的命运，不少家庭把所有的希望放在孩子身上，倾家荡产让孩子上大学，“虚假就业率”侵害他们的知情权还只是表象的东西，最本质的是害了一个家庭，断送了一个孩子的前程。

再次，“虚假就业率”败坏社会风气。由于学校一味追求就业率，使一些代理出售“假劳动合同”的单位得以获取不正当利益。为拿到毕业证书，一些大学生不得不四处寻找可以盖章的“接收单位”，但不是每个人都能如愿。那些盖章无门的学生，岂不是被迫花钱买章盖？像这样雪上加霜的事，只能使一些单位大捞不义之财，败坏了社会风气。

最后，“虚假就业率”还直接影响学生的人生观。就业率造假的实质，是学校为了给自己戴花贴金，以此表明所谓的“实力”，从而扩大自身的知名度，吸引生源。我们看到，校方以牺牲诚信为代价，对学生实际就业与否并不看重，看重的是那张盖了章的“劳动合同”或“协议”。这样一来，学校是保证了“就业率”，但是，学生却成了直接受害者。一些学生未出校门，就迫不得已参与学校精心策划的弄虚作假。试问，这种教育的结果，怎么能让他们以健康的心态步入社会呢？

“就业率”不应成为决定专业“生死存亡”的硬指标

使招生和就业率挂钩，本来是为了防止高校盲目扩张，但一些高校却利用提高就业率的办法，增加学校扩招的砝码，达到增加经济收入的目的。如何防止学校利用统计上的漏洞虚增就业人数，教育专家提出建议。

今年高校毕业生就业率9月能超过70%吗？

“国家可以借鉴国外三至五年的跟踪制度，把毕业生就业后的职业发展情况纳入评价体系。”一所高校主管就业工作的负责人认为，加拿大地方政府的统计值得借鉴，如安大略省培训学院及大学教育厅每年公布一份就业档案，对辖区内大学毕业生就业后6个月间的表现予以调查。毕业生就业率只是其中一项指标，其他考察的要素还包括毕业率、学生满意度、毕业生满意度以及雇主满意度等。

北京一高校就业指导老师接受记者采访时说：“专业合理不合理，仅仅靠就业率是不能反映出来的。”为此她建议，应该把就业质量、就业层次都纳入考核评价体系。比如一个专业、最后毕业生尽管就业率很高，但如果都是做一些技术性非常低的工作，或是所做的工作与自己所学的专业不符，那也不能说明这个专业设置合理。

“现有的就业率统计对高校有一定的指导意义，但它并不能全面、科学地反映出一个学校办学水平的高低。”有专家认为，就业率不能作为开设专业的唯一“硬杠杆”，正确的做法是研究市场，适应市场，着力开发市场，在市场变化过程中，牢牢把握住其基本规律，并发挥自己的优势，起到引导教育市场与社会人才市场的作用。教育超前性的重要作用之一，就是它是社会前进的生力军，代表着社会发展的方向。

据记者调查，对教育部要求高校就业率与招生挂钩的举措，社会普遍持支持态度。他们认为，“就业率”不是用几个简单数据打造出来的，只有国家加强宏观调控，整个社会拓展就业市场，同时高校加快整体改革步伐以进一步提高教学质量，才是提高高校毕业生就业率的唯一途径。

资料来源：《人民政协报》，2004-09-17。

思考题

1. 简述政策执行在政策过程中的地位和作用。
2. 影响政策有效执行有哪些主要因素？
3. 应如何对政策工具加以分类？
4. 在政策执行中如何进行工具选择？
5. 什么是政策监测？它在政策过程中有何作用？
6. 政策监测有哪些基本方式及技术？
7. 在上述案例中，你认为应该如何加强对“促进高校毕业生就业工作的若干意见”政策的执行尤其是“就业率”统计方面的监测？

第9章

结果评估

重点问题

- 政策评估及其意义
- 政策评估面临的困难
- 政策评估的过程
- 政策评估的八种模式
- 政策失败的一般原因
- 前后对比法
- 实验和准实验模型
- 影子控制法

政策评估（结果评估）是整个政策分析过程中不可或缺的一步。只有通过结果评估，人们才能够判断一项政策是否收到了预期效果，从而决定这项政策是应该继续、调整还是终结；同时，通过结果评估，还可以总结政策执行的经验教训。本章讨论政策评估的基本理论和方法问题。

9.1　政策评估概述

政策评估是政策分析的重要方面，是一种具有特定标准、方法和程序的专门研究活动。在相当长的时间里，政策评估并未引起人们的重视。作为公共政策分析过程中不可或缺的一环，政策评估在政策分析过程中有着重要意义。

9.1.1　政策评估的概念

从政策评估在政策过程所处的阶段来看，政策评估又可分为事前评估、执行评估和事后评估。事前评估是在政策执行之前进行的一种带有预测性质的评估（即政策未来预测或结果预测），包含对政策实施对象发展趋势的预测，政策可行性的评估，对政策效果进行评估三个方面。执行评估就是对在执行过程中的政策实施情况的评估，就是具体分析政策在实际执行过程中的情况，以确认政策是否得到严格的贯彻执行。事后评估是政策执行完成后对政策效果的评估，旨在鉴定人们执行的政策对所确认问题确定达到的解决程度和影响程度，辨识政策效果成因，以求通过优化政策运行机制的方式，强化和扩大政策效果的一种行为。它在政策执行完成以后发生，是最主要的一种评估方式。在这里，我们将政策评估限定在结果评估（事后评估）上。

安德森在《公共决策》一书中说："如果把政策过程看作某种有序的活动的话，那么，它的最后一个阶段便是政策评价。总的说来，政策评价与政策（包括它的内容、实施及后果）的估计、评价和鉴定相关。作为某种功能活动，政策评价能够而且确定发生在整个政策过程中，而不能简单地将其作为最后的阶段。"① 依这种看法，政策评估的目的是评价人们所执行的政策在实现其预定目标上的效果，该政策在多大程度上解决了政策所指向的问题，以及该效果的取得是政策本身的作用还是政策以外其他因素所导致的等等。

因此，可以给政策评估下这样的定义：政策评估是依据一定的标准和程序，对政策的效益、效率及价值进行判断的一种评价行为，目的在于取得有关这些方面的信息，作为决定政策变化、政策改进和制定新政策的依据。

随着政府活动的日益复杂化和影响的深广化，政策评估也日益呈现出多样化的特点。国内外学者依据不同的标准，从不同的角度对政策评估进行了分类。

---

① ［美］詹姆斯·E·安德森：《公共决策》，183页。

不同的分类显示了学者们研究重点的不同。在国外评估研究的文献中，有不少关于政策评估的分类方法：美国评估研究协会根据工作程式把方案评估分为六类，即前端分析、评估性测定、过程评价、效力评估或称影响力评估、方案和问题监控以及元评估（或称综合评估），这六种评估类型构成了方案评估的日常内容。美国社区服务管理局曾提出三种类型：方案影响评估、方案策略评估和方案监控。而 R. M. 克朗赞同 R. 施赖德的看法，认为评估是一种循环的问题过程并将评估分为五类：系统评估、投入评估、过程评估、总结评估和测评估。德尔金斯（D. N. T. Derkins）则根据政策发展过程建立了六种评估类别，分别是策略评估、顺服评估、政策设计评估、管理评估、干预效果评估和影响评估。

9.1.2 政策效果的多样性

可以将政策效果看作是政策执行后对客体及环境所产生的影响和效果。政策效果包含的内容有：政策预定目标的完成程度；政策的非预期影响；政府行动引起的环境变化；政策的直接成本和间接成本等。

在把握政策效果概念时，要注意两点：一是避免将政策效果和政策输出混为一谈。任何政策在经历了制定和执行之后都会产生两种公共产品：政策输出和政策效果。前者指政策从事的工作或已经做过的那些事情以及相关的一系列统计或经济数字（比如修筑高速公路、人均占有教育经费等），但这些只能向人们描述政府做过了什么，而不能告诉人们政府的政策行为产生了什么结果或影响；后者描述既定的政策行为之于相关的各种环境或政治系统所引起的变化，包括政策对目标团体的影响，对目前和未来的影响，政策所负担的各种直接或间接的成本（比如修筑高速公路对相关地区的交通运输和经济发展有什么影响等）。二是不能把政策效果等同于政策预定目标。政策效果有很多种，直接的、间接的、意外的、潜在的等，政策制定者在制定政策时，并不一定能把所有的可能效果都纳入政策预定目标。然而，不能因为它们没有被列入政策的预定目标而不予考虑。

1. 直接效果

指政策实施对主体所要解决的政策问题及相关人员所产生的作用，如计划生育政策有效地控制了人口的急剧增长，九年义务制教育降低了我国的文盲率等。评估政策的直接效果，必须确定政策目标和政策对象，明确政策对象是哪些人或哪些组织及其作用。例如，计划生育政策的政策对象是全国已婚夫妇，政策目标是在 20 世纪末把我国人口总量控制在多少亿以内，由此就比较容易测定该政策的直接效果。

2. 附带效果

政策在实施过程中可能对非预期的作用对象产生作用，这种作用超出政策制定者原定的目标和期望而成为政策的一个副产品。例如，政府的福利政策的本意是为那些生活贫困，确实需要帮助的人们提供最低生活保障，但是，该政策却也滋长了人们的依赖心理和惰性。又如，大气层中的核爆炸试验能提供武器和高科技发展所需的数据，同时也会给全球气候和人类造成威胁。

3. 意外效果

指政策执行后所产生的效果出乎政策制定者的预料之外。有时是有心栽花花不开，投入很多，期盼很高，但收获甚微；有时是无心插柳柳成荫，没有太多的期望和投入，却有出乎预料的收获。例如，计划经济的目的是要克服资本主义市场经济下出现的生产盲目状况、浪费现象和经济危机，为此动用大量的人、财、物等资源，但是实施的结果却是政府失灵，造成低效率和严重的浪费。

4. 潜在效果

政策的有些效果在短期内不易为人们所察觉，但有可能在今后相当长的一段时间里表现出来，这就是潜在效果。计划生育政策所体现出来的直接效果就是有效地控制了人口的增长，但它同时也存在着潜在的效果——在几十年后，它可能导致中国人口的负增长。有时，一项政策的实施了无成效，但是它的投入沉淀到另一项政策的运行过程中，在另一种情境下发生作用。政策潜在效果的存在及不易测定，给政策效果评估带来挑战，政策分析人员要特别注意这些潜在效果，针对不同情况采取应对措施。

5. 象征性效果

有些公共政策的内容是象征性的，它可能具有的有形效果是微不足道的，其初始用意不过是为了让目标团体得到印象，以为他们要求的问题已经解决或正在解决之中，从而减轻对政策制定者的压力，或激发起某种精神。阿尔蒙德和小鲍威尔认为，符号输出“包括精英对价值的肯定，军旗或军队的展现和军事仪式，王族或高级官员的访问，以及政治领导人的意图和政策声明”；政策输出“高度依赖激发大众对他们效能的信念、态度和激情”。① 例如，下岗职工再就业计划也许并不能真正解决下岗职工的就业问题，但却使人们相信政府关心下岗职工的就业问题，从而更加信任、支持政府的工作。

① ［美］阿尔蒙德、小鲍威尔主编：《当代比较政治学》，168～169 页，北京，商务印书馆，1993。

9.1.3 政策评估的意义

政策评估作为一种对政策的效益、效率、效果及价值进行判断的一种政治行为，是政策运行过程链条中的重要一环。政策评估对于改进政策制定系统，克服政策运行中的弊端和障碍，增强政策的活力和效益，提高政策水平具有重要作用，意义深远。

1. 政策评估是检验政策的效果、效益和效率的基本途径

任何政策，如果投入运行后，就再没有人去做相关的评估反馈工作，那它的效果如何我们就不得而知。尤其是一项构思精良，经多方论证认定是无懈可击的政策投入运行以后，究竟有没有达到预期目标，产生预期效果，或产生了哪些非预期的连带的效果，这都需要我们进行评估工作。也就是说，评估人员要密切关注政策执行的动向，搜集相关的资料和信息，再加以科学的分析、论证，得出可靠的结论，以确定该项政策是否有好的效果，执行过程是否效率很高以及其效益所在。计划生育这一基本国策在执行过程中，就需要我们密切关注它的执行的情况，可以通过定期的人口普查以及年度的人口统计资料来确定这样一些情况——通过实行计划生育政策，我国在几年内少增加多少人口？与原始人口数据进行对比，从而可以判定计划生育政策是否被有效执行或者在哪些地区执行得较好，哪些地区稍差一些。

2. 政策评估是决定政策去向的重要依据

一项政策在执行过程中总会呈现出其走向。伴随着政策目标的逐步实现，该政策是应该继续、调整，还是终止？这都必须依据一定的评估资料。政策的走向一般有三种情况：第一，政策继续，即通过科学的评估，发现该政策所指向的问题还未得到解决，其政策环境也没有发生大的变化。基于这种情况，还适宜用原来的政策继续指导这个问题的解决。第二，政策调整。如果一项政策在执行过程中，遇到了新情况新变化，原来的政策已明显不适应新的政策情况，那我们必须对原有政策进行调整或者革新，以适应新变化，更好地实现政策目标。第三，政策终结，也就是完全终止原来的政策。这有两种情况：一是政策目标已经实现，原有政策的存在已经没有意义，完成了一个政策周期，自然终结；二是政策环境或问题本身发生了非常大的变化，原有政策已明显不能解决问题，甚至会使问题变得更为严重，而且通过调整已无济于事，这时就需要终结旧政策，代之以新的、更为有效的政策。无论是政策的继续、调整还是终结，都必须建立在科学、系统、全面的政策评估基础上。

3. 政策评估是合理配置资源的有效手段

政府的政策资源是有限的，但政府部门却要同时执行多项政策，如经济政策、政治政策、环境政策、教育政策等等。那么，究竟哪项政策该投入多少资源？或者说政策资源要怎样配置才最为合理呢？这就体现出了评估的重要性。只

有通过评估，才能确认每项政策的价值，并决定投入各项政策的资源的优先顺序和比例，以寻求最佳的整体效果，有效推动政府各个方面的活动。同时，通过政策评估，也可以对照以往的政策资源分配情况，看其是否合理，总结经验，吸取教训，使政策活动优质高效地进行。

4. 政策评估是公共决策科学化、民主化的必由之路

在现代社会，国家管理活动中重要的一环就是政府利用政策来调整、组织社会生产和社会生活。随着社会的进步，新情况和新变化层出不穷，单靠传统的经验型决策已应付不了复杂的决策情景。实践证明，经验决策必须向科学决策转变；而政策评估正是使决策迈向科学化的必由之路。通过评估，不仅可以检验政策的效果、效益和效率，更合理地配置政策资源，形成一种优先顺序和比例，而且可以与时俱进，随时抓住情况的变化，对政策做出继续、调整或终止的决定。从另一个角度来看，通过评估得出的结论体现了科学性，为下一步的民主决策奠定了坚实的基础。因此，政策评估对于公共决策的科学化民主化是不可或缺的。

案例评析

政府投资项目“后评估”之我见

据《青年时报》消息，杭州市对政府投资的西湖南线景区整合工程项目后评估已经完成，并举行了面向各界专家的报告会。所谓“后评估”，就其严格的意义而言，是在项目建成投产或投入使用后的一定时刻，对项目的运行进行全面评价，即对投资项目的实际费用、效益进行系统审计，将项目决策初期效果与项目实施后的终期实际结果进行全面、科学、综合的对比考核，对建设项目投资产生的财务、经济、社会和环境等方面的效益与影响进行客观、科学、公正的评估。据称，这种做法在国内尚比较少见，至于杭州，则是首次。此举无疑值得肯定，是一种迈向政治文明的尝试。

以我的理解，除了可以增加政府决策的科学性，提高管理水平，这种事后评估的做法，还可以起到一定的监督作用。此次“后评估”是由杭州市发展计划委员会组织与实施的，具体操作过程不得而知，报告会邀请了各方面的专家出席，而评估是不是由专家作出的，具体由哪些专家参与，专家遴选过程中有没有实行回避（即尽量使用与本项目没有直接甚至间接关系的人员，最好还是外地的甚至外国的，以保证评估的公正性，不至于

沦为官样文章)，媒体报道中未见其详，而所有这些程序上的问题，对评估结果都可能产生影响，是不应当忽略的。

对西湖景区整合工程的评估，与一般工程相比，还要更复杂一些，需要考虑其文化上的意义。譬如南线工程中的洪氏会馆，是安徽歙县古建筑移地重造的，这么一种做法会不会影响西湖整体的江南风味？早就有人在质疑了。对具有浓厚的历史与文化意义、像西湖这样的景观来说，尽量保留它本然的样子与纯粹性，恐怕不是可有可无的考虑。这样的“后评估”，尽管已无法改变既成的建设，对于以后新的工程建设项目，却是有意义的。

我不知道“后评估”报告是否公之于众了，发表在什么地方，或通过什么方法可以查看。媒体在报道时也不妨顺便提及，为关心这个问题的公众提供方便。归根结底，我们需要对之负责的，是人民。想得再远一些，类似这样政府投资项目的“后评估”，最好由和政府没有多少关系的中介机构来做，才可能更加客观、不留情面。像杭州这次“后评估”，我仅看报纸上介绍，均是“取得了巨大成功”、“作出了多方面贡献”、“积累了成功经验”一类的话，未见反面意见。这似乎缺少了点什么。如果以后有人借用“后评估”，会不会变味以至于沦为评功摆好呢？那样的话，纳税人的钱就花得有点冤枉了。

资料来源：《南方周末》，2003-09-25。

9.1.4 政策评估面临的困难

公共政策评估面临着种种困难与障碍，这突出地表现在下列几个方面：

1. 政策评估的不确定性

政策评估的一项重要任务就是衡量政策是否达到预定目标，这要求政策本身具有明确的、可测定的目标。但是，由于政策问题的复杂性以及政策制定者方面的主观因素，可能使政策目标出现分散和不确定的情况：(1) 许多政策目标不可能量化，比如一些政治类和文化类的政策；(2) 多数政策都具有多重目标，有些目标之间还存在着矛盾；(3) 在政策执行过程中，政策目标还可能发生变更而被修正；(4) 有时，决策者还有意用含糊的、不太确定的形式来表达政策目标，以此增加某种应变的能力。[①] 这些情况有可能导致政策评估价值标准的选择及其排

① 参见张国庆：《现代公共政策导论》，198页，北京，北京大学出版社，1997。

列出现混乱，从而给政策评估造成困难。

2. 政策效果的不确定性

由于政策活动涉及面广、参与者多，政策执行后产生的影响往往涉及到社会生活的方方面面，既有预期的影响，也有非预期的影响；既有显性的、一目了然的影响，也有潜在的、不易感知的影响；既有短期的影响，也有长期的影响。例如，我国的计划生育政策的基本目标是控制人口数量，提高人口的素质。但是，计划生育政策执行的效果却不仅仅是对人口数量产生影响，它还带来了一系列其他效果，这些效果有正有反、有利有弊。比如，它使人们逐渐改变“多子多福”、“养儿防老”等传统的婚育观念，逐渐形成“晚婚晚育，少生优生”的婚育观念；有利于妇女的身体健康，增加了妇女参加社会工作的机会，提高了妇女的社会地位等等。但是，这项政策的实施也带来一系列负面影响，如我国人口老龄化趋势加快，出生婴儿性别比例失衡，独生子女户的后顾之忧，干群关系紧张等。正是政策效果的多样性和影响的广泛性，加上许多影响政策的因素难以测定，就会给评估造成困难。此外，政策效果的不确定性还使某些反对评估的人有了借口，也为某些不科学评估的出现创造了条件。例如，有些受局部利益影响的政策评估只从政策广泛影响中选取对本部门有利的因素进行评估，从而影响了评估的全面性和客观性。

3. 政策资源的混合和政策行为的重叠

政策资源的混合指的是投入不同政策的资源彼此纠结在一起，分不清某项资源的支出究竟是属于哪一项政策，或某项政策的总投入到底是多少。政策资源的混合使政策的成本难以核定，而其“纯效果”更是无从测定。政策行为的重叠指的是针对相同的或相似的政策问题和政策目标群体，不同的机构和部门都制定并执行各自的政策。各种不同的政策效果混杂在一起，很难将某项政策的实际效果从总体效果中区分出来。[①]

4. 政策行动与环境改变之间的因果关系不易确定

除了政策行动的影响外，现实社会状况的改变还受到政策行动以外的其他因素的影响，导致政策行动与环境改变之间的因果关系不易确定。比如，犯罪预防政策的目标是以威慑的方式防止犯罪的发生，而问题在于，犯罪行为若没有发生，这是不是犯罪政策发挥了作用呢？这个问题很难回答。或许某人曾经有过犯罪的念头，但是害怕受到惩罚，从而没有付诸行动；或许是受到亲朋好友的及时劝阻；也可能是尚在寻找合适的下手机会。

① 参见张金马主编：《政策科学导论》，253页，北京，中国人民大学出版社，1992。

5. 评估信息和评估经费缺乏

获取真实而全面的第一手资料和各种数据，是进行政策评估的基础和前提。如果没有足够的统计资料和信息，政策评估就成了无本之木和无源之水。在我国，政策信息工作还比较落后，许多政策机关不重视信息管理，信息收集系统尚未形成，政策评估所需要的数据往往残缺不全、杂乱无章；加上抵制评估者拒绝提供关键性资料，这就大大增加了政策评估的难度。政策评估是一项复杂、系统的工程，需要投入相当的人力、物力和财力。但在现实中，评估工作的重要性尚未引起人们的足够重视，难以指望人们从现行政策资源中拿出经费作为评估之用，因而政策评估常常处于经费短缺状态。有的政策机构可能愿意提供评估经费，但往往另有所图（如试图影响评估的结论）。因此，评估信息欠缺和评估经费不足始终是困扰政策评估的两大难题。

6. 有关机构和人员的抵制

政策评估不可避免地涉及政策功绩的评判，而政策是由人来制定并执行的，所以，政策评估实质上是对有关人员行为的一种价值判断。有关机构和人员既可以是政策评估最坚强、有力的支持者，也可以是最坚强有力的反对者，而他们的态度取决于其对政策评估价值判断倾向的认同程度。① 在许多情况下，尤其在评估主体来自政府体制之外时，作为“组织”的政府经常会持怀疑态度，因为他们害怕评估会打破现有的秩序，或者带来利益损害。这种怀疑和担心常常使他们最终对评估持反对、抵制的态度。评估通常意味着变革，而“惰性”正是官僚组织的特性之一。组织的“惰性”和明显的抵抗形式一起成为评估的一种障碍。② 有关人员的抵触主要出于三个方面原因：一是担心评估会得出不利于他们的结论；二是对政策过程的独占心理驱使他们反对他人进入，以免影响他们的行动计划；三是人的本能的支配心理，有关人员的抵触主要表现为拒绝提供评估经费和资料，藐视、贬低和否定评估结论等。在政策评估面临的所有困难中，人为的抵制是最直接的、也是最严重的困难。

9.2 政策评估的过程和模式

政策评估是一种有计划、按步骤进行的活动，是一个有规律可循的系统过

① 参见张国庆：《现代公共政策导论》，200页，北京，北京大学出版社，1997。

② 参见［美］詹姆斯·E·安德森：《公共决策》，194页。

程。虽然评估活动步骤会因为评估类型的不同而不尽相同。但是，只要是正规的、科学的政策评估，一般都要经过准备、实施和结束三个阶段。

9.2.1　政策评估的过程

1. 准备阶段

作为一项复杂的、系统的工作，政策评估在实施以前必须进行周密的组织准备工作，这是评估工作的基础和起点，也是评估政策得于顺利进行和卓有成效的前提条件。组织准备比较充分，才能保证评估工作有计划、按步骤展开实施，避免评估工作的盲目性。组织准备阶段的主要任务包括：

（1）确定评估对象。确定评估对象实质上是解决评估什么的问题。政策具有相关性，某一结果的产生往往是多项政策共同作用的产物，要清楚地划出一项政策作用范围的边界并不容易。同时，并不是任何政策在任何时候都可以而且有必要进行评估。比如，某些政策仅具有象征性意义或者尚未完全发生作用，评估的时机尚未成熟，则暂时没有必要进行评估。因此，根据理论研究与实际工作需要，遵循有效性与可行性相结合的原则精选评估对象（特别是那些比较成熟的、政策效果与环境变化之因果关系比较明显、比较有推广价值的政策），才能使评估收到最佳效果。

（2）制定评估方案。这是政策评估准备阶段最为重要的一项工作。评估方案是评估实施的依据和内容，评估方案设计的合理程度直接关系到评估质量高低和评估活动的成败。评估方案必须以书面的形式系统、详细地说明以下内容：第一，阐述评估对象，明确指出评估什么。第二，明确评估的目的、意义和要求。评估目的决定评估的基本方向，解决的是为什么进行评估的问题。第三，确定评估标准。事实分析和价值分析以及它们的有机结合是评估标准的基本内容①，评估标准通常体现为评估指标体系，它决定评估类型和评估方法。第四，提出评估的基本设想，根据评估目标确定评估的内容、范围，制定出评估方案。第五，评估方案还要说明评估的场所、时间和工作进度，以及评估经费的筹措和使用等问题。简言之，评估方案应将评估的五个基本要素，即评估者（主体）、评估对象（客体）、评估目的（出发点）、评估标准（准则）和评估方法（手段）都包括在内，使它们共同构成一个完整的政策评估系统。

（3）挑选和培训人员。评估的过程实际上是一种理论研究过程，它对评估人员的理论素养要求很高。换句话说，评估人员自身素质和理论水平将直接影响评

① 参见陈庆云编著：《公共政策分析》，262 页，北京，中国经济出版社，1996。

估的质量。因此，必须选择适当的评估人员，提高他们的理论分析水平和实际操作能力，构建具有较高水准的评估队伍。

2. 实施阶段

实施评估是整个政策评估活动中最为重要的阶段，实施评估工作的好坏与评估活动的成败紧密相关。实施评估阶段关键是一些具体调查方法和评估方法的运用，该阶段的主要任务有：

（1）利用各种调查手段，全面收集政策制定、政策执行、政策影响和政策效益等方面的信息。信息是政策评估的基础，评估政策的过程其实也是收集信息、处理信息的过程。为了保证所获信息具有全面性、系统性和准确性，需要综合采用各种科学方法来收集信息，常用的方法有：观察法、查阅资料法、调查法、案例法、实验法等。

（2）综合分析政策信息。就是要在收集信息的基础上对那些有关政策的原始数据和信息资料进行系统的整理、归类、统计和分析。

（3）综合运用适合的评估方法，对政策进行评估，得出评估结论。在实施评估的过程中，评估者应该坚持评估材料的完整性和具体分析的科学性两个原则，客观、公正地反映出政策的实际效果。

3. 结束阶段

结束阶段是处理评估结果、撰写评估报告的阶段。政策评估离不开价值判断，个人的价值判断受客观条件和一些非理性因素的影响，难免有疏漏。因此，当我们收集评估信息，得出评估结果后，还必须善加处理。首先，要自我检验统计分析评估信息所得出的结果的可信度和有效度。其次，让评估结论与政策设计者、决策者、执行者、参与者会面，以便发挥评估的诊断、监督、反馈、完善和开发功能，提高政策的科学性。为此，必须做好两个方面的工作：撰写评估报告和总结评估。结束阶段政策评估者需形成书面形式的评估报告，提交给有关领导和实际部门，使之了解一项政策实施的最终情形，及时根据情形决定政策的继续、修改、中止等。评估报告除了对政策效果进行客观陈述、对政策进行价值判断、提出政策建议以外，还应包括对评估过程、评估方法和评估中一些重要问题进行必要说明，对评估工作的优缺点进行总结，为提高今后政策活动水平服务。此外，结束阶段还要注意妥善处理决策者与评估者之间的分歧，实现决策者与评估者之间对评估报告的最大限度的协调。

9.2.2 政策评估的八种模式

在西方政策评估实践中，有各种各样的模式。如何对这些模式进行分类，这是政策评估学者一直研究的问题。有些学者，如古巴和林肯（Guba and Lincoln），提出以“组织者”作为焦点来进行分类。通常，所选择的价值标准就是评估的“组织者”，这样根据“组织者”的不同就形成不同的评估模式。以古巴和林肯的观点为基础，德国学者韦唐（Evert Vedung）在《公共政策和项目评估》（1997）一书中，从社会科学更广阔的视角出发，赋予了“组织者”更抽象的含义，从而提出了一个关于政策评估模式的系统分类框架。①

韦唐博士从政府干预的实质结果入手，按“组织者”的不同将评估模式分为三大类：效果模式、经济模式和职业化模式。“效果模式由一个相当大的、各不相同的团体组成。除了传统的目标达成评估外，效果模式还包括附带效果模式、无目标评估、综合评估、顾客导向评估和利益相关者模式。”经济模式与效果模式的不同在于前者总是关心成本，而后者是忽略成本的。经济模式的两个基本变种是生产率模式和效率模式。职业化模式并不直截了当地关心评估的内容，因为它把重点放在了执行评估的人身上。最著名的职业化模式是同行评议模式，用这种方法，举例来说，就是教授评估教授、工程师评估工程师、外科医生评估外科医生。按照韦唐的概括，政策评估模式的分类如图 9—1 所示：

- 评估模式
  - 效果模式
    - 目标
      - 目标达成模式
      - 附带效果模式
    - 结果—无目标评估模式
    - 系统单元—综合评估模式
    - 顾客的关心—顾客导向模式
    - 利益相关者的关心等
      - 利益相关者模式（北美）
      - 政策委员会（瑞典）
  - 经济模式
    - 生产率模式—生产率模式
    - 效率模式
      - 成本—利益分析
      - 成本—效能分析
  - 职业模式

图 9—1　政策评估模式的分类

1. 效果模式

（1）目标达成模式。目标达成模式是探讨评估问题的传统方法，它主要由两部分组成：1）目标达成评价。关注的是结果与由政策（项目）目标是否一致。2）影响评价。关注的是结果是不是由政策（项目）所造成。应用目标达成模式

① Evert Vedung, *Public Policy and Program Evaluation*. New Brunswick and London: Transaction Publishers, 1997, pp. 35-92.

要按三个步骤进行：第一，明确政策（项目）目标政策（目标）及它们的真正含义，并将它们按重要程度加以排序，再把它们转变成可以测量的客体；第二，测定这些预定目标实际上可在多大程度上实现；第三，弄清楚政策（项目）促使或阻碍目标实现的程度。可见，该模式是以预定的政策（目标）作为评估的标准和组织者，评估的主要任务是判断预定的政策（项目）目标是否已经实现，以及项目在多大程度上有利于目标的实现。

同任何方法一样，目标达成模式有它无可替代的优点，也有它明显的缺陷。韦唐对此作了具体的阐述。在韦唐看来，存在三个主要理由去推崇目标达成模式：一是体现了民主。目标达成模式是以预定的政府政策目标作为评估的组织者，政府预定的政策目标是公开而法定地被人民代表在政治会议上所采纳，体现了政治过程中的民主。同时，政治目标是在责任感之下制定的，政治官员在制定目标时会更多地考虑民众利益和可利用的资源。二是提供客观的评估标准。目标达成模式以既定的政策（目标）作为组织者，以项目目标来判断项目结果，所以可以避免评估者在评估项目的价值问题上持个人的主观标准。三是具有简单性。这个模式只包括两个主要的问题，即结果是否与目标一致，结果是否由政策（项目）所引起。

韦唐认为，目标达成模式的缺陷表现在五个方面：第一，忽略了成本。政策过程中需要投入大量的人力、财力、物力和时间等各种资源，这些资源在目标达成模式中完全被忽略了。第二，在目标不清的情况下难以运用。而政策目标的不确定性又是政策分析中常常碰到的问题。第三，不考虑意料之外的结果。目标达成评估只考虑预定的项目目标的结果，而忽视那些偶然发现的结果或意料之外的结果，这是片面的做法。第四，忽视了公共政策制定中的隐秘议程的作用。目标达成评估将官方宣布的、表面的预定目标作为评估的“组织者”，而忽视政治游戏现实中的一些重要东西。比如，官方宣布的目标可能仅有象征性意义，并不打算真正去实现。在这种情况下，目标达成评估往往是无效的。第五，忽视实施过程。目标达成模式只关心项目结果，而实施过程则被看作是一个黑箱。

（2）附带效果模式。附带效果模式正好解决了目标达成模式的“困境”，即关注非预期的、预料之外的政策效果。附带效果是指项目目标范围之外的影响，与主要效果——政策制定者有意识地想要得到的主要实质性影响——相区别。附带效果模式的特征是预定目标仍然是基本的“组织者”，但是要充分考虑到附带效果的存在。

要认识附带效果，应该把它政策活动中可能出现的反常效果和零效果相区别。反常效果是指产生的与预期目标完全相反的结果；零效果是指政策在目标范围内没有产生任何影响；反常效果和零效果都是产生在目标范围之内，而附带效果则是产生在目标范围之外。

在人们的印象中，附带效果似乎带有贬义，但它并非总是有害的，也可能是有利的。附带效果可以是预期的，也可能是非预期的。一些政策分析家甚至认为大部分政策效果在决策做出时是非预期的。附带效果不管是否有利，都是综合评价政策活动的关键因素，因此必须受到重视。项目可能产生副产品，副产品反过来组成或产生新问题，从而又产生新的政策（项目）。韦达夫斯基写道："越来越多的公共政策是关于解决过去政策的结果。"① 因此，有关附带效果的信息对于任何一个政府政策的综合性评价来说都是不容忽视的，不及时发现与及时解决将可能导致更复杂的问题的出现。

附带效果评估遭遇的主要挑战是判断价值时应用的什么样标准。对此，韦唐也没有明确的分析。但他指出，应勾画出主要效果并由委员们和其他评估的使用者去明确它们的价值，计算全部价值的方法是将知道的每一个单独附带效果的价值与主要效果价值相加或者相减。

（3）无目标模式。无目标模式最初是由米歇尔·斯克里文设计出来的，他猛烈抨击评估者沉迷于预定的干预目标，被牵着鼻子走。无目标模式的"组织者"是结果——不管是计划内还是计划外的结果。评估者的主要任务是全面观察政策实施，然后找出所有相关的效果。无目标模式对政策效果持广阔的视角，它帮助评估者全面关注结果，尤其是一些可能被忽视的结果。无目标模式与政策效果模式的主要区别是：附带效果模式仍然是"基于目标"之上的，同时辅之以对各种附带效果的考察评估；而无目标模式则完全抛开政策的预定目标和其他事前标准，只分析研究结果，单纯判断结果的价值。

可见，无目标模式是针对目标达成模式忽视附带效果，在目标模糊时束手无策的弊端而提出的。因此，其应用领域也十分广泛。但是，它完全忽视评估标准和预定目标，只依赖于决策者和权力使用者的公正判断，这显然容易导致主观因素的介入，影响评估的客观公正性。此外，这种模式在实践中还存在难以操作的困难。斯克里文认为，项目的效果要和顾客以及受影响的人们的需要相比较，但评估者如何查明需求呢？从方法论上来说，找出需要比描述结果更困难。

（4）综合评估模式。综合评估模式的评估范围比目标达成模式广泛得多。该

① See，Evert Vedung，Public Policy and Program Evaluation. p. 56.

模式认为，评估不应只局限在已得到的结果上，而至少应包括执行，甚至还包括计划。综合评估模式与目标达成模式的主要区别在于目标达成模式关心的是预定的和实际的结果是否相符，而综合评估模式除了关心结果，也包括判断政府干预的计划、决策和执行阶段。

从系统论的观点看，公共政策可分为“投入”、“转换”和“产出”三个阶段。综合评估模式又在每个阶段中区分了描述和判断两个范畴。描述范畴又细分为意图和观察；判断则分成标准和判断。整个干预过程被分成了12个单元，如表9—1所示。①

表9—1　　综合评估模式框架

投入阶段	描述： （1）意图（目标是什么样的，希望得到什么样的效果） （2）观察（发生在这一阶段的活动的相关数据；对现状的描述）
	判断： 标准（作为比较基础而使用的价值准则） 判断（比较意图、观察和标准的过程）
转换阶段	描述： （1）意图（项目是否如它所计划的那样执行） （2）观察（实际的执行和项目交付）
	判断： （1）标准（作为比较基础而使用的价值准则） （2）判断（比较意图、观察和标准的过程）
产出阶段	描述： 意图（项目所预期的结果） 观察（项目结束后所收集的与实际结果相关的数据）
	判断： （1）标准（作为比较基础而使用的价值准则） （2）判断（比较意图、观察和标准的过程）

从表9—1中我们可以看出，综合评估模式将整个评估活动划分得细致而全面。每一阶段全面而细致的描述为评估工作提供了丰富的信息。从信息到判断，

① Evert Vedung, *Public Policy and Program Evaluation*. p. 64.

步步递进，使主观判断建立在客观描述基础之上。而且，在每个阶段，政策价值的实现都被衡量到了。因此，这种评估模式是相当完整的。但是，综合模式也存在一些缺陷，如只关注官方的具体目标，不重视成本等。此外，模式的12个单元的设计在实践中很难理解，也很难操作，因而使综合模式在实际应用中受到阻碍。

（5）顾客导向模式。顾客导向模式将政策干预对象的目标、期望、关心甚至需要作为评估的组织原则和价值准则。顾客导向评估的核心是项目是否使顾客的关心、需要和期望得到满足。

什么是顾客导向？奥斯本和盖布勒在《改革政府——企业精神如何改革着公营部门》一书中指出："顾客导向的政府"向顾客提供选择，"把各种资源直接交到顾客手中，让他们选择服务的提供者，从而开始让顾客坐到驾驶的座位上"，并且"为顾客建立后果负责机制"。① 可见，顾客导向评估正是基于这样一种观点：公共行政在市场领域为顾客提供物品与服务，顾客表明对服务供应的态度会导致服务交付的改进和顾客满意度的提高。应用顾客导向评估的关键是定位政策（项目）的顾客，得出顾客对项目的看法。顾客导向模式没有明确规定项目的哪些部分应该被评估，它允许进行广泛的、多样的评估。价值的多元化是顾客导向模式的一个显著特征。评估者会要求顾客对服务的某些方面做出判断和发表看法，而不同的顾客的需要和对公共服务的满意度肯定是不同的，顾客可以在评估中表达不同的意见，甚至是相互冲突的观点。

顾客导向模式的最大优点在于体现了民主和参与。由顾客根据自己的价值观评估公共服务，使顾客处在主动的位置上，而不是被动地接受服务；通过参与评估，顾客可以对服务的供应者表达他们的需求和不满，这必然在一定程度上影响服务供应者，并使之提供更加符合顾客需要的服务。这种模式也使得评估更容易为政策制定者或服务提供者所使用，并使他们清楚地了解顾客的需求和不满，从而最终提高公共服务的水平。

至于顾客导向模式的应用领域，韦唐指出："顾客的价值标准在公共服务方面的评价，比在受规章限制的政府干预的评估中扮演更占统治地位的角色。"② 也就是说，顾客导向评估主要应用于公共物品和服务的提供领域。但是，顾客的价值标准是以个人利益倾向为准，顾客个人价值的多元化难以形成对政策总的看

① ［美］戴维·奥斯本、特德·盖布勒：《改革政府——企业精神如何改革着公营部门》，152页，上海，上海译文出版社，1996。

② Evert Vedung. Public Policy and Program Evaluation. p. 69.

法。而且，顾客导向模式要获取顾客的看法和需要，则要花费很多的时间。因此，顾客导向模式不能成为评估的唯一模式，而只能起补充作用。

（6）利益相关者模式。利益相关者是指所有对政策（项目）的目标和执行感兴趣，并对其具有影响的团体和个人。它和顾客导向模式相似，它们的主要区别是顾客导向模式关心的对象是受影响的一组利益群体，而利益相关者模式关心的是所有对象。应用利益相关者模式首先要找出卷入或对项目的出台、执行和结果感兴趣的主要团体和个人。

利益相关者是一个范围及广的概念，这一模式也没有明确界定其范围。下面我们借助联合国开发计划署（UNDP）在对其开发合作项目所作的评估中对重要的利益相关者的界定，来帮助我们对利益相关者的理解。重要的利益相关者包括：1）目标群体：从计划/项目的结果中最终受益的那部分目标人群；2）直接受益者：一般是指在承担由特定目标群体所指导的开发任务的同时，可加强其能力的、直接的受益人群；3）直接管理者：指那些负责保证按计划产生结果的计划管理者及政府职员或联合国执行机构的雇员；4）资源提供者：负责向计划/项目提供资源的国家政策制定者及预算部门、UNDP、投资人以及其他开发合作伙伴；5）外部咨询顾问、供应商以及其他对计划/项目提供支持的人或机构；6）在本计划/项目环境中可能受到计划/项目结果影响或对其感兴趣的其他机构（私人实体机构、社会组织）。①

利益相关者模式有许多优点，归纳起来主要表现在三个方面：1）知识性。利益相关者养成对附带效果和执行障碍的看法为评估者提供进一步研究的知识。2）应用性。传统的目标达成模式的评估结果往往产生不了什么影响，因为评估者处于孤立地位。而利益相关者模式提高了被关心团体的真正利益被评价的机会，使信息更符合不同利益相关者的真正需要，提高了评估结果应用于实践的可能性。3）目标管理性。利益相关者模式为没有目标或目标不清楚的政策评估提供了解决问题的策略。在利益相关者模式中评估者应描述各个不同利益相关者的价值观而无需作任何评判，而最好把其留给利益相关者去做。利益相关者模式的缺陷有忽视评估成本、耗费资源、缺乏对利益相关者的明确界定、信奉实用主义理论等。

2. 经济模式

同效果评估模式相反，经济模式最典型的特征是关注成本。经济模式可以分

---

① 参见联合国开发计划署评估办公室编：《计划管理者手册：面向结果的监督与评估》，61页，北京，科学出版社，1999。

为生产率模式和效率模式。

（1）生产率模式。生产率，简单地讲就是产出与投入的比率。如何判断生产率的高低？韦唐在以色列政治学家德洛尔提出的政策评估常用价值准则的基础上作进一步研究，形成了以下 10 条准则：1）过去——已经取得的生产率和过去的相比较如何？2）国内比较——同一国家或行政区域相似组织间生产率的比较如何？3）国际比价——不同国家相似组织已得到的生产率的比较？4）水准基点——和过去最好的经验相比已取得的生产率如何？5）目标——已取得的生产率符合政治主体的目标吗？这个结果与市政府的目标一致吗？6）顾客期望——满足顾客的需要吗？7）利益相关者期望——满足利益相关者的需要吗？8）职业准则——生产率满足已被接受的职业准则吗？9）最小化——生产率是否满足最小化的要求？10）最优化——生产率是否与最优化模式一致？①

（2）效率模式。效率通常被当作公共行政的价值。西蒙在他的《行政行为》一书中说道：行政人员应用实际问题的标准之一是效率。资源、投入、在行政人员的支配下受严格限制……他的功能是有效地应用提供给他的有限的资源使政府项目的产出最大化。

效率可以从两个方面来测量：成本—收益分析和成本—效益分析。在成本—利益分析中，项目的投入与产出都用货币单位测量；而在成本—效益分析中，投入用货币单位而产出则根据真实效果计算。

经济模式是在经济学方法被引进到政策科学领域后迅速形成并广泛应用的一种模式。它克服了所有效果模式的共同缺陷：忽视成本，从而把成本即政策投入作为一个重要指标纳入评估范畴。经济模式在现代政策评估中因为数字的精确性而备受推崇。但是，必须注意，经济模式不是万能的，它在对政策的社会影响、象征性的效果和软目标等无法用数字精确表达的项目的评估是无能为力的。此外，它忽视了民主社会政府干预的其他价值准则，比如公正、公平、民主等。

3. 职业化模式

职业化模式指职业人员根据他自己的价值准则和执行的质量标准来评估其他人员的执行情况，主要是同行评议，如律师评估律师、教授评估教授、外科医生评估外科医生等。同行评议特别着力于对评估对象作一个全面的质量判断，在一些技术性领域，政治官员们把规划和讨论专业性的技术问题留给受过良好教育的专业人员去完成。实施同行评议首先要选定同行。这个同行应该是具有比被评估

① Evert Vedung, *Public Policy and Program Evaluation*. pp. 259–260.

的同事具有更专业的知识的专家，并且他们是独立的，并没有实施这一领域的工作。其次，评估者与被评估者应相互作用，评估者应认真考虑被评估者的观点，而被评估者要提供相关的资料。职业化模式主要应用于公共生活中的一些目标较复杂、技术难度较大的领域。

9.2.3 政策失败的一般原因

尽管人们总是试图制定并实施最有效率、最能解决问题的政策，但现实的情况是，政策失败的现象却屡见不鲜。无疑，进行政策分析与论证，促进政策的科学化民主化是政策评估的重要任务之一，但分析政策失败的原因，从反面吸取教训，从而减少政策失败，提高政策水平，也是政策评估的核心内容之一。从某种意义上来讲，分析政策失败的原因，可以使人们警惕在政策过程中避免类似失败发生，正所谓“吃一堑，长一智”。

帕顿和沙维奇在《政策分析和规划的初步方法》一书中认为，政策或计划的失败原因有两个：一是计划不能像设计那样得以实施（计划失败）；二是计划按照设计进行，但没有获得预期结果（理论失败）。例如，控制财物滥用计划按照设计得以实施，并配备了专职人员，对目标团体有吸引力，但是没有减少财物的滥用，这就是理论失败。如果失败是因为计划没有按照设计进行，没有像规划的那样配备专职人员，或者没有吸引参加者，那就属于计划失败。政策或计划评估主要注重理论失败，但政策或计划不能按照设想实施经常也是值得考虑和重视的。我们不能假设政策会完全按照设计得以实施。在一个组织内部会有很多地方使计划指导偏离正确方向，而最高官员必须采取措施确保政策得以正确实施。这些措施包括确信政策被明确地表达，行政指导传达的清楚和一致，职员能够而且有权威和积极性来执行政策以及职员的行为应该被检查。由于缺乏沟通、形势的变化或政治力量等原因，实施中的政策还可能与设计时有很大不同。①

概括起来，政策失败的一般原因主要有以下几个方面：

1. 政策投入不够

一项政策制定出来，在实施过程中，要想获得成功，必须投入相应的人力、物力和财力。如果没有必要的物质投入作保证，就很难想象该项政策该如何贯彻执行下去。投入不够首先表现为资金短缺。财政问题一直是我国政策执行中遇到的一项常见的难题，从中央到地方，各级财政都不同程度地存在紧张状况。进行

---

① 参见［美］卡尔·帕顿、大卫·沙维奇：《政策分析和规划的初步方法》，356～357页。

经济建设，用钱的地方很多，政治、经济、军事、教育等各个领域都需要投入相当的资金去实施有关政策。在这种情况下，每项政策所能分得的“蛋糕”就很小，往往不足以支持政策的实施。比如，我国三令五申不能拖欠农村中、小学教师工资，并制定出不少相关政策，但在某些贫困地区有限的财政状况下，这一政策也不能够不打折扣地得到执行。其次，政策投入不足还表现为执行不力。如缺乏称职的执行人员，缺乏必要的设备或设备达不到执行政策的要求，或执行的方法不够科学等等。执行中投入的时间、精力等资源的不足势必会导致政策不能有效地被执行，以致无法实现预期目标，甚至更导致政策失败。就拿前几次我国政府机构精简来说，精简缩编的政策几度制定并执行，但未能最终跳出“精简—膨胀—再精简—再膨胀”的怪圈。究其原因，诚然影响因素很多，但执行不力应该是一个重要原因。

2. 目标团体不配合

每项政策都有其固定的指向对象，即目标团体（或称为政策对象或政策相对人）。目标团体的态度对政策的有效执行也起着至关重要的作用。如果目标团体积极配合，政策就会被顺利执行，并体现出一种优质高效的趋势；而如果目标团体不配合，即使政策执行者投入了足够人力、物力、财力，倾注了很多精力，政策也很难被有效执行，甚至在目标团体的强烈抵制下，政策会惨遭失败。我国许多政策失败的原因就在于此。例如，我国的计划生育政策可以算做是一项成功的政策，但如果我们把目光投向那些活跃在全国的一小部分“超生游击队”，就这部分人来说，该项政策也不是完全成功的。这些人由于传统的“传宗接代”、“男尊女卑”等思想根深蒂固，所以采取一切可以采取的方法来抵制国家的计划生育政策，甚至不惜背井离乡，到处漂泊。在这种情况下，政策执行必须找准问题的深层原因所在，通过各种办法，灵活巧妙地做通目标团体的思想工作，转变其旧观念，形成对政策的正确理解。这样，问题也就迎刃而解了。

3. 政策本身的问题

政策本身存在的一些问题也是造成政策难以被有效执行的原因。政策本身的原因包括：政策在目标、内容、管理上彼此冲突；有些政策问题纷繁复杂，解决难度大以及外在因素的干扰。

（1）政策在目标、内容和管理上彼此冲突。在经济生活中，不同部门出于不同的考虑制定并执行适合本领域的政策。但不同部门制定的有关涉及同一个问题的政策却常常彼此在目标、内容等方面相互冲突。就像《后现代公共行政——话语指南》一书所言：“政策是一种自相矛盾的反论，在那里，可能同时存在几种依赖于同一观点的矛盾的真理。”① 在这种情况下，人们无所适从，政策效果大打折扣。例如，为了人民的身体健康，政府利用媒体等形式宣传吸烟有害健康，号召大家不要吸烟。但另一方面，一些大型的卷烟厂却承担着地方经济支柱的重任。为了地方经济的稳定与繁荣，国家又对生产香烟的企业采取了鼓励和保护的态度。同样是围绕香烟，政策上却存在着很大的矛盾。

(2) 有些问题纷繁复杂，解决难度大。这包括两种情况：第一，“公共问题是由多种因素引起的，而政策却可能只是要解决其中的一个或数个问题”②。如针对某路段交通事故率较高的情况，政府制定出拓宽路面的政策。这在一定程度上有助于减少因路窄造成的交通事故，但对于因人为因素造成的交通事故，如交通法规意识淡薄，该项政策则无济于事。该项政策只能解决问题的一个方面，而不能解决由其他原因造成的交通事故。第二，许多公共问题因其所涉及的复杂环境，难以解决或难以彻底解决。这些问题一般都涉及到人性或国家利益。“它们往往令人难以抗拒地、顽强地支配着人和国家，使彼此争斗或关系紧张，这就不是某项福利政策或和平外交政策所能解决的。”

(3) 政策超前或滞后。有些政策虽然反映了人们良好的愿望，但在实际执行过程中也惨遭失败。因为该项政策不符合现实的基本情况，更多的是基于某种观念而制定的，而这种观念在目前还不能被广大群众所接受。比如，目前正在热烈讨论的关于“脑死亡”问题。基于全人类人道的角度来考虑，改变传统的死亡判断标准，承认脑死亡，可以为需要器官移植的人带来莫大的福音。但对于脑死亡家属个体来讲，由于传统、亲情等种种复杂因素的影响，绝大多数人无法认可在病人尚有呼吸的情况下就移植他（她）的器官。观念的转变还需要很长的时间。如果我们现在就制定出允许移植脑死亡者器官的政策，可能会遭到失败。因为从目前来讲，这个政策是超前的。有些政策的失败是因其滞后性。政策的形成总是需要时间的，再加上有些时候政府某些环节的低效率，当政策制定出来并准备执行时，政策意在解决的问题已发生了性质的变化，该项政策已明显不适宜当前的情况，若继续执行，自然会失败。

4. 解决某些问题的代价大于利益

有些问题的彻底解决代价高昂，所以难以执行相关政策。以美国为例，“如果我们付大得多的代价去加强警察监视，个人的约束，宵禁等诸如此类的活动，

① ［美］查尔斯·J·福克斯、休·T·米勒：《后现代公共行政——话语指向》，北京，中国人民大学出版社，2002。

② ［美］詹姆斯·E·安德森：《公共决策》，207 页。

那么，就有可能完全消除‘大街上的犯罪活动’。但是，这对个人自由的影响是巨大的，而且，个人自由的缺乏将成为某种问题”①。在我国类似的例子也有很多。黄色书刊、光盘屡禁不止，经数次扫黄打非也难以杜绝。如果我们加强出版界的管理，严格控制和审查出版物，甚至限制相当数量的出版物，那么这个问题就会得到很好的解决。但同时，公民言论自由就会受到很大程度的限制，文艺界“百花齐放、百家争鸣”的局面也不再存在。这又势必是一种历史的倒退。因此，我们难以彻底有效地解决这个问题。

5. 外在因素的干扰

人类生活总不会平淡如水。随着经济生活的快速发展，新问题越来越多地出现，其中一些又是非常紧急的。这时，政府的注意力不得不转向新问题，从而冲淡了对原有问题的关注程度。比如国内政治环境的突变、大的自然灾害的发生、战争或经济形式的骤变，这些都可以使原有政策付诸东流。例如，美国“9·11”事件发生后，全国上下立即抛开其他各类问题，而把“反恐”提到了首要位置上，数量众多的关于“反恐”的政策被制定出来，原有的政策在一定程度上受到忽视。而当反恐进行了一年多之后，相关政策又被“打击伊拉克”这个新问题冲淡。政府和全国民众，不管其持何种态度，但其关注的热点都是有关“打击伊拉克”的。

并非所有的政策都能被高效地执行，其中的原因多种多样。有些原因是人力所无法预料和控制的，但由于人为因素造成的政策失败是更为多见的情形。在执行这种政策时，不但不能解决问题，还浪费了资源，甚至会使情况恶化。因此，对政策进行科学评估，找出政策失败的原因，就显得更为重要了。增强评估意识，提高评估人员素质，利用科学的评估方法和技术进行评估工作，是目前政策活动中急需加强的环节。

9.3　政策评估的方法

人们可以根据不同的政策方案选取不同的评估方法。近几十年来随着政策科学的发展，各种新的评估方法不断涌现，大大丰富了评估的实践活动。帕顿和沙维奇在《政策分析和规划的初步方法》中说，许多专家对最近十年中应用的评估方法进行了分类，已有 100 种以上的评估方法被确认。豪斯提供了一个较为有用

① ［美］詹姆斯·E·安德森：《公共决策》，207 页。

的系统，他把评估方法分成8个类型，并根据主要对象、一致意见、方法论、产出和典型问题，对它们进行了分析，如表9—2所示。①

表9—2　　豪斯对评估方法的分类

模型	主要对象	一致意见	方法论	产出	典型问题
系统分析	经济学家、经理	目标、已知原因和效果、定量变量	规划、计划和预算系统、线性计划、规划改进、成本效益分析	效率	获得了预期效果吗？可以用更经济的方法获得该效果吗？效率最高的计划是什么？
行为目标	经理、心理学家	预先确定的目标、定量产出变量	行为目标、成就测试	生产率、责任	获得预期效果吗？计划起作用吗？
决策制定	决策者（尤其是行政人员）	一般目标、指标	调查、问卷、采访、自然改进	效果、质量控制	计划有效吗？哪些部分有效？
无目标	消费者	结果、指标	偏见控制、逻辑分析、做法	消费者选择、社会效用	全部效果是什么？
技术评论	内行、消费者	批评意见、标准	评论总结	提高标准、增强意识	批评家会同意计划吗？听众的赞赏增加了吗？
专业总结	专业人员、公众	指标、工作程序	专门小组总结、自学	专业接受	专业人员认为计划的等级是什么？
准法律	陪审团	程序和判断	准法律程序	决议支持和反对计划的观点是什么？	
案例研究	客户、实践者	谈判、活动	案例研究、来访、观察	理解多样性	对于不同的人，计划有什么不同？

帕顿和沙维奇认为评估的基本方法有政策前后比较、有无政策比较、实际与规划比较、实验（控制）模型、准实验模型和成本方法等六种。下面，我们介绍评估的几种基本方法。

① ［美］卡尔·帕顿、大卫·沙维奇：《政策分析和规划的初步方法》，362页。

9.3.1　前后对比法

前后对比法是政策评估的基本方法，是评估活动的基本思维框架，其他一切方法都在这种方法的指导下进行。对比法是将政策执行前后的有关情况进行对比，从中测度出政策效果及价值的一种定量分析法。它通过大量的参数对比，使人对政策执行前后情况的变化一目了然。不仅可以帮助人们了解政策的准确效果，还可以帮助人们认识政策的本质和误差，因此是政策评估常用的基本方法。这种方法具体可分为几种方式①：

1. 简单“前—后”对比分析

简单的前后（或者是先前和以后）研究是对政策或计划实施之前的（人员和地点）条件与政策或计划（项目）有机会产生影响的条件进行比较。或者说是在参与项目之前对目标人群实施的一系列的测量，在项目经过了一段充分发展之后，对同样的目标人群再次实施测量。结果或影响评估就是对这两次测量结果进行比较所得出的评价。

虽然需要采取一些措施来确定计划的目标和适当评估指标，以及在计划实施之前收集数据（而不是重建数据或依靠出于其他目的而收集的数据），但是这种方法要求我们假设政策实施前后数据之间的任何差别都是政策或项目的结果。这种方法的主要缺点在于，测量前后所得出的不同结果并不能完全归因于项目的效果。在干预期间，所有的过程都会导致结果差异。例如，对医疗保健项目的效果进行评估或许是一件十分诱人的事情，方法是将人们加入项目几年后的健康情况与先前的情况进行比较。由于诸多原因，一些比较结果会在很大程度上产生误导。首先，随着年龄的增长，人们的健康情况自然会变得每况愈下。同样，退休会导致人们生存环境的改变，同样也会对健康产生影响。与此同时，收入也会发生变化，还有配偶、友人的过世等等，都会对健康产生影响。②

这种方式是将政策执行前和政策执行后的两种情况进行对比，图9—2中（A_2-A_1）便是政策的效果。这种方式简便明了，但无法明确该项政策效果，即（A_2-A_1）是由政策本身引起的，抑或是其他因素所造成的。如图9—2所示。

这一方法经过稍微修改可以用来对实际计划后数据与我们在实施政策前无政策情况下的预测数据进行比较。这种修改还是不能确定无政策情况下不能预测的结果，并要求我们假设趋势推断反映了实际所发生的一切。

---

① 参见［美］卡尔·帕顿、大卫·沙维奇：《政策分析和规划的初步方法》，363～364页。张金马主编：《政策科学导论》，264～266页。

② 参见［美］彼得·罗西等：《项目评估：方法与技术》，258页。

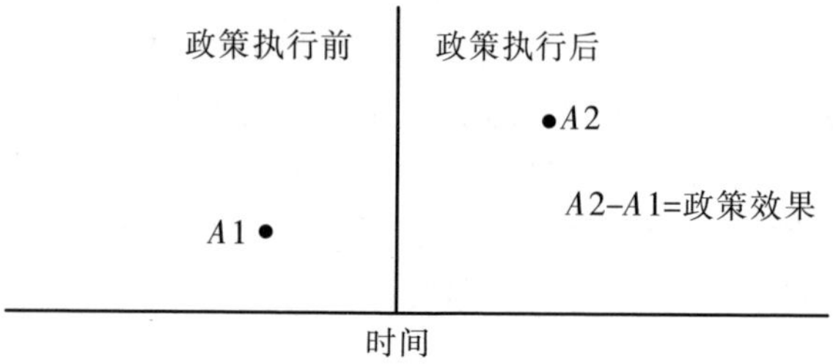

图 9—2

2. “投射—实施后”对比分析

这种方式是将政策执行前的趋向线 O_1O_2 投射到政策执行后的某一个时点 A_1 上，并将 A_1 与政策执行后的实际情况 A_2 对比，以确定政策的效果（A_2-A_1）。这种方式更加准确，比前一种方式更进一步。但困难在于如何详尽地收集政策执行前的相关资料、数据，以建立起政策执行前的趋向线。如图 9—3 所示。

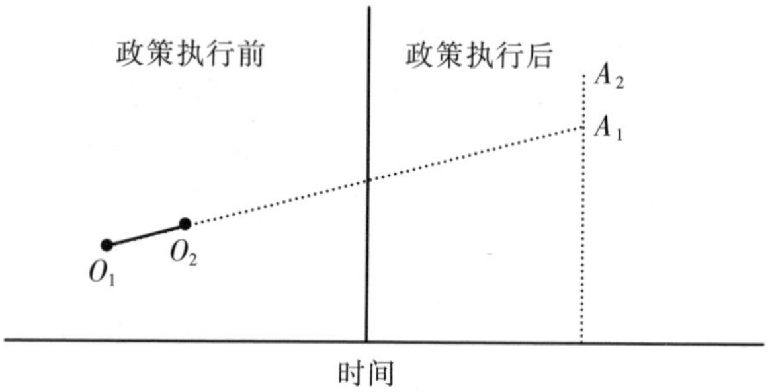

图 9—3

3. “有—无”政策对比分析

为确定一个计划或项目会带来什么变化，政策前后比较方法被修改来对实施计划地点的适当指标和不实施计划地点的相同指标进行比较，而且都进行政策前后比较。一个明显的局限性在于对适当地点或团体的选择和对在目标地点观察到的变化都归因于政策或计划的假设。“有—无”政策对比分析是在政策执行前和政策执行后这两个时点上，分别就有政策和无政策两种情况进行前后对比，然后再比较两个对比的结果，以确定政策效果。图中，A_1 和 B_1 分别表示执行前有政策和无政策两种情况，A_2 和 B_2 分别表示政策执行后有政策和无政策两种情况。（A_2-A_1）为有政策条件下的变化结果，（B_2-B_1）为无政策条件下的变化结果，则[（A_2-A_1）-（B_2-B_1）]便是政策的实际效果。其优点是可以在评估中对不同政策目标或其他政策要素的情况进行比较，较精确地测量出一项政策的效果。如图 9—4 所示。

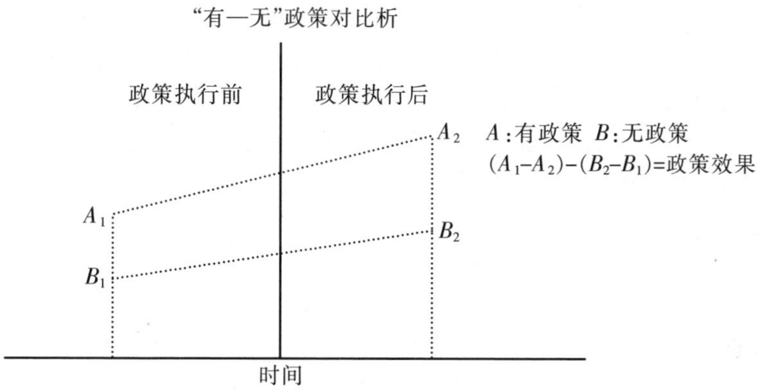

图 9—4

4. 实际与规划比较

这个方法是将实际执行计划后数据与先期确定的目标进行比较。分析家设定特定的目的和目标作为一段时期内的评估指标，并收集计划实际执行后产生的数据。最后，分析家对实际数据与目标数据进行比较，并对这些由计划或非计划因素带来的差异做出解释。实践中，这个方法已经被修改为对计划执行的实际情况与隐含的目标进行比较，而不是明确的目标。分析家可以事先设定一年或一年以上的时间内每一年的目标，而且对于已经存在多年的计划（计划前的数据可能已经不再适于使用）可以进行每年的年度评估。虽然这个方法可能有助于分析年与年之间或其他短期的变化，但是它不允许我们确定变化可以归因于政策或计划的情况。

9.3.2　实验和准实验模型①

前面几种前后对比的方法难以令人相信观察到的所有变化的真正原因就是政策、计划或项目的实施。这促使人们使用（社会）实验方法。按照邓恩的说法，自 20 世纪 30 年代罗斯福新政以来，社会实验和准实验就作为监测公共政策结果的一种途径而被提倡。第二次世界大战以后，社会实验被用于许多公共政策领域，如公共健康、辅助教育、社会福利、罪犯审判、吸毒和酗酒（药品和酒类滥

① 参见［美］弗兰克·费希尔：《公共政策评估》，31～36 页；［美］威廉·邓恩：《公共政策分析导论》，376～379 页；［美］彼得·罗西等：《项目评估：方法与技术》，7、8、9 章。

用)、人口控制、营养计划、高速公路安全及住房计划等。实验方法也就是一组采用政策，而另一组不采用政策的对比实验。实验组（采用政策）和控制组（不采用政策）的前后结果都要进行比较。因为在现实中这种实验很难进行（如对一部分人不采用某一项政策就是十分困难的），所以，人们设计了准实验评估方法。这些准实验设计在政策评估中结合了许多实验设计中有用的特点。他们尝试了使用有无政策比较和政策前后比较的概念，以成本为基础的方法也可以被结合在这些实验方法和准实验方法中。

1. 实验模型（实验评估）

邓恩认为，社会实验是系统控制政策行为的过程，从某种程度上讲，它可以获得关于政策结果变化源头问题的近乎准确的答案。社会实验往往要故意放大一个小的精心挑选的项目组内的不同类型政策行为之间的差别，并在向未测试项目作大规模投资之前估计它们的后果。与传统物理学实验的程序类似，社会实验的一般程序是：

（1）对实验处理的直接控制（激励）：分析人员（社会实验使用者）直接控制实验处理（政策行为）并将各种处理的差别最大化以求产生区别最大的效果。

（2）对照（控制）组：社会实验中使用两个或多个组。一组（称为实验组）接受实验处理，而另外的组（称为控制组）则不接受处理或者接受与实验组明显不同的处理。

（3）随机分配：那些不是由实验处理产生的潜在的引起政策结果差异的因素（源头）通过随机选择实验组和控制组，以及随机给这些组分配处理方法而被消除。随机分配可以使得各组和各成员（他们对实验处理可能有不同的反应）选择的偏见最小化。①

而根据弗兰克·费希尔在《公共政策评估》一书中的论述，实验研究或实验模型表示一种把科学方法正式应用于政策项目的社会行动，它主要是由应用心理学家倡导的，特别是那些关心教育项目评估的心理学家，重点在于表明基本的政策目的，以及追随这些政策目的而产生的相关后果。这些研究常常被等同于“结果评估”或者“影响评估”，强调问题情景或者目标人口将要因项目改变的那些方面，强调项目引进之前对其状态进行测量，在项目完成之后进行再次测量（因而也可以看作一种前后对比的方法）。具体说，这种研究有如下四个基本步骤：

第一步：实验研究首先要求明确作为分析标准的一个或多个项目目的。例

① 参见［美］威廉·邓恩：《公共政策分析导论》，376页。

如，目标在于为失业人口重新上岗做准备的职业培训项目也许会教授文字信息处理，把文字处理当作其特定的目的之一。中学的性教育项目的目的大抵在于减少少女怀孕。部署警察巡逻车的新警力项目的目的也许在于增加街道上逮捕犯罪嫌疑人的数目。从理想的角度来讲，这些目的是由控制该项目的司法机构来决定的。然而，实际上，国会授权的法律常常既宽泛又模糊，应该明确，是项目管理者而不是立法者在确定具体的目的。

第二步：一旦一个或多个目的被确定，就有必要找出或建立起能恰当测量的数量指标。例如，要想检验强化技巧项目在学术上是否获得成功，实证指标也许是学期结束时学生获得中等或中等以上成绩的百分比。依靠该项目，指标可以由标准化考试、问卷调查、有固定答案的口头考核或通过采用第二手资料来进行测量（例如犯罪记录、投诉档案或者某项服务的人均使用量）。从理想的角度来说，评估者将在项目完成前后测量几个指标，要么是在一个时间点上（横向的设计），要么是在不同的时间点上（纵向的或时间序列的设计）。指标的选择、它们的应用程度以及研究的延续是由评估的目的、评估者能够利用的资料、研究完成的时间限制以及接受检验的项目的性质等来决定的。

第三步：指标选定之后，下一个任务是决定适当的目标人口和相应的评估样本。目标人口由考虑之中的项目来确定；样本是选来代表目标人口的。从理想的角度来讲，评估者随意把人口样本分为对等的两组：接受项目效益的“实验组”和没有接受项目效益的“控制组”。控制组的设定是为了看看如果不实施该项目将是什么结果。这样做的目的在于确保得到测量的是项目的效果而不是其他的无关因素的作用。

第四步：实验研究的最后一部分是分析实验完成后得来的数据。用研究方法论的术语来说，对假设进行检验的目的在于决定一个作为“自变量”的事项是否对作为“因变量”的不同的条件、不同的因素有影响。如果一个项目是有效的，实验数据的统计图表会显示出项目和实验组的反应之间存在着显著的相关关系；而该项目和控制组的反应之间的关系则是可忽略的或者不显著的。统计程序被用来分析各组之间的差别。这些程序设计的目的在于找出控制组和实验组之间的本质差别，其结果表现在研究结果中对“估计置信度”的陈述当中。

“外在”有效性和“内在”有效性的概念构成判断实验调查结果的可接受性的两个基本标准。“内在”有效性是指确定是否能够获得关于实验本身的明确结论的能力，“外在”有效性是指把实验推广到其他条件下的能力。要想把实验的内在有效性最大化，研究者必须注重所研究的问题或假说的定义的明确性，注重建立为即时效果和长期效果提供早期评估的研究程序。

案例评析

新泽西—宾夕法尼亚州收入维持实验

在 20 世纪 60 年代末期，当关心贫困的联邦官员开始考虑改变福利政策，向所有家庭提供某种年收入保证时，经济机会办公室（OEO）发起了一项大规模的实地实验，以检验项目中的一个关键问题：这种向贫困家庭给付补充收入会产生制约效果的经济理论预测。

实验开始于 1968 年，由新泽西州普林斯顿的一家研究公司——计量政策研究公司和威斯康星大学的贫困研究所执行，进行了三年。研究的对象群体是收入在贫困线 150％以下、男主人的年龄在 18～58 岁之间的完整家庭。设定当时的贫困水平和报酬的征税率（根据家庭的收入调节），8 个实验条件由各种收入保证组合构成。例如，在其中一种条件下，如果一个家庭没有人挣钱，这个家庭便接受当时贫困水平 125％的保证收入。如果他们的计划有 50％的税，而且这个家庭的某人有收入，他们的报酬每挣得 1 美元就减少 50 美分。其他的实验条件由 30％～70％的税率和贫困线的50％～125％的保证收入水平组成。对照组由没有任何收入的家庭组成。

实验在新泽西州的四个社区和宾夕法尼亚州的一个社区进行。开始时，进行了一项大规模的家庭调查以确定合格的家庭，然后邀请那些合格的家庭参与实验。如果他们同意，随机将这些家庭分配给实验组之一或对照组。实验组家庭报告他们的月收入，如果能转账支付，便将支票寄给他们。

在进入项目之前和在实验进行三年中的每个季度末，对参与家庭进行详细访谈调查。访谈搜集的数据包括就业、收入、消费、健康和各种社会心理指标。然后，研究者对这些数据与月收入报告一起进行分析，确定相对于对照组的可比家庭而言，那些接受的报酬是否削弱了他们的工作努力程度（按工作小时数测量）。

尽管开始招收了大约 1 300 个家庭，但是到实验结束前，22％的家庭停止了他们的合作。其他的家庭错过了一次或一次以上的调查，或者在不同的时期退出了实验。剩下的连续参与的可供分析的家庭不到 700 个。结果是实验组家庭的工作努力程度减少了 5％。

资料来源：［美］彼得·罗西等：《项目评估：方法与技术》，213 页。

2. 准实验模型（准实验评估）

实验方案的有效性在根本上是由评估者控制实验背景的能力决定的。比如说，在医疗和物理学实验中，在实验室里通常用受到控制的实验方案来改善对主体的随机分组，来确保把容易造成混乱的变量排除于过程之外。生物学家即使是在自然的背景下，也力求把研究过程的各个方面加以严格控制，包括实证指标的使用、对主体的分配安排、实验处理的时间长短以及实验前后测试的应用等等。

案例评析

萨斯城巡逻实验

堪萨斯城巡逻实验是以问卷为基础的准实验方案的一个经典例子，该实验于 20 世纪 70 年代由警察基金会进行，这个基金会是由福特基金会创办的研究法律实施行为的非营利性机构。堪萨斯城巡逻实验的目的在于判定警察巡逻是否会带来这样一些影响：(1) 减少发案率；(2) 专家对案件反应的次数；(3) 公民对警察的看法等等。

该实验方案的基本内容围绕该城的警力分布展开。在城市的某一个区安排的巡逻车的数量是通常的两三倍，另一个区则没有安排巡逻车，而第三个区安排的是常规的巡逻警力；第三个区代表控制组。该实验背后的主要假设是巡逻警力少的地区案件会增加，警力多的地区会降低，而在警力不变的地区保持不变。与之类似，研究者假定警力多的地区警察对案件反应的次数会更多，市民对警察的总体印象会更好。一支调查队伍花了一年多的时间来进行此项研究。

这项研究的结果特别令人寻味，大大超出了常规。与常规期望相反，问卷的结果显示，堪萨斯城派到指定地区的巡逻警力数量在各个区域的案件发生量上几乎没有什么影响。更有甚者，实验还表明，接到发案报告后，警察做出反应需要的时间没有任何变化，市民对警察的印象也变化甚微。

对这些研究结果应如何利用呢？这个问题后来成为大量辩论的缘由。许多人，特别是罪犯待遇协会的成员认为实验结果不可信，因为研究方案有问题，主要是研究没有在真正受到控制的实验环境下进行。因此，该实验结果无法有效地总结从而无法运用到其他的城市。大规模的实验经常受到指责，其研究方案因缺乏外在有效性而受到损害。例如，有人指出，堪萨斯城只用汽车巡逻，而纽约城则是步行或者骑马巡逻，二者之间差异太大。事实上，堪萨斯城从伦理上来讲种族相对单一，而许多其他城市却并非如此，这同样也提出了外在有效性的问题。甚至堪萨斯的案件种类（主要是入室盗窃）跟波士顿（该城深受汽车盗窃之害）等城市都不同。这些差别给那些希望总结推广堪萨斯城实验结果的人提出了重要的问题。

这项评估还因内部有效性的问题受到挫折。例如，有人提出，在研究进行的过程当中，人们出入该城的实验区域的活动也许会对市民关于警力出现的看法产生影响。另外，警车追捕罪犯时常常经过本来没有安排巡逻车的区域，对实验也会有不良影响。与之类似，测试市民对警察态度的问卷常常发到那些更有可能对警察有好印象的人的手中：比方说，罪犯就通常不填写这类问卷。这些问题为实验方案的内在有效性构成了主要的威胁。

像许多实验一样，堪萨斯城实验还提出了重要的伦理问题。例如，一个小组关心得更多的远不是实验结果，而是非伦理的实验的一些方面。他们提出，警方没有权力随意地在该城范围内为不同的人群安排不同的警力保护。的确，就是出于这种考虑才中断了巡逻实验。一旦人们得知该城的某些区域没有警力保护，或者说至少没有警察巡逻车的保护时，选举产生的官员们马上意识到，万一在没有警察巡逻的区域发生杀人案件将会引起轩然大波。不仅评估者将会因为没有考虑到这一点而受到法律的制裁，很快整个项目也会功亏一篑。

资料来源：［美］弗兰克·费希尔：《公共政策评估》，34～35页。

在公共项目评估中，完全控制即将进行的实验的每一方面的可能性微乎其微，甚至根本不可能。例如，人为地创造一个控制组，不让一些公众享受某项服务，这在伦理上、政治上或者法律上也许都是不合适的。或者，在一项业已进行的项目中进行先验测量是不现实的。当各种条件或者情形使真正受到控制的实验不可能进行时，就可以使用准实验方案。在此情况下，评估者要运用尽可能多的“真实的”实验因素。

准实验方案有许多不同的形式，其中有四种特别重要：(1) 当先验测试不能进行或者太花时间时就可以运用“真实控制组只进行后验测试”的形式；(2) 当实验者无法把主体随机安排到控制组时，就可以采用“实验前后不对等的控制方案”的形式；(3) 当控制组无法建立，而同样的测量可以在一组人或事物在项目完成之前或者之后多次运用时，就可以采用“单一小组多次实验方案”；(4) 最后，可以运用“无控制组前后测试方案”来检验显而易见的影响，但是无法断定究竟是该项目还是外部变量影响了结果。这些准实验方案中的每一种都涉及实验结果的可信度与有效性在某种程度上的不确定性。通常是在实验受到费用问题、委托人的需求、测量问题或者伦理问题阻碍的情况下才采用这些方法。

准实验方案的实施会遇到许多困难。罗西等人在《项目评估：方法与技术》一书用了美国再就业领域的一个案例做了很好的说明：

案例评析

再就业项目

因为事后准实验是如此难以实施，我们再次给出了一个详细的例子，并考察其中的设计问题，这项研究是有关一个最古老、仍在执行中的、部分覆盖的社会项目：再就业。这个项目始于第一次世界大战以后，旨在为那些残疾老兵提供职业培训，之后又扩展到了新兵，而且现在归教育部门管理。此项目每年大约培训10万残疾老兵，其中大多数人已经得到了政府职业保险机构或当地医院的帮助。

再就业问题是一个部分覆盖项目，是因为它只接受那些被项目人员视为需要帮助的残疾老兵，而事实上，有一半以上的申请者被拒之门外。另外，许多残疾人从未申请这项服务但有其他的解决之道，包括工人津贴的个人保险，或者由社会保险机构和退伍军人管理机构提供的项目。

在20世纪80年代中期，国会让教育部门设计了这个项目的影响评估，明确指出，重要问题在于是否那些接受培训的人与其未受培训时相比提高了就业能力和收入。评估设计者所提交的报告以及之后与专家的讨论之中，对这项评估的设计提出了大量的意见。下面所述的五种观点说明了对一项执行中的项目进行影响评估所存在的困难：

第一种观点是随机控制实验。然而，出于政治和伦理的考虑而很快遭到排斥。项目人员可能会强烈反对随机方法而且不再合作。事实上，在某一个以前曾经实施过随机实验的项目所在地，项目人员甚至威胁说要罢工。

此外，从项目需求者之中随机抽样无疑是国会所不能接受的。一般说来，一旦项目已经开始执行，就很难出于评估的目的而对项目参与者增加其他干预。

第二种观点是对项目参与者在参与前后的生活状况进行比较，然而，由于身体康复引起的变化很大而且很难将之排除于项目的干预影响之外，这种观点也遭到排斥。许多参与者在致残不久就参与到项目中来，而其康复过程本身将明显提高其就业能力和收入水平。

第三种观点是对那些成功完成项目的参与者与被拒绝或中途退出的人就其项目结束后的就业能力和收入水平进行比较。这种观点也不合适，原因在于项目所选择的参与者本来就具有成功再就业的可能性，因此，这样的比较因其很难进行统计控制而将直接混淆选择的作用与项目的结果。

第四种观点意在比较这一再就业项目的结果与那些由残疾人参与的其他再就业项目的结果。这种观点也遭到拒斥，因为其他项目的潜在影响破坏了比较组作为本项目“无干预”的对照标准。而且，几个再就业项目不同的成功率显然不是国会的兴趣所在。

最后一种观点是从一个大型的正在执行中的全民普查中，挑出有可比性的未作处理的残疾人。这一评估设计将比较“收入与项目参与调查”中的残疾人以及本项目参与者的收入以及就业经历，其中前者从未参加过任何再就业项目。这样的比较是对残疾程度、残疾时间以及残疾前的收入以及某些人口统计特征进行统计控制。尽管这种观点也并非全无问题，但是考虑到时间和各种资源的限制，这是我们做得最好的影响评估了。

请注意，多种方法的筛选首先由于执行中的项目性质而具有偶然性，而且取决于是否能在最短的时间（两年）内以最有效的方式完成。尤为重要的是，如何抵消存在于项目中的巨大选择偏差。我们所选择的设计仍然具有选择偏差问题，但可望通过统计控制而被悄然处理掉。此外，项目评估的可行性有赖于从“收入与项目参与调查”中挑出足够多的残疾人，这些人从未参加过任何项目但与本项目参与者在相关方面却具有可比性。

资料来源：［美］彼得·罗西等：《项目评估：方法与技术》，247～248页。

9.3.3　影子控制法

影子控制法也叫判断方法。当难以采用前后对比法、实验和准实验模型等更科学的方法进行结果评估时，就需要寻找其他有效的替代方法。依靠专家、政策执行者和政策对象（或参与者）的判断就是一种有效的替代方法。“我们将这些对专家、项目执行人员和参与者进行的考察称为影子控制，这个术语被用来反映在缺少重要分析的证据基础时这些人所充当的角色。”①

1．专家判断法

在专家评估中，专家各自采用的实际方法不同。通常是通过请专家访问政策或项目实施地点来测量该政策或项目，专家非正式地搜集数据并提供判断意见。这些访问专家或许会检查政策或项目记录、对政策或项目的执行过程进行观察、对现在和以往的参与者进行访问、与执行人员进行交谈。这个方法的优点是：一方面，由于专家知识专业化强，对某项政策的效果可以分析得比较透彻，视野也比较开阔，往往有较强的科学性；另一方面，专家相对于政策制定者、执行者和政策对象来说可以说是某项政策的局外人，因此，他们有可能站在比较客观公正的立场上进行评估，不会发生身在庐山，“不识庐山真面目”的情况，具有“旁观者清”的特殊效应。当然，使用专家判断法效果的好坏与专家能否站在客观的立场，秉持负责的精神进行评估，与专家专门知识的深浅等密切相关。

2．管理者判断法

管理者判断也叫自评法，它是政策执行人员自行对政策的影响和实现预期目标的进展情况进行评估。由于执行人员亲身参与政策实施的过程，对政策的来龙去脉比较了解，对政策环境、政策对象、政策过程也比较清楚，掌握较充分的政策信息和第一手资料，因此有可能及时而充分地评估、判断一项政策的效果。同时，由于评估者直接参与政策过程，有条件根据自己的评估结论，迅速调整自己的政策目标和措施，评估活动往往可以收到立竿见影的效果。但这种方法有明显的缺点，主要是执行人员对使其努力显得成功表现出明显的兴趣，所以，他们的判断往往会是自私的和不公正的。因为执行人员参与政策过程，政策效果的好坏直接影响其声誉和工作，因而不免带有浓厚的感情色彩，往往会隐恶扬善、夸大成绩，失去客观公正性，这不仅违背政策评估的初衷，也势必影响评估的准确性和客观性。另外，作为执行者从事评估往往代表某一机构的局部利益，这使得评估容易片面化，并带有浓厚的主观随意性。最后，政策评估是一项繁杂的工作，要求评估者具备理论知识，熟悉某些专业的系统训练，这往往是执行者所不具备的。

① ［美］彼得·罗西等：《项目评估：方法与技术》，264 页。

3. 参与者判断法

参与者判断法也叫对象评定法，它是由政策参与者或政策对象通过亲身感受和了解对政策及其效果予以评定的方法。由于政策对象既是政策的承受者，又往往是政策活动的主体，他们对政策的成败得失有切身感受，因而最有评价发言权。评估组织和评估工作者要做好评估工作，必不可少的环节和方法之一就是争取政策对象对评估工作的充分了解和积极支持，认真倾听、研究他们对政策效果的评价。比如，关于农村社教政策到底成效如何，就可以由广大乡村干部和群众自己来评定，估量该政策多大程度上解决了乡村生产建设、工作生活所面临的问题，从而估量该政策的得失、优劣、是非。这比上级组织和个别领导的自我评说来得真切，符合实际。在某些政策或项目的评估中，用到了参与者对项目成功的判断。这些评估具有一定的有效性，特别是对那些以提高参与者满意度为目标的项目。但是，一般的情况是，参与者通常很难对净效果进行判断，因为他们通常缺乏进行这种判断的基本知识。

案例

启蒙计划的评估

启蒙计划是林登·B·约翰逊的大社会构想及其对贫穷宣战计划的一个典型。它一定程度上是20世纪60年代美国城市贫民窟的具有政治爆炸性的生存条件的一种反应，促成这个项目的基本信念乃是必须着手解决美国的贫困、饥饿和营养缺乏等问题。尽管在美国，贫困问题早在肯尼迪时代就引起关注，然而在约翰逊当政时期才确立了帮助贫困人口的大量经济项目和社会项目，这些项目是美国对贫困宣战的体现。随着约翰逊当局的反贫穷政策的实施，涌现了大量的法规、项目和规则，目的在于对贫困文化宣战。所有这些东西都是针对三个具体目标：(1) 为穷人提供经济资源，包括收入、救济性的转移支付手段和工商业扶持项目；(2) 通过积极地实施经济法规、扩展人权来防止出现在就业和政治参与等方面的不公正的障碍；(3) 规划各种项目使穷人接受教育、融入社会，以使他们通过技术培训和参加补偿性的教育项目很好地进入工作岗位和政治系统。启蒙计划被看作补偿性教育项目的典范。

一、启蒙计划简介

启蒙计划的具体创意来源于20世纪60年代早期的一个总统小组的工作，

这个小组负责建立一些能够增加穷人受教育程度和就业机会的项目。小组主席是约翰·霍普金斯大学医学院的小儿科教授罗伯特·库克（Robert Cooke），其主要工作和目标是帮助穷人中的学龄前儿童。该小组采纳了那些被广为接受的关于贫困的本质和成因的众多社会科学假设，其中包括一项实证研究，该研究发现一个人的智力和情感发展50%以上是在4岁之前完成的。根据这些假设，这个小组推荐了一个综合的学龄前项目，通过这个项目，将给来自贫困家庭的孩子们在发展技术、营养习惯和社会风俗方面等同于其他孩子可以从家庭得到的“智力启蒙”。这个假设认为，在上学之前进行干预，使孩子们从学校教育中最大限度地获益，取得优异的学习成绩，学到实用技术，最终得到好的工作，从而能够彻底根除贫困。

1964年，国会中支持约翰逊政府反贫困措施的人把《库克修正案》（Cooke Amendment）介绍到国会中来，号召开展启蒙计划。以传统的政治术语来看这个修正案比较稳妥，在两党的一致支持下顺利地通过立法过程，1965年正式形成法律。启蒙计划由联邦政府资助在全国各个社区中心开展，被认为是一个经济实惠的重要的社会项目，成功的潜力非常大。而且，该项目还得到了约翰逊总统个人不遗余力的支持，政府内外的著名政策专家都一致加以声援。

国会把启蒙计划的行政责任正式交给美国经济机会办公室这个联邦政府主要的反贫困机构。项目明确提出的目标如下：（1）提高处于劣势的儿童的感知、理性和语言方面的技能；（2）培养他们在文化和教育方面的好奇心；（3）给贫困儿童提供更好的医疗和牙齿护理；（4）帮助处于劣势的儿童提高自律能力；（5）增强他们的自尊心和自我价值意识；（6）提高学龄前儿童和他们的父母对社区和更广泛的社会的责任感。

显然，启蒙计划想要提供的远不止学龄前教育。在库克小组的建议之下，这个项目还打算为儿童提供医疗服务、足够的营养和各种社会服务，并且为他们的父母提供培训和事业上的援助。该项目试图通过参与课堂活动以及各种事业培训的服务把这些孩子们的父母发动起来。简单说来，启蒙计划的目的是为穷人和他们处于劣势地位的孩子们提供一个综合的家庭型服务系统。

在所有的大社会项目中，对启蒙计划的最初的期望值是最高的。教育心理学家热情洋溢地谈论着预期的结果（有些人甚至几乎相信几年来在教育上的失误也许能在短短的几个夏令营中得到弥补）。这种热情和兴奋在实际中表现为早期的报名人数非常之多。这个项目在1965年夏天大张旗鼓，管理者原本期望有大约100 000名儿童报名，但事实上，在11 068个启蒙计划中心报名的孩子超过了500 000名。

然而这种兴奋并没有持续多久。三年半之后，开始出现负面报道。该项目的教育效果的第一个评估研究验证认为该项目没有能够达到最初的期望值。哈勒尔·罗杰斯（Harrell Rodgers）指出，“研究表明……教育上的收效甚微，特别是对于那些没有参加整年项目的孩子们”。这些批评研究中最重要的一项是由联邦政府委托俄亥俄州立大学韦斯亭豪斯学习公司进行的，这个公司是一家专门研究教育事务的机构。根据韦斯亭豪斯学习公司的评估，经过三年半的操作，该项目的教育效果没有达到预期的期望值。尽管报名人数很多，这家研究公司的实证评估却发现该项目并没有实现最初的两个目标，即促进学龄前儿童的智力和情感（心理）发展。下面看一下这个以验证为中心内容的重要研究是如何进行的。

二、启蒙计划的准实验评估

韦斯亭豪斯学习公司的评估研究是受联邦政府委托在启蒙计划开始后不久进行的，评估研究采用了实证方案。这项评估试图把参与启蒙计划的小学低年级的学生们跟没有参与启蒙计划的同类学生进行比较，看他们在教育上的进步是否要大一些。具体说来，这项研究是按照所谓准实验研究方案的步骤进行的。

1. 评估方案

韦斯亭豪斯研究假定启蒙计划的原始目的是促进参与项目的孩子们的认知和情感发展。具体说来，分析的标准是孩子们在阅读和书写能力（认知发展）以及用更加肯定的态度看待自己的能力（情感发展）方面的可测量的收获。尽管评估者知道启蒙计划还有其他目的，如提高孩子们的健康和营养，以及改变父母的态度，改变社区环境等等，他们还是选择把重点放在智力和情感因素上。至于评估者为什么要这样做尚不清楚；有人推测是项目的这些方面最容易进行实证测量。

当时在学校中常用的标准化考试工具，也被用来检验启蒙计划在教育穷困的学龄前儿童方面是否有效。这种智力测验要求学生回答一系列问题，这些问题涉及他或她已有的知识以及学习能力的方方面面。其中一种标准化考试的目的是考查学生是否愿意学习、学习的能力如何，重点是测试理解词义、短语和句子而不是考查对单词、对字母表中的小写字母的辨认、数字知识、视觉感知和运动控制的能力。第二种测试考查学生阅读单词和段落、拼写以及做数学题的能力。第三种工具测量视听接收能力，即复制几何图形的能力，以及用手势表达的能力。

各种测试所评估的是启蒙计划对儿童解释关于自己和他人情感（或表达情感的）信息的能力所起的作用。例如，在一项测试中，给孩子们拿出两幅粘贴画，同时有两个相应的句子，一个是肯定的，一个是否定的（例如，“手拿气球的孩子在学校学到了不少东西”和“手拿旗帜的孩子没有学到多少东西”）。要求孩子对每一项都要做出回答，看哪幅画更像他或她自己。通过对自我认知做出肯定回答和否定回答的数目求确定孩子情感发展的水平。

根据完善的实验行为要求，韦斯亭豪斯研究想用统一的方式运用各种测试工具。这样做的目的是保持实验的内在有效性，并且把将来在相似的环境中复制实验的可能性扩展到最大，即建立外在的有效性。韦斯亭豪斯研究在招募和筛选管理这些工具的考官（或者叫做“面试者”）时尤其谨慎。一旦选定，考官们将接受大量训练，从而能够循序渐进地使用这些考试工具，并且掌握这些工具背后的理论基础。他们还要考察每一种工具的实际表现，参与真实的和模拟的测试练习。

2. 抽取样本

这项研究的分析按照由104个启蒙计划中心提供服务的六个地理区域进行。在每个目标区域里，所有有资格参加1966年9月到1967年8月的启蒙计划的孩子被一一确认并分成两个部分，即参加启蒙计划的为一部分，不参加的为另一部分。通过对参加启蒙计划的孩子随机抽样挑出实验组的成员，对不参加这个项目的孩子随机抽样挑出控制组的成员。在实验组内，只参加夏令营的孩子又分为一组，参加长年的启蒙计划的孩子则分为另一组。

为了最大限度降低对等和摩擦方面的问题，两个组的所有孩子在特定的时期内必须住在目标区域内，并且必须待在一同一所学校。因此，该研究把从一个目标区域迁移到另一个目标区域、转学以及从一个启蒙计划中心搬家到另一个中心的孩子都排除在外。既然每个组的孩子都是随机选择的，研究者们可以确保性别、种族和社会经济状况等方面的对等性。

韦斯亭豪斯研究小组把测量都局限于“后验方案”。孩子们没有在参与项目之前进行测量（即实行先验方案）或者在项目参与中进行测量（即时间序列方案）。根据评估者的观点，后验方案势在必行，因为决定进行这项实验时学生们已经开始参与了项目。

3. 研究结果

韦斯亭豪斯研究发现：(1) 夏季的启蒙计划在认知和情感发展方面没有能够产生长期的效果；(2) 全年的项目在促进情感发展方面也没有产生效果，对取得长期的认知上的进步作用甚微；(3) 参与启蒙计划的儿童在语言发展和学习成绩测试中的成绩比全国标准要低很多。这些结论，是在应用每一种标准化考试工具后，对实验组和控制组的数据进行比较而得出的。评估者进一步发现，参与启蒙计划的孩子比不参加这个计划的孩子的认知和情感分数也要低得多。即使是同一区域、不同的社会经济背景的孩子，测试结果也是如此。在其他测试中也得到了同样的结果。因此，把所有的信息汇总分析，可以得出结论：启蒙计划无效。

资料来源：[美] 弗兰克·费希尔：《公共政策评估》，49～59 页。

思考题

1. 什么是政策评估？政策评估的意义何在？
2. 政策评估有哪些基本类型？
3. 简述政策评估的过程及方法。
4. 政策评估有哪些基本模式？
5. 政策评估面临哪些困难？
6. 上述案例“启蒙计划的评估”是如何应用准实验研究方法的？

第 10 章

政策变迁

重点问题

- 政策调整的内容、原因和作用
- 政策调整的功能活动
- 政策终结的含义与作用
- 政策终结的原因、类型与方式
- 政策终结的障碍
- 政策终结的策略
- 政策变化的两种基本模式
- 政策发展中的范式变化

决策者通过政策评估及监测，在获得政策执行及政策结果的信息之后，必须对政策去向做出判断和选择：是维持、延续、调整这项政策，还是终止该政策？如果决定终止，这就意味着该政策生命的结束和新政策的开始。在这里，我们将政策的这一发展变化过程统称为政策变迁。本章探讨政策调整、政策终止和政策变化及其模式问题。

10.1 政策调整

所谓政策调整，也就是在政策评估与监测所获得的有关政策执行的效果的反馈信息的基础上，对政策方案、方案与目标之间的关系等进行不断地修正、补充和发展，以便达成预期政策效果的一种政策行为。在某种意义上说，这是政策方案的重新制定和执行的过程，或更准确地说，是政策方案的局部修正、调整和完善的过程。林德布洛姆在《政策制定过程》一书中说过："我们将政策制定视为一个没有起始、结束且界线极为模糊的一个相当复杂的分析性及政治性的过程。"

10.1.1 政策调整的内容

对政策实施所产生的实际结果与预期目标进行比较，发现二者之间的偏差，并分析产生偏差的具体原因，这样就为有关部门进行政策调整做好了准备。政策调整的内容多种多样，主要包括问题的重新界定、目标的重新确立和方案的重新拟定等方面。

首先，随政策过程由制定到监控等环节的推进，人们可能发现对问题原有的认识并不全面，问题某些重要方面或边界条件可能被忽视，环境的变化了可能改变了问题的性质。因此，在这一阶段有必要根据已掌握的新信息，对政策问题加以再认识和重新界定。例如，到20世纪90年代初，我国的特区政策已运行了十几年，特区初创阶段所要处理的问题与现在所面临的问题已大不相同，因而必须重新界定特区问题，为特区二次创业、再上一个新台阶提出更合理的政策方案。

其次，政策目标的校正、修订或再确立。这包括将原来模糊、不准确的目标加以明确化，根据变化了的环境校正或修订原有的目标等方面。仍以特区政策为例，初创阶段设立特区的一个基本目标，是让它们充当"窗口"和改革开放"试验基地"的作用，尽管在现阶段，特区仍追求这种目标，但是它的内涵已经大大拓展了，它要在更高层次上发挥这种窗口和基地作用，特区要变成区域经济中心，成为推动周边地区社会经济发展的火车头。

最后，对政策方案加以修正、补充和完善，甚至重新制定。这有多种情况：对基本可行的方案加以修正，使之更合理和适应变化了的现实；拓宽原有方案的适应范围或加强应付紧急事态能力；对证明基本是行不通的方案加以重新制定。例如，特区二次创业的政策方案的新内容之一，是要从过去主要依靠税收等方面的“优惠政策”转到靠“练内功”和增创体制新优势的政策内涵上。又如我国的改革开放政策是一个逐步扩展的过程：从创办特区到开放沿海 14 个城市再到沿江沿边的全方位、多层次的开放格局的形成。

此外，政策调整还包括对政策效力、政策主体和客体的调整。对政策效力的调整是指政策发挥作用的范围和程度进行扩展或限制。例如，原来作为实验的政策方案由于试验成功具有可行性，所以将其推广。政策主体和客体的调整指的是：政策的实施是一个动态的过程，其主体总是处于不断地变化之中，有些客体也处于变化之中，为保证政策运行的连续性须及时调整政策主体；为保证政策的针对性，也须及时调整政策的客体。①

10.1.2　政策调整的原因和作用

1. 政策调整的原因

政策调整既有客观原因，也有主观原因。客观原因是指社会的政治、经济和文化的发展变化，即政策环境及政策问题本身的发展变化。在政策实施过程中，由于政策本身发生作用或者客观的政策环境自身的变化，使原来的政策问题发生了改变，或者解决了，或者出现了新情况、新矛盾，这就需要依据新的政策环境和变化了的问题，对政策做出调整。一方面，政策总是针对特定的问题，以时间和条件为转移。任何政策都是针对一定时空条件下的特定问题制定的。随着时空条件的变化，政策问题会发生变化，政策也会失去效力，成为过时的政策，因此，必须对政策做出调整。另一方面，任何政策的执行总会遇到新情况、新问题，这就根据实际，针对新情况、新问题，对政策加以修正、补充，使之逐步完善。

主观原因是指人们对政策问题、政策环境以及政策方案等认识的深化，决定了人们总是要不断地重新认识、界定政策问题、政策目标和政策方案，以使政策真正达到解决社会问题的目的。任何一项政策都是在政策制定和执行主体一定认识水平的基础上形成和运行的。而人的认识总是从低级向高级、从片面向全面、从不完善向完善发展演化的。当政策主体对政策问题、目标、功能、环境等的认识提高和深化以后，就需要对原来的政策加以纠正、补充、更新，使之更加完善。

2. 政策调整的作用

首先，政策调整有利于保障公共政策的科学化。如前所述，由于决策者的有

① 参见刘春等：《公共政策概论》，168、171 页，北京，当代世界出版社，2000。

限理性、决策者所掌握信息的有限性特点以及政策环境的动态发展性，决策者得创新性再强，其所制定出的任何一项政策都有可能是不适时宜的、不完善的。因此，必须站在新的高度看问题，适时地调整公共政策，才能更好地解决问题。

其次，政策调整有利于保证公共政策的权威性和严肃性。一项政策要达到既定目标、发挥出原先规划设计的功能，就必须遵照既定的程序正常运行。但在实施过程中可能会出现下列情况，而使政策运行出现无序状态：一是政策执行的主体之间出现矛盾与意见分歧；二是政策执行主体与客体发生矛盾，出现冲突；三是几种政策交叉在一起，相互摩擦。这时，就需要暂时中断政策的实施，对政策主体内部关系、政策主体与客体的关系、几种政策的相互关系进行调整，使政策有序地运行。①

最后，政策调整有利于保持公共政策的稳定性和连贯性。公共政策作为人们日常生活的指南，必须具有空间和时间内的相对稳定性。政策调整使公共政策的合理内容在变动中得以保留，适度的调整政策既可保证政策的动态发展性又可保证政策的连贯性和稳定性。

但是，公共政策调整既能对政策产生积极的影响，又会产生某些消极的影响。政策调整会在不同程度上浪费一部分已经投入的政策资源；政策调整也会挫伤一部分公众的积极性，并对公共机构的形象产生负面影响。如果政策发生调整，原先获得利益的公众可能不会再得到这些利益，甚至可能丧失已经得到的利益，因此这部分公众就会变得消极，甚至对公共机构不满。② 政策调整中产生某些消极影响是不可避免的，对这些消极影响应采取积极的措施，包括进行宣传、把握时机、控制力度等，将消极影响控制在最低限度，并让调整后的政策迅速发挥作用，以便将消极影响化解掉。

10.1.3 政策调整的功能活动

政策调整的功能活动或程序包括了如下几步：

1. 获取反馈信息

即掌握由政策评估及监测活动所获得的关于政策系统运行尤其是政策执行及政策结果方面的信息。

2. 确定调整方案

依据反馈信息，对政策问题、目标和方案等进行认真的分析研究，以确定需

① 参见胡宁生：《现代公共政策研究》，208 页，北京，中国社会科学出版社，2000。

② 参见上书，209 页。

要补充、修正或完善哪些方面。

3. 实施调整

进行实际的修正、调整、补充和完善工作，并将新的方案付诸实践，开始新一轮的监控过程。政策调整能否顺利进行，关键的因素是要有一个合理完善的调节机制，没有这样一种机制，政策调整难以进行，即使勉强进行，也难以取得理想的结果。我国以前出现的政策多变或政策僵化的情况的一个基本原因，就是没有形成一个合理、完善的监控及调整机制。

10.2　政策终结

直到 20 世纪 90 年代初，政策科学关于政策终结研究的文献并不多见。随着美国 1994 年国会大选使民主党凭借一篇关于精简政府的竞选纲领获得了两院的控制权以及其后美国政府再造运动的推展，需要终结的机构和过时的政策法规的增多，美国的研究者和政府官员都认识到了终结在美国政策研究和实践中的重要地位。[①] 政策终结的研究在美国开始受到人们的重视。

10.2.1　政策终结的含义与作用

1. 政策终结的概念

从字面上看，终结是终止、结束之意。所有事物都有发生、发展到衰亡（终结）的过程。因而终结既是一种普遍的自然现象，也是一种普遍的社会现象，例如，死亡、退休、破产等都是终结的表现。政策终结是一个专门的政策科学术语。从政策过程的阶段看，政策终结发生在政策评估之后，是人们采取的一种政治行为，是提高政策绩效的一种政策行为。政策终结不仅意味着旧政策的了结，而且标志着新政策的开始。

什么是政策终结？国外学者下了不同的定义。德龙认为，政策终结是“政府当局对某一特殊功能、计划、政策或组织，经过深入评估而加以结束或终止的过程”。丹尼尔斯认为，德龙的定义没有考虑到组织自身终结不合适政策的主动性，也不能应用于政府精简、削减预算的终结行为上来。因此，丹尼尔斯给政策终结下了一个不同的定义：政策终结是对政府项目、政策、组织的终结，也是组织为

---

① Mark R. Daniels, *Terminating Public Programs: An American Political Paradox*. Armonk, New York: M. E. Sharp, Inc., 1997, p. 12.

削减预算对自身的调适和政府服务民营化而产生的削减。关于终结与政策过程的关系，他指出：政策终结位于政策过程的末端，对一项政策的终结意味着一项新的政策的开始，所以政策终结也是一个发展的概念。[①] 还有西方学者将政策终结简要地界定为"对政府特定的职能、计划或组织的故意的结束或终止"。

因此，可以一般地将政策终结定义为：政策终结是政策决策者通过对政策或项目进行慎重的评估后，采取必要的措施，以中止那些过时的、多余的、不必要的或无效的政策或项目的一种政治（或政策）行为。

政策终结有三个特征：(1) 强制性。一项政策的终结总是会损害一些相关的人、团体和机构的利益，遇到强烈的反抗。因此，往往靠强制力来进行。(2) 更替性。政策终结意味着新旧政策的更替，是政策连续性的特殊表现。(3) 灵活性。政策终结是一个复杂而又困难的工作，必须采取审慎而又灵活的态度，处理好各种动因和关系。

政策终结在政策过程中占有重要的地位。政策分析学者对政策过程的阶段、功能活动环节做出了不同的划分。尽管他们所划分出的阶段或环节多少不同，但多数学者将政策终结放在政策过程的末端，即最后的一个环节或阶段，将之视为理性化的政策过程的最后结果，或政策（政治过程）的一个有机组成部分。然而，终结也往往被当作过程的开端而不只是末尾，即纠正一项错误的政策或一系列项目或修正项目的假定或构成成分的开始。因此，终结不只是对一项政策的了结，而且意味着修正或调整。

2. 政策终结的作用

及时地终结一项错误的或是已完成历史使命的政策意义重大。从政策终结的结果上看，政策终结的基本作用表现在以下四个方面：

(1) 节省资源。因为政策终结意味着政策活动的结束，某种机构、规划、惯例的终止，以及有关人员的裁减。因此，政策终结可以减少人力、物力、财力的无效消耗，从而节省有限的政策资源。

(2) 提高绩效。当一项政策在实施中失败，无法解决所面临的政策问题时，旧政策的终结就意味着新政策的启动、新规划的诞生以及相关机构和人员的更新与发展，这无疑有利于更好地解决问题，促进政策绩效的提高。

(3) 避免僵化。所谓政策僵化，指的是一项长期存在，没有及时予以终结的政策，在发展变化了的环境下，继续执行该政策，不仅不能解决问题，反而成为

① See, Mark R. Daniels, *Terminating Public Programs: An American Political Paradox*. Armonk, New York: M. E. Sharp, Inc., 1997, pp. 5-6.

解决问题的阻力与障碍，带来严重的不良后果。政策终结可以避免政策僵化。

（4）优化政策。政策终结有助于促进政策优化，表现在两个方面：一是政策人员的优化；二是政策组织优化。政策组织的优化是公共政策优化的核心内容，优化的政策人员只有在优化的组织机构中才能制定和执行优化的政策。

当前，我国推进政策终结事业的意义重大。我国正处于转轨时期，许多不适宜新体制的旧政策应该予以终结。终结过时的、失效的政策可以节省我国有限的资源，促进政策的更新。改革开放以来，党和国家是重视政策终结工作的，特别是我国加入 WTO 之后，为了与 WTO 的法律框架相适应，国务院和地方各级政府又进行了一次大规模的清理"红头文件"的工作，废止了一大批过时的或与 WTO 规定相抵触的政策。但是，政策终结仍然是我国政策过程的一个薄弱环节。存在的主要问题是：一是终结工作并不规范，政策终结的程序不合法；二是对终结的重视不够，一些政府官员也对政策的终结缺乏足够的重视，以为终结一项政策是靠命令就可以做到的事，而真正在终结的过程中碰到了障碍又没有足够的心理和策略的准备去解决所面临的终结的困境；三是政策终结的力度不够，一些过时的政策在今天仍然存在。因此，推进我国政策终结的事业不仅意义重大，而且十分迫切，它是加快我国决策科学化民主化进程的重要一环。

10.2.2　政策终结的原因、类型与方式

1. 政策终结的原因

政策终结的一般原因是：（1）财政困难。财政赤字、税收减少等而导致政策或项目的终结。（2）政府的低效率。即政府机构的效率太低、成本太高而导致政策或项目的终结。（3）政治意识形态。意识形态以及价值观念的改变或冲突导致政策或项目的终结。（4）行为理论的变化。即关于人性、行政管理和社会服务应如何提供方面理论的变化导致政策或项目的终结。（5）学习。采用"试错法"方式，在政策实践中学习，随时终结那些错误的政策或项目。

除了节省政策资源，提高政策绩效等原因外，政策终结的原因还在于政策系统本身的自我更新的特性：一是政策系统是一个不断进行新陈代谢的系统，必须随着变化了的社会经济发展以及国际形势的变化制定新的政策，而有时只有推陈才能出新，政策终结包括这种推陈出新的过程；二是政策系统也是一个不断与周围环境互动、修正自身的过程。无论是可利用的资源、所要解决的问题，还是政策的环境都处于一种不确定性变动的可能中。即使在决策中不存在责任和科学态度的缺失，经过科学论证的政策仍有可能在执行后，由于变化了的主客观环境而失效或产生负效应。政策分析过程只能减少政策失效或者负效应发生的几率，它

并不能保证政策的成功。因此，政策终结非常有必要。它在某种程度上是政策可持续发展的关键和对政策错误的一种补救。“由于现在的后现代社会的变化和不确定性，由于政策制定者无法准确预见现在的政策在将来的适应性，因此终结不能起作用的政策是政策制定者从他们的错误中吸取教训的途径之一。”①

3. 政策终结的类型

政策终结有如下四种基本类型，它们所遇到的阻力依次递减：

（1）功能的终结。即终止由政策执行所带来的某种或某些服务；在政策终结的所有内容中，以功能的终结最难。因为一方面，功能的履行或承担，是政府满足人民需要的结果，若予取消，势必引起各方面的反对；另一方面，某项功能往往不是由某项政策单独承担的，而是由许多不同政策和机构共同承担的，要予终止往往需要做大量的组织和协调工作。

（2）机构的终结。伴随着政策终结进行的机构缩减或撤销，就是机构终结。有些机构是专门为某项政策而设立的，随着政策的终止，机构也随之撤销；有些机构，往往同时承担着多项政策和功能，某项政策的终止不足以导致机构的撤销。因此，通常的做法是通过缩小规模，减少经费等办法对机构进行缩减。伴随着政策终结进行的机构缩减或撤销，就是机构终结。机构终结的困难也比较大，因为它关系有关人员的切身利益，在实施时难免遭到有关人员的强烈抵制，使得机构终结无法顺利进行。这就是为什么我们会在现实生活中看到许多本该随着某项政策历史使命结束而应裁撤的机构仍然存在的原因。

（3）政策本身的终结。与前两种终结相比，政策本身的终结所遇到的阻力较小。这是因为，就某项具体政策而言，其目标比较单纯，如教育政策、社会福利政策等，容易进行评估并决定取舍。另一方面，政策更改的成本远比功能转变、组织调整要少得多，因而容易得到实际部门的认可。再加上政策的可选择性较大，也使得政策本身的终结在操作上比较容易实现，不像机构终结那样受到多方面的牵制和约束，不容易操作，实行起来步履维艰。

（4）项目的终结。即政策的具体项目以及执行措施的终结。在所有终结内容中，项目的终结是最容易达成的。因为具体项目以及执行措施与实际问题连接，结果好坏或影响怎样有目共睹，容易达成共识。

政策终结包括对功能、组织、政策和项目的终结，终结的难度却是递减的。功能是最难消失的，即使在组织被撤销以后，政策的功能也有可能由别的组织来

① Mark R. Daniels, *Terminating Public Programs: An American Political Paradox*. Armonk, New York: M. E. Sharp, Inc., 1997, Chapter 1.

执行，而组织又比政策难以终结，这是因为包括组织会牺牲某一项政策寻求自保、政策面对终结时能找到的同盟比组织少的四种原因在内。

4. 政策终结的方式

丹尼尔斯在《公共项目的终结》一书中认为，政策终结的方式有两种：一是政策效力减弱的自然老化；二是与强烈抵制政策终结的力量博弈，使其终结，这一过程需要运用终结的策略，也需要强有力的终结执行者。总之，这一过程困难重重。[①] 一般而言，政策终结的主要形式有如下六种：

(1) 政策废止。即直截了当宣布一项政策的废止。政府根据政治、经济和社会经济形势的发展变化，不定期地清理、废止了大量不合时宜、过时了的政策。例如，我国加入世贸组织后，全国人大常委会和国务院当即宣布废止了830余项与WTO规则不相符合的国家法律、法规和政策。

(2) 政策替代。指的是新政策代替旧政策，但所面对的问题不变，所要满足的要求不变。在这里，新政策是对旧政策的补充、修正，目的是更好地解决旧政策所没有解决好的问题，以充分实现政策的目标。

(3) 政策合并。指的是旧政策虽然被终止了，但政策要实现的功能并没有取消，而是将其合并到其他的政策中去。合并政策有两种情况：一是将原有的政策内容合并到现有政策中，作为现有政策的一部分；二是将多个旧政策经过调整，合并成一个新的政策。比如，国务院将原来由各部委分别颁布的一些有关联的单行规章或条例合并成一部完整的行政法规，由国务院来颁布实施，这样就具有了更高的政策权威，也便于各地更好地执行。

(4) 政策分解。指的是将旧政策的内容按照一定的原则分解成几个部分，每个部分各自形成一项新政策。当原有的政策过于庞杂，目标众多以至于影响到该政策的有效执行时，常常采用分解的办法，将原政策按主要的目标分解成几个较小的政策。这样有利于执行者明确政策目标，提高执行效率。

(5) 政策缩减。指的是采用渐进的方式对政策进行终结，以缓冲终结所带来的巨大冲击，逐步协调好各方关系，减少损失。主要表现形式有：减少对政策的资源投入，缩小实施范围，放松对政策执行的控制等。政策缩减的另外一种方式是，把政策中过时的不合时宜部分废除，而保留原来政策中合理的部分。

(6) 政策的法律化。一项经过长期实行，确实有效的政策，为了提高其权威性和强制力，经过立法机关或授权立法的行政机关的审议通过，上升为法律或行

① Mark R. Daniels, *Terminating Public Programs: An American Political Paradox*. Armonk, New York: M. E. Sharp, Inc., 1997, p. 16.

政法规。这是另一种意义上的政策终结。

10.2.3 政策终结的障碍

政策终结并不是像人们所想象的那样是自然而然的结束过程，而是一种需要采取行动的过程。由于政策终结涉及一系列的人员、机构和制度等复杂因素，因此，政策终结碰到许多困难或障碍。

考夫曼（Herbert Kaufman）在他的《政府组织是不朽的吗?》和《时间、机遇和组织》① 两本著作中考察了组织的活动，通过对大量政府机构的数据分析和整理，他发现组织并不像有机体一样经历“年轻、成熟、变老、最后死亡”的生命过程，组织在现实中生长和壮大，但是很少死亡。他认为，公共组织比私营组织更难以在现实中终结，这是因为组织在发展中不断壮大，使组织自身抵抗终结的能力不断增强，而这正是组织难以终结的根本原因。只有在组织保持活动的能量和其他必要的资源流失以至于组织不再能适应环境时，组织才会死亡。

狄龙则提出了一个关于政策终结障碍的理论框架（termination obstacles framework），它包括六种障碍：（1）心理上的抵触；（2）机构的持久性；（3）组织和机构对环境的适应性；（4）反终结的联盟；（5）法律程序上的障碍；（6）社会舆论的压力；（7）终结的高成本。下面，我们借助狄龙的这一理论框架对政策终结的障碍加以分析。

1. 相关者的心理抵触

那些与政策相关的人员都愿意看到政策继续存在下去，却很少有人喜欢听到计划失败或计划改变。这种心理上的抵触往往在政策面临终结时会表现得尤为明显。对政策终结存在抵触心理的主要有三种人：（1）政策受益者；（2）政策制定者；（3）政策执行者。政策制定者不愿意承认他们制定的政策不再有存在的必要，更不愿意承认在制定政策的过程中所犯的错误；政策执行者不愿意看到政策的被终止；政策受益者不愿意既得利益受到损失。这三类人的心态，往往成为政策终结的首要障碍。这种心理障碍的存在，又使人们在解释政策失败时，常常倾向于从环境因素中去寻找原因，而不愿检讨政策本身的失误。

2. 现存机构的持续性

政策执行机构有如其他社会政治组织一样，都具有寻求生存和自我扩张的本

① Herbert Kaufman, *Are Governmental Organizations Immortal*? Washington, DC: Brookings, 1976; *Time, Chance And Organizations: Natural Selection in a Perilous Environment*. Chatham, Nj: Chatham House, 1987.

性，哪怕它已经无事可做，没有再存在的必要，情况也是如此。这就给政策终结带来很大的困难。机构的持续性表现在以下三个方面：

（1）机构的惯性。当不同的机构相互配合并开始执行某项政策时，一种惯性就油然而生了。机构的惯性使政策执行一旦开始就很难停止。如果要想修改其方向或让其停下来，必须从外部施加很大的力量才能做到。这是因为机构所固有的惯性，使它本能地反对任何变化的要求。

（2）机构的生命力。机构如同人一样，生存的能力很强，"某一机构存在的时间越长，它被终止的可能性就越小，经过一定的时间，会形成对它的继续存在的条件和支持"①。当政策终结危及到组织机构的生存时，它会千方百计地减轻所面临的压力，或改变策略，或调整结构，想方设法地延续政策终结的进程，给政策的及时终结带来消极影响。

（3）机构的动态适应性。在评估者眼中，机构是相对静态的。但是，机构本身却有一种动态的适应性，可以随着环境和需要的变化而产生变动，甚至能针对政策终结的各种措施来调整自己的方向，使终结计划夭折或破产。正如查尔斯·琼斯在《公共政策研究导论》中所指出的："组织机构是动态而不是静态的，它会调整自己的方向以适应变化了的要求。"② 这就增加了终结的困难。

3. 行政机关的联盟

执行某项政策而获既得利益的行政机关，往往会在政策面临终结时结成联盟，共同反对政策终结。这些反对终结的行政机关，一方面会要求其内部成员齐心协力共同抵制终结；另一方面则互相团结、拉拢和接近政府内外有影响的人士抵制终结。这种执行政策既得利益的行政机关"一旦它们结成一个共同体，就能有效地威胁政策终结行为"③，使政策终结无法进行。这是因为行政机关比其他任何社会组织更有便利的条件进行政治活动，它们可以利用自身有利的地位影响公共政策。

4. 利益集团的阻碍

由于公共政策大多涉及利益与价值的分配，因而各利益集团必然千方百计地努力影响公共政策。当政策终结迫在眉睫时，反对政策终结的利益集团为维护既得利益，必然会采取各种合法或非法的途径如游说或行贿等，以阻止政策终结。西方公共选择理论证明，利益集团的力量很大，他们总能左右公共政策，他们和

① ［美］詹姆斯·E·安德森：《公共政策》，211页。

②③ Charles O. Jones, *An Introduction to The Study of Public Policy* (3rd., ed.). Montery, California: Brooks/Cole Publishing Company, 1984, p. 236.

政治家、政府官员互相利用，形成一个“铁三角”。利益集团的存在，使得公共政策终结更加困难。以深圳的二线关为例，它之所以无法终结，一个最重要的原因就是利益集团——房地产商的存在。由于长期以来二线关的存在，在深圳几乎形成了这样一种共识：住在关内要比关外高人一等，因此关内要比关外的房价高出一倍，撤关无疑是这些房产商不愿意看到的，也是有过分优越感的关内人士不愿意看到的。

5．法律程序上的复杂性

任何政策的确定和组织机构的建立，都是通过一定的法律程序进行的，同样，政策的终止和组织机构的撤销，也必须按照法定的程序来办理。政策制定要通过法定程序，政策终结也要通过法定程序。程序上的复杂性往往影响政策终结的及时进行。立法机关在考虑终止某项政策或法律时，往往顾虑重重，举棋不定。因此，许多政策经终结行为因此受阻于法律的滞后性。

6．社会舆论的压力

“公共舆论确定了公共政策的基本范围和方向。”① 通过报纸、刊物、广播、电视等新闻媒介所形成的社会公共舆论，不能不对政策终结产生影响。在当代随着新闻传播技术的日新月异，公共舆论借助于新闻传播媒介可以渗透到社会的方方面面和每一个角落，形成广泛的社会影响和巨大的社会冲击力。因此，西方国家称公共舆论为与立法、行政、司法并立的“第四种权力”。如果某一项需要终结的公共政策受到舆论的广泛支持，无疑会受到极强的阻力，“当选的公共官员如果公然无视公共舆论，并且不把其作为他的决定准则中的一种，那么他简直是愚蠢透顶；而且可能会发现自己是民意测验中的不幸人物。”②

7．高昂的成本

政策终结高昂的成本也是影响政策终结实施的一个关键因素。政策终结的成本有两种：一是终结行为本身要付出的成本。有时，在短期内终结一项政策的花费要比继续这项政策的花费要多，比如终结执行者要为裁减下来的人员安排新的岗位和就业机会，或者对政策的受益者进行利益的补偿。但是，就像中国的一句古话：“舍不得孩子套不住狼。”为了以后的发展接受暂时的代价是值得的。

二是现有政策的沉淀成本。沉淀成本是指投入决策、某个计划或某个项目的时间、资金或其他资源的无法弥补的花费。它限制了目前投入的选择范围。也就是说已经在政策上投入的资金人力制约了决策者下一步的行动计划。这是错误政

①② ［美］詹姆斯·E·安德森：《公共政策》，95页。

策终结的障碍。政策终结者总是进退维谷，进即追加投资，只会造成更大的损失；退即不追加投资，要面对的是已投入的资金由于政策终结无法收回的结果。现行的政策或组织机构已经投入了巨额成本但没有得到回报，政策决策者面对投入的沉淀成本，往往处于进退两难的境地；而政策投入的成本越高，终结者下决心终结的难度就越大。此外，终结有风险，对终结一项政策后的结果不确定。事实上，政策终结后采取的新政策并不能保证一定带来更好的结果。这也使终结者难以下政策终结的决心。

综上所述，政策终结的障碍可以归结为两类：一类是不可避免的障碍（逻辑上的障碍），包括人们害怕变革的心理，沉淀成本的存在，政策受益者的心理抵抗，机构的持久性，政策终结自身的成本和法律程序上的障碍。这或者基于人性，或者基于组织的特性，或者基于现代法治社会的要求。另一类则是政治上的障碍（非逻辑上的障碍），包括政府决策者责任的缺失，利益集团的寻租，舆论的被操纵。这种障碍在事实上存在，但是可以通过提高行政者的素质和责任感，加强立法和监督的努力来降低其作用力。

10.2.4　政策终结的策略

作为一项困难的政策行为，政策终结要求政策决策者运用高度的智慧和技巧，采取灵活的策略，加以妥善处理。所谓政策终结的策略是指在政策终止过程中智慧和艺术的运用，实质上它也是一种政治过程。本恩的 12 条关于政策终结的建议大部分是关于终结策略的①，结合我国的政策实践，政策终结可以采取如下策略：

1. 重视说理工作，积极争取支持力量

为确保政策终结的顺利进行，政策决策者首先应该重视做好说理工作，消除人们的抵触情绪，提高人们的思想认识。应该通过有效的说理工作，让人们明白：政策终结并不是某些机构或个人前途的丧失，而是改变劣势、寻求发展、迈向成功的新机会。

政策终结支持者的态度和人数的多寡，是决定政策终结成败的关键。政策终结的倡导者必须努力争取各种支持力量，求得政府机构内外的人们的理解，以推动政策终结的实现。特别是一些涉及面较广的政策；扩大宣传，通过说理，消除人们的抵触情绪的策略。一项旧政策的终止，总会影响一部分人的既得利益。为

① Mark R. Daniels, *Terminating Public Programs: An American Political Paradox*. Armonk, New York: M. E. Sharp, Inc., 1997, Chapter 5.

了减少阻碍，可以通过媒介广为宣传，说明理由，消除人们的疑虑。

吸引社会公众参加对政策的评估，适时地公开政策评估结果，是积极争取潜在支持者的最好方法。这样可以使人们充分认识到旧政策的弊端，从而转向支持政策的终结。但由于政策评估本身存在的困难和影响评估公正结论的诸多因素的存在，使得人们往往对评估结论产生怀疑。因此，政策终结者在采用这种方法促进政策终结时，必须使评估结论经得起实际的检验。

可以采取争取第三方力量推动的策略。例如，争取上级政府、兄弟单位或中间力量的支持，以尽量减少反对力量。还可以利用个人威信，在一定的团体、机构中会有若干有较高威信的人，这些人具有较强的影响力。如果争取到这些人的支持，可以获取民众较高的信任，较为顺利推行政策的终结。

可以利用群体的规则、规范、压力、归属感和目标等来争取支持力量（这里的群体包括正式的工作团体和非正式的人群组织）。群体对其成员具有强烈的制约作用，运用好群体的一致性，可以有效制约部分成员的抵制作用。

注意利益补偿。对因政策终结利益上受到损失的群体给以一定的补偿和扶助，以减小组织、人员对政策终结的抵制。

做出必要的妥协。在遇到强大阻力时，例如反对力量结成了坚固的联盟，适当做些妥协、折中，以更好实行政策终结，换取目标的实现。这也是现代社会多元化、民主化的一种体现。但在妥协中要把握的是：做到有原则、有条件的退让，要把握底线。

2. 旧政策终结与新政策出台并举

人们一般都不愿意看到政策终结，然而人们一般很少会立刻反对一个新的、较佳政策的出台。因此，为了缓和政策终结的压力，可以采用新政策出台与旧政策终结并举的方法，及时地采用新政策替代旧政策，使人们在丧失对旧政策期望的同时得到一个新的希望。这种做法往往可以大大减少关于政策终结的争议和阻力，削弱反对者的力量。

国外学者在研究了大量政策和组织终结案例之后发现，终结更像是一个旅程而非目的所在①，许多被终结的政策只是被继承或者替换了。也就是说，在旧政策终结后，及时出台新政策来替代，以免出现脱节，引起形势失控。一些具有重大影响或者关系到广大人民切身利益的政策常常就是运用这种方式。例如，1997年我国废止了原来实行几十年的单位福利分房政策，为了尽量减少震荡，国务院

---

① Mark R. Daniels, *Terminating Public Programs: An American Political Paradox*. Armonk, New York: M. E. Sharp, Inc., 1997, p. 75.

又相继出台了商品房贷款政策及住房公积金贷款政策。

3. 选择有利的终结时机和焦点

考夫曼在《时间、机遇和组织》一书中认为，机遇对成功的政策终结至关重要。的确，选择恰当的时机是政策终结成功的一个重要因素。有时，政策终结成功与否完全依赖于时间和机遇。这种时机有：国家的重大政治事件的发生，战争的爆发，外交上的重要决议或因旧政策的执行所引发的重大事故等等。在这种时机，民众往往会高度一致，支持政府的决策。这种策略的另一种形式是"转移公众注意焦点"的策略，即政府将公众注意力的焦点引到另外的事件，以降低公众对政策终结的关注，进而减少终结阻力。这也是一些外国政治家们常用的伎俩。

将注意力集中在政策的错误和危害上，为人们展示一个终结应该终结的政策后的美好前景。终结的执行者有必要为需要终结的政策列出一份罪状，例如在美国的田纳西州的医疗政策被终结时，负责这一工作的部门（DFA）列出了它的几大问题：膨胀和不受控制；僵化；没有惠及贫穷者；滋长了人们对福利的依赖性；成本的增加大量需要税收的支持以至于不得不削减其他种类的公共服务。[①]然后，指出了三条出路：增加税收，削减服务计划，从根本上加以改变。既然有这么多危害，结果这项医疗政策的终结很快得到了人们的支持。

4. "力场分析"、传播试探性信息与"闪电"策略

"力场分析"策略也叫做知己知彼策略。在政策终结前，必须斟酌政策终结的"政治情境"，即了解赞成或反对终结的团体的力量虚实，所持的立论基础，所获得的支持程度及可使用的资源等。这样就需要加强社会调研，及时获取反馈的信息以了解民众心态，估测所涉及的地方和利益团体的影响、损失程度，从而做到心里有数，沉着应对，削弱反对势力，扩大支持基础，顺利实现政策终结。

所谓传播试探性信息，就是政府在正式宣布终止某项政策之前，在一些非正式场合，流露出进行终结的信息，以测定公共舆论对这一行动所持的态度。这种试探性的政策终结方法，有助于引起公众的广泛讨论，从而认清政策终结的必要性，减轻舆论给终结带来的困难。

保密或"闪电"策略。一些事关重大的政策，从国家、民族整体利益的长远角度出发，贻误了就会造成严重后果或错失良机；而预期该政策的终结因各种因素影响，如放出试探信息采取渐进措施反而可能遭到强大阻力时，政府就事先对

① Mark R. Daniels, *Terminating Public Programs: An American Political Paradox*. Armonk, New York: M. E. Sharp, Inc., 1997, p. 61.

有关信息保密，忽然宣布某项政策终结，运用政府强制力予以推行。过后，政府往往向群众强调要服从大局并极力予以安抚。

5. 正确处理政策终结与政策稳定、政策发展的相互关系

正确处理好政策终结与政策稳定、政策发展的关系，对于促进政策终结有重要意义。因为无论是政策决策者还是政策执行者，大都非常重视政策的稳定性，担心旧政策的终结与新政策的出台，会使人们产生政策多变的错觉，往往难以做出决断；即使是做出了决断，在实施政策终结的过程中也顾虑重重。处理好政策的终结稳定与发展的关系，具体的要求是：

（1）要处理好政策稳定和政策发展的关系。政策具有稳定性的特点，朝令夕改会令公众反感。它是与政治、经济、社会的稳定是息息相关的。同时，政策是一个动态过程，“它不仅仅是一项决议，而且包括目的、计划、规划以及实现它们的程序。”① 因为政策问题和政策环境是时刻在改变的，政策应当适应形势的需要，所以政府的政策要因地、因时制宜。

（2）应同时处理好被终结的旧政策与其他相关的政策的调整。一项政策一般不是孤立的，而是与多项政策相关。而新政策的出台，也应做好各种辅助政策的制定。例如，我国政府实行国有企业改革，打破原来的职工铁饭碗制度；同时，为了保持社会稳定，各级政府出台了许多配套政策，对下岗工人实行各种优惠措施，鼓励再就业，最大限度地消除国企职工的抵触情绪，保持了社会稳定。

（3）注意保留原来政策中富有成效的、合理的部分，以尽可能地保持稳定，实现发展。事实上，大多数政策是在原有政策及其后果的基础上产生。正是在这个意义上，查尔斯·林德布洛姆认为决策是渐进的，公共政策不过是政府活动的延伸。决策者通常是以现有的合法政策为主，在旧有的基础上把政策稍加修改。因为一种和以往政策越不同的方案，就越难预测其后果；一种和以往政策越不同的方案，就越难获得一般人对这项政策的支持，其政治可行性就越低。②

总之，政策终结很少出于经济评估的考虑，终结行为是高度政治化而又难以实施的；成功的终结需要争取终结的反对者的合作；终结经常大多来源于理念的革新；终结和政策的再生如影相随；终结是否成功难以预料；终结处于一个“有多少人支持，就有多少人反对”尴尬境地。③

---

① ［美］E. R. 克鲁斯克、R. M. 杰克逊：《公共政策辞典》，32页，上海，上海远东出版社，1992。

② ［美］参见查尔斯·E·林德布洛姆：《政策制定过程》，5页，北京，华夏出版社，1988。

③ Mark R. Daniels, *Terminating Public Programs: An American Political Paradox*. Armonk, New York: M. E. Sharp, Inc., 1997, Chapter 7.

10.3　政策变化

政策总是处于发展变化之中。在这个发展变化之中，是否有着一般的变化规律性或变化模式呢？在不同的国家或地区、不同的公共部门是否会有各自独特的政策变化模式呢？这是公共政策学新近研究的问题。

10.3.1　政策变化的两种基本模式

政策变化及其模式是新近政策科学文献讨论的一个主题。受著名科学哲学家托马斯·库恩的科学历史主义理论尤其是科学进步模式的启发，有些西方政策分析学者对政策变化模式问题进行了较深入的讨论。

依据库恩在《科学革命的结构》一书中的观点，科学进步表现为“前科学—常规科学—反常—危机—科学革命—新的常规科学”的发展过程，而其中的“常规科学—反常—危机—科学革命”则是科学革命的结构性模式。常规科学是科学家团体在现有范式指导下的知识积累时期，是范式的拓展以及为新的突破奠定基础的时期；反常表示出现了与范式预期不相符合的现象；科学革命从危机开始，它是知识积累、渐进过程的中断，是范式的转换。简言之，科学进步表现为范式孕育成长成熟的常规科学时期，也包含着范式转换的革命时期，科学进步就是在渐进与突变、积累与革命的交替中实现的。

在科技哲学领域里，科学革命也就是“范式转换”（paradigm shift），“是少部分人在广泛接受的科学范式里，发现现有理论解决不了的‘例外’，尝试用竞争性的理论取而代之，进而排挤掉‘不可通约’的原有范式”。科学革命具有如下三个基本特征：第一，范式转换是一个重新概念化的过程，即抛弃掉旧的概念体系，建立新的概念体系，即对经验材料进行新的系统化解释的过程；第二，科学革命带来探索问题的改变和解决问题的合理性标准的改变；第三，科学革命也是一个世界观与方法论的转变，每一次革命都彻底改变了科学的形象，进行科学研究的世界发生根本变化。“革命之前科学家世界的鸭子，在革命之后就成了兔子”①。而“常规变化”是相对于“革命变化”或“范式”变化而言的，指“理论或定律可以只修改或加强其中的某一概括，而其余的概括则保持不变”。② 这

① ［美］T. S. 库恩：《科学革命的结构》，76、91 页，上海，上海科学技术出版社，1980。

② 江怡编著：《走向新世纪的西方哲学》，第五章，北京，中国社会科学出版社，1998。

为西方政策分析学者探讨政策变化及其模式的问题提供了概念框架。

政策的发展变化总是离不开一定的政治环境、政治生态及政治文化的影响与制约，在相当程度上特定的政治生态及政治文化甚至对政策变化模式起着决定性的作用。在特定的历史条件和民族习惯思维或领袖人物工作作风、思考方式的作用或影响下，有的国家政府与政党在制定和改变政策的过程中，形成了保守的经验型的政策变化模式；有的政府与政党则形成了激进的创新型的政策变化模式。

参考库恩的科学进步模式，政策分析学者提出了政策变化的两种基本模式：(1) 常规变化模式，即政策在保持基本方向或目标的前提下发展演化，或新旧政策之间保持较大程度的连续性。(2) 范式转换或中断—平衡模式，即政策连续过程出现中断或飞跃，新政策取代旧政策。既然这些都是模式或式样，那就必须有一个可靠稳定的基础，这个基础就是学习，两种不同的政策变化模式分别以两种不同的学习类型为基础——常规变化模式以“吸取经验教训”的学习类型为基础；范式转换模式以“社会学习”（即对社会、政治、经济和文化发展特别是价值观、意识形态变化的感知）作为基础。

10.3.2 常规的政策变化和政策风格

公共政策往往存在惊人的连续性，大量的公共政策是在某种程度上对以往的政策和实践的延续。例如，扩大教育机会和增加卫生服务通常是在现有政策基础上开办新的学校和医院；被称为“新”的产业或环境政策创议往往是给现有的产业增加额外补贴，或加强对污染的控制。这一类政策变化就是“常规的政策变化”。在这种变化模式中，允许在没有改变政策基本方向的情况下对现有的政策做出修改和补充。

为什么政策会保持这种连续性？林德布洛姆的渐进主义认为，通常——虽非一直如此——政治上可行的政策只与现行政策有渐进、轻微的差异。差异巨大的政策是不合时宜的；而且由于决策者以及其他参与者为达成共识，必定要进行讨价还价，相互妥协，就不可能导致全新的、最优的政策的产生。所以只有利用“回馈”，通过“连续的步骤过程”，“稳扎稳打的连续进行”，能“发现修订政策和目标的可行性，并视政策制定的各个面向皆是开放的。因此，这种形态的政策分析者及政治系统，可能发展出高度的适应力、弹性，以及提高其面对错综复杂的情况时，还能制定出良好政策的韧性”，“这些一连串的小步进展却都可能造成社会的快速转变”①。这样利用回馈的政策后果，并对其进行矫正，保持政策的连续性，通过突破瓶颈，达到政策效果的逐步递增。

琼斯等人认为，政策次属系统（政策参与者团体）往往倾向于对相关的政策领域加以垄断；只有当这种垄断被新的参与者团体所打破时，才可能出现明显的政策变化。

这两种解释都表明，政策变化的常规模式（即政策所具有的高度的连续性）的原因，乃是在于同一批政策参与者或团体长期主宰相关领域政策的制定与执行，相关的政策问题总是被放在相似或相同的脉络和途径中来加以处理。这也就形成了所谓的政策风格。

“政策风格”这个概念的倡导者们认为，每个国家、政府、地区或公共部门往往因政策的连续性而形成不同的政策风格。例如，20 世纪的英国的政策，和过去一脉相承是十分明显的。“英国政治文化的一个特征是经验主义，当事件发生时对之做出反应。”反应很可能去做一些熟悉的和令人愉快的事情，而不一定做最有效应的事情。这种老一套的做法之所以能被英国政府看重，那是因为它使英国政府在过去时代获得光辉成就。这使得即使是在那些力图改革社会的人当中，看到的是他们“企图将现代化与过去时代的各种价值——平衡、稳定、团结——结合起来”。大多数锐意革新的改革家明确表示他们最喜欢英国的“中庸、宽容，以及妥协和贯彻始终的能力”。这样可以带给英国人民相对安宁的社会、值得信赖的政府、提供舒适生活的政治经济，但是这种生活水平比不上其欧洲邻国，也比其政治家们所愿许诺的标准差，使政府也不得不打起精神对政策进行改革，求得生活水平上的突破和社会的前进。这种既保守又要进取的状况，使英国政府具有了自我管制和灵活性的政策风格。② 而法国则“由于历史上统治的软弱和不稳定性”，使官僚政治在实际上填补了法国政治的真空，这样就使法国的官僚制更符合韦伯的经典官僚制模式，而这种官僚制政治具有“常规化和非个人化”、“职位角色专业化”、“可预期性”、“专家治国”的特性③，这就使得法国形成了稳定性、缺乏创造力、程式化的政策风格。

理查森等人认为，政策风格是政府解决问题的途径和政府在政策过程与其他

---

① 参见［美］林布隆：《政策制定过程》，42～43 页，台北，久大文化股份有限公司、桂冠图书股份有限公司，1991。

② 参见［美］阿尔蒙德、小鲍威尔主编：《当代比较政治学》，291～293 页，北京，商务印书馆，1993。

③ 参见［美］劳伦斯·迈耶、约翰·伯内特、苏姗·奥柯登：《比较政治学——变化世界中的国家和理论》，194～197 页，北京，华夏出版社，2001。

行动者之间相互作用的产物，也就是说，政策风格由政府解决问题途径和政府与社会团体关系的模式这两种因素所决定。他们还就此进一步将政府解决问题的一般途径分为“预期的/积极的和消极的（反应）”两种。按照他们的分析，德国的政策风格是预期的并以共识为基础；英国的政策风格以反应和共识为特征；法国的政策风格的特征是预期和强制；荷兰的政策风格的特征是反应和强制。然而，这种概括因为过于简单而受到学术界的批评。

政策分析学者还对政策周期的各个环节中构成政策风格的因素进行了详细地分析。综合看来，影响政策风格的变项主要有两个：(1) 政策主体的构成，其中包括行动者及其观念、价值观、思维方式；(2) 国家所具有的自主性，包括行政管理能力等。

10.3.3 政策发展中的“范式”变化

“范式”一词源自语言学，“来自希腊文，原来包含‘共同显示’的意思，由此引申出模式、模型、范例等义。”① 它表示的是语词变化的规则，库恩将它引入到科技哲学，表示“在科学实际活动中被公认的范例——包括定律、理论、应用以及仪器设备统统在内的范例——为某一科学研究传统的出现提供了模型”②，表示自然科学（或硬科学）中被科学家团体（共同体）所共有的认识论观点或科学理论体系，“一个科学的范式就是一套关于现实的假设，这套假设比其他的假设能更好地说明当今的世界”③。受库恩的启发，产业界的人士会认为，从蒸汽机到计算机的技术创新，可以引起产业结构（范式）的变化；经济学家则运用税收政策来促进公司结构（范式）的合理化；在管理学中还出现了一系列诸如组织范式、开放范式、同步范式、协同范式、参照范式和随机范式等新术语；社会学家更是把它奉为至宝，用来描述所谓“社会范式”的变化；美国布什政府 1989 年也曾推行过一个不太成功的“新范式运动”，如确保教育、强化市场、赈济穷人和行政分权等；在行政学领域，西方的政府管理也经历了从强调政治与行政两分的“政治范式”，到强调以管理为主的“管理范式”，再到强调以公共政策研究为主的“政策范式”转换的演变过程。在哲学社会科学领域中，该词与“意识形态”以及更新近的“话语”有密切的联系。如今，“范式”及范式转变已成为政策科学的一个新的极其有用的概念工具。事实上，范式转变概念作为描述显著的

---

① [美] T. S. 库恩：《科学革命的结构》，序。

② 同上书，8 页。

③ 宁骚：《行政改革与行政范式》，载《新视野》，1998 (3)。

政策变化的一种比喻，准确地抓住了政策活动者（特别是政策制定者）对于政策问题性质及其解决办法的信念、价值和态度的基本的、长期的变化。

政策变化的第二种模式是范式转变或政策风格的改变。在此种政策变化模式中，公共政策这个共同体所持有的"政策范式"，诸如关于社会问题的性质及其解决办法，政策所具有的方向、目标及其所赖以生成的价值观、信念、意识形态等发生转变，而引起这种变化往往是社会学习过程。范式变化表现为政策连续性的中断，或政策渐进过程的中断（因此也被称为中断—平衡模式）。根据政策分析学者的观点，一个政策范式是与政策活动者紧密相关的智力构造，它本质上是相关的政策公共政策活动者所持有的一系列知识、经验、观念。例如，那些经济政策制定者中的凯恩斯主义学说、制度主义学说、货币主义学说等，这些既有的或正在形成中的知识与观念塑造了政策制定者所要追求的广泛的目标，他们所能感知问题的方式，他们所以针对问题进行思维的类型，他们所会考虑采用的解决问题办法的种类等。

"政策范式"概念的倡导者霍尔（Peter A. Hall）分析了政策范式变化过程，他将这一过程划分为如下六个阶段：

（1）范式稳定性。在这一阶段，居于主导地位的正统被制度化，并进行政策调整。

（2）反常的积累。在这一阶段，与现存正统不相适应或相矛盾的现象出现，或现实世界的发展超越了正统所能解释的范围。

（3）实验。在这一阶段，人们努力扩展现有的范式，以说明反常。

（4）权威的破灭。在这一阶段，人们对官员和专家失去信任，新的参与者向现有的范式挑战。

（5）争议。在这一阶段，争论遍及公共领域，并包含了更大的政治过程（包括选举和党派争论）。

（6）新范式的制度化。在这一阶段，新范式的倡导者经过或长或短的时期而使范式获得支配地位，他们改变现有的组织和决策安排以便使新范式制度化。

为了说明这一过程，霍尔等人用第二次世界大战后凯恩斯主义范式的出现和20 世纪80 年代货币主义范式取代凯恩斯主义范式这两个经济政策领域的例子来具体说明。

在 20 世纪 20 年代以前，虽然资本主义发展到了垄断阶段，但亚当·斯密的经济自由主义范式一直居于正统地位，整个资本主义世界都在应用它（范式稳定阶段）。然而，到了 20 年代末 30 年代初，世界性的经济大危机、大萧条从美国逐渐蔓延到整个资本主义世界（反常积累阶段）。罗斯福竞选美国总统获胜后，力排众议，采用凯恩斯的经济理论，实行国家资本主义，实施“国有化”（实验阶段）。这使得美国的经济社会迅速全面复苏，并在主要邻国和世界主要发达资本主义国家得到普遍的采用（权威破灭阶段）。而凯恩斯主义理论受到了正统自由资本主义国家和经济学家的反驳与批判，在这段时间里人们思想混乱，政党纷争不断，政府更迭频繁（争议阶段）。但是，现实需要的压力最终使凯恩斯主义占据了资产阶级经济学的统治地位，凯恩斯主义的拥护者胜出。西方国家普遍依据凯恩斯的理论制定政策，于是凯恩斯主义盛极一时。通过政府重组和政策变革使新范式（在凯恩斯主义理论指导下制定的政策规章）制度化，从而获得了支配地位（新范式制度化的阶段）。

第二次世界大战后，美英等发达资本主义国家，长期推行凯恩斯主义的扩大有效需求的管理政策，虽然在刺激生产发展、延缓经济危机等方面起了一定作用（范式稳定阶段），但同时却引起了持续的通货膨胀（反常积累阶段）。于是，货币主义者弗里德曼从 20 世纪 50 年代起，以制止通货膨胀和反对国家干预经济相标榜，向凯恩斯主义的理论和政策主张提出挑战。他在 1956 年发表了《货币数量论——重新表述》一文，对传统的货币数量说做了新的表述，为货币主义奠定了理论基础（实验阶段）。自 60 年代末开始，美国的通货膨胀日益剧烈，特别是 1973—1974 年在所有发达资本主义国家出现的剧烈的物价上涨与高额的失业同时并存的“滞胀”现象，凯恩斯主义理论无法做出解释，更难提出对付这一进退维谷处境的对策（权威破灭）。货币主义者认为，引起国民收入发生变化的主要原因，在于货币当局决定的货币供应量的变化；而凯恩斯主义者萨缪尔森则认为，这种解释既没有经济史上的有力证据，又缺乏理论分析上的合理推断（争议阶段）。货币主义者强烈反对国家干预经济，主张实行一种“单一规则”的货币政策。这就是把货币存量作为唯一的政策工具，由政府公开宣布一个在长期内固定不变的货币增长率，这个增长率应该是在保证物价水平稳定不变的条件下，与预计的实际国民收入在长期内会有的平均增长率相一致。于是，货币主义开始流行起来，并对美英等国的经济政策产生了重要影响（新范式制度化的阶段）。

思考题

1. 解释政策终结和政策变迁概念。
2. 简述政策调整的内容、原因和作用。
3. 简述政策终结的种类、方式与作用。

4. 政策终结的主要障碍有哪些？如何加以克服？
5. 如何评价政策变化的两种基本模式？
6. 分析上述案例，指出我国计划生育政策是如何演变的。

代结语

中国政策制定与执行的成功经验

中国政策制定过程具有不同于西方政策制定过程的特点，中国共产党人在长期的政策实践中，制定了许多正确可行的政策，并逐步形成了一些具有中国特色的政策制定和执行的基本经验。

一、中国政策制定的原则性要求

中国共产党及人民政府都根据各个历史时期的不同任务和不同情况，制定了许多正确可行的政策，这些政策对中国革命的胜利和社会主义建设事业的发展，起到了极其重要的指导和推动的作用。在长期的政策实践过程中，我国形成了政策制定的一些原则性要求，它们构成具有中国特色政策制定经验的重要组成部分。

1. 坚持实事求是

中国共产党和人民政府在政策制定中的一个原则性要求，就是坚持实事求是的思想路线。在政策制定过程中，坚持一切从实际出发，理论联系实际，将马克思主义的普遍真理与中国革命和建设的具体实践相结合，制定出符合中国国情的正确政策。

实事求是是辩证唯物主义在中国的具体运用，是一条具有中国特色的马克思列宁主义的思想路线。毛泽东同志曾经对实事求是作了精确的说明："'实事'就是客观存在着的一切事物，'是'就是客观事物的内部联系，即规律性，'求'就是我们去研究。我们要从国内外、省内外、县内外、区内外的实际情况出发，从其中引出其固有的而不是臆造的规律性，即找出周围事变的内部联系，作为我们行动的向导"。①

坚持实事求是的思想路线，就是从客观实际出发，来制定各种现实可行的政策，把客观存在的实际情况作为党和政府制定各项政策的依据。邓小平同志说："过去我们搞革命所取得的一切胜利，是靠实事求是；现在我们要实现四个现代化，同样要靠实事求是"②。今天，以经济建设为中心的改革开放的政策的制定，正是我们党把马克思主义的理论与中国当代社会主义实际相结合的结果，是我们党在政策制定过程中坚持实事求是的思想路线的结果。

社会主义中国实行改革开放，建立社会主义的市场经济体制，这是前所未有的伟大事业，在马克思主义经典作家那里不可能找到现成的答案和模式。因此，只有坚持实事求是的思想路线，在马克思主义的指导下，结合中国的具体国情，才能创造性地制定与社会主义市场经济体制相适应的各项政策，保证改革开放的伟大事业不断前进。

2. 坚持调查研究

在政策制定的过程中，坚持调查研究的优良作风，是具有中国特色的政策制定的又一原则性要求。在确定政策之前，进行广泛深入的调查研究，全面地了解客观情况，如实地把握客观规律，在调查研究的基础上制定出正确的政策，这是我党我国政府的各级领导机关的普遍做法。陈云同志说过，领导机关制定政策，要用百分之九十以上的时间做调查研究工作。这足以表明我党在政策制定过程中对调查研究的重视程度。

坚持调查研究的优良作风是制定正确政策的重要保证。要制定正确的政策，就必须对各种情况、信息有充分的掌握和了解。毛泽东同志在 20 世纪 60 年代初，针对社会主义建设中的问题曾经强调指出："各级党委，不许不作调查研究工作。绝对禁止党委少数人不作调查，不同群众商量，关在屋子里，作出害死人

① 《毛泽东选集》，2 版，第 3 卷，801 页，北京，人民出版社，1991。

② 《邓小平文选》，2 版，第 2 卷，143，北京，人民出版社，1994。

的主观主义的所谓政策。”[①] 坚持调查研究是避免主观主义地制定政策的良好途径，只有深入实际努力做调查研究，才能洗刷唯心精神，避免坠入空想和盲动的深坑，从而才有可能根据实际做出好的政策。因此，毛泽东同志疾呼过：“没有调查研究就没有发言权”，这是至理名言。

以毛泽东同志为代表的中国共产党人则十分重视调查研究，深入实际做了大量的调查研究工作，了解并掌握了中国革命的实际情况和客观规律，从而制定出引导中国革命至胜利的正确的路线、方针和政策。党的十一届三中全会以后，党的调查研究的传统得到了恢复，从中央到地方的各级领导机关重新发扬了调查研究的优良作风，身体力行，深入基层，调查研究新时期所出现的新情况、新问题，在此基础上制定了一系列改革开放的新政策，推进了有中国特色的社会主义事业的巨大发展。

3. 坚持从人民群众的根本利益出发

坚持从人民的利益出发，是我们制定任何一个政策的根本宗旨，也是我国政策制定过程中的一个基本特点。党在各个历史时期的总政策，都是根据人民的利益来确定的，各级党组织和各级政府的领导机关的每一个具体政策的制定，也必须坚持从人民的利益出发这一根本原则。是否符合广大人民群众的利益，这正是我们判断政策正确与否的一个根本标准。

在政策制定中坚持从人民的利益出发的根本宗旨，这是我们党和国家的性质决定的。中国共产党是全国各族人民利益的忠实代表，为人民谋利益是中国共产党一切行为的最高准则，我们党从诞生的那一天起，就以为人民谋利益为己任，始终把它作为党的全部活动的出发点和归宿，中国共产党除了人民的利益外，并没有自己的私利。我们党和国家的任何政策都必须有利于推进人民的利益。坚持从人民的利益出发去制定政策，是中国共产党区别于其他政党、社会主义国家区别于其他国家的一个根本标志。

社会主义革命和建设的实践证明，凡是符合广大人民群众的利益的政策，就会得到人民的衷心拥护，就有利于激发广大人民群众的积极性。党的十一届三中全会以后，我们党制定的家庭联产承包责任制的政策，之所以能够得到广大农民的积极拥护，就是因为它从根本上来说，是符合广大的人民群众的利益的，它既保证了农民群众的利益的实现，也大大提高了集体和国家的利益。

---

① 《毛泽东书信选集》，582页，北京，人民出版社，1983。

4. 坚持民主集中制

民主集中制是中国共产党和我国各级政府的基本的组织原则，它是民主制和集中制的高度统一，是高度民主的基础上的高度集中。中国共产党和人民政府的领导机关，在政策制定过程中坚持民主集中制的组织原则，这是制定出正确政策的组织保证。

民主集中制包括民主和集中两个方面，是民主基础上的集中和集中指导下的民主相结合，二者密切联系、相互依存、相互制约、相辅相成，它是马克思主义认识论和群众路线的具体体现。民主是集中的基础，只有充分发扬民主，才能达到正确的集中；集中是民主的指导，只有实行正确的集中，才能实现真正的民主，民主集中制就是二者辩证的统一。如果把民主和集中分裂开来，只讲民主，不讲集中，就会造成极端民主化甚至无政府状态；反之，如果只讲集中，不讲民主，就必然导致个人的独断专行。

民主集中制贯彻得好不好，直接关系到能否制定出正确可行的政策，防止政策制定上的失误，从而也关系到党的事业、社会主义现代化建设事业的兴衰成败。因此，邓小平同志也指出，民主集中制是我们党和国家的根本制度，也是最便利的制度，最合理的制度，永远不能丢。

二、政策制定的群众路线及公众参与

一切为了群众，一切依靠群众，从群众中来，到群众中去，这是中国共产党在 80 余年的斗争中形成的群众路线。毛泽东同志说过：“群众既制定政策，又执行政策。”中国共产党当初正是通过群众路线的“从群众中来，到群众中去”，“集中起来，坚持下去”这样一个自下而上之后又自上而下的反复沟通、实践、修正的过程，使基层群众的意见、要求、利益得以反映到党的各项决策中来。它是一种强调公众参与的典型，是一种向群众开放的具有反映民意的民主决策方式。

中国共产党是全国各族人民的忠实代表，它区别于其他任何政党的一个显著标志就在于，它同最广大的人民群众具有最为密切的联系。中国共产党从它诞生之日起，就扎根在人民群众之中，一切为了群众，一切依靠群众，在革命斗争中形成了自己的群众路线。1942 年，毛泽东同志写下了著名的《关于领导方法的若干问题》，总结了我党的领导工作的经验，科学地阐述了“从群众中来到群众中去”的群众路线。几十年来，我们党在制定政策的过程中，始终注意坚持群众路线，“从群众中来到群众中去”是我党及我国政府的各级领导机关制定政策的基本方法。政策制定者必须深入群众，了解群众，集中群众的智慧和经验，制定出合乎民意、顺乎民情的政策；然后又把已经制定的政策放到群众的实践活动中，在群众的实践活动中，检验政策的正确与否，并加以修正，丰富、完善原有的政策。

走群众路线，公众参与政策制定有利于加强政策合法化，减少官僚主义和政策腐败现象；也有利于改善党的执政质量。党的十六大强调改善决策体制，集中和反映民意民智，提高决策的科学化民主化水平。因此，在任何政策形成之前，应充分尊重人民群众或者当事人的自主权和想法，强调公众参与，切实贯彻党的群众路线，以充分反映民意民智后再制定政策。群众路线业已成为中国共产党政治文化的重要基础，它是我国决策科学化民主化的必由之路。

三、“摸着石头过河”的政策制定模式

党的十一届三中全会以后，中国共产党摒弃了以阶级斗争为纲的错误路线，把党和国家的工作重心转移到经济建设上来，并在确定工作重心转移的同时，做出了改革开放的伟大决策，从而使我国的社会主义现代化建设进入了一个崭新的历史时期。改革开放是一次伟大的革命，是一场广泛而深刻的社会大变革，是一项前所未有的大事业。党的十三大则提出建立社会主义市场经济体制，开始了经济体制的转轨历程。在新的历史发展时期，我国的政策制定仍然坚持了实事求是，从实际出发，循序渐进，逐步形成了“摸着石头过河”的政策制定模式。

“摸着石头过河”的政策制定模式，是以邓小平同志为代表的中国共产党人的一个创造。对于改革开放，邓小平同志曾经指出：胆子要大，但步子要稳，走一步看一步，看到不妥当的地方就赶快改。后来人们把邓小平同志的这一思想形象地概括为：“摸着石头过河”，这是一种适合我国改革开放的实际情况的决策模式。我国新的历史时期的政策制定也是遵循着循序渐进的原则，形成了“摸着石头过河”的政策制定模式，这是改革开放时期，我国政策制定中的一条重要经验。“摸着石头过河”的政策制定模式主要具有以下三个方面的特点：

1. 注意摸索，大胆创新

“摸着石头过河”的摸，首先就是摸索的意思。改革开放是前所未有的伟大

事业，它没有现成的模式可循，没有现成的经验可搬，也没有现成的本本可抄，只有把马克思主义的基本原理与中国社会主义建设的实际相结合，进行前无古人的艰苦探索，在摸索中前进。既然没有现成的模式、经验和本本，因此要依靠大胆创新来摸索前进，这就是邓小平同志所说的，首先是胆子要大，要冲破传统的旧观念旧框框的束缚，敢于提出新措施，制定出一系列具有改革性质的新政策。在改革开放的新的历史时期，我们面临着许多新情况新问题，需要及时加以解决，这就需要有与改革开放相配套的新政策。我国经济体制改革的基本目标是确立社会主义市场经济体制，而原来那些与计划经济体制相适应的老政策就过时了，这就需要在摸索中，大胆创新，制定出与新情况相适应的新政策。

2. 由浅入深，循序渐进

改革开放面临的问题纷繁复杂，需要解决的问题千头万绪，存在着许多困难的因素，具有一定的风险性，不能企求一步登天，在短时间内就建立起一种新的经济体制和运行机制。“摸着石头过河”的模式的最突出的特点，就是强调循序渐进。这就是邓小平同志所指出的，不仅胆子要大，而且步子要稳，要走一步看一步。改革开放中的政策制定，一般是从情况比较清楚、条件比较好、阻力及风险比较小的事情做起，让那些现实可行的改革方案优先出台，然后循序渐进，逐步解决更为复杂和困难的问题。看准一步，前进一步，一步一个脚印，实实在在地前进，不断地实践，又不断地总结经验，修正错误，稳步前进，避免改革出现大的曲折和反复。

我国改革开放时期的政策制定，基本上是遵循着由浅入深，循序渐进的原则的。改革是从农村开始的，在农村推行家庭联产承包责任制的政策，在农村改革的基础上，又进行了城市的经济体制改革；十二届三中全会做出经济体制改革的决定，接着又决定对科技体制和教育体制进行改革，并进一步提出政治体制改革的目标和任务。1992 年邓小平同志南方谈话后，党中央和国务院做出了加快改革开放和经济发展的一系列重大决定，把改革开放和现代化建设事业推向了一个新的阶段。党的十四大又确定了建立社会主义市场经济体制的目标，加快了全国范围内的经济体制改革的步伐。综观改革开放过程中的政策制定，遵循的是“摸着石头过河”的模式，循序渐进，逐步推进，从而有效地解决了改革、发展和稳定的关系，保证了改革开放伟大事业的顺利推进。

3. 从点到面，协调发展

“摸着石头过河”的模式，从纵向的角度看，强调由浅入深，循序渐进；从横面的角度看，则是强调从点到面的协调发展。抓典型搞试点是我党制定政策的一条重要经验，改革开放中的“摸着石头过河”的政策制定模式，也充分运用了这条重要经验。一项重要的改革政策的出台，往往是要进行试点，先从点上取得经验，再由点推广到面，从而做到比较稳定地协调发展。

我国是一个大国，各地情况千差万别，发展极不平衡，东部和西部、南方和北方、沿海和内地，各地的差别很大，政策上的“一刀切”是行不通的，各地在改革开放中战略策略的选择、实践的步骤和方法不可能是整齐划一的。至今我国改革开放的政策方案的出台，往往是选择一些地区或部门进行试点，摸索经验，然后才普遍实施，求得全面的发展。搞好一个试点，就如同摸着一块石头，全面推广就如同过河，摸着石头站稳脚跟后再过河，这样就能比较稳定地前进，避免大的风险和曲折，使改革开放得以顺利地发展。比如，在对外开放政策的制定上，我国先是决定兴办深圳、珠海、汕头和厦门经济特区，然后又做出了开放沿海十几个城市的决定，并将长江三角洲、珠江三角洲、闽东南地区、环渤海地区辟为经济区，此后又批准了海南经济特区，做出了开发开放浦东的决策，现在又把改革开放推向中、西部地区。这样，对外开放就逐步地从经济特区推向沿海部分城市和地区，进而推向中西部，从点到面，逐步展开，协调发展。实践证明，这种由点到面、协调发展的政策是切实可行的。

四、政策执行的若干成功经验

作为政策过程的一个重要环节，政策执行的有效与否关系到整个政策的成败。中国共产党人在长期的革命和建设实践中，高度重视政策执行问题，积累了丰富的政策执行的成功经验。

1. 注重政策宣传

政策方案并不能自发地被接受，更不能自动地被执行，政策执行是人们的实践活动。政策要得到顺利实施，首先就要让目标群体对政策有所理解，而要做到这一点，必须注意政策宣传。中国共产党人历来重视政策宣传工作。毛泽东在领导革命和建设中，非常强调做好党的路线、方针、政策的宣传教育工作，告诫人们政策和策略是党的生命，各级领导同志务必充分注意，万万不可粗心大意。他指出：“善于把党的政策变为群众的行动，善于使我们的每一个运动，每一个斗争，不但领导干部懂得，而且广大的群众都能懂得，都能掌握，这是一项马克思主义的领导艺术。”[①] 再好的政策，如果只掌握在领导者手中，不为群众所掌握，那也是无法实施的。因此，在党的七大闭幕时，毛泽东号召同志们到各地去“宣传大会的路线，并经过全党同志向人民作广泛的解释”，“我们宣传大会的路线，就是要使全党和全国人民建立起一个信心，即革命一定要胜利。首先要使先锋队觉悟，下定决心，不怕牺牲，排除万难，去争取胜利。但这还不够，还必须使全国广大人民群众觉悟，心甘情愿和我们一起奋斗，去争取胜利”。[②]

通过强化政策宣传的途径让各级干部和广大群众充分了解和深刻认识党的各项方针政策，是党的方针政策得以正确、顺利贯彻实施的重要前提和行之有效的方法。注重强化政策宣传是具有中国特色的政策执行的一个基本经验。

2. 重视政策实验

重要政策在全面实施之前都要在局部地区或试点中加以试验，以取得经验，再全面铺开。这是具有中国特色的政策执行的另一基本经验。

重视政策实验是邓小平同志的政策理论的一个基本内容，他指出：“有些问题，中央在原则上决定以后，还要经过试点，取得经验，集中集体智慧，成熟一个，解决一个”[③]。1992 年南方谈话时，邓小平同志强调说：“改革开放胆子要大一些，敢于试验，不能像小脚女人一样，看准了的，就大胆地试，大胆地闯”[④]。

我国改革开放近 20 年的历程，也就是一个不断进行政策实验的历程，我国的改革开放和现代化建设是前无古人，后无来者的，既复杂又没有现成的经验，因此，更需要政策实验。邓小平同志明确地指出：“在全国的统一方案拿出来以前，可以先从局部做起，从一个地区、一个行业做起，逐步推开。中央各部门要允许和鼓励它们进行这种试验。试验中间会出现各种矛盾，我们要及时发现和克服这些矛盾。这样我们才能进步得比较快。”[⑤]

重视政策实验，一切经过试验，是一切从实际出发在政策执行中的体现，是探索新生事物的重要步骤，是推行改革创新的正确方针，是尊重群众、教育群众的重要方法。不经过试验就推广，那是蛮干；不经过试验就否定，那是武断。敢于试验、重视试验，既避免了改革的失误，又使中国进入了一个新的里程。事实证明，重视政策实验是一项成功的政策执行经验。

---

① 《毛泽东选集》，2 版，第 4 卷，1319 页。

② 《毛泽东选集》，2 版，第 3 卷，1101～1102 页。

③ 《邓小平文选》，2 版，第 2 卷，341 页。

④ 陈锡添：《东方风来满眼春》，载《人民日报》，1992-03-31。

⑤ 《邓小平文选》，2 版，第 2 卷，150 页。

3. 强制执行与说服教育相统一的执行手段

政策执行活动涉及面广，对象多，是一项复杂的活动，仅有说服教育或仅有强制性执行手段都是不够的。“徒善不足以为政，徒法不足以自行”。因此，采取强制性执行手段与说服教育有机结合的执行手段是我国政策执行的又一个特色。

毛泽东同志在《关于正确处理人民内部矛盾的问题》中指出：“凡属于思想性质的问题，凡属于人民内部的争论问题，只能用民主的方法去解决，只能用讨论的方法、批评的方法、说服教育的方法去解决，而不能用强制的、压服的方法去解决。人民为了有效地进行生产、进行学习和有秩序地过生活，要求自己的政府、生产的领导者、文化教育机关的领导者发布各种适当的带有强制性的行政命令。没有这种行政命令，社会秩序就无法维持，这是人们的常识所了解的。这同用说服教育的方法去解决人民内部的矛盾，是相辅相成的两个方面。”①

中国共产党人历来重视采用强制性执行和说服教育相结合的方法。强制性执行手段与说服教育相结合，是马克思主义唯物史观和辩证法在党的政策执行中的创造性运用和发展。它把工作的立足点和落脚点确立在相信群众、依靠群众、尊重群众的首创精神上，找准了人的思想发展变化的客观规律，准确地把握了启发人的自觉性与坚持党纪、国法的辩证关系。坚持强制手段与说服教育相结合，既能有效防止片面强调思想教育，而造成放任自流、过分迁就的不良倾向，又能避免不做耐心的说服教育工作，而滥发命令、胡施惩罚的不良倾向。只有坚持强制性手段与说服教育有机结合的方法，才能化消极因素为积极因素，带领广大人民群众为保证党的各项方针、政策的贯彻落实而竭尽全力。

4. 抓中心工作，以点带面的领导方法

这是中国共产党人在长期的政策执行中所形成的又一个特色。抓中心工作，就是要善于从纷繁复杂的工作头绪中找到并紧紧抓住最能影响全局，可以带动整个工作链条前进的中心环节，也就是抓住主要矛盾。毛泽东在《矛盾论》中指出：在复杂事物发展过程中，有许多矛盾存在，其中必有一种是主要矛盾，由于它的存在和发展，规定或影响着其他矛盾的存在和发展；抓住了这个主要矛盾，一切问题就迎刃而解了。

在政策执行活动中，在抓中心工作的同时，还要做到“以点带面”。所谓以点带面，就是发现、培养和树立典型，以典型示范，促进和推动面上工作发展的一种工作方法。实施政策需要典型示范。为了完成中心任务，为了对面上的工作

① 《毛泽东著作选读》，下册，762页，北京，人民出版社，1986。

加以精心指导，政策执行者必须深入实际抓好典型示范，以一种物质的形象的东西进行说服教育。一个好的典型能带动一大片，使面上的工作突破一点，取得经验全面展开，更有力地推动面上工作的开展，起到带头开路的作用。

抓中心工作，以点带面是我党的重要的领导方法。党和国家的政策是多层次、多方面的，作为下级机关都应该认真地全面地实施。从政策本身来看，各项政策是一个有机整体，它们之间既有区别又有联系，相互制约。如果孤立地执行哪一项政策，不仅难以收到预期的效果，而且会顾此失彼，使许多政策不能落实。但是，如果面对各项政策不分轻重缓急，只按上级指示来一件做一件，就会丧失工作的主动性，形成很多的“中心工作”和凌乱无序的状态。因此，领导机关对于各项政策的实施应当实行统一领导，按照党在一定时期内总的战略部署，分别不同情况，统筹兼顾，妥善安排，正确地确定工作重心和工作秩序。同时要总结和推广典型经验，推动整个面上的政策落实。抓中心环节，以点带面的工作方法也是具有中国特色的政策执行活动中的一个基本方法。

总之，中国共产党人在长期的政策实践中形成了许多具有中国特色的政策制定和执行的成功经验，这是中国政策科学的宝贵理论与实践财富，必须在新时期加以发扬光大。

参考文献

马克思恩格斯选集1～4卷（第2版）．北京：人民出版社，1995

列宁选集1～4卷（第2版）．北京：人民出版社，1995

毛泽东选集1～4（第2版）．北京：人民出版社，1991

邓小平文选2～3卷（第2版）．北京：人民出版社，1994

［美］戴维·L·韦默、［加］艾丹·R·维宁．政策分析：理论与实践．上海：上海译文出版社，2003

［美］卡尔·帕顿、大卫·沙维奇．政策分析和规划的初步方法．北京：华夏出版社，2001

［美］威廉·N·邓恩．公共政策分析导论．北京：中国人民大学出版社，2002

［美］保罗·A·萨巴蒂尔编．政策过程理论．北京：清华大学出版社，2004

［美］米切尔·黑尧．现代国家的政策过程．北京：中国青年出版社，2004

［美］查尔斯·E·林德布洛姆．政策制定过程．北京：华夏出版社，1988

［美］詹姆斯·E·安德森．公共决策．北京：华夏出版社，1990

［美］R·M·克朗．系统分析与政策科学．北京：商务印书馆，1986

［美］史蒂文·凯尔曼．制定公共政策．北京：商务印书馆，1990

［美］叶海卡·德洛尔．逆境中的政策制定．上海：上海远东出版社，1996

［美］拉雷·N·格斯顿. 公共政策制定——程序和原理. 重庆：重庆出版社，2001

［美］弗兰克·费希尔. 公共政策评估. 北京：中国人民大学出版社，2003

［美］彼得·罗西等. 项目评估——方法与技术. 北京：华夏出版社，2002

［美］E. R. 克鲁斯克等编. 公共政策辞典. 上海：远东出版公司，1992

［美］查尔斯·林德布洛姆. 政治与市场：世界的政治—经济制度. 上海：上海三联书店，1994

［美］斯图亚特·S·那格尔主编. 政策研究百科全书. 北京：科学技术文献出版社，1990

［美］丹尼尔·W·布罗姆利. 经济利益与经济制度——公共政策的理论基础. 上海：上海三联书店，上海人民出版社，1996

［英］J. E. 米德. 国际经济政策理论（第1卷）. 北京：商务印书馆，1990

［荷］J. 丁伯根. 经济政策——原理与设计. 北京：商务印书馆，1988

［德］瓦尔林·欧根. 经济政策的原则. 上海：上海人民出版社，2001

［意］尼古拉·阿克塞拉. 经济政策原理——价值与技术. 北京：中国人民大学出版社，2001

［日］长谷川启之、梁小民等. 经济政策的理论基础. 北京：中国计划出版社，1995

［美］查尔斯·沃尔夫. 市场或政府. 北京：中国发展出版社，1994

［美］赫伯特·A·西蒙. 管理决策新科学. 北京：中国社会科学出版社，1982

［美］赫伯特·A·西蒙. 管理行为. 北京：经济学院出版社，1986

［澳］欧文·E·休斯. 公共管理导论. 北京：中国人民大学出版社，2000

［美］詹姆斯·W·费斯勒、唐纳德·F·凯特尔. 行政过程的政治. 北京：中国人民大学出版社，2002

［美］保罗·C·纳特、罗伯特·W·巴可夫. 公共和第三部门组织的战略管理. 北京：中国人民大学出版社，2001

［美］查尔斯·J·福克斯，休·T·米勒. 后现代公共行政——话语指向. 北京：中国人民大学出版社，2002

［美］戴维·奥斯本，特德·盖布勒. 改革政府——企业精神如何改革着公营部门. 上海：上海译文出版社，1996

［美］加布里埃尔·A·阿尔蒙德等. 比较政治学——体系、过程和政策.

上海：上海译文出版社，1987

［美］戴维·伊斯顿．政治体系：政治学状况研究．北京：商务印书馆，1993

［美］劳伦斯·迈耶、约翰·伯内特、苏姗·奥柯登．比较政治学——变化世界中的国家和理论．北京：华夏出版社，2001

［美］约翰·罗尔斯．正义论．上海：上海译文出版社，1991

［英］J.S. 密尔．代议制政府．北京：商务印书馆，1982

［美］威廉·F·韦斯特．控制官僚——制度制约的理论与实践．重庆：重庆出版社，2001

［美］伦纳德·西尔克等．美国的权势集团．北京：商务印书馆，1994

［美］詹姆斯·M·布坎南．自由、市场和国家．北京：北京经济学院出版社，1988

［美］詹姆斯·M·布坎南、戈登·塔洛克．同意的计算——立宪民主的逻辑基础．北京：中国社会科学出版社，2000

［美］詹姆斯·M·布坎南、理查德·A·马斯格雷夫．公共财政与公共选择：两种截然不同的国家观．北京：中国财政经济出版社，2000

［美］曼瑟尔·奥尔森．集体行动的逻辑．上海：上海三联书店，1995

［美］肯尼思·约瑟夫·阿罗．社会选择：个性与多准则．北京：首都经济贸易大学出版社，2000

［美］肯尼斯·约瑟夫·阿罗．社会选择与个人价值．成都：四川人民出版社，1987

［美］丹尼斯·C·缪勒．公共选择．北京：商务印书馆，1992

［美］丹尼斯·C·缪勒．公共选择理论（第 2 版）．北京：中国社会科学出版社，1999

［澳］布伦南、［美］布坎南．宪政经济学．北京：中国社会科学出版社，2004

［澳］休·史卓顿、莱昂内尔·奥查德．公共物品、公共企业和公共选择．北京：经济科学出版社，2000

［美］乔·B·史蒂文斯．集体选择经济学．上海：上海三联书店，上海人民出版社，1999

［德］柯武刚、史漫飞．制度经济学——社会秩序与公共政策．北京：商务印书馆，2000

［英］马尔科姆、卢瑟福．经济学中的制度——老制度主义和新制度主义．北京：中国社会科学出版社，1999

［荷］汉斯·范登·德尔、本·范·韦尔瑟芬. 民主与福利经济学. 北京：中国社会科学出版社，1999

［美］道格拉斯·C·诺思. 经济史中的结构与变迁. 上海：上海三联书店，上海人民出版社，1994

［美］V. 奥斯特罗姆，D. 菲尼，H. 波希特编. 制度分析与发展的反思. 北京：商务印书馆，1996

［美］R. 科斯等. 财产权利与制度变迁——产权学派与新制度学派译文集. 上海：上海人民出版社，1994

［美］保罗·A·萨缪尔森，威廉·D·诺德豪斯. 经济学（第12版）. 高鸿业等译. 北京：中国发展出版社，1992

［美］斯蒂格利茨. 经济学（上下册）. 北京：中国人民大学出版社，1997

［美］曼昆. 经济学原理（上下册）. 北京：三联书店，北京大学出版社，2001

［英］马克·布劳格等. 经济学方法论的新趋势. 北京：经济科学出版社，2000

［美］唐·埃思里奇. 应用经济学研究方法论. 北京：经济科学出版社，1998

［美］大卫·N·海曼. 公共财政——现代理论在政策中的应用. 北京：中国财政经济出版社，2001

［日］植草盖. 微观规制经济学. 北京：中国发展出版社，1997

［印度］阿马蒂亚·森. 以自由看待发展. 北京：中国人民大学出版社，2002

［美］约翰·纳什. 纳什博弈论论文集. 北京：经济管理出版社，2000

［英］哈里·琼尼，卜里安·特惠斯. 用于计划决策的技术预测. 上海：复旦大学出版社，1984

［法］亨利·勒帕日. 美国新自由主义经济学. 北京：北京大学出版社，1985

［奥］L. 贝塔朗菲. 一般系统论. 北京：社会科学文献出版社，1987

［美］E. 拉茨洛. 用系统的观点看世界. 北京：中国社会科学出版社，1985

［英］W. I. B. 贝弗里奇. 科学研究的艺术. 北京：科学出版社，1979

［美］T. S. 库恩. 科学革命的结构. 上海：上海科学技术出版社，1980

联合国开发计划署评估办公室编. 计划管理者手册——面向结果的监督与评估. 北京：科学出版社，1999

英国海外开发署编. 发展中国家项目评估——经济学家指南. 北京：中国计划出版社，1996

联合国经济和社会事务部统计处编. 社会和人口统计体系. 北京：中国财政

经济出版社，1985

中国社会科学院公共政策研究中心等编．中国公共政策分析（2001 年卷、2002 年卷）．北京：中国社会科学出版社，2001、2002

北京太平洋国际战略研究所编．领袖的外脑——世界著名思想库．北京：中国社会科学出版社，2000

中国社会科学杂志社编．社会科学与公共政策．北京：社会科学文献出版社，2000

伍启元．公共政策．香港：商务印书馆，1989

林水波、张世贤．公共政策．台北：五南图书出版公司，1982

朱志宏．公共政策．台北：三民书局，1995

张世贤．公共政策析论．台北：五南图书出版公司，1986

丘昌泰．政策科学之理论与实际——美国与台湾经验．台北：五南图书出版公司，1998

张金马主编．政策科学导论．北京：中国人民大学出版社，1992

陈庆云编著．公共政策分析．北京：中国经济出版社，1996

陈振明主编．政策科学原理．厦门：厦门大学出版社，1993

陈振明编著．公共政策分析．北京：中国人民大学出版社，2002

陈振明主编．政策科学．北京：中国人民大学出版社，1998、2003

朱崇实，陈振明主编．公共政策．北京：中国人民大学出版社，1999

张国庆著．现代公共政策导论．北京：北京大学出版社，1997

桑玉成、刘百鸣．公共政策学导论．上海：复旦大学出版社，1991

胡宁生．现代公共政策研究．北京：中国社会科学出版社，2000

刘春．公共政策概论．北京：当代世界出版社，2000

张曙光主编．中国制度变迁的案例研究（第 1 集）．上海：上海人民出版社，1996

乔迪编著．兰德决策．成都：天地出版社，2001

陈宝森、侯玲．美国总统与经济智囊．北京：世界知识出版社，1996

孙哲．左右未来：美国国会的制度创新和决策行为．上海：复旦大学出版社，2001

李寿祺．集团利益与美国政治．北京：中国社会科学出版社，1988.

席来旺．美国的决策及其中国政策透析．北京：九洲图书出版社，1999

朱东平．经济政策论．上海：立信会计出版社，1995

葛家澍主编．成本会计．沈阳：辽宁人民出版社，2000

葛家澍主编. 管理会计. 沈阳：辽宁人民出版社，2000

钱伯海，黄文主编. 统计学（修订本）. 成都：四川人民出版社，1992

戴世光. 应用经济统计学. 北京：中国人民大学出版社，1994

陈宪主编. 经济学方法概览. 北京：中国经济出版社，1995

孙明玺编著. 预测学概论. 杭州：浙江教育出版社，1989

陈湛匀编著. 现代决策分析概论. 上海：上海科学技术文献出版社，1991

高培勇编著. 公共部门经济学. 北京：中国人民大学出版社，2001

樊勇明编著. 公共经济学. 上海：复旦大学出版社，2001

杨汉宏主编. 工程经济学. 北京：煤炭工业出版社，2002

张三力主编. 投资项目后评价. 北京：中国石化出版社，2001

沈泰昌. 系统分析和管理决策. 北京：中国展望出版社，1984

方福前. 公共选择理论：政治的经济学. 北京：中国人民大学出版社，2000

张康之. 寻找公共行政的伦理视角. 北京：中国人民大学出版社，2002

《国外社会科学》编辑部编. 软科学研究. 北京：社会科学文献出版社，1985

单天伦主编. 当代美国社会科学. 北京：社会科学文献出版社，1993

William N. Dunn，*Public Policy Analysis*：*An Introduction*（2nd. ed.），Englewood Cliffs，New Jersey：Prentice-Hall Inc.，1994

David L. Weimer and Aidan R. Vining. *Policy Analysis*：*Concepts and practice*（3d.，ed.）. Englewood Cliffs，New Jersey：Prentice-Hall Inc.，1998

Carl V. Patton and David S. Sawicki，*Basic Methods of Policy Analysis and Planning*.（2nd. Ed）Englewood Cliffs，NJ：Prentice-Hall Publishers，1993

Edward S. Quade，*Analysis for public Decision*（3rd. ed.）. New York：American Elsvier，1989

Edward S. Quade and W. J. Boucher（eds.），*System Analysis and Policy Planning*：*Application in Defense*. New York：Elsevier Science Publishing Company，Inc.，1968

Charles O. Jones，*An Introduction to the Study of Public Policy*（3rd.，ed.）. Monterey，California：Brooks/Cole Publishing Company，1984

Edith Stokey and Richard Zeckhauser，*A Primer for Policy Analysis*. New York：Norton，1978

Paul A. Sabatier ed.，*Theories of the Policy Press*. Boulder：Westview Press，1999

Adao Miyakawa，*The Science of Public Policy*：*Essential Readings in*

Policy Science: Routledge, 1999

Daniel Lerner and Harold D. Lasswell, *The Policy Sciences: Recent Development in Scope and Method*. Standford, CA: Standford University Press, 1951

Peter John, *Analyzing Public Policy*. London: Wellington House, 1998

Michael Howlett and M. Ramesh, *Studying Public Policy: Policy Cycles and Policy Subsystems*. Oxford: Oxford University Press, 1995

B. Guy Peters and Frans K. M. van Nispen (eds.), *Public Policy Instruments*, Cheltenham: Edward Elgar, 1998

Lester M. Salamon, and Odus V. Elliot, *Tools of Government: A Guide to the New Governance*, Oxford University Press, 2002

Steven Cohen and William Eimick, *Tools for Innovators: Creative Strategies for Managing Public Sector Organizations*. San Francisco: Jossey-Bass Publishers, 1998

C. Hood, *The Tools of Government*, London: Macmillan, 1983

Duncan Macrae, Jr. and Dale Whittington, *Expert Advice for Policy Choice: Analysis and Discourse*. Washington, D.C.: Georgetown University Press, 1997

Evert Vedung, *Public Policy and Program Evaluation*. New Brunswich, New Jersey: Transaction Publishers, 1997

Harold D. Lasswell, *A Pre-view of Policy Sciences*. New York: American Elsevier, 1971

——*The Decision Process: Seven Categories of Functional Analysis*. College Park, MD: Bureau of Governmental Research, University of Maryland, 1956

Yehezke Dror, *Public Policymaking Reexamined*. Scranton, Pennsylvania: Chandler, 1968

——*Ventures in Policy Sciences: Concepts and Application*. New York: American Elsevier, 1971

——*Design for Policy Sciences*. New York: American Elsevier, 1971

——*Policymaking Under Adversity*. New Jersey: Transaction, Inc., 1986

Stuart S. Nagel and Miriam K. Mills, *Professional Development in Policy Sciences*. Westport, Connecticut: Green Wood Press, 1993

William N. Dunn and Rita Mae Kelly (eds.), *Advances in Policy Studies Since 1950* (Vol. 10 of Policy Studies Review Annual). New Brunswick, NJ: Transaction Books, 1992

W. WIra Sharkansky, *Policy Analysis in Political Science*. Chicago: Markham Publishing Co., 1970

Alice Rivlin, *Systematic Thinking for Social Action*, Washington, DC: The Brookings Institution, 1976

Ducan MacRae, Jr. and James A. Wilde, *Policy Analysis for public Decision*. North Seituate, MA: Duxbury Press, 1979

Sturt S. Nagel (ed.), *Encyclopedia of Policy Studies*. New York: Marcel Dekker, 1983

Aaron Wildavsky, *Speaking Truth to Power: The Art and Craft of Policy Analysis*. New Brunswick: Transaction Publishers, 1993

Richard I. Hofferbert, *The Reach and Grasp of Policy Analysis*. Tuscaloosa, Alabama: The University of Alabama Press, 1990

Randall B. Ripley, *Policy Analysis in Political Science*. Chicago: Nelson-Hall Publishers. 1985

Mark R. Daniels, *Terminating Public Programs*. Armonk, New York: M. E. Sharpe, 1997

Talib Younis (ed.), *Implementation In Public Policy*. Dartmouth, 1990

Graham T. Allison, *Essence of Decision: Explaining the Cuban Missile Crisis*. Boston: Little, Brown and Company, 1971

Graham T. Allison and Philip D. Zelikow, *Essence of Decision: Explaining the Cuban Missile Crisis* (2nd ed.). Addison Wesley Longman, 1999

Mancur Olson, *The Logic of Collective Action: Public Goods and The Theory of Groups*. Cambridge, Massachusetts: Harvard University Press, 1965

Jonh Rawls, *A Theory of Justice (revised edition)*. Cambridge, Massachusetts: The Belknap Press of Harvard University Press, 1999

Jay M. Shafritz and Albert Hyde (eds.), *Classics of Public Administration* (fourth edition). Hancourt: Brace College Publishers, 1997

Eugen J. Meehan, *Ethics for Policy-making: A Methodological Analysis*. Westport, CT: Greenwood Press, 1990

B. Guy Peters, *American Public Policy: Promise and Performance* (fourth edition). Chatham, New Jersey: Chatham House Publishers, Inc., 1996

John M. Levy, *Essential Microeconomics for Public Policy Analysis*. Westport, Connecticut: Praeger, 1995

Jeffrey L. Pressman and Aaron Wildavsky, *Implementation: How Great Expectations In Washington Are Dashed In Oakland* (*third edition*). Berkeley: University of California Press, 1984

Davis B. Bobrow and John S. Dryzek, *Policy Analysis by Design*. Pittsburgh, Pa.: University of Pittsburgh Press, 1987

Peter W. House and Roger D. Shull, *Rush To Policy: Using Analytic Techniques in Public Sector Decision Making*. New Brunswich, New Jersey: Transaction Publishers, 1988

Ralph L. Keeney, *Value-focused Thinking: A path to Creative Decision-making*. Cambridge, Massachusetts: Harvard University Press, 1992

Brian W. Hogwood and Lewis A. Gunn, *Policy Analysis for the Real World*. Oxford: Oxford University Press, 1984

Eugene Bardach, *The Eight-Step Path of Policy Analysis: A Handbook for Practice*. Berkeley, CA: Berkeley Academic Press, 1996

Duncan Macrae, Jr., *The Social Function of Social Science*. New Haven, CT: Yale University Press, 1976

James G. March & Herbert A. Simon, *Organizations* (2nd ed.). Cambridge, Massachusetts: Blackwell Publishers, 1993

Edwin Mansfield, *Managerial Economics and Operations Research*: Techniques, Application, Cases (5th. ed.). New York: W. W. Norton & Company, 1987

Thomas Kuhn, *The Structure of Scientific Revolution* (2nd. eds.). Chicago: University of Chicago Press, 1971

George J. Mceall and George H. Weber (eds.), *Social Science and Public Policy: The Roles of Academic Disciplines in Policy Analysis*. Port Washington, N Y: Associated Faculty Press, 1984

R. C. Amacher etc. (eds.), *The Economic Approach to Public Policy* (Selected Reading). Ithaca, N Y: Cornell University Press, 1976

K. Eyestone, *The Thread of Public Policy: A Study In Policy Leadership*. Indianapolis: Bobbs-Merrill, 1971

M. J. Dubnik and B. A. Bardes, *Thinking about Public Policy: A Problem-solving Approach*. Canadan: John Wiley & Sons, Inc., 1983

Dennis C. Mueller, *Public Choice* (Ⅱ). Cambridge: Cambridge University

Press, 1989

Paul A. Samuelson, *Foundation of Economic Analysis*. Cambridge, Massachusetts: Harvard University Press, 1983

Alex F. Osborn, *Your Creative Power: How to Use Imagination*, New York: Charles Scribner, 1948

Alex F. Osborn, *Applied Imagination, Principles and Procedures of Creative Problem-solving*. 3rd ed., New York: Scribner's, 1963

Robert F. Drake, *The Principles of Social Policy*. New York: Palgrave, 2001

Robert. A. Heineman, William. T. Bluhm, Steven. A. Peterson, Edward. N. Kearny, *The World of Policy Analyst*, Catham: Catham House Publisher, Inc. 1997

Alan Peacock, *Public Choice Analysis in Historical Perspective*. Cambridge University Press, 1992

Harold A. Listone and Murray Turoff (eds.), *The Delphi Method: Techniques and Application*. New York: Addison-Wesley. 1975

D. Easton, *The Political System*. New York: Kropf, 1953

H. D. Lasswell and A. Kaplan, *Power and Society*, New Haven, CT: Yale University Press, 1970

K. J. Arrow, *Social Choice and Individual Values*, New Haven CT: Yale University Press 1963

W. A. Niskanen, *Bureaucracy and Representative Government*. Chicago: Aldine-Atherton, 1971

Vincent Ostrom, *The Intellectual Crisis in American Public Administration*, Rev. ed, University. Al: The University of Alabama Press

Amitai Etzioni, Mixed-Scanning: A "Third Approach To Decision-Marking". *Public Administration Review* No. 5, 1967

Y. Dror, "Muddling-Through: Science or Inertia ?" *Public Administration Review*, No. 3 (Sep. 1964)

G. Majone, "On the Nation of Political Feasibility". In S. S. Nagel (ed.), *Policy Studies Review Annual*. Vol. 1 (1977).

后　记

本书是作者承担的教育部“十五”国家级规划教材《公共政策学》编写任务的结项成果。

编写适应不同层次学生教学需要的教材，是一件需要长期努力的艰苦工作。正如我们在“代序言”中所说，我国已出版了数十部公共政策学（政策科学或政策分析）的教材及专著。然而，大家普遍认为，迄今为止仍没有一本适合公共管理和政治学学科各专业本科生使用的理想教材。现有教科书，包括我们自己编写出版的《政策科学原理》（厦门大学出版社，1993）、《政策科学》（中国人民大学出版社，1998、2003）和《公共政策分析》（中国人民大学出版社，2002）在内，尽管都各有其特色和优点，但是，受学科发展现状、教学研究水平、实践应用和资料条件等的限制，在主题内容、理论体系、编写体例等方面都存在欠缺。特别是现有的教科书的内容往往太宽泛、庞杂，与政治学、公共管理学（公共行政学）等学科或课程的内容存在着较多的交叉重复，而且分析方法和技术以及可操作性的成分偏少。这似乎是目前公共政策学教学理论体系的构建及教材编写应该加以重视并解决的问题。

有鉴于此，在《公共政策学》教材的编写中，我们参考了国外比较流行的“公共政策分析”教科书的内容体系，将焦点集中在真正属于该学科内核的政策分析过程的程序、方法和技术上，由此来组织该课程的教学内容，构建学科的教学理论体系。

《公共政策学》编写的一个基础是作者编写的《政策分析方法》讲义（1998年由厦门大学政治学与行政学系印行），它是在20世纪90年代中后期完成的（部分章节的初稿还是作者1993—1994年在康奈尔大学进修时编写的）。本教材也利用了本人主编的《政策科学》（第1版和第2版）、《公共政策分析》和《公共政策》等教材的一些内容及资料，特别是本书的后面三章的部分节、目及代结语的内容直接取之于《政策科学》的相关章节，参加原有这些章节的研讨及编写的作者对这本新教材也做出了贡献。

作为一本编著性教材，本书参阅了大量的中外文献，借鉴了许多中外学者的研究成果，包括几本在国外有广泛影响的教科书——帕顿和沙维奇的《政策分析和规划的初步方法》、邓恩的《公共政策分析导论》、奎德的《公共决策分析》、韦默和维宁的《政策分析——理论与实践》等文献的体例和资料。本书获得教育部“十五”规划教材的立项，并得到福建省高等学校精品课程建设基金和厦门大学教学科研基金的资助；本书的出版得到了中国人民大学出版社的大力支持，尤其是公共管理事业部主任刘晶女士、责任编辑陈丹为本书的编辑出版付出了辛勤劳动；我的研究生兼助教陈芳同学做了部分资料整理的工作。在此，对本书所引用文献的作者们和其他为本书的出版做出贡献的人士，深表谢忱！并诚望读者们批评指正！

陈振明

2004年国庆节

人大版公共管理类教材

公共管理类专业教材——学科基础课教材

书名	作者
现代管理学原理（第三版）（“十一五”国家级规划教材）	娄成武　魏淑艳
一般管理学原理（第四版）	张康之　周　军
管理学基础（第三版）	方振邦
政治学原理（第三版）	景跃进　张小劲
现代政治学原理（第四版）	石永义　刘玉萼　张　璋
公共管理学（第二版）	陈振明
公共管理学——一种不同于传统行政学的研究途径（第二版）	陈振明
公共管理学（第三版）（数字教材版）（“十二五”国家级规划教材）	蔡立辉　王乐夫
公共管理学（精编版）	王乐夫　蔡立辉
公共管理学（第二版）	张康之　郑家昊
公共管理概论（第二版）	朱立言　谢　明
公共政策导论（第六版）（数字教材版）	谢　明
公共政策概论（第二版）	谢　明
公共政策学——政策分析的理论、方法和技术（“十一五”国家级规划教材）	陈振明
公共政策学（第二版）	杨宏山
政策科学——公共政策分析导论（第二版）	陈振明
公共经济学（第三版）（“十二五”国家级规划教材）	高培勇
公共经济学教程	秦立建
政府经济学（第四版）（“十一五”国家级规划教材）	郭小聪
政府经济学（第四版）	潘明星　韩丽华

公共管理类专业教材——方法课教材

书名	作者
公共管理研究方法	何兰萍　张俊艳
行政学研究方法与应用案例	萧鸣政　等
管理定量分析：方法与技术（第三版）	刘兰剑

公共管理类专业教材——行政管理、公共事业管理专业教材

书名	作者
行政法学导论	姜晓萍
公共部门人力资源管理（第四版）	孙柏瑛　祁凡骅
公共部门人力资源开发与管理（第五版）（“十二五”国家级规划教材）	孙柏瑛　祁凡骅

书名	作者
公共部门人力资源管理（第三版）	滕玉成　于　萍
公共部门人力资源管理概论（第二版）	方振邦
公共部门人力资源管理案例	周均旭
行政管理学（第五版）（数字教材版）	郭小聪
公共行政学（第五版）	彭和平
公共行政学（第二版）	张康之　张乾友
行政学导论（第三版）	齐明山
行政管理学导引与案例	陈季修
管理心理学（第三版）	范逢春
公共组织行为学（第三版）（“十一五”国家级规划教材）	孙　萍　张　平
公共组织学（第四版）	李传军
行政组织学（第二版）	张　昕　李　泉
公共组织理论	陆明远　冯　楠
公共事业管理概论（第三版）	朱仁显
公共组织财务管理（第三版）（“十一五”国家级规划教材）	王为民
国家公务员制度（第五版）（数字教材版）（“十二五”国家级规划教材）	舒　放　贾自欣
国家公务员制度概论（第二版）	刘碧强　郗永勤
公务员制度概论	李如海
公务员制度	温志强　王彦平　郝雅立
当代国家公务员制度：理论与实践	胡春艳
行政领导学（第三版）	朱立言　李国梁
领导学（第五版）	邱霈恩
领导学	孙　健
现代市政学（第五版）（数字教材版）	王佃利
市政管理学（第五版）（“十一五”国家级规划教材）	杨宏山
社区管理（第四版）	汪大海　魏　娜　郇建立
社区管理原理与案例	魏　娜
电子政务教程（第三版）（“十一五”国家级规划教材）	赵国俊
电子政府与电子政务（第二版）（“十一五”国家级规划教材）	张锐昕
行政伦理学教程（第四版）（“十二五”国家级规划教材）	张康之　李传军
公共危机管理概论（第二版）	王宏伟
公共危机管理	唐　钧
当代中国政府与政治（第二版）	景跃进　陈明明　肖　滨
当代中国政府与行政（第三版）	魏　娜　吴爱明

书名	作者
地方政府学概论（第二版）	方　雷
地方政府管理（第二版）	陈瑞莲　张紧跟
管理秘书实务（第三版）	赵锁龙
行政秘书学	唐　钧
公文写作与处理	赵国俊
机关管理的原理与方法（第三版）	赵国俊　陈幽泓
公共部门绩效管理（第二版）	方振邦
政府绩效管理（第二版）	方振邦　葛蕾蕾
政府绩效评估	蔡立辉
政府公共关系（第二版）（"十一五"国家级规划教材）	廖为建　张　宁
西方行政学理论概要（第二版）（"十一五"国家级规划教材）	丁　煌
公共行政学史（第二版）	何艳玲
西方公共管理名著导读	汪大海
文化管理学（第三版）（"十二五"国家级规划教材）	孙　萍
文化创意产业导论	魏鹏举
卫生事业管理（第二版）（"十一五"国家级规划教材）	李　鲁
现代公用事业管理	崔运武

公共管理类专业教材——劳动与社会保障专业教材

书名	作者
社会保障概论（第七版）	孙光德　董克用
社会保障学	戴卫东
劳动经济学（"十一五"国家级规划教材）	董克用　刘　昕
劳动法与社会保障法	黎建飞
社会保险学（第四版）	孙树菡　朱丽敏
社会保障基金管理	李春根
社会保障国际比较	仇雨临

公共管理类专业教材——土地资源管理专业教材

书名	作者
土地经济学（第八版）（"十一五"国家级规划教材）	毕宝德
土地法学（中国人民大学"十三五"规划教材）	严金明
土地资源学	张正峰　赵文武
土地资源管理学（第二版）	张正峰
国土空间规划学	张占录　张正峰
不动产估价（第二版）（"十一五"国家级规划教材）	叶剑平　曲卫东

书名	作者
土地信息系统	曲卫东　韩　琼
地籍管理（第五版）（“十一五”国家级规划教材）	谭　峻　林增杰

公共管理类专业教材——城市管理专业教材

书名	作者
城市管理学（第四版）	杨宏山
城市管理学：公共视角	陆　军 等
城市管理法	王丛虎
城市总体规划原理	郐艳丽　田　莉

公共管理类教材——应急管理专业教材

书名	作者
应急管理导论：原理与案例	李燕凌　朱正威 张海波　章文光
应急管理概论	王宏伟
应急管理理论与实践	唐　钧
突发事件风险管理	张小明
应急管理新论	王宏伟
新媒体时代的应急管理与危机公关	唐　钧
公共安全风险治理	唐　钧

公共管理硕士（MPA）教材——核心课教材

书名	作者
全国公共管理硕士（MPA）核心课程教学指导纲要	全国公共管理专业学位 研究生教育指导委员会
社会主义建设理论与实践（第三版）	李景治　蒲国良
公共管理英语（修订版）	顾建光
学术规范和论文写作	胡宏伟
公共管理学（第三版）（全国优秀教材二等奖）	张成福　党秀云
公共管理学原理（修订版）	陈振明
公共管理导论	竺乾威　朱春奎　李瑞昌
公共政策分析	陈振明
公共政策分析导论	陈振明
公共政策分析概论（修订版）	谢　明
公共部门经济学（第三版）	高培勇　崔　军
公共经济学	唐任伍
行政法学（修订版）	皮纯协　张成福

书名	作者
行政法学概论（第三版）	胡锦光
非营利组织管理概论（修订版）	王　名
非营利组织管理	王　名　王　超
公共管理伦理学（修订版）	张康之
社会研究方法	陈振明
电子政务理论与方法（第五版）	金江军
公文写作概论	高永贵

公共管理硕士（MPA）教材——专业方向必修课、选修课教材

书名	作者
公务员制度教程（第六版）	舒　放　王克良
比较政府与政治（修订版）	卓　越
当代中国政府与政治（第三版）	吴爱明　朱国斌　林　震
公共部门人力资源管理及案例教程（第三版）	陈天祥
公共部门绩效评估（修订版）	卓　越
公共部门危机管理（第三版）	张小明
应急管理通论（第二版）	李雪峰
公共部门战略管理（修订版）	陈振明
MPA 学位论文写作指南	汪大海

图书在版编目（CIP）数据

公共政策学：政策分析的理论、方法和技术/陈振明编著.
北京：中国人民大学出版社，2004
普通高等教育“十一五”国家级规划教材
（21世纪公共管理系列教材）
ISBN 978-7-300-06203-7

Ⅰ. 公…
Ⅱ. 陈…
Ⅲ. 公共政策-理论-高等学校-教材
Ⅳ. D0

中国版本图书馆 CIP 数据核字（2004）第 130820 号

普通高等教育“十一五”国家级规划教材
21世纪公共管理系列教材
公共政策学
——政策分析的理论、方法和技术
陈振明　编著

出版发行	中国人民大学出版社		
社　　址	北京中关村大街 31 号	**邮政编码**	100080
电　　话	010－62511242（总编室）		010－62511770（质管部）
	010－82501766（邮购部）		010－62514148（门市部）
	010－62515195（发行公司）		010－62515275（盗版举报）
网　　址	http://www.crup.com.cn		
经　　销	新华书店		
印　　刷	北京昌联印刷有限公司		
开　　本	720 mm×1000 mm　1/16	**版　　次**	2004 年 12 月第 1 版
印　　张	24.5	**印　　次**	2024 年 7 月第 24 次印刷
字　　数	441 000	**定　　价**	35.00 元

中国人民大学出版社　管理分社

教师教学服务说明

中国人民大学出版社管理分社以出版工商管理和公共管理类精品图书为宗旨。为更好地服务一线教师，我们着力建设了一批数字化、立体化的网络教学资源。教师可以通过以下方式获得免费下载教学资源的权限：

★ 在中国人民大学出版社网站 www.crup.com.cn 进行注册，注册后进入“会员中心”，在左侧点击“我的教师认证”，填写相关信息，提交后等待审核。我们将在一个工作日内为您开通相关资源的下载权限。

★ 如您急需教学资源或需要其他帮助，请加入教师 QQ 群或在工作时间与我们联络。

中国人民大学出版社　管理分社

教师 QQ 群：648333426(工商管理)　114970332(财会)
648117133(公共管理)
教师群仅限教师加入，入群请备注(学校+姓名)

联系电话：010-62515735，62515987，62515782，82501048，62514760

电子邮箱：glcbfs@crup.com.cn

通讯地址：北京市海淀区中关村大街甲 59 号文化大厦 1501 室(100872)

管理书社　　人大社财会　　公共管理与政治学悦读坊